Claus Schulte-Uebbing
Angewandte Umweltmedizin

Als die Grünkraft der Gotteskräfte verdorrte

Die Grünkraft der Gotteskräfte verdorrte, und alle Gerechtigkeit beugte sich dem Verfall. Im Sommer herrschte vielfach widernatürliche Kälte und entgegengesetzte Hitze im Winter.
Und es entstand eine solche Dürre und Feuchtigkeit, verbunden mit anderen vorauseilenden Zeichen, daß viele sagten: Der Tag des Gerichtes steht bevor.

Hl. Hildegard von Bingen, LDO
(Liber divinorum operum, PL 197/1005 CD – 1006 AB)

Dieses Buch widme ich allen,
die sich um die Bewahrung
der Schöpfung bemühen.

Angewandte Umweltmedizin

Diagnostik, Therapie und Prävention umweltbedingter Erkrankungen

---

Dr. med. Claus Schulte-Uebbing
Frauenarzt
Umweltmedizin, Naturheilverfahren

---

13 Abbildungen, 42 Tabellen

Sonntag Verlag Stuttgart

Die Deutsche Bibliothek – CIP-Einheitsaufnahme
Schulte-Uebbing, Claus E. E.:
Angewandte Umweltmedizin, Diagnostik, Therapie und Prävention umweltbedingter Erkrankungen/ von: Claus Schulte-Uebbing
– 1. Auflage,
Stuttgart: Sonntag Verlag, 1996,
ISBN 3-87758-099-8

Anschrift des Verfassers:
Dr. med. Claus Schulte-Uebbing
Frauenarzt
Umweltmedizin, Naturheilverfahren
Dipl. Geologe (Univ.) Dipl. Forstwirt (Univ.)
Praxisanschrift: Weinstraße 7, 80333 München
Tel. D- 089- 29 96 55 / Fax 089–29 96 72

Wichtiger Hinweis
Wie jede Wissenschaft ist die Medizin ständigen Entwicklungen unterworfen. Forschung und klinische Erfahrung erweitern unsere Erkenntnisse, insbesondere was Behandlung und medikamentöse Therapie anbelangt. Soweit in diesem Werk eine Dosierung oder eine Applikation erwähnt wird, darf der Leser darauf vertrauen, daß Autoren, Herausgeber und Verlag große Sorgfalt darauf verwandt haben, daß diese Angabe dem Wissensstand bei Fertigstellung des Werkes entspricht.
Für Angaben über Dosierungsanweisungen und Applikationsformen kann vom Verlag jedoch keine Gewähr übernommen werden. Jeder Benutzer ist angehalten, durch sorgfältige Prüfung der Beipackzettel der verwendeten Präparate und gegebenenfalls nach Konsultation eines Spezialisten, festzustellen, ob die dort gegebene Empfehlung für Dosierungen oder die Beachtung von Kontraindikationen gegenüber der Angabe in diesem Buch abweicht. Eine solche Prüfung ist besonders wichtig bei selten verwendeten Präparaten oder solchen, die neu auf den Markt gebracht worden sind. Jede Dosierung oder Applikation erfolgt auf eigene Gefahr des Benutzers. Autoren und Verlag appellieren an jeden Benutzer, ihm etwa auffallende Ungenauigkeiten dem Verlag mitzuteilen.
Geschützte Warennamen (Warenzeichen) werden nicht besonders kenntlich gemacht. Aus dem Fehlen eines solchen Hinweises kann also nicht geschlossen werden, daß es sich um einen freien Warennamen handelt.

ISBN 3-87758-099-8

Printed in Germany 1996
Satz und Druck: Druckerei Schäuble, Stuttgart
Grundschrift: 9,5/10,5 Times (System 3B2)

Inhaltsverzeichnis

IV. Diagnostik umweltbedingter Krankheiten

V. Therapie umweltbedingter Krankheiten

VI. Anhang

Vorwort

Warum Umweltmedizin?

In jüngster Zeit nehmen die sogenannten »Umweltkrankheiten« erschreckend zu. Etwa jeder dritte bis vierte von uns leidet an Allergien, jeder zweite hat eine oder mehrere sogenannte »Unverträglichkeiten« von Nahrungsmitteln oder Umweltschadstoffen. Etwa zehn bis fünfzehn Prozent der Bevölkerung leiden heute an Heuschnupfen, vor zwanzig Jahren waren es noch etwa ein bis zwei Prozent. Bis zu fünfzehn Prozent der Großstadtkinder leiden unter Bronchialasthma, etwa genauso viele Kinder haben immer wieder sogenannte Ekzeme (= Hautausschläge), die durch Umweltgifte verursacht oder mitverursacht sind.

Immer wieder wird darüber diskutiert, ob denn überhaupt Umweltschadstoffe die Ursache für solche Allergien sein könnten. Daß dies so ist, zeigt folgendes kurze Beispiel:

Es ist eine Tatsache, daß die Allergien gegenüber Pollen, Milben, Haustieren und Schimmelpilzen rapide zugenommen haben. Heute weiß man, daß dies mit einer Störung des Immunsystems einhergeht. Die Zahl der Pollen, Milben, Haustiere und Schimmelpilze hat aber nicht zugenommen, sondern eher abgenommen. Auch das immer wieder für solche Allergien verantwortlich gemachte Zigarettenrauchen hat nicht zugenommen, sondern eher abgenommen. Was aber in erheblichem Umfang produziert und in die Umwelt abgegeben wurde und wird, sind die Umweltschadstoffe: Jährlich lagern sich dreißigtausend Tonnen Chemikalien, meist Stäube und kleinste Partikel (= Teilchen) aus Abgasen auf unseren mitteleuropäischen Äckern an der Oberfläche der Pollen, Milben und Schimmelpilze beziehungsweise auf Fell und Haaren der Haustiere an. So kommt es zu einer sogenannten Potenzierung (= Mehrfachverstärkung) der allergenen Wirkung.

Noch ein weiteres Beispiel: Wir beobachten in den letzten zwei Jahrzehnten eine ständige Zunahme von Krebserkrankungen. Während noch vor dreißig Jahren die Krebserkrankungen in weniger als fünfzehn Prozent für die Todesfälle verantwortlich gemacht werden konnten, stellen sie heute bereits knapp fünfundzwanzig Prozent der Todesursachen dar. Besonders erschreckend ist die Zunahme der Leukämien bei Kindern.

Warum steigen diese Erkrankungen an?

Eine eindeutige einzelne Ursache ist nicht zu finden. Aber exakt innerhalb dieses Zeitraumes, in dem die oben genannten Krankheiten zugenommen haben, hat sich die Belastung mit Pflanzen- und Holzschutzmitteln, mit sogenannten *Organochlorverbindungen,* insbesondere mit *Dioxinen* und *Furanen,* aber auch mit *Schwermetallen* vervielfacht. So kommt es, daß die Dioxin- und Furanwerte, die man aus Blut- oder Fettgewebsproben ermittelt, vor allem auch in der Muttermilch, oft weit über den Richtwerten liegen.

▷ Tagtäglich belasten zwanzig bis fünfzig völlig neuartige chemische Verbindungen zusätzlich unsere Umwelt (Luft, Boden, Wasser), die dann über die Nahrungskette zu hochgiftigen Nervengiften werden.

Pestizide, Hormone, schwer abbaubare Organochlorverbindungen und vieles mehr belasten unser *Trinkwasser.* Viele Brunnen dürfen nur noch mit Ausnahmegenehmigungen betrieben werden, weil sie so nitratverseucht sind. Dazu kommt erschwerend, daß unsere Nahrung inzwischen weitgehend »industriell kaputtgemacht« ist. Jeder Bundesbürger nimmt pro Jahr mit der Nahrung sechs bis acht Pfund reine Chemie zu sich.

Viele Erkrankungen werden also durch Umwelteinflüsse verursacht oder zumindest mitverursacht. Insbesondere alte und kranke Menschen, aber auch zunehmend Kinder und Säuglinge sind betroffen.

Besonders schlimm ist die Entwicklung auf dem Gebiet der *Krebserkrankungen.* Beispielsweise erkranken immer mehr jüngere Frauen an *Brustkrebs.* Seit 1970 hat sich die Inzidenz (= Anzahl der registrierten Brustkrebsfälle) bei Frauen im Alter unter fünfzig Jahren mehr als verdoppelt. Dies ist besonders bedenklich, zumal wir heute aus mehreren Studien wissen, daß zwischen Entstehung und Entdeckung von Brustkrebs etwa ein Zeitraum von zehn bis zwanzig Jahren liegt. Wie in späteren Kapiteln gezeigt werden wird, weiß man aufgrund neuester Untersuchungen, daß sich das Brustkrebs-Gewebe durch eine deutlich höhere Schadstoffkonzentration von normalem Brustdrüsengewebe unterscheidet. Aber auch die Entstehung von Gebärmutterhalskrebs wird in jüngster Zeit mit Umwelteinflüssen in Verbindung gebracht, die durch Veränderung des Scheiden- und *Gebärmutterhals*-Milieus das Wachstum bestimmter (sogenannter HPV-) Viren fördern, die wiederum zu einem Vorstadium des Gebärmutterhalskrebses führen können.

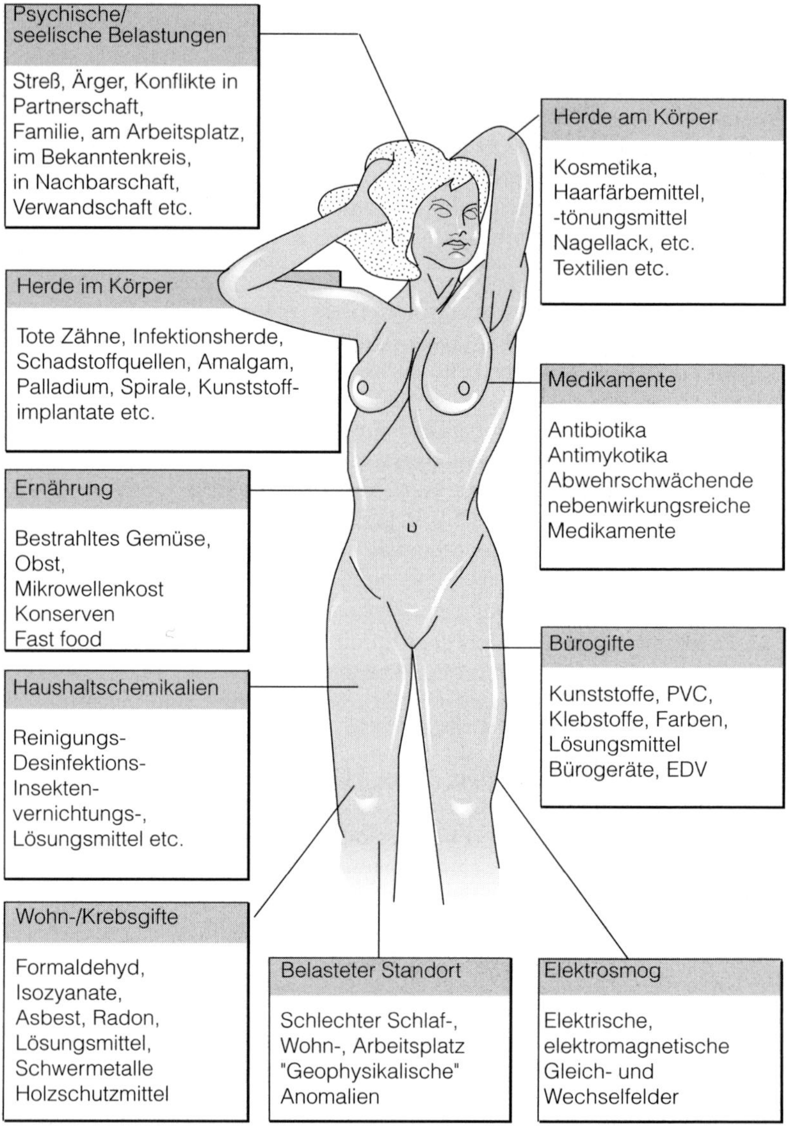

Abb. 1: Mensch und Umwelt. Seelische, psychische und körperliche Belastungen, denen wir alle durch die belebte und unbelebte Umwelt ausgesetzt sind.

Symptomatik umweltbedingter Erkrankungen

- Allgemeines Krankheitsgefühl
- Innere Unruhe
- Reizbarkeit
- Überempfindlichkeit gegen Wärme/Kälte
- Schlaflosigkeit
- Abgeschlagenheit
- Müdigkeit, Mattigkeit
- Schwächegefühl
- Nausea
- Zahnschmerzen
- Brechreiz
- Blähungen
- Schluckstörungen

Systemische Beschwerden:

- Infektanfälligkeit
- Diarrhoe
- Herzrhythmusstörungen
- Blutdruckschwankungen
- Stenokardien

Dermatologische Beschwerden:

- Brennen
- Juckreiz
- Nässen
- Trockenheit
- Ekzem
- Blasen
- Mundwinkelrhagaden
- Afterjucken
- Haarverlust

Sonstige Beschwerden:	
Augenbeschwerden:	Brennen, Juckreiz, Schmerzen, Entzündungen, Hypersekretion, Sehstörungen, Lidschwellungen
HNO-Beschwerden:	Mundtrockenheit, Dyspnoe, Juckreiz, Niesreiz, laufende bzw. verstopfte Nase, Hypersekretion, Heiserkeit, Husten, Ohrgeräusche, Schwindel, intermittierende Schwerhörigkeit
Orthopädische Beschwerden:	Gelenkschmerzen, Kraftlosigkeit, Spastik, Rückenschmerzen
Neurologische Beschwerden:	Krämpfe, Lähmungen, Kopfschmerzen, Koordinationsstörungen, Migräne
Psychische Beschwerden:	Depressivität, Angst, Hyperaktivität, Konzentrationsstörungen, Antrieb- und Leistungsschwäche, Gedächtnis-, Wortfindungs- und Verhaltensstörungen

Tab. 1 Das breite Spektrum der Symptome und Syndrome (Krankheitsbilder), die durch Umwelteinflüsse verursacht (oder zumindest mitverursacht) sein können.

Oft können unspezifische, diagnostisch nur schwer auswertbare Symptome Prodrome für umweltbedingte Krankheiten bzw. Hinweise für bereits manifeste Erkrankungen sein. Ein ganz wesentlicher Punkt bei der Betrachtung umweltbedingter Erkrankungen ist die *Gesamtbelastung* des Organismus.

Dekompensationsanzeichen
Wenn die durch Alter, Geschlecht, Erbfaktoren, Trainings- und Ernährungszustand sowie Organschäden vorgegebene individuelle Regulations- und Kompensationsfähigkeit des Organismus der von außen einwirkenden Gesamtbelastung mit Chemikalien, Strahlung etc. nicht standhält, so kann der Körper innerhalb seiner physiologischen Möglichkeiten nicht mehr gegensteuern. Es kommt zur Dekompensation und zu Funktionsstörungen und im weiteren Verlauf zu manifesten Erkrankungen. Dabei sind auch die in kleinen Mengen, aber über lange Zeiträume aufgenommenen Schadstoffe von Bedeutung.

▷ In diesen Formenkreis gehören auch die durch das Verhältnis zur Umwelt bedingten *psychosomatischen Störungen* und ihre organischen Manifestationen.

Sie spiegeln den seelischen und geistigen Status wider, der besonders empfindlich auf negative Umwelteinflüsse reagiert.

Mögliche Entstehungsmechanismen
Die folgende Abbildung zeigt schematisch, wie Umwelt-Stressoren über verschiedene Stadien zur Entstehung umweltbedingter Erkrankungen beitragen können:

Stressoren

• Chemikalien • Strahlung • Bakterien • Viren • Pollen

• Nahrungsmittelgifte • Luftschadstoffe • Lärm • Ärger • Streß

▼

Belastbarkeit

• Psychischer und seelischer Zustand

• Alter • Erbfaktoren • Ernährungs- und Trainingszustand • Organschäden

▼

Phase 1: Hyperergie

Erstkontakt: Starke seelische, psychische und körperliche Reaktion

▼

Phase 2: Anergie

Adaptation des Körpers an Umweltstressoren, psychischer Widerstand

• Geringe Symptomatik • erhöhte Stoffwechselleistungen

Seelisches und psychisches Gleichgewicht gestört

▼

Phase 3: Dekompensation

• Fortschreitende Schädigung des Organismus, stärkste Symptome

• Manifestation von Erkrankungen

▼

Phase 4: Agonie

• Absterben des Organismus, Irreversible Schäden, Tod

Abb. 2 Entstehungsweise umweltbedingter Symptome und Krankheiten (abgewandelt nach FRIEDRICHSEN, 1990, KRAUSE 1991).

Eine Reihe von Stressoren, wie z. B. Chemikalien oder Strahlung addieren bzw. potenzieren sich zur Gesamtbelastung des Körpers. Je nach individueller Regulations- und Kompensationsschwelle reagiert der menschliche Organismus mit insgesamt 4 Phasen:

- Hyperergie
- Anergie
- Dekompensation und
- Agonie.

Ein Hauptproblem scheint zu sein, daß die allermeisten Patienten nicht im Frühstadium, sondern erst sehr spät, oft erst in der Phase der Anergie oder Dekompensation den Arzt aufsuchen und daß dann leider oft die umweltmedizinischen Zusammenhänge nicht erkannt werden. Somit ist es Aufgabe und Ziel der Umweltmedizin, daß bereits vor der Phase 1 eingegriffen wird.

Konsequenzen

Aufklärung über umweltbedingte Erkrankungen ist echte Präventiv-Medizin: Durch Schadstoffvermeidung können viele seelische, psychische und körperliche Leiden erspart werden. Liegt eine umweltbedingte Erkrankung vor, sind herkömmliche Behandlungsmethoden häufig nicht in der Lage, meist langjährig bestehende Beschwerden zu vermindern oder gar zu beseitigen.

▷ Erst die aufgrund einer umfassenden umweltmedizinischen Untersuchung durchgeführte gezielte Schadstoffausleitung, kombiniert mit ganzheitlicher Entgiftung und abwehrsteigernden Maßnahmen kann dann schließlich den gewünschen Behandlungserfolg bringen.

Da es sich bei der Entstehung umweltbedingter Krankheiten um sehr komplizierte Mechanismen handelt, ist es zum heutigen Zeitpunkt nicht möglich, sämtliche Zusammenhänge vollständig zu beweisen. Es wäre jedoch aus ganzheitlicher Sicht, gerade in Hinblick auf die vielen hilfesuchenden, oft schwer umweltkranken Patientinnen und Patienten unverantwortbar, nichts zu tun und abzuwarten, bis die letzten wissenschaftlichen Daten vorliegen.

So mancher lange Krankenhausaufenthalt und so manche Operation wären durch eine ganzheitliche umweltmedizinisch orientierte ambulante Untersuchung und Behandlung vermeidbar. Damit könnten nicht nur erhebliche Kosten im Gesundheitswesen eingespart werden, sondern vor allem würden Millionen Patientinnen und Patienten viele Ängste, Sorgen und Nöte erspart bleiben. Bereits bei Vorliegen eines begründeten Verdachtes auf krankmachende Umweltnoxen muß unverzüglich und konsequent gehandelt und vor allem behandelt werden. Das Buch wurde so abgefaßt, daß sich auch die/der Umweltkranke und Betroffene schnell orientieren kann. Zu allen Themenkomplexen gibt es den sogenannten Abschnitt »Hilfe zur Selbsthilfe«, wo sich der/die Hilfesuchende schnell Rat holen kann. Am Ende finden Sie auch eine ausführliche weiterführende Literatur.

München, Juni 1995 Dr. med. Claus Schulte-Uebbing

I.

Grundlagen der Umweltmedizin

1. Arbeits- und Wirkungsbereiche

1.1 Was heißt „Umweltmedizin“?

1.1.1 Definition

Im ersten deutschsprachigen Lehrbuch der Umweltmedizin, das 1991 erschien, wurde die Umweltmedizin folgendermaßen definiert:

> „Umweltmedizin ist die Lehre von der Erkennung, Erforschung, Beschreibung, Prävention und Therapie umweltbedingter Erkrankungen.“ (ZAHN und SCHULTE-UEBBING 1990).

Die einzelnen Arbeitsbereiche der Umweltmedizin:

Allgemeine Umweltmedizin — Angewandte Umweltmedizin

Die Allgemeine Umweltmedizin vermittelt schwerpunktmäßig alle Grundlagen, die für die Erkennung, Erforschung und Beschreibung umweltbedingter Erkrankungen sowie für das Verständnis umweltmedizinischer Zusammenhänge erforderlich sind.
Wesentliche **Schwerpunkte** der **Allgemeinen Umweltmedizin** ergeben sich daher aus allen medizinisch relevanten Gebieten der Themenbereiche:

- Allgemeine Grundlagen der Umweltmedizin
- Boden und Ernährung
- Luft
- Wasser
- Energie und Strahlung.

Wesentliche **Schwerpunkte** der **Angewandten Umweltmedizin** sind:

- Klinische Umweltmedizin (Ambulanz, Spezialsprechstunden, angewandte umweltmedizinische Diagnostik und Therapie, stationäre Behandlung in Klinik für Umweltmedizin)
- Umwelttoxikologie
- Wohnmedizin und Baubiologie
- Umweltimmunologie und -allergologie
- Umweltonkologie
- Umweltradiologie
- Umweltschutz im Gesundheitswesen
- Angewandte umweltmedizinische Beratung und Forschung.

Die einzelnen Disziplinen

Die folgende Abbildung zeigt verschiedene Disziplinen, die zur Umweltmedizin gehören:

ANGEWANDTE UMWELTMEDIZIN			
	Das Arbeitsfeld des Umweltmediziners		
Epidemiologie	Wohn- und Arbeitsmedizin		Sozialmedizin
	Umwelthygiene	Toxikologie	

KLINISCHE UMWELTMEDIZIN		
	Umweltmedizinische Ethik	
Umweltgynäkologie	Umweltgeburtshilfe	Umwelturologie
Umweltpädiatrie	Umweltneurologie	Umweltpsychiatrie
Umweltradiologie	Umweltdermatologie	Umwelt-HNO
Umweltallergologie	Umweltimmunologie	Umweltonkologie
	Medizinischer Umweltschutz	

ALLGEMEINE UMWELTMEDIZIN				
	Grundlagen der Umweltmedizin			
Boden	Luft	Wasser	Energie	Strahlung
Physik		Biologie		Chemie

Abb. 3 Disziplinen, die zur Umweltmedizin gehören (Zahn, Schulte-Uebbing, 1990)

Somit vereint die Umweltmedizin klinische und ökologische Fächer. Dadurch kommt es in verschiedenen umweltmedizinischen Fächerkreisen zu zahlreichen Überschneidungen klinischer und ökologischer Fächer.

1.1.2 Ganzheitliche Betrachtung

Global gesehen, ist »Umweltmedizin« viel mehr als in der vorigen Definition beschrieben:

> Ganzheitlich betrachtet ist Umweltmedizin die logische Konsequenz einer ehrlichen und aufrichtigen Dankbarkeit und Ehrfurcht des Menschen gegenüber Schöpfer und Schöpfung.
> (SCHULTE-UEBBING, 1992)

1.1.3 Historische Aspekte

Übrigens, die Umweltmedizin ist keine neue Wissenschaft. Bereits die heilige HILDEGARD VON BINGEN schrieb vor einem knappen Jahrtausend:

»... Die ganze Natur soll dem Menschen dienen,
so daß er mit ihr wirke,
weil der Mensch ohne Natur
weder leben noch bestehen kann ...«

Und mit dem folgenden Satz von Hildegard ist alles gesagt:

»...anima curationis curatio animae ...«

frei übersetzt

»... Die Seele der Therapie ist die Therapie der Seele ... «

1.1.4 Gesundheit als Zielorientierung

Der berühmte Medizinhistoriker SCHIPPERGES beschreibt treffend:
»... Im Mittelpunkt der älteren Heilkunde stand nicht nur der Kranke, sondern vor allem der genesende, wiederhergestellte und sein Zielbild, der Gesunde ...«.
In der Tat müssen wir wieder die Gesundheit und nicht die Krankheit in den Vordergrund des ärztlichen Bemühens stellen. SCHIPPERGES findet dabei noch deutlichere Worte, wenn er behauptet: »... Die meisten Ärzte verstehen von Gesundheit nichts mehr, nur noch von 60 000 Krankheiten ...«
Noch krasser drückt GROSSE-RUYKEN die Zusammenhänge aus:
»... Etwa 96 % aller Menschen kommen gesund zur Welt. Erstes Ziel muß sein, diese Gesundheit zu erhalten. Tatsächlich betreffen 80 % des Ausbildungspensums und der Kosten die diagnostische Technik. 70 %

der klinischen Kosten wenden wir für Kranke auf, die ein Jahr später nicht mehr leben. Wir investieren in den Tod ...«.
Nach S. DAS sind dabei »Ganzheitlichkeit und Ökologie wesentliche Elemente einer Strategie der Gesundheitsförderung«.

1.1.5 Umweltmedizin: Erste ärztliche Pflicht

Jeder praktizierende Arzt sieht tagtäglich Patientinnen und Patienten, die wegen der Folgen von Umweltschadstoffen auf Körper, Seele und Geist krank geworden sind. Doch nicht jeder Arzt ist sich dieser Zusammenhänge bewußt. Dabei sollte gerade der praktizierende Arzt ein »Seismograph« zur Früherkennung umweltbedingter Erkrankungen sein. Schließlich sieht er als empirischer Beobachter tagtäglich neurotoxische Effekte durch Lösungsmittel, Schwermetalle, Alkohol etc., Effekte durch Pestizidbelastungen, Holzschutzmittel im Haus, Fußböden aus phenolharzverleimten Spanplatten und vieles mehr.

▷ Der niedergelassene Arzt ist meist die erste »Anlaufstelle« der Patienten, außerdem die Vertrauensperson, und er kennt darüber hinaus die sozialen, beruflichen und familiären Verhältnisse. Er sollte Bescheid wissen über regionale Umweltbelastungen, z. B. die Existenz von Müllverbrennungsanlagen, Chemiefabriken, Pestizideinträge in die Böden, Nitratbelastungen und vieles mehr.

1.1.6 »Gesundheit« aus umweltmedizinischer Sicht

Es gibt viele Möglichkeiten, den Begriff »Gesundheit« zu definieren. Nach HILDEGARD VON BINGEN ist Gesundheit »Einklang mit Schöpfer und Schöpfung«. Nach Hildegard ist nur auf diese Weise eine »absolute Harmonie zwischen Körper, Seele und Geist« möglich.
Aus umweltmedizinischer Sicht ist Gesundheit kein Zustand, sondern ein Prozeß. Sie muß täglich neu errungen werden und ist letztlich die Folge eines sinnvollen und ausgewogenen Umgangs mit den elementaren Grundbedürfnissen des menschlichen Lebens unter Berücksichtigung lebenswichtiger ökologischer Zusammenhänge.
Gesundheit ist immer abhängig von der individuellen Lebensführung, vom persönlichen Verhalten in Familie, Freundschaft, Arbeit und Freizeit und setzt Eigeninitiative und Selbstvertrauen voraus.
Die Gesundheit des Einzelnen und der Bevölkerung ist abhängig von gesellschaftspolitischen Bedingungen. Sie kann nur erhalten werden, wenn die Einheit von Körper, Seele und Geist im Mittelpunkt aller Bemühungen steht.

2. Aufgabenstellung und Zielsetzung

2.1 Zwischen Ethik und Technik

2.1.1 Umweltmedizin in den Industriestaaten

Die Menschen der Industrienationen sind für umweltmedizinische Zusammenhänge sehr sensibilisiert. Hier stellt man sich zunehmend die Frage nach der globalen Reichweite unseres technischen Fortschritts, nach globalen umweltmedizinischen Zusammenhängen, insbesondere Folgen für die Zukunft, beispielsweise, ob mögliche *Erbschäden* zu befürchten sind, die den Bestand der Nachkommenschaft gefährden etc.

2.1.2 Umweltmedizin in der 3. Welt

Bei globaler Betrachtungsweise ergibt sich eine starke Diskrepanz zwischen Industrienationen und Ländern der 3. Welt hinsichtlich der Risikobereitschaft und des Stellenwertes der Umweltmedizin. In den Ländern der Dritten Welt ist die Risikobereitschaft viel größer als bei uns. Umweltmedizinische Zusammenhänge sind Wissenschaftlern und Politikern der 3. Welt zwar bekannt, jedoch steht die Sicherung der elementarsten Lebensbedürfnisse im Vordergrund, so daß die Umweltmedizin dort einen geringen Stellenwert hat. Es ist dringend notwendig, daß eine »Weltweite Charta Umwelt und Gesundheit« gegründet wird, die gemeinsam mit und für die 3. Welt unter Einbeziehung globaler umweltmedizinischer Erkenntnisse ein Soforthilfekonzept entwickeln und umsetzen.

2.1.3 Die wachsende Sensibilisierung der Bevölkerung

In den Industrienationen sind wir uns darüber bewußt, daß sich mit dem Fortschritt der Technik auch die Dimensionen der mit ihr verbundenen Risiken ausgeweitet haben. Bei uns ist das Mißtrauen gegenüber neuen Verfahren oder neuen Stoffen so stark angewachsen, daß man oft absolute Beweise der Gefahrlosigkeit verlangt, ehe ein neues Verfahren eingeführt werden darf.

2.1.4 »Wertfreie« Wissenschaft und High-Technology

»... Auf der Seite der Technik und Wissenschaft versuchen wertfreie Wissenschaftler, durch immer kompliziertere Techniken und ein immer ausgeklügelteres Systemmanagement eine Risikominimierung zu erreichen. Hochqualifizierte Fachleute mit immer mehr Spezial- und immer weniger Allgemeinwissen erarbeiten immer kompliziertere und undurchschaubarere Techniken, um die unerwünschten Auswirkungen und Auswüchse der Technik in den Griff zu bekommen. Unsere Umwelt, die durch die Folgen der Technik bedroht und zerstört wurde, soll mit noch mehr technischem Aufwand vor diesen Folgen geschützt werden ...«.

Das Kernproblem beschreibt THÜRKAUF (1990) folgendermaßen:

»... Überläßt man das Risikoproblem einer wertfreien Wissenschaft, die nicht kontinuierlich alle ihre Handlungen und Entwicklungen und deren mögliche Folgen ethisch und moralisch hinterfragt, so entwickelt sich das Risiko und das zu seiner Beherrschung aufgewandte Managementsystem zu einem Teufelskreis, innerhalb dessen eine echte Lösung nicht zu erreichen ist ...«.

Verantwortliches Handeln erschöpft sich nicht in der Verwirklichung von Funktionalitäten, denn das Handeln hat Konsequenzen in einem Zusammenhang, der normativ geprägt wird durch die Unantastbarkeit der Menschenwürde und die Deklaration der Menschenrechte. Aus dem Dilemma kann nur eine übergeordnete Zielsetzung herausführen, die von allgemein anerkannten Idealen und Wertvorstellungen ausgeht.

2.1.5 Umweltmedizinische Ethik

Aus ganzheitlicher Sicht ist die Umweltmedizin auch immer ein ethisches Problem. Denn Umweltmedizin und Medizinische Ethik sind untrennbar miteinander verbunden, weil alle umweltmedizinischen Fragen letztlich auch immer als rein ethische Fragen gesehen werden können und müssen. Umgekehrt ist auch Medizinische Ethik ohne die Umweltmedizin nicht möglich.

2.2 Ziele der Umweltmedizin

Aus medizinischer Sicht interessieren vor allem Belastungen der Umwelt mit Schadstoffen und Giften, die durch die biologischen Zyklen in den menschlichen Organismus gelangen und direkt oder indirekt zu akuten oder chronischen Gesundheitsbeeinträchtigungen, -schädigungen und z. T. auch zu schweren Erkrankungen führen.

Wichtig ist dabei eine systematische Grundlagenforschung über bedeutende biologische Mechanismen in Zusammenhang mit solchen Schadstoffbelastungen und über mögliche synergistische Effekte der Einzelbelastungen. Bei der umweltmedizinischen Grundlagenforschung stellt sich immer das Problem, daß die im Körper ausgelösten Reaktionen sich keineswegs immer als lineare Beziehung zwischen Konzentration und

Expositionsdauer sowie den daraus resultierenden gesundheitlichen Auswirkungen darstellen. Auch für allergische Reaktionen gelten nicht immer nur lineare Beziehungen. Sie sind vielmehr von einer Reihe exogener und endogener Faktoren abhängig. Die Erforschung des Zusammenspieles dieser Faktoren ist Gegenstand der Umweltmedizin.

2.2.1 Prävention und Therapie umweltbedingter Erkrankungen

Die Erforschung von Umweltschäden erfordert eine Erweiterung des Krankheitsbegriffs um *»Erkrankungen«* als objektivierbare Befindlichkeitsstörungen und *»Krankheitsanzeichen«* als objektivierbare Abweichungen physiologischer Parameter von der Norm (CAPRA, 1990). Schädigungen durch Umweltgifte vollziehen sich überwiegend im Niedrigdosisbereich. Typische Krankheitsbilder treten im allgemeinen nur bei seltenen Unfällen und Überdosierungen auf.
Entsprechend unterscheiden auch T. SCHAEFER und H. W. WACHTEL (1989) zwischen *Krankheit, Gesundheitsstörung* und *Informationen zur Interpretation.* Viele Befindlichkeitsstörungen und Parameterabweichungen sind eine Folge von Ungleichgewicht und Disharmonie, oft ein Ergebnis mangelnder Integration (TRETTER, 1988). Es ergeben sich charakteristische umweltmedizinische Bilder, z. T. vorwiegend auf der physikalisch-chemischen, z. T. auf der psychischen und psychosomatischen Ebene. Aus umweltmedizinischer Sicht sind die genannten Ebenen untrennbar miteinander verbunden.

▶ Umweltmedizin ist Ganzheitsmedizin, insbesondere unter Einbeziehung aller ethischen Aspekte.

2.2.2 Umweltmedizinische Öffentlichkeitsarbeit

Die Bewertung der umweltmedizinischen Relevanz beobachteter Zusammenhänge erfordert solides Basis- und Fachwissen. Der erfahrene Umweltmediziner erarbeitet bedeutende und notwendige Grundlagen für Empfehlungen, Gutachten und Stellungnahmen, für die politische Umsetzung und insbesondere für die Schaffung und Änderung von Richtlinien, Verordnungen und Gesetzen.
Der Umweltmediziner trägt durch sachliche, kompetente Öffentlichkeitsarbeit dazu bei, daß Einzelpersonen, Bevölkerung, Verbände und Behörden über umweltmedizinische Zusammenhänge informiert werden.

2.2.3 Medizinische Weiterbildung: Zusatzbezeichnung »Umweltmedizin«

Nach dem skandinavischen, nordamerikanischen, australischen und kanadischen Vorbild gibt es seit Oktober 1993 für alle approbierten Ärzte in Deutschland die Möglichkeit, die Zusatzbezeichnung »Umweltmedizin« zu erwerben. Die genauen Richtlinien, welche von der ärztlichen Standesorganisation auf Bundesebene festgelegt wurden, sind am Ende dieses Buches zusammengefaßt abgedruckt.

- ▶ Die theoretische Ausbildung erfolgt derzeit in fünf Blöcken mit insgesamt 200 Stunden. Dazu sind mehrere Wochen Praktikum in hierfür zugelassenen Praxen, Instituten bzw. Behörden geplant. Derzeit gilt noch eine Übergangsregelung.

2.2.4 Umweltmedizin in Forschung und Lehre

Seit dem Wintersemester 1990/91 liest der Autor dieses Buches an der Ludwig-Maximilians-Universität München gemeinsam mit Professor VOLKER ZAHN, Straubing, die Vorlesung »Umweltmedizin«. Die Gliederung der Vorlesung wurde zum Großteil auch zum Gegenstand der obigen Ausbildungsrichtlinien und entspricht weitgehend der Gliederung dieses Buches.

- ▶ Somit ist der Ausbildungsumfang weitgehend identisch mit dem vorliegenden Lehrbuch. Alle Lernziele werden im Rahmen dieser Vorlesung vermittelt.

2.2.5 Medizinische Praxis

2.2.5.1 Aufgabenbereiche

Die Aufgaben des Umweltmediziners können sehr vielfältig sein. Sie ergeben sich in allen Bereichen, wo es zu Überschneidungen zwischen Umwelt- und Gesundheitsfragen kommt. Dementsprechend werden Umweltmediziner in Klinik und Praxis, öffentlichen und privaten Unternehmen, Behörden, Forschungseinrichtungen, in den Medien etc. gebraucht.

Allgemeine Aufgaben des Umweltmediziners

- ▶ Mitwirkung bei der Erstellung einer Umweltanalyse und bei der Erstellung und Verwirklichung von Umweltschutzkonzepten, insbesondere für
- ▶ Krankenhäuser

- Arztpraxen, Zahn-, Tierarztpraxen
- medizinische Forschungseinrichtungen
- Gesundheitsämter
- Altenheime, Krankenpflegeheime etc.
- Tätigkeiten in einer Berater-, Gutachter-, Betreuer-, Koordinatorfunktion
- Beratung aller Mitarbeiter des öffentlichen Gesundheitswesens in Umweltschutz-Fragen
- Durchführung, Vergabe, Auswertung, Beurteilung und Publikation von:
  - Ökobilanzen,
  - ökologischen Kosten/Nutzen-Analysen
  - Abfall-Gutachten
  - Abwasser-Gutachten
- Stellungnahme zu:
  - Luft-, Wasser-, Bodenbelastungen
  - umwelttoxikologischen Fragen und Problemen
  - umwelthygienischen Fragen und Problemen
  - umweltradiologischen Fragen und Problemen
  - umweltallergologischen Fragen und Problemen
  - umweltimmunologischen Fragen und Problemen
- Information, Beratung, Auskunft zu allen weiteren Bereichen der Umweltmedizin
- Informationsaustausch mit anderen umweltmedizinischen Beratungsstellen und Instituten, z. B. in Wien, Toronto, Oslo.

2.2.5.2 Öffentliches Gesundheitswesen: Institute und Beratungsstellen

Prävention hat Vorrang

Zahlreiche Untersuchungen der jüngsten Zeit machen deutlich, daß heute immer mehr Erkrankungen ganz oder teilweise mit Umweltschäden zusammenhängen. Es ist daher nicht nur das Ziel, sondern auch die Pflicht des öffentlichen Gesundheitswesens, sich noch intensiver als bisher mit Fragen des Umweltschutzes auseinanderzusetzen. Dem Umweltschutz im öffentlichen Gesundheitswesen, insbesondere dem relativ neuen Zweig der Umweltmedizin, kommt daher immer mehr Bedeutung zu. Siehe: »Umweltschutz ist Medizin im Sinne der Prävention umweltbedingter Erkrankungen» (SCHULTE-UEBBING, C., V. ZAHN, 1990).

Beratungsstellen – Qualifikation und Aufgabenspektrum
Jede größere Stadt sollte nach Möglichkeit eine Umweltmedizinische Beratungsstelle schaffen, die von einem Umweltmediziner geleitet wird. Dieser hat alle in diesem Lehrbuch genannten Arbeitsschwerpunkte. Beispielhaft ist das Institut für Umweltmedizin der Stadt Wien.

Ein Umweltmediziner, der in einer öffentlichen umweltmedizinischen Beratungsstelle tätig ist, sollte nicht nur Arzt sein, sondern darüber hinaus auch über ein weites Spektrum zusätzlicher Qualifikationen verfügen.
Er braucht u. a. Erfahrungen auf folgenden Gebieten:

- ▶ Ökologie und Ökonomie (z. B. zur Beurteilung von Ökobilanzen),
- ▶ Toxikologie (z. B. Beurteilung von Schadstoffwerten in Gewässern, Luft, Boden, Nahrung etc.)
- ▶ Technischer Umweltschutz
- ▶ Abfallproblematik (rechtliche Fragen, toxikologische Beurteilung, Stellungnahme zu Zwischen- und Endlagerproblemen, geologische, hydrologische, bodenkundliche Kenntnisse).

Beispiel: Institut für Umweltmedizin in Wien
Schon seit einigen Jahren existiert in Wien ein Institut für Umweltmedizin, das dem Gesundheitsamt des Magistrates der Stadt Wien untersteht. Es hat folgende Arbeitsschwerpunkte:
- Medizinische Beurteilung von Umwelteinflüssen, insbesondere
- Lärm und
- Luftschadstoffen
- Beratung von Bürgerinitiativen.

Besondere Tätigkeitsschwerpunkte des Umweltmediziners in Wien:
- Teilnahme an Verhandlungen und Kommissionen
- Ausarbeitung von Stellungnahmen
- Gutachtenerstellung
- Fachliche Beratung von Amtsärzten.

Medienarbeit zum Thema Umwelt und Gesundheit
- Bürger-Telefon für Umweltmedizinische Fragen
- Unterstützung des Gesundheitsreferenten bei der politischen Umsetzung:
- Sachliche Aufklärung über umweltmedizinische Zusammenhänge

- Zusammenarbeit mit anderen Behörden (z. B. Umwelt-, Innen-, Arbeits- und Sozialministerium, Landes- und Bundeszentrale für gesundheitliche Aufklärung etc.)
- Medienarbeit zur Prophylaxe und Therapie umweltmedizinischer Erkrankungen
- Organisation umweltmedizinischer Fortbildungen
- Mitwirkung bei der Ausbildung von Ärzten zu Umweltmedizinern – in Zusammenarbeit mit der Landesärztekammer und Universitäten – im Rahmen der Umweltambulanz Bayern.

In der *Umweltambulanz Bayern,* die in verschiedenen bayrischen Großstädten bereits vertreten ist, beginnt ein Konzept zu greifen und heranzuwachsen, worin viele Segmente der Umweltmedizin zusammenhelfen können: Patientenanfragen können auf verschiedenen Ebenen weitergeleitet werden.

Umweltmedizinisch geschulte Ärzte (so auch der Autor) bilden Kollegen weiter und bereiten öffentliche Maßnahmen vor. Apotheker, Meßtechniker, Labors, Baubiologen und Handwerker bilden eine interdisziplinäre Arbeitsgemeinschaft, um die Fragen, die auftauchen, gemeinsam zu lösen

Sanierungskonzepte des Wohn- oder Arbeitsbereiches können ebenso umfassend erarbeitet werden, wie allgemeinmedizinische Maßnahmen für den einzelnen Patienten.

2.2.6 Beispiel für Arbeitsfelder und Leistungsangebote einer umweltmedizinischen Praxis

Der Autor stellt nachfolgend interessierten Kollegen die in seiner umweltmedizinischen Praxis im Zentrum von München angebotenen Leistungen und Arbeitsgebiete vor. Schwerpunkte liegen im umweltmedizinischen und naturheilkundlichen Bereich. Im Rahmen der Sprechstunde innerhalb seiner Facharztpraxis werden umweltmedizinische Leistungen angeboten::

Umweltbedingte Frauenleiden

- Zyklusanomalien
- endokrinologische Störungen
- chronischer Fluor vaginalis
- Sterilität
- Infertilität
- psychosomatische Erkrankungen etc.

Allgemeine umweltbedingte Erkrankungen

- z. B. umweltbedingte allergische Erkrankungen
- umweltbedingte immunologische Erkrankungen
- umweltbedingte psychosomatische Erkrankungen etc.

Sprechstunde für Patientinnen und Patienten, bei denen die behandelnden Allgemeinärzte eine umweltbedingte Krankheit vermuten.

Allgemeine Umweltmedizinische Beratung

- Umweltmedizinisches Ernährungs-Screening und Beratung
- Umwelthygienisches Screening und Beratung (Wasch-, Reinigungs-, Desinfektionsmittel, Kosmetika etc.)
- Screening und Beratung: Kleidung, Wohntextilien
- Baubiologisches Screening und Beratung
- Wohn- und Arbeitsmedizinisches Screening und Beratung
- Psychosoziales Umweltscreening und Beratung

Umweltmedizinische Diagnostik

- Schadstoffanalyse
- Schwermetallanalyse
- Mikronährstoffanalytik
- Immunprofil
- Herddiagnostik

Vermittlung und Zusammenarbeit mit Baubiologen:

- zur Materialanalyse
- zur baubiologischen Analyse
- für Luft-, Wasser- und Bodenanalysen etc.

Umweltmedizinische Gutachten

▷ Einen besonders hohen Stellenwert hat dabei die interdisziplinäre Zusammenarbeit mit umweltmedizinischen Einrichtungen, aber auch mit Selbsthilfegruppen, mit Forschung und Lehre, mit Umwelt- und Naturschutzverbänden und mit Medien und Politik.

II.

Umweltbelastungen als Krankheitsursache

1. Umweltbelastungen innerhalb ökologischer Kreisläufe

Die folgende Abbildung zeigt, wie eng verschiedenste ökologische Kreisläufe ineinander verzahnt sind und wie es über entsprechende Kumulations- und Transferfaktoren zu verschiedensten Umweltbelastungen kommen kann:

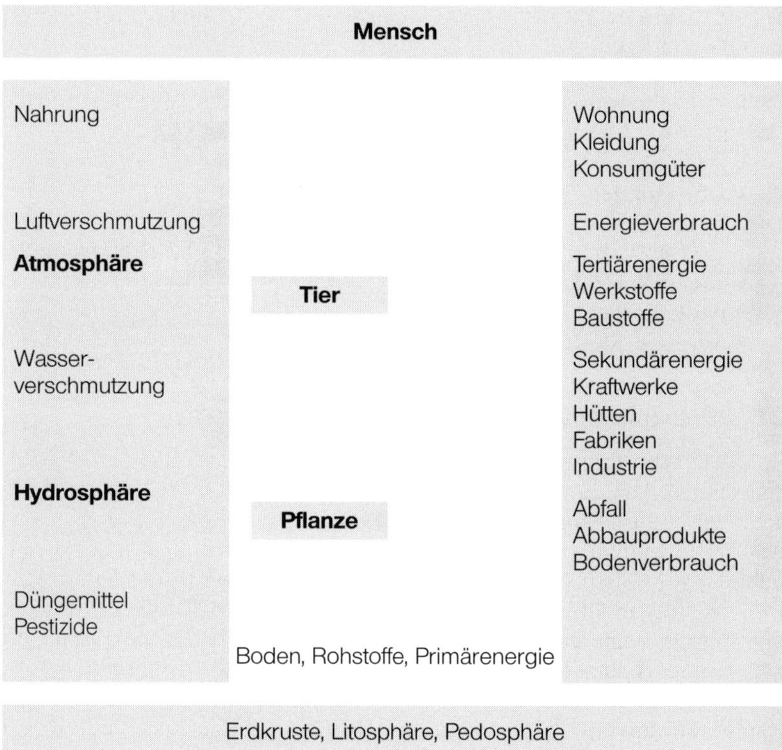

Abb. 4: Ökologische Kreisläufe, Kumulations- und Transferfaktoren. Mensch, Tier, Pflanze in Atmosphäre, Hydro- und Biosphäre. Natürliche und anthropogene Einflußsysteme.

2. Umweltbelastungen im Boden

2.1. Bodenbelastungen

In Mitteleuropa belasten und zerstören wir die Böden immer mehr und nehmen uns und allen anderen Lebewesen zunehmend die Lebensgrundlage. Besonders bedrohlich sind folgende Belastungen:

- Bodenverbrauch
- Mechanische Einwirkungen (Bodenerosion, -verdichtungen, Strukturveränderungen)
- Stoffliche Einwirkungen durch
  - Luftschadstoffe (u. a. saure Niederschläge, persistierende Schadstoffe)
  - Radioaktive Stoffe
  - Düngemittel (Wirtschafts-, Handelsdünger)
  - Pestizide
  - Siedlungsabfälle (Klärschlämme, Müllkompost, Flußsedimente)
  - Altlasten, Deponien
  - Auftaumittel
  - Sonstige Stoffe, wassergefährdende Stoffe etc.

2.1.1 Agrochemikalien – der giftige Fortschritt

Rund 32 000 Tonnen Agrochemikalien rieseln pro Jahr auf bundesdeutsche Äcker, fast drei kg/ha. Es gibt kaum noch Ackerboden, der nicht zumindest Spuren der rund 1800 in Deutschland zugelassenen Agrargifte enthält. An dieser Entwicklung sind die Verbraucher mit schuld. Auf Obstplantagen wird bis zu 15mal gegen Schorf gespritzt, weil der Bürger Äpfel ohne die mindesten Schönheitsflecken haben will. Man nimmt heute gern einen faden Geschmack und Giftrückstände für trügerische Ästhetik in Kauf. Die Obstbauern fahren jährlich bis zu 15mal mit dem Traktor durch die schnurgeraden Reihen ihrer Obstbäume und lassen giftige Nebelschwaden hinter sich. Dasselbe gilt für den Gemüseanbau: Handelsklasse A gibt es nur mit Gift.

Beim Stoffeintrag in landwirtschaftliche Böden unterscheidet man zwischen **beabsichtigtem Einbringen** *(Düngung, Pflanzenschutzmittel)* und **unbeabsichtigter Belastung** aus verschiedenen anthropogenen Emissionen über die Atmosphäre, die nicht mit der Bodenbearbeitung zusammenhängen (z. B. *Schwermetalle, Kanzerogene, Dioxine, Furane, PCB, organische Schadstoffe).* Die geschätzte mittlere jährliche Deposition in ländlichen Gebieten beträgt pro Hektar (Heinrich und Hergt, 1990):

- Sulfate ca. 40 kg
- Nitrate ca. 10 kg
- Ammonium ca. 10 kg
- Phosphate ca. 0,5 kg
- Blei ca. 200 g
- Kupfer ca. 300 g
- Nickel ca. 15 g
- Arsen ca. 5 g
- Cadmium ca. 7 g
- PCB (Polychlorierte Biphenyle) ca. 1,5 g
- HCH (Hexachlorhexan) ca. 0,25 g

Nitrat- und Phosphatdünger, aber auch Kaliumdünger, sollen dem Boden entzogene Salze als Nährstoffe wieder zuführen. Dadurch leidet zwar die Bodenfruchtbarkeit nicht grundsätzlich, es können aber damit keine *Humusbildner* »produziert« werden, die als Ernährungsgrundlage für das Edaphon notwendig sind. Diese Humusbildner, die für ein natürliches Boden-Ökosystem nötig sind, fehlen.

Der lösliche Mineraldünger wird bei Nährstoffanreicherung im Boden mit dem Sickerwasser ausgewaschen. Nitrat spielt hier eine besondere Rolle, da es kaum an Bodenteilchen gebunden und besonders leicht ausgewaschen wird. Es kommt teilweise zu extremen Stickstoff-Sickerverlusten, die zu einer Nitratbelastung von Oberflächen-, Grund- und Tiefengewässern und damit auch der Trinkwässer führen. Viele Landwirte versuchen, die rasche Auswaschung durch Erhöhung der Nitratdünger-Dosis zu kompensieren. Der Teufelskreis schließt sich. Das Nitratproblem wird im Abschnitt »Wasser« dargestellt.

▷ Je nach Herkunft des Rohphosphats ist im mineralischen Phosphatdünger Cadmium enthalten. So gelangen bei einer Düngung mit 70 kg Phosphat/ha etwa 2–3 g Cadmium/ha auf den Boden und letztlich über Pflanzen, Tier zum Menschen.

Folgen einer hochgezüchteten Landwirtschaft
Dank der großen Mengen an Dünger fahren die Bauern Rekordernten ein. Die Pflanzen werden immer hochgezüchteter, aber auch immer empfindlicher gegenüber Schädlingen, z. B. Blattläusen oder Pilzkrankheiten.

Immer mehr Monokulturen werden angelegt. Doch in solchen Monokulturen herrschen ideale Lebensbedingungen für Schädlinge. Jahrzehntelang versuchte man, sich dieser Schädlinge mit Giften wie E 605, Lindan, DDT, Dieldrin und Endrin zu erwehren. Dies hat verheerende Folgen.

2.1.2 Pestizide

2.1.2.1 Problematik des Pestizideinsatzes

Pestizide ist die zusammenfassende Bezeichnung für eine Gruppe chemischer Schädlingsbekämpfungsmittel.

In Deutschland werden große Mengen von Pestiziden hergestellt. Die überwiegende Menge davon wird exportiert. Etwa 20 % werden im Inland verwendet.

Die folgende Tabelle gibt eine Übersicht über die einzelnen Pestizidgruppen und die Anwendung einzelner Stoffklassen.

Pestizidgruppe	Anwendung	Stoffklasse, Beispiel
Insektizide	Insektenabtötung	Halog. Kohlenwasserstoffe (Aldrin, Dieldrin, DDT, Heptachlor, Lindan, Thiodan Toxaphen), Phosphorsäureester (Malathion, Parathion Systox, TEPP), Carbamate (Pyramat, Sevin)
Akarizide	Milbenabtötung	Verschiedene Stoffklassen (z. B. Eredex, Tedion)
Molluskizide	Schneckenabtötung	Substituierte Phenole, z. B. Pentachlorphenol, 2,4-dinitro- 6-cyclo-hexyl-phenol (DCHP) etc.
Rodentizide	Nagetierabtötung (Ratten, Mäuse)	Kumarinderivate (Racumin)
Fungizide	Pilzvernichtung	Unterschiedl. Stoffklassen, oft metallorganische Verbindungen mit Sn, Zn, Hg
Herbizide	»Unkraut«vernichtung	Halogenierte niedere Fettsäuren, z. B. Trichloressigsäure (Nata), Dichlor-Propionsäure (Gramevin)

Pestizidgruppe	Anwendung	Stoffklasse, Beispiel
Ovizide	Vernichtung von Insekteneiern	Substituierte Phenole (Sinox, Dinoseb)
Sterilantien	Schädlingssterilisation	organ. Phosphor-Stickstoff-Verbindungen (Apholate)
Repellents	Schädlingsbekämpfung	Ätherische Öle, Alkohole, zyklische Ester (z. B. Dimethyl-Phtalat)

Tab. 2: Übersicht über die einzelnen Pestizidgruppen und die Anwendung einzelner Stoffklassen

Die folgende Tabelle gibt einen Überblick über die Produktion von Pestiziden in Westdeutschland.

Pestizid	**Jahr und produzierte Mengen (in 1000 t)**					
	1966	1972	1976	1982	1986	1990
Insektizide	54,1	51,2	51,9	49,5	52,9	> 55
Herbizide	25,8	57,3	57,4	83,8	94,7	> 95
Fungizide	35,1	34,8	34,4	57,5	67,5	> 70
Sonstige	32,7	19,3	20,1	22,9	26,3	> 28
Summe	138,7	162,7	185,4	229,6	241,4	> 248

Tab. 3: Überblick über die Produktion von Pestiziden in Westdeutschland von 1966 bis 1990 (*Statistisches Bundesamt Wiesbaden,* ergänzt durch aktuelle Zahlen aus der Presse):

2.1.2.2 Pestizidverbrauch

Weltweit werden derzeit jährlich ca. 6 Mio t Pestizide verbraucht.

In Deutschland stieg von 1973 bis 1979 der jährliche Pestizidverbrauch von 24 415 t auf 33 650 t. Seitdem stagniert der Verbrauch (1986: 31417 t, 1990 ca. 32 000 t).

Die Verteilung:
- Herbizide 61 %
- Fungizide 21 %
- Insektizide und Akarizide 6 %
- Rest: Nematizide, Molluskizide, Rodentizide, Wachstumsregulatoren.

Nur ein Teil der Pestizide erreicht sein Ziel, der andere fällt zu Boden und gelangt durch Auswaschen ins Grundwasser.

Pestizide können als Aerosole bis 5 000 km transportiert werden und belasten Nachbarökosysteme.

2.1.2.3 Pestizideintrag

Folgende Pestizidmengen werden in den Boden eingebracht:
- Landwirt: 2,6 kg/ ha/a
- Hobbygärtner: 3,0 kg/ ha/a
- Golfplatz: 3,6 kg/ ha/a

▷ Bei vorschriftsmäßiger Anwendung erhält der Boden ca. 1–3 kg Pestizide pro Hektar und Jahr. Auf die obersten Millimeter können sich bis zu 20 mg/kg konzentrieren.

Im Boden werden die Pestizide von den Boden- bzw. Humusteilchen absorbiert, in den Organismen angereichert, chemisch oder biologisch abgebaut bzw. mit dem Sickerwasser ins Grundwasser gewaschen. So gelangen sie übers Trinkwasser in den menschlichen Körper.

Auswirkungen der Pestizide
Die Wirkung der Pestizide hängt oft von der Anwendungsmethode ab. Im Freiland werden sie verstäubt (Korngröße < 40 µm), für Raupenfraß < 10 µm), verspritzt (Lösungen, Emulsionen und Suspensionen) oder in geschlossenen Räumen als Aerosole (Rauch, Nebel) ausgebracht. Dadurch erreicht man die oberirdischen Pflanzenteile direkt, nicht aber hinzuwachsende Pflanzenorgane.

Im Boden lebende Schädlinge kann man durch Bodenbehandlung oder systemische Gifte erreichen. Sie werden vom Wirtsorganismus, z. B. der Pflanze, aufgenommen und verteilen sich in ihm, ohne diesen zu schädigen. Sie wirken besonders auf fressende und saugende Schädlinge als Systemgift. Das Mittlermedium ist wichtig, weil viele Pestizide in organischen Lösungsmitteln oder Ölemulsionen giftiger wirken als in wäßriger Lösung. Fettlösliche Wirkstoffe dringen dann leichter durch die lipophile Cuticula und Zellmembran. Insekten können Pestizide durch Kontakt über dünne Hautpartien, Sinnesorgane und Gelenkhäute aufnehmen.

Man unterscheidet nach der Wirkung auf Organismen folgende *Pestizid-Gruppen:*
- Kontaktgifte (z. B. fettlösliche Pestizide, dringen durch Chitinpanzer ein)
- Fraßgifte (Aufnahme durch den Verdauungstrakt)
- Inhalationsgifte (Aufnahme durch Einatmen)

2.1.2.4 Pestizidrückstände

Der Anteil der fest gebundenen Rückstände ist erheblich, so daß unvollständige Untersuchungen starke Abbaubarkeit vortäuschen.

Ergebnisse von Isotopenmessungen ergaben, daß die Anteile gebundener Pestizidrückstände im Boden sehr hoch sein können.

Mit ^{14}C können prozentuale Anteile der Ausgangssubstanz im Boden nachgewiesen werden:

Rückstände von Herbiziden (in %):

- 3,4-Dichloranilin 90 %
- Pirimicarb 70 %
- Pentachlorphenol (PCP) 45 %
- Methabenzthiazuron 41 %
- Dichlor-Phenoxyessigsäure (2,4-D) 28 %

Rückstände von Insektiziden (in %):

- Phosalon 80 %
- Fenitrothion 50 %
- Carbaryl (Sevin-Wirkstoff) 32–49 %
- Parathion 18–45 %
- Dichlorphenyltrichlorethan 25 %

2.1.2.5 Pestizidbelastung deutscher Agrarflächen

Die folgende Tabelle zeigt Werte für chlorierte Kohlenwasserstoffe:

Standort	HCH	HCB	Dieldrin	PCB	DDT
Paderborn:					
Acker, konventionell	0,5	9,0	–	3,0	150
Acker, biologisch	–	–	–	5,0	10
Uelzen:					
Acker, konventionell	–	4,0	0,5	–	5
Acker, biologisch	–	–	–	2,0	53
Rheingau:					
Weinbau, konventionell	–	–	0,5	–	1300
Weinbau, biologisch	–	–	–	2,0	99

Standort	HCH	HCB	Dieldrin	PCB	DDT
Stuttgart:					
Acker/Gartenbau					
– konventionell	4,0	4,0	–	5,0	14
– biologisch	–	1,0	2,0	40	8

Tab. 3: Werte für die chlorierten Kohlenwasserstoffe HCH, HCB, Dieldrin, PCB, sowie für DDT-Rückstände auf konventionellen Standorten und auf biologisch bestelltem Kulturland („STERN"-Report 1985)

Insgesamt läßt sich sagen, daß die biologischen Böden besser abschneiden und daß von allen kaum eine Gesundheitsgefahr ausgeht, selbst vom relativ hohen DDT-Wert nicht. Ein Vergleich mit englischen, amerikanischen und kanadischen Bodenmessungen aus den sechziger und siebziger Jahren zeigt, daß damals Werte im Obst- und Weinbau 30- bis 40mal höher waren.

2.1.2.6 Folgen des Pestizideinsatzes

Heute weiß man, daß der jahrzehntelange Einsatz von Pestiziden zu einer Destabilisierung des gesamten Ökosystems ungeahnten Ausmaßes geführt hat: Ein stilles Sterben auf deutschen Äckern hat eingesetzt. Die Biomasse der an der Bodenoberfläche lebenden Nützlinge ging nach Köthe 1985 beispielsweise zwischen 1951 und 1981 in Schleswig-Holstein um 99 % zurück.

Das Problem der Resistenzen

Es entwickeln sich immer mehr Resistenzen gegen die Pestizide. Immer mehr Schadinsekten und Pilze breiten sich aus, die unempfindlich gegen die Gifte sind. Zu dieser Schädlingsvermehrung trägt u. a. auch die Flurbereinigung bei: Sie vernichtet mit Hecken, Rainen und Tümpeln die Lebensräume von Tieren, die vorher alle Schädlinge bekämpften. Heute gibt es weltweit schon viele hundert resistente Arten. Schadorganismen und chemische Abwehr befinden sich in einem Wettlauf. Viele Unkräuter haben es heute gelernt, mit den Herbiziden fertigzuwerden. Dadurch vermehren sich viele »Unkräuter«, wie z. B. die Vogelmiere oder das Franzosenkraut in Maismonokulturen, die Bauern sind z. T. schon machtlos dagegen. Auch viele Schadinsekten sind nicht mehr zu bändigen: Rund ein Viertel der deutschen Zuckerrüben-Anbaufläche (100 000 ha) ist heute mit Fadenwürmern verseucht. Die Landwirtschaft versucht, diese Entwicklung durch zwei Maßnahmen zu kompensieren: Es werden noch mehr Monokulturen angelegt, um noch besser flächendeckend Schädlingsbekämpfung zu betreiben und die Pestizide werden noch höher dosiert.

Monokultur – eine Sackgasse?
Von den Monokulturen profitieren viele bodenständige Krankheitserreger, u. a. Pilze, die Maisbeulenbrand, Kartoffel- und Rapskrebs verursachen, oder winzige Fadenwürmer, wie Getreidezystenälchen oder Rüben- oder Kartoffelnematoden. Die Höherdosierung führt zu unglaublichen Resistenzen. Beispielsweise vertragen resistente Abarten des schwarzen Nachtschattens mittlerweile das 50fache der Normaldosierung des Unkrautvertilgers Atrazin.

Das Ende der Fahnenstange?
Am Ende der Nahrungskette steht der Mensch. Seit Jahren sind in der Muttermilch mehr Schadstoffe enthalten, als in Lebensmitteln geduldet werden dürfen. Die weitreichenden Folgen sind noch nicht absehbar. Bereits 1962 warnte die Amerikanerin R. Corson in ihrem Buch »silent spring« vor den Gefahren des sorglosen Pestizideinsatzes. Dennoch dauerte es 10 bis 15 Jahre, bis diese Gifte bei uns verboten wurden. Die Folgen werden bis ins nächste Jahrtausend reichen. Nach Angaben der Weltgesundheitsorganisation WHO:

- sterben jährlich 20 000 Menschen an Pestizidvergiftung
- erleiden jährlich 500 000 Menschen akute Pestizidvergiftungen
- erkranken jährlich 2 Millionen Menschen durch Vergiftungen mit Pestiziden.

2.1.3 Der saure Regen

Durch den sauren Regen kommt es zu einer Senkung des Boden-pH-Wertes, wobei zunächst die Böden noch den Säureeintrag abpuffern, solange eine basische Verbindung, z. B. Kalk vorhanden ist. Wenn die Pufferkapazität erschöpft ist, werden Aluminiumionen freigesetzt, die dem Boden als hochmolekulare Aluminiumhydroxid- Kationen erhalten bleiben. Aluminium und andere Schwermetallkationen, die mit freigesetzt wurden, zerstören u. a. das Wurzelsystem.

2.1.4 Krebserregende Substanzen

Viele Kanzerogene, die insbesondere von Kokereien in die Luft emittiert werden, sammeln sich in den Böden und gehen über die Nahrungskette. Solche Kanzerogene sind:

- Benzol
- Phenol
- Benzo-a-pyren

- 4-Aminodiphenyl
- Benzidin
- 2-Naphtylamin.

Vor allem **Klärschlämme** sind in der Regel stark mit krebserregenden Substanzen, vor allem mit polyzyklischen Aromaten belastet. Dies ist logisch, zumal sich der größte Teil dieser Verbindungen in oder an Partikeln befindet. Nach BORNEFF sind Konzentrationen von 10 mg/ kg nachweisbar. BORNEFF et al. (1986) konnten bei stadtkompostgedüngtem Gemüse Polyzyklen v. a. in den äußeren 1–2 mm von Kartoffeln, Rettichen, Karotten und Radieschen nachweisen. Dabei lagen die Konzentrationen von Fluoranthen, 3,4- und 11,12-Benzfluoranthen, Benzperylen und -pyren bei Rettichen im Wurzelkern bei 10 µg/kg Trokkenmasse, in der Wurzelschale bei 30 µg/kg und in den Blättern bei 100 µg / kg. Differenzen zu den ungedüngten Kontrollen bestanden bei den Wurzeln, denn hier wies deren Schale nur etwa 1/3 der Aromatenmenge auf.

In der Gegend von Dortmund, in Dorstfeld-Süd, wurde gezeigt, daß sich kanzerogene Schadstoffe oft in Böden nahe von Kokereien anreichern: Anfang der 80er Jahre entstand auf einem ehemaligen Zechen- und Kokereigelände (Dortmund) die Siedlung Dorstfeld-Süd für ca. 1 000 Menschen. Leichtflüchtiges Benzol und geruchsintensives Diclopentadien (DCP) sowie Quecksilber und Benzo-a-pyren (BaP) aus einem früheren Klärschlammlager hatten den Untergrund tiefgründig verseucht. Das Gebiet wurde schließlich durch schwierige und kostspielige Bodenauskofferung, z. T. > 6m, saniert. 34 000 m^3 wurden auf städt. Deponien in dafür erstellte Kassetten gelagert, 17 000 m^3 stark organisch belastete Böden zwischengelagert, um sie später durch Erhitzung in einem Spezialofen zu entgiften. 14 000 m^3 schwermetallhaltige Böden wurden auf eine Sondermülldeponie nach Frankreich exportiert.

2.1.5 Schwermetalle

Schwermetalle kommen in unterschiedlichen Mengen und Konzentrationen natürlich im Boden vor. Das Vorkommen und die Konzentration von Schwermetallen ist dabei primär abhängig von der Zusammensetzung des Gesteins, aus dem der Boden entstanden ist. Zu den natürlichen Schwermetallgehalten der Böden kommt noch der anthropogene Schwermetall-Eintrag, entweder direkt über Schwermetallverunreinigungen in Düngemitteln oder in aufgebrachten Klärschlämmen oder indirekt über Schwermetallbelastungen in Luft und Wasser.

2.1.5.1 Gesetzlich zugelassene Schwermetallbelastungen

Die folgende Tabelle zeigt die in Westdeutschland gesetzlich zugelassenen Jahresbelastungen des Bodens mit Schwermetallen :

	Cd	Cr	Cu	Hg	Ni	Pb	Tl	Zn
lt. Änderung der Düngemittelverordnung	4		200	4	30	200		750
lt. TA-Luft	18					913	36	
lt. Klärschlammverordnung	33	2000	2000	42	333	2000		5000

Tab. 4: In Westdeutschland gesetzlich zugelassene Jahresbelastungen des Bodens mit Schwermetallen (Kloke et al. 1984, Werte in g/ ha)

2.1.5.2 Schwermetallgehalte in Kulturböden

Die folgende Tabelle zeigt Konzentrationen von Schwermetallen in Kulturböden:

Element	häufig gemessen	stark kontaminierte Böden	Tolerabler Wert
Arsen	0,1 – 20	8000	20
Blei	0,1 – 20	4000	100
Cadmium	0,01 – 1	200	3
Chrom	2 – 50	20000	100
Fluor	50 – 200	8000	200
Kupfer	1 – 20	22000	100
Nickel	2 – 50	10000	50
Quecksilber	0,01 – 1	500	2
Thallium	0,01 – 0,5	40	1
Zink	3 – 50	20000	300
Zinn	1 – 20	800	300

Tab. 5: Konzentrationen von Schwermetallen in Kulturböden (Heinrich und Hergt, 1990, Werte in mg/kg lufttrockener Boden)

Insbesondere in belasteten Gebieten (Industrie, v. a. Metallurgie, Ballungszentren, Großstädte) kann es zu einer z. T. beträchtlichen Anreicherung der Schwermetalle in Kulturpflanzen kommen.

Die folgende Tabelle zeigt die Schwermetallgehalte landwirtschaftlicher Kulturpflanzen.

Element	ohne Belastung	Durchschnitt	mit Belastung
Arsen	0,2 – 0,6	0,3	0,6 – 30
Blei	0,02 – 11	4	10 – 165
Bor	2 – 40	10–20	0,2 – 20
Cadmium	0,03 – 0,4	0,08	0,1 – 5,1
Chrom	0,01 – 3,6	0,06	0,1 – 5,1
Cobalt	0,05 – 1	0,4	5 – 50
Eisen	40 – 200	100	300 – 1700
Fluor	2 – 20	10	5 – 70
Kupfer	0,2 – 3	0,5	0,3 – 2
Mangan	0,2 – 7	0,9	300 – 500
Molybdän	0,2 – 3	1,6	5 – 25
Nickel	0,1 – 7	3	5 – 40
Quecksilber	0,005 – 0,07	0,015	0,3 – > 0,5
Selen	2 – 5	3	10 – 30
Zink	0,4 – 35	24	4 – 400
Zinn	0,3	–	–

Tab. 6: Schwermetallgehalte landwirtschaftlicher Kulturpflanzen ohne und mit Belastung (nach FIEDLER und RÖSLER, 1988, Werte in mg/kg). Sehr häufig liegen die Schwermetallkonzentrationen, insbesondere in Industrie- und Großstadtböden, deutlich über den gesetzlich zugelassenen Werten.

2.1.5.3 Extremwerte in Stadtgebieten

Die folgende Tabelle zeigt Mittel- und Extremwerte für Schwermetalle von städtischen Bodenproben.

Schwermetall	Durchschnitt	Minimum	Maximum	Richtwert
Arsen	37	< 1	756	20
Cadmium	1,1	< 0,05	27,8	3
Chrom	50	5	166	100
Kupfer	101	18	2387	100
Quecksilber	0,4	< 0,05	5,7	2
Nickel	33	< 1	128	50
Blei	208	13	3074	100
Zink	464	< 4	4789	300

Tab. 7: Mittel- und Extremwerte für Schwermetalle von Bodenproben aus dem Stadtgebiet Hamburgs (LUX und HINTZE 1983, Tiefe 0–5 cm, n = 486, Werte in mg/kg).

2.1.5.4 Böden im Umfeld von Müllverbrennungsanlagen

Um eine eventuelle Kontamination des Bodens im Umfeld einer Müllverbrennungsanlage mit Schwermetallen zu überprüfen, wurden Bodenproben 400 m im Umkreis der Müllverbrennungsanlage Iserlohn auf Schwermetallgehalte untersucht. Es zeigte sich, daß die Schwermetallbelastungen deutlich über den Hintergrundwerten lagen:

Metalle	Belastung (ppm)	Hintergrundwerte (ppm)
Zink	5838,5	200
Kupfer	2577,6	50
Blei	1092,0	50
Arsen	451,6	20
Cadmium	17,6	1
Quecksilber	3,1	0,5
Thallium	1,4	–
Summe	9982	322

Tab. 8: Schwermetallbelastung 400 m vor der MVA Iserlohn, (DAUNDERER, M., 1989, Werte in ppm = mg/kg Trockensubstanz).

▷ Besonders hoch ist die Belastung mit Zink, Kupfer, Blei, Arsen und Cadmium. Die gemessenen Werte liegen alle deutlich über den Hintergrundwerten. Arsen, Chrom, Quecksilber und Blei werden vom Boden stark absorbiert. Cadmium, Tantal und Zink sind dagegen für Pflanzen leicht verfügbar. Die Intensität der Schwermetallaufnahme durch Pflanzen folgt in etwa der aufsteigenden Reihe Hg→Cr→Pb→Cu→Ni→Ta→Zn→Cd.

2.1.5.5 Industrieböden

Die folgende Tabelle zeigt die Belastung von Böden in Abhängigkeit vom industriellen Standort.

Industriezweig	Belastung
Batterieherstellung	Cadmium, Chrom, Kupfer, Blei, Quecksilber, Zink
Bergbau, Hüttenwesen	Arsen, Cadmium, Chrom, Kupfer, Nickel, Blei, Quecksilber, Zink, Cyanide, anorganische Salze, Selen, Thallium
Druckgewerbe	Arsen, Quecksilber, chlorierte, aromatische, aliphatische Kohlenwasserstoffe, schwer abbaubare organische Substanzen
Elektronikindustrie	Kupfer, Blei, Quecksilber, Selen, Cyanide, schwer abbaubare organische Substanzen
Erdöl/ Kohle/ Kokerei	Arsen, Blei, Phenole, chlorierte Kohlenwasserstoffe, schwer abbaubare organische Substanzen, aliphatische und aromatische Kohlenwasserstoffe
Farben, Lacke	Cadmium, Chrom, Kupfer, Blei, Quecksilber, Selen, Cyanide, chlorierte Kohlenwasserstoffe etc.
Gießerei	Phenole, aliphatische und aromatische Kohlenwasserstoffe, schwer abbaubare organ. Substanzen
Glasindustrie	Blei, Fluor
Holzverarbeitung	Chrom, Kupfer, Phenol, chlorierte Kohlenwasserstoffe, Dioxine, Furane, PCB
Kunststoffindustrie	Cadmium, Blei, chlorierte Kohlenwasserstoffe, Dioxine, Furane, PCB
Lederwaren, Gerberei	Arsen, Chrom, Fluor, schwer abbaubare organische Substanzen, Phenole
Metallveredlung, Galvanik	Aluminium, Cadmium, Chrom, Kupfer, Nickel, Zink, chlorierte Kohlenwasserstoffe

Industriezweig	Belastung
Papierindustrie	Quecksilber, schwer abbaubare organ. Substanzen
Pestizide	Arsen, Kupfer, Blei, Quecksilber, Zink, Dioxine, Furane, PCB, chlorierte Kohlenwasserstoffe, schwer abbaubare organische Substanzen, Cyanide
Sprengstoffindustrie	Arsen, Kupfer, Blei, Quecksilber, schwer abbaubare organische Substanzen
Textilindustrie	Chrom, Kupfer, Phenole, schwer abbaubare organische Substanzen
Müllverbrennungsanlagen	Arsen, Cadmium, Chrom, Kupfer, Nickel, Blei, Quecksilber, Thallium, Zink, Dioxine, Furane, radioaktive Substanzen, polyzyklische Aromate.

Tab. 9: Übersicht über die Belastung von Böden mit produktionsspezifischen Problemsubstanzen.

Es zeigt sich, daß fast alle industriellen Betriebe Schwermetalle freisetzen. Insbesondere die Schwermetalle *Blei, Cadmium, Arsen* und *Quecksilber* belasten den Boden sehr häufig.

2.1.5.6 Einzelne Schwermetalle

Es folgen, in alphabetischer Reihenfolge, die wichtigsten Daten über Schwermetalle, die zu Bodenbelastungen führen können:

A. Arsen

Zu hohen Arsenbelastungen der Böden kommt es in all jenen Regionen, wo Bunt- und Nichteisenmetalle *(Kupfer, Zink, Blei, Silber)* aus ihren Erzen gewonnen wurden. Auch die arsenverarbeitende Glasindustrie trägt dazu erheblich bei. Auf Betriebsgeländen und im Umkreis von Glas- oder Zinkhütten, von Holzschutzmittelherstellern, und nahe von Feuerungsanlagen ist mit stark arsenkontaminierten Böden zu rechnen.

Noch heute werden Weinstöcke in manchen Ländern mit Arsen gespritzt. Dort sind die Böden hochgradig kontaminiert. Der Wein wird dann von uns importiert und getrunken. Auch in verschiedensten Meerestieren, die importiert und verspeist werden, finden sich stark erhöhte Arsengehalte. Da Arsen krebserzeugend wirkt, trat in früheren Jahren gehäuft bei Winzern Arsenkrebs auf. Obwohl seit 1942 der Einsatz arsenhaltiger Schädlingsbekämpfungsmittel im Weinbau in

Deutschland verboten ist, sind viele Böden noch z. T. stark arsenbelastet. Heute sind alle mitteleuropäischen Böden flächendeckend mit unterschiedlichen Mengen Arsen kontaminiert.

In der Umgebung metallverarbeitender Betriebe können darüber hinaus oft erhebliche Mengen *Zink, Cadmium* und *Tantal* im Boden nachgewiesen werden. SCHUH-TSCHAN (1985) berichtet von Analysen von 977 Bodenproben in Hamburg, die eine erschreckend hohe Arsenbelastung ergaben. Die Verteilung der Arsenwerte zeigte deutliche Schwerpunkte im Süden und Südosten der Stadt, insbesondere in der Umgebung der norddeutschen Affinerie in Hamburg, wo beim Verarbeiten arsenhaltiger Erze tonnenweise Arsenverbindungen, v. a. Arsenik freiwurden. Da Arsen aus dem Boden kaum ausgewaschen wird, reichert es sich dort an.

▶ Bei den Hamburger Untersuchungen lag jeder vierzehnte Meßwert über 50 ppm, als noch tolerierbar gelten bis zu 20 ppm. Analysen des Institutes für Bodenkunde in Hamburg an Proben des gesamten Bundesgebietes ergaben für jede dritte Probe über 50 ppm Arsen.

B. Blei

Der Bleigehalt in Böden von Großstädten ist flächendeckend sehr hoch. Über 70 % der Werte liegen in einer Bodenschicht von 0–5 cm über dem Richtwert von 100 mg/kg und nur ca. 5 % im Bereich der natürlichen Gehalte. In Bereichen extrem hoher Verkehrsdichte sind Extremwerte von über 500 mg Blei/kg Boden gemessen worden. Nach Untersuchungen von LUX und HINTZE, 1983 im Hamburger Stadtgebiet variieren die Bleiwerte von Bodenproben aus 0–5 cm Tiefe zwischen 13 und 3 074 mg/kg. Es konnte mehrfach nachgewiesen werden, daß der direkte und intensive Kontakt spielender Kinder mit stark bleibelastetem Boden die Ursache für deren partielle Blei-Intoxikation war.

C. Cadmium

Wenn es zu Bodenbelastungen mit Blei kommt, ist dies meist gleichzeitig mit Cadmiumbelastungen verbunden. Cadmiumbelastete Böden findet man v. a. im Bereich der Zinkverhüttung, wo Cadmium als Koppelprodukt in großen Mengen freigesetzt wird. Weitere Bereiche, in denen Cadmiumbelastungen auftreten, sind Betriebe, in denen Nickel-Cadmium-Akkumulatoren, Stabilisatoren für Hart-PVC, Pigmente für Kunst- und Farbstoffe, und cadmiumhaltige Oberflächenbeschichtungen hergestellt werden. In Getreide aus Ackerböden in der Nähe solcher Betriebe kommt es oft zu bedenklichen Cadmiumanreicherungen. Nach HEINRICH und HERGT, 1990 lagen bei Untersuchungen in Nordrhein-Westfalen auf vielen Standorten die Cadmiumgehalte im Winterweizen-

Korn deutlich über dem Lebensmittelrichtwert von 0,1 mg/kg Frischgewicht.

Eine Abhängigkeit vom pH-Wert konnte gefunden werden: Insbesondere Böden mit einem pH < 6 waren stark belastet. Oft waren Werte über 3,0 ppm nachweisbar.

D. Chrom

Zu Bodenbelastungen mit Chrom kommt es v. a. durch die metallverarbeitende Industrie: Als Legierungsbestandteil in Spezialstählen wird das Schwermetall Chrom oft zum Oberflächenschutz durch Verchromen bzw. Chromatisieren verwendet. Auch Böden von Gerbereibetrieben (Chrom in Gerbereihilfsmitteln) und Farbwerken (Chromhaltige Farbpigmente) sind oft kontaminiert. Sehr häufig sind Böden der zementverarbeitenden Industrie mit Chrom belastet (Folge des Einsatzes von Chromat im Zement Verbindungen des 6-wertigen Chroms). Böden der Automobilindustrie können durch Zinkchromat-Zusätze (als Korrosionsschutz) belastet sein.

E. Mangan

Zu Bodenbelastungen durch Mangan kommt es oft im Bereich ehemaliger Erzbergwerke, in der Nähe von Erzmühlen, außerdem u. a. auf Betriebsgeländen, wo Mangan als Legierungsbestandteil zur Erhöhung der Korrosionsbeständigkeit gebraucht wird.

▶ Beim Auftreten von Reizungen der Atemwege und Atembeschwerden im Bereich ehemaliger Erzbergbau-Gelände sollte daher an eine Manganvergiftung gedacht werden. Chronische Manganvergiftungen kommen auch heute noch oft im Erzbergbau und in Erzmühlen vor.

F. Nickel

Heute sind in Mitteleuropa viele Böden mit diesem silberweißen, stark glänzenden Schwermetall belastet. Gerade westdeutsche Böden sind davon besonders betroffen: Mehr als 72 000 Tonnen werden in der Bundesrepublik jährlich für Legierungen und zur Oberflächenveredelung verwendet, weitere 8 000 Tonnen für Katalysatoren, für die Batterieherstellung und für Pigmente. Über Metallhütten, Feuerungsanlagen und Müllverbrennungsanlagen gelangt Nickel in unsere Böden. Insbesondere Gelände von Katalysator-, Batterie- und Akkumulatorenfabriken sind oft stark mit Nickel kontaminiert.

G. Thallium

Thallium ist ein weitverbreitetes Schwermetall, das in sehr niedriger Konzentration über Flugstäube in den Boden gelangt. Insbesondere auf Betriebsgeländen der metallurgischen und chemischen Industrie und von Betrieben, in denen es zu Verbrennungen von mit Thallium verunreinigten Substanzen kommt, können Böden stark kontaminiert sein. Über Ratten- und Insektenbekämpfungsmittel gelangt das Thallium noch heute in vielen Ländern der 3. Welt (Die Weltproduktion ca. 20 t/a) in die Böden und über importierte Nahrungsmittel zu uns. In Früchten und Getreide, die auf Ackerböden in der Nähe von Spezialzementbetrieben angebaut wurden, waren erhöhte Konzentrationen an thalliumhaltigen Eisenoxiden feststellbar. Häufig sind Böden solcher Zementbetriebe stark kontaminiert.

▶ Bei Appetitlosigkeit, Erregbarkeit, Schlafstörungen, die bei Mitarbeitern solcher Betriebe auftreten, sollte an eine chronische Thalliumvergiftung gedacht werden.

H. Vanadium

Die meisten Betriebsgelände der Stahlindustrie, wo Vanadium als sehr hartes, sprödes Metall überwiegend als Legierungsbestandteil eingesetzt wird, sind heute stark mit Vanadium angereichert. Darüber hinaus auch Böden der Farbstoffindustrie und Böden in Gebieten mit hohem Heizölbrand (Im Erdöl ist Vanadium in geringen Mengen enthalten) weisen z. T. extrem hohe Vanadiumkonzentrationen auf. In Böden, die mit Erdölschlacke oder Ruß von Erdöl kontaminiert sind, können Vanadiumgehalte bis zu 50 % nachgewiesen werden.

▶ Bei Reizungen der Schleimhäute, der Augen und der Luftwege oder bei bronchialasthmaähnlichen Zuständen, die auf solchen Betriebsgeländen auftreten, sollte auch an eine chronische Vanadiumvergiftung gedacht werden.

I. Zink

Betriebsgelände und Böden in der Nähe von Betrieben, in denen Stahlteile verzinkt oder Zinkdruckgüsse hergestellt werden, Böden in der Nähe von Herstellern für den Baubereich, von Trockenbatterien, Autoreifen und Korrosionsschutzmitteln, sind z. T. hochgradig mit Zink kontaminiert. Durch feinverteilten Zinkstaub oder Zinkoxid werden Reizungen der Atemwege induziert. Beim *Schweißen von Zinkblechen* auf freiem Betriebsgelände kann es über viele Jahre z. T. zu erheblichen Zinkbelastungen kommen.

2.1.6 Problematik von Klärschlämmen

2.1.6.1 Begriffsklärung

Klärschlamm oder Abwasserschlamm ist der in der Kläranlage abgeschiedene, ungelöste Anteil des Abwassers, der meist mit hohem Wasseranteil anfällt. Klärschlamm entsteht als Endprodukt im Klärwerk. In der mechanischen Reinigungsstufe sinken sedimentierbare Schwebstoffe im Absatzbecken als Schlamm zu Boden. In der biologischen Reinigungsstufe wird das vorgeklärte Wasser mit Belebtschlamm versetzt, ein Abwasser-Belebtschlamm-Gemisch wird ständig umgewälzt.

Ein Teil wird in Nachklärbecken entfernt, ein anderer Teil in Belebungsbecken rückgeführt. Der Überschuß wird in Schlammfaulungsanlagen aufgearbeitet. Die Mengen sind beträchtlich groß. Nach Berechnung der Europäischen Gemeinschaft entstehen je Einwohner jährlich 700 kg Klärschlämme. Der Klärschlamm besteht aus einem anorganischen und einem organischen Anteil. Der anorganische Anteil besteht aus Silikaten, Karbonaten, Nitraten, Metallen, z. T. auch aus hochtoxischen Schwermetallen. Der organische Anteil besteht aus lebenden Mikroorganismen, u. a. Parasiten, Protozoen, Helmintheneiern, Nematodenlarven etc. und aus organischen Verbindungen, z. B. polyzyklischen Aromaten (PCB, Benzpyren etc.).

2.1.6.2 Schwermetallbelastung von Klärschlämmen

Während in häuslichen Abwässern relativ homogene Schwermetallkonzentrationen zu finden sind, zeigen Analysen von kommunalen Klärschlammproben sehr große Schwankungsbreiten. So schwankten nach BLAKESLEY et al. (zitiert aus BORNEFF, 1986) die Cadmiumkonzentrationen z. B. in Michigan zwischen 2 und 1 100 mg/kg.

Die folgende Tabelle zeigt den relativen Eintrag von Schwermetallen in kommunalen Kläranlagen von New York. Analysiert man diese Werte, zeigt sich, daß 70–90 % aus Oberflächenabschwemmungen nach Regenfällen stammen.

Herkunft	Prozent-Anteil am Metalleintrag				
	Cadmium	Chrom	Kupfer	Nickel	Zink
Wasserleitungen	0	0	20	0	7
Galvanische Industrie	33	43	12	62	13
Übrige Industrie	6	9	7	3	7
Regenwetterabfluß	12	9	14	10	31
Häusliche Abwässer	49	28	47	25	42
Unbekannt	0	11	0	0	0
Summe	100	100	100	100	100

Tab. 10: Relativer Eintrag von Schwermetallen in kommunalen Kläranlagen von New York (Klein et al. 1984). Es zeigt sich, daß in New York Haushalte und Industrie nicht die Hauptrolle spielen. Es muß in Rechnung gestellt werden, daß sowohl Flußschlämme als auch Schlämme aus Kläranlagen mit z. T. hochtoxischen Metallen verunreinigt sind.

Die folgende Tabelle zeigt die Schwermetallkonzentrationen im Augsburger Klärschlamm, wobei sich eine Gesamtmenge von 17,5 Tonnen Schwermetalle pro Jahr bezogen auf eine Gesamt-Klärschlammenge von 27 000 Tonnen/Jahr ergibt.

Chrom	280 mg/kg TS	1,5 t/a
Nickel	75 mg/kg TS	0,4 t/a
Kupfer	475 mg/kg TS	2,6 t/a
Zink	2039 mg/kg TS	11,2 t/a
Cadmium	6 mg/kg TS	0,033 t/a
Silber	47 mg/kg TS	0,258 t/a
Blei	259 mg/kg TS	1,4 t/a

Tab. 11: Durchschnittliche Schwermetallkonzentration im Augsburger Klärschlamm (Hellmann, 1990).

Insbesondere die Schwermetalle *Cadmium, Blei, Zink* und *Kupfer* reichern sich besonders stark in Klärschlämmen an. Gefahren bei der Klärschlammdüngung entstehen, abgesehen von hygienischen Gesichtspunkten durch Stickstoffüberdüngung, Schwermetallbelastung, Belastung mit polyzyklischen Aromaten und mit Kanzerogenen.

▶ Klärschlämme sind wegen Überdüngung mit Stickstoff und des Eintrags von Schwermetallen äußerst problematisch als Dünger.

Die Schwermetalle können bereits in geringen Konzentrationen für die Bodenpflanzen toxisch sein. Eine Reihe von Schwermetallen kann nur minimal abgebaut oder aus den Böden entfernt werden. Bei der Düngung mit Klärschlamm werden beispielsweise Arsen, Chrom, Quecksilber und Blei vom Boden stark absorbiert. Im Gegensatz dazu sind Cadmium, Tantal und Zink für Pflanzen leichter verfügbar. Die Intensität der Schwermetallaufnahme durch Pflanzen folgt in etwa der aufsteigenden Reihe Hg→Cr→Pb→Cu→Ni→Ta→Zn→Cd.

Inwieweit Schwermetalle von Pflanzen aufgenommen werden, hängt ab vom pH-Wert, von der Kationenaustauschkapazität und vom Humusgehalt. Es kommt zu einer beträchtlichen Anreicherung in den Nutzpflanzen. Dabei wird Blei von den Pflanzen vorwiegend in die Wurzeln eingelagert und nur in geringem Maß in die Pflanze transportiert. In die Nahrungskette kommt Blei v. a. durch äußere Verunreinigungen der Pflanzen. Klärschlämme sind z. T. sehr stark mit organischen Schadstoffen, wie z. B. polyzyklischen aromatischen Kohlenwasserstoffen, und mit Kanzerogenen, z. B. mit Benzpyrenen, belastet. Da die landwirtschaftliche Verwendung von Klärschlämmen ein nicht kalkulierbares Risiko darstellt, wird der Klärschlamm z. T. in kombinierte Hausmüll-Klärschlamm-Verbrennungsanlagen gebracht. Doch dadurch kommt es zu erheblichen Schwermetallemissionen und Gesundheitsbelastungen der Bevölkerung.

2.1.6.3 Schlußfolgerungen

▶ Aus umweltmedizinischer Sicht ist sowohl von der Klärschlamm-Düngung als auch von der Klärschlamm-Verbrennung Abstand zu nehmen.

Bei der Düngung kommt es über die Nahrungskette und bei der Verbrennung über Luft und Wasser zu erheblichen Belastungen mit hochtoxischen Schwermetallen, organischen Verbindungen, auch mit Kanzerogenen. Damit sind umweltbedingte Krankheiten vorprogrammiert.

3. Umweltbelastungen in der Nahrung

3.1 Zur Problematik

Ein ganz wichtiger Schwerpunkt der Umweltmedizin ist die **Ernährung.** Sie kann zur Verhütung, aber auch zur Entstehung von Krankheiten entscheidend beitragen. Dabei sind global wirksame Mechanismen zu berücksichtigen.

Hier ein Beispiel:
Derzeit verbraucht jeder Bundesbürger im Durchschnitt pro Jahr ca. 70 kg Fleisch und nimmt damit eine Vielzahl von Schadstoffen auf, (u. a. Schwermetalle, Pestizide, Kanzerogene, Antibiotika, Thyreostatika, Hormone, Tranquilizer).

Der hohe Fleischkonsum führt bei uns u. a. zunehmend zu Massentierhaltungen, zur Überdüngung unserer Äcker mit Gülle, zu einer daraus resultierenden gesundheitsgefährdenden Nitratbelastung der Trinkwässer und hat weitreichende Konsequenzen für die Länder der 3. Welt:

Hier werden u. a. Futtermittel für unsere Massentierhaltungen produziert, Genußmittel für uns angebaut und Rohstoffe geplündert. Es kommt zu Hungersnöten, Krankheiten, Verarmung und Elend. Diese Zusammenhänge und Lösungsmöglichkeiten für diese Probleme aufzuzeigen und umzusetzen ist eine Hauptaufgabe der Umweltmedizin.

3.2 Einzelne Nahrungsmittel aus umweltmedizinischer Sicht

3.2.1 Fleisch

Die Produktion von 1 kg Fleisch erfordert zwanzig mal mehr Energie als die Produktion von 1 kg Mais.

Bestandteile: Ca. 20 % Eiweiß, 1,5 bis 40 % Fett, Wasser, wenig Kohlenhydrate, Vitamine, essentielle Aminosäuren. Je nach der Zubereitung ändert sich die Zusammensetzung. Durch Rückstände von Präparaten, die bei der Tiermast eingesetzt werden (Thyreostatika, Antibiotika, Östrogene, Tranquilizer) kann der Genuß von erhitztem Fleisch die Gesundheit gefährden.

3.2.2 Fisch

Bestandteile: Hoher Gehalt an essentiellen Aminosäuren, mehr Wasser und weniger Eiweiß als in Muskulatur von Schlachtvieh, dafür höherer

Puringehalt. Fettgehalt 1–30 %, viel Vitamin A, B_2, D, gute Verdaulichkeit, geringerer Sättigungseffekt als bei Fleisch.

Über die Nahrungskette reichern sich in verunreinigten Gewässern PCB, DDT, Chlorphenol, – benzol, Schwermetalle (v. a. Hg, Pb, Cd, As) in Fischen, Krusten- und Schalentieren an. Außerdem Belastung mit Radionukliden, Mineralölbestandteilen, Herbiziden, Tensiden, Arzneien etc. Nach einem DFG- Bericht « Rückstände in Fischen « nehmen wir bei wöchentlichem Verzehr von 1 kg Fisch/ Woche 0,2 mg DDT, PCB, HCH, Dieldrin, Heptachlorepoxid, 0,4 mg Blei, 1 mg Chlorbenzole und -Phenole zu uns.

▶ Die Quecksilbermengen liegen mit 0,5 mg deutlich höher als die von der WHO empfohlenen Höchstwerte (0,12 mg).

3.2.3 Milch

Wasser 88,0–87,5 %, Trockenmasse 12,0–12,5 %, davon 3–3,5 % Fett, 3,2–3,5 % Proteine, 4,8 % Kohlenhydrate, 1 % Säuren, der Rest sind Vitamine, Spurenelemente, Enzyme, Hormone, Gase.

Rückstandsprobleme machen Chlorkohlenwasserstoffe, die wegen der guten Fettlöslichkeit aus dem Organismus v. a. in die Milch gehen, z. B. das Insektizid *Lindan* (Gamma- Hexachlorcyclohexan), *Dioxine* und *Furane,* die z. B. bei der Verbrennung von PVC oder bleihaltiger Kraftstoffe entstehen.

3.2.4 Eier

Im Schnitt ca. 7 % Eiweiß, 6 % Fett, viele Mineralstoffe, Vitamin A und B, Lezithin, geringe Mengen an Kohlehydraten. Unerwünscht ist die hohe Cholesterinzufuhr (eine vernünftige Kost soll ca. 300 mg Cholesterin/Tag enthalten). Rückstandsprobleme durch Arzneimittel kommen v. a. bei **Hühner-Massenhaltungen** vor, insbesondere durch Antibiotika, Hormone und Tranquilizer. Bei Antibiotika besteht die Gefahr einer Umwandlung in toxisch wirksame Substanzen, einige Nitrofuranederivate haben karzinogene Eigenschaften.

3.2.5 Getreide

Weizen, Roggen, Gerste, Dinkel, Reis und Mais sind seit Jahrtausenden wichtige Grundnahrungsmittel. Seit Einführung der Kartoffel ging der Getreideverbrauch bei uns deutlich zurück, Hirse und Buchweizen haben an Bedeutung verloren. Leider ist Getreide heute oft stark schwermetallbelastet. Wie die folgende Tabelle deutlich macht, sind die Schwermetallgehalte in Getreidekörnern sehr stark vom **Standort** abhängig:

Element	ländliches Gebiet	Industriegebiet ohne Metallurgie	Industriegebiet mit Metallurgie
Cadmium	< 0,04 – 0,08	0,05 – 0,16	0,16 – > 1,35
Kupfer	< 3 – 5	4,5 – 6	5 – > 10
Mangan	5 – 40	5 – 40	5 – 40
Zink	< 20 – 34	30 – 49	50 – > 64

Tab. 12: Schwermetallgehalte in Getreidekörnern in Abhängigkeit vom Standort (nach AUERMANN 1980, Werte in mg/kg).

3.2.6 Salat, Obst und Gemüse

Heute decken wir über die Kartoffel 10 % des Kalorien- und einen wesentlichen Teil des Vitaminbedarfs. Gemüse und Obst spenden v. a. Vitamine, Mineralsubstanzen, Spurenelemente und Ballaststoffe. Sie sind notwendig zur Prophylaxe von Colon-Ca., Diabetes mellitus und Hypercholesterinämie.

Divergente Meinungen existieren hinsichtlich des optimalen Anteils an Ballaststoffen. Füllstoffe begünstigen die Darmmotilität und verkürzen die Passagezeit.

Viele Gemüsesorten sind wegen ihres hohen **Nitratgehaltes** ungenießbar (z. T. sind Brunnenwässer heute schon sehr nitratreich). So kann z. B. *Spinat,* dem zu Unrecht ein hoher Eisengehalt nachgesagt wird, in größeren Mengen genossen, durch seinen hohen Nitratgehalt zu großen Problemen führen. Unsere Gemüsearten weisen folgende Nitratwerte auf:

Gemüse	Nitrat- Bereich (mg/kg)
Spinat, frisch	20–4000
Spinatkonserven (Deutschland)	80–1200
Spinatkonserven (Canada)	990–1700
Rote Beete	2000–2500
Radieschen, Rettich	1000–1500
Kopfsalat	1000–1500
Kartoffeln	100– 120
Karotten	100– 120

Viele Gemüsesorten sind mit Chlorkohlenwasserstoffpestiziden kontaminiert. Während die meisten Herbizide eine relativ geringe Warmblütertoxizität besitzen, können einige Fungizide, insbesondere bei Kopfsalat, zu erheblichen Rückstandsproblemen führen. Auch Insektizide machen große Probleme.

Schwermetalle in Obst, Salat und Gemüse stammen oft aus pflanzlichen Produkten, die v. a. aus der Luft, bei schwermetallbelasteten Böden auch durch Resorption verunreinigt werden. Das Blei beispielsweise, das auch heute noch v. a. bei der Verbrennung fossiler Brennstoffe freigesetzt wird, stellt eine Hauptbelastung von Gemüse- und Salatblättern dar. Blei kann bei gründlichem Waschen weitgehend von den Blättern entfernt werden. Diese Entfernung ist unmöglich bei Cadmium, das v. a. aus dem Boden in die Pflanzen gelangt.

3.2.7 Getränke

Nach einem Ernährungsbericht von 1980 nehmen wir in Deutschland im Durchschnitt 1,8 kg/Tag (Männer) bzw. 1,2 kg/Tag (Frauen) Getränke zu uns. Davon sind ca. 1,2 kg (Männer) bzw. 600 g (Frauen) Erfrischungsgetränke, Säfte, Milch, Mineralwässer, Bier, Wein, Sekt und Spirituosen, dazu 4 bis 6 Tassen Tee oder Kaffee (Wasseranteil ca. 300–500 ml), dazu Flüssigkeit über Suppen etc. Die feste Nahrung enthält zusätzlich ca. 700 ml, dazu entstehen 300 ml Oxidationswasser, so daß insgesamt der Gesamtwasserbedarf von 2500 ml gedeckt ist.

In **Kaffee, Tee** und **Cola** sind Alkaloide als stimulierende Inhaltsstoffe. In Kaffee sind v. a. Chlorogensäure, Kaffeesäure, Chinasäure, Trigonellin (Methylierungsprodukt der Nikotinsäure), Cholin und Kalium. Die Chlorogensäure, die beim Rösten entsteht, kommt auch in Kartoffeln, Trauben und Äpfeln vor. Kaffee- und Chinasäure sind Abbauprodukte der Chlorogensäure und wirken als Koffeinsynergisten. Ein weiterer Reizstoff, das Merkaptan, kann durch Dampfbehandlung stark reduziert werden. Säurearme Herstellungsverfahren des Röstkaffees können die Verträglichkeit verbessern.

Koffein stimuliert das Vasomotoren- und Atemzentrum und aktiviert den Kreislauf. Es kommt zur erhöhten vegetativen Erregbarkeit.

▶ Herzmuskelschäden, Magen-, Darm-, Lebererkrankungen sind Kontraindikationen für Kaffeegenuß.

Im Gegensatz zum Kaffee fehlen dem Tee die Röstprodukte, v. a. Chlorogensäure und Merkaptan. Die amerikanische Bundesgesundheitsbehörde FDA veröffentlichte 1980 eine Warnung an schwangere Frauen vor vermehrtem Koffeingenuß. Experimente bei trächtigen Ratten hatten nach Koffeingaben vermehrt Mißbildungen ergeben.

Der Genuß **alkoholischer Getränke** in größerer Menge stellt medizinisch ein großes Problem dar. Die ätiologische Bedeutung bei der *Leberzirrhose* ist gesichert, Zusammenhänge mit *Larynx-* und *Oropharynx-Tumoren* sind sehr wahrscheinlich. Alkoholabusus führt sehr oft zur *chronischen Pankreatitis.*

Nach japanischen Studien wird ab einer Dosis von *30 g/Tag* eine *Hypertonie* begünstigt. In höheren Dosen kann Alkohol den Sexualmetabolismus und die Hodenfunktion, eventuell auch die Ovarialfunktion stören.

Ab **150 g/Tag** besteht das Risiko eines **fetalen Alkoholsyndroms** mit Minderwuchs, Mikrozephalie, Herzmißbildungen, geistiger Retardierung, motorischen Störungen.
Die Gefahr einer Erkrankung ist dispositions- und dosisabhängig und beträgt z. B. für die **Leberzirrhose 1 %** bei weniger als **60 g/Tag,** 50 % bei **80 bis 160 g** Alkohol/Tag und über 60 % bei mehr als **160 g Alkohol/ Tag.**
Dabei entsprechen 160 g Reinalkohol etwa 4 l Bier, 2 l Wein oder 0,4 l Schnaps. Eine alkoholische Fettleber kann bei der entsprechenden Disposition bereits nach einem Jahr bei einer Dosis von 60 g Alkohol/Tag auftreten. Generell können ab ca. 30 g/Tag über längere Zeiträume Gesundheitsstörungen auftreten, mehr als 150 g/Tag erzeugen mit Sicherheit Erkrankungen.

3.3 Schwermetalle in Nahrungsmitteln

3.3.1 Übersicht

Leider sind heute alle Lebensmittel mehr oder weniger stark mit Schwermetallen belastet. Die folgende Tabelle zeigt maximale Blei-, Zink-, Cadmiumgehalte (in mg/kg Trockenmasse) im eßbaren Teil von *Gemüsepflanzen* aus der Umgebung einer Blei- und einer Zinkhütte (Ernst, 1981 und Joosse van Damme, 1983):

Gemüseart	Bleihütte		Zinkhütte	
	Blei	Cadmium	Zink	Cadmium
Offenes Blattgemüse				
Kopfsalat	158	22	2040	5,6
Kresse	150	26	–	–
Grünkohl	130	5	2896	7,9
Endivie	–	–	1465	2,2
Wirsing	–	–	915	2,2
Petersilie	115	1,2	700	2,2
Rhabarberstengel	–	–	412	1,1
Kohlrabikraut	95	11	–	–
Geschlossenes Gemüse				
Sellerie	–	–	804	1,1
Weißkohl	43	0,6	248	1,1
Rotkohl (Blaukraut)	20	0,8	229	1,1
Porree	–	–	124	1,1
Kohlrabi	14	1,1	–	–
Blumenkohl	6	1,3	–	–
Früchte				
Tomate	3	0,7	628	3,4
Gurke	–	–	268	3,4
Johannisbeere	35	0,5	157	3,4
Unterirdische Pflanzenteile				
Schwarzwurzel	40	6	–	–
Petersilienwurzel	21	0,5	–	–
Karotte	8	0,6	–	–
Zwiebel	6	0,6	–	–

Tab. 13: Maximale Blei-, Zink-, Cadmiumgehalte (in mg/kg Trockenmasse) im eßbaren Teil von Gemüsepflanzen aus der Umgebung einer Blei und einer Zinkhütte (Ernst, 1981 und Joosse van Damme, 1983).

3.3.2 Grenzwertempfehlungen der WHO/FAO

Für die wöchentliche Cd-, Hg-, Pb- und Zn-Aufnahme (in mg) mit der menschlichen Nahrung, bezogen auf 70 kg Körpergewicht, gibt die WHO/FAO folgende Grenzwertempfehlungen:

Element	**Aufnahme**
Blei →	3,5 mg/Woche
Cadmium →	0,525 mg/Woche
Quecksilber →	0,350 mg/Woche
Zink →	35–150 mg/Woche

3.3.3 Einzelne Schwermetalle

Es folgen, in alphabetischer Reihenfolge, die wichtigsten Daten über Schwermetalle, die zu Nahrungsmittelbelastungen führen können:

3.3.3.1 Arsen

Arsen ist ein chemisches Element mit halbmetallischem Charakter und wird mit seinen Verbindungen als Legierungsbestandteil, in der Glasindustrie, in Zinkhütten und als Holzschutzmittel für den Außeneinsatz verwendet. 1000 Tonnen werden in der Bundesrepublik jährlich produziert. Nur in seinen Verbindungen ist Arsen giftig. Über Feuerungsanlagen und Metallhütten gelangt Arsen in die Luft, in Spuren ubiquitär verbreitet.

▷ Die durchschnittliche Tagesaufnahme wird beim Menschen auf 0,05–0,1 mg geschätzt.

Noch heute werden Weinstöcke in manchen Ländern mit Arsen gespritzt; außerdem finden sich in Meerestieren erhöhte Arsengehalte. Nach Fiedler und Rösler 1988 wurden im Wirkungsbereich eines Arsenemittenten die folgenden Arsengehalte in Pflanzen und Boden gemessen:

Gemüsesorte	*Mittelwert*	*Minimum*	*Maximum*
Salat	14 mg/kg	2 mg/kg	24 mg/kg
Spinat	16 mg/kg	11 mg/kg	32 mg/kg
Petersilie	16 mg/kg	8,5 mg/kg	35 mg/kg
Karotte	2,5 mg/kg	0,3 mg/kg	6 mg/kg
Gras	12 mg/kg	3 mg/kg	33 mg/kg
Boden	650 mg/kg	250 mg/kg	1200 mg/kg

Da Arsen krebserzeugend wirkt, trat in früheren Jahren gehäuft bei Winzern Arsenkrebs auf. Seit 1942 ist der Einsatz arsenhaltiger Schädlingsbekämpfungsmittel im Weinbau in Deutschland verboten.

Wegen des kanzerogenen Potentials kann ein MAK-Wert nicht angegeben werden; der TRK-Wert beträgt 0,2 mg/m^3.

3.3.3.2 Blei

Nach dem Ernährungsbericht 1980 sind 7 % der landwirtschaftlichen Nutzflächen bleivergiftet. Dieses Blei stammt in den Städten vorzugsweise aus organischen Bleialkylen (v. a. Bleitetraethyl, Bleitetramethyl), die Benzin als Antiklopfmittel zugesetzt werden.

Oberflächenkontaminationen gefährden v. a. Gemüse und Obst, das in der Umgebung von Bleihütten (z. B. Stolberg, Oker) angebaut wird. Die ständige Bleiaufnahme z. B. durch Blattgemüse, aber auch durch Fleisch oder Milch, kann zu chronischen Erkrankungen führen, im Unterschied zu akuten Vergiftungsfällen im gewerblichen Bereich.

Das Blei wird v. a. durch Fruchtsäuren gelöst und kann direkt vom Teller in unseren Körper gelangen.

▶ Kinder sind besonders gefährdet, weil die Blut-Hirn-Schranke, die bei Erwachsenen das Eindringen von Fremdsubstanzen in das Gehirn verhindert, noch nicht vollentwickelt ist.

3.3.3.3 Cadmium

Cadmium wird als Koppelprodukt bei der Zinkverhüttung in großen Mengen freigesetzt. Weitere Bereiche, in denen Cadmium Verwendung findet, sind Nickel-Cadmium-Akkumulatoren, Stabilisatoren für Hart-PVC, Pigmente für Kunststoffe, Oberflächenbeschichtungen, Klärschlamm, Farbstoffe etc. Es reichert sich über die Nahrungskette in Pflanzen, Tieren und auch im menschlichen Körper, v. a. in Leber und Niere an und hat eine biologische Halbwertzeit von 10 Jahren.

Hohe Cadmiumkonzentrationen findet man in Innereien von Schlachttieren, Gemüsen und Speisepilzen. Ca. 85 % des aufgenommenen Cadmiums gelangen mit der Nahrung und etwa 15 % mit dem Trinkwasser in den menschlichen Körper. Die über die *Atmung* aufgenommenen Mengen sind zwar sehr gering, ihnen kommt aber dennoch eine große toxikologische Bedeutung zu, weil von ihnen eine *krebserzeugende Wirkung* ausgeht. Die durchschnittliche Cadmiumaufnahme in den Industriestaaten beträgt 0,025–0,06 mg/d, in industriellen Ballungsgebieten 0,06–0,08 mg/d. Nach der WHO-Empfehlung sollten nicht mehr als 0,057–0,071 mg/d (das sind 0,4–0,5 mg/Woche) aufgenommen werden. ANKE et al. fanden bei Untersuchungen zur Schwermetallbelastung verschiedener Getreidesorten, daß in Roggen 0,15- 0,42 mg Cadmium/kg Trockenmasse und im Raps 0,19–0,56 mg Cadmium /kg Trockenmasse enthalten sind. 1979 untersuchten ANKE et al. auch den Cadmiumgehalt verschiedener Organe unterschiedlicher Wild- und Nutztierarten und stellten keine wesentliche Cadmiumbelastung fest.

3.3.3.4 Chrom

Als Legierungsbestandteil in Spezialstählen wird das Schwermetall Chrom oft zum Oberflächenschutz durch Verchromen bzw. Chromatisieren verwendet. Auch als Gerbereihilfsmittel und Farbpigmente kommen Chromverbindungen zum Einsatz. Über die Atemwege, über die Haut und über die Nahrung werden Chromverbindungen aufgenommen und gelangen in Leber, Niere, Nebenschilddrüse und Knochenmark, wo sie gespeichert werden.

3.3.3.5 Mangan

Mangan ist ein stahlweißes bis silberweißes häufig vorkommendes Schwermetall. Es wird überwiegend als Legierungsbestandteil zur Erhöhung der Korrosionsbeständigkeit gebraucht. In der Nähe von manganverarbeitenden Betrieben angebaute Salate und Gemüsesorten können stark mit Mangan angereichert sein.

3.3.3.6 Nickel

Nickel ist ein silberweißes, stark glänzendes Schwermetall. Mehr als 72 000 Tonnen werden in der Bundesrepublik jährlich für Legierungen und zur Oberflächenveredelung verwendet, weitere 8 000 Tonnen für Katalysatoren, für die Batterieherstellung und für Pigmente. Über Metallhütten, Feuerungsanlagen und Müllverbrennungsanlagen gelangt Nickel in die Umwelt. In Nahrungsmitteln reichert sich Nickel z. T. erheblich an.

Besonders hohe Nickelgehalte weisen nach CALATIN (1990) folgende **Nahrungsmittel** auf:

- Alle Hülsenfrüchte (Bohnen, Erbsen, Erdnüsse, Linsen, Soja, Vollgetreide, besonders Hafer)
- Kakaoprodukte (Kakao, Schokolade, kakaohaltige Getränke, Brotaufstriche etc.)
- Nüsse (Haselnüsse, Walnüsse)
- Schwarzer Tee

Hohe Nickelgehalte haben nach Calatin (1990) folgende **Nahrungsmittel:**

- ▷ Leber, Hering, Muscheln, Hummer
- ▷ Vollkorn von Weizen, Roggen, Gerste, Vollreis, Buchweizen
- ▷ Spargel, Karotten, Sellerie, Brokkoli, Zwiebel, Chicoree, Spinat, Gurken, Tomaten, Blumenkohl
- ▷ Lorbeerblätter, Muskatnuß, Pfeffer, Nelken, Zimt
- ▷ Kirschen, Bananen, Melonen
- ▷ Pasteurisierte Kuhmilch, holländischer Käse
- ▷ Pflanzenöle, Wein, Hefe, Fertiggerichte.

Niedrige Nickelgehalte haben nach Calatin (1990) folgende **Nahrungsmittel:**

- Rind- und Lammfleisch
- Flußfische, Schellfisch, Schwertfisch, Garnelen, Kammuscheln
- Helle Mehle von Dinkel, Mais, Roggen, Weizen
- polierter Reis
- Kartoffeln, Knoblauch, Kohl, Kopfsalat, Rettich, Sauerampfer,
- Äpfel, Birnen, Trauben, Aprikosen, Zwetschgen, Zitrusfrüchte
- Eier
- Maiskeimöl, die meisten Margarinen
- Kaffee, Mineralwasser, Bier.

Chronische Vergiftungssymptome sind entzündliche Reaktionen der *Nasenschleimhaut* und der *Lunge;* bei langdauerndem Kontakt mit Nickelmetall wird eine *Nickeldermatitis* ausgelöst, ein typisches Kontaktekzem ohne Generalisierungstendenz. Schwerlösliche Nickelverbindungen induzieren *Lungenkrebs* und *Nasenhöhlenkrebs.* Der MAK-Wert für Nickelcarbonyl beträgt 0,1 ppm.

3.3.3.7 Thallium

Thallium ist ein weitverbreitetes Schwermetall, das in sehr niedriger Konzentration über Flugstäube in die Umwelt gelangt, v. a. bei metallurgischen und chemischen Prozessen und bei Verbrennungen.

In Ratten- und Insektenbekämpfungsmitteln wird es noch heute in einigen Ländern als Wirkstoff eingesetzt. Die Weltproduktion beträgt etwa 20 Tonnen pro Jahr.

In der Nähe von Spezialzementbetrieben wurden im Boden und in Nahrungsmitteln erhöhte Konzentrationen an thalliumhaltigen Eisenoxiden gemessen.

3.3.3.8 Vanadium

Vanadium ist ein sehr hartes, sprödes, blaugrau glänzendes Schwermetall, das überwiegend als Legierungsbestandteil in der Stahlindustrie und zur Farbstoffherstellung verwendet wird. In fossilen Brennstoffen, v. a. Erdöl, ist Vanadium in geringen Mengen enthalten. Nahrungsmittel, die in Gebieten mit hohem Heizölhausbrand angebaut werden, können z. T. stark mit Vanadium angereichert sein.

▷ Der MAK-Wert für Vanadiumpentoxid beträgt 0,1 mg/m^3 (Rauch) und 0,5 mg/m^3 (Staub).

3.3.3.9 Zink

Das Schwermetall Zink wird vor allem zum Verzinken von Stahlteilen, für den Zinkdruckguß, im Baubereich und für Trockenbatterien gebraucht. Außerdem ist Zink in Autoreifen und in Korrosionsschutzpigmenten enthalten. Durch feinverteilten Zinkstaub oder Zinkoxid werden Reizungen der Atemwege induziert. Beim Messinggießen und beim Schweißen von Zinkblechen tritt gelegentlich ein Metalldampffieber auf.

3.3.4 Schutz vor Schwermetallbelastungen durch Waschen

Insbesondere bei Salaten, Obst und Gemüsen stellt sich die Frage, wie stark durch grundliches Waschen die Schwermetallbelastungen reduziert werden können. Die folgende Tabelle zeigt die Abnahme der Blei- und Cadmiumgehalte in verschiedenen Gemüsearten durch Waschen.

Gemüseart	mg/kg Frischmasse		Abnahme
	ungewaschen	gewaschen	in %
Blei-Gehalte			
Feldsalat	82,8	15,9	81
Kopfsalat	4,2	1,5	64
Endivien	14,6	5,7	61
Grüne Bohnen	1,7	0,2	77
Weißkohl	1,1	0,2	82
Cadmium-Gehalte			
Feldsalat	0,54	0,23	57
Wirsing	0,34	0,15	56
Grünkohl	0,17	0,12	29

Tab. 14: Abnahme der Blei- und Cadmiumgehalte in verschiedenen Gemüsearten durch Waschen (Kampe, 1983).

3.4 Pestizide und organische Schadstoffe

3.4.1 Zur Problematik

Unsere Nahrung ist mit verschiedensten *Pestiziden* kontaminiert. Davon sind ca. *60 % Herbizide,* der Rest sind *Insektizide* und sonstige Biozide. Chlorkohlenwasserstoffe sind chemisch und biologisch außerordentlich stabil, reichern sich über die Nahrungskette an und machen massive Rückstandsprobleme. Im Körperfett des Menschen sind daher fast alle Chlorkohlenwasserstoffpestizide nachweisbar. Sie erscheinen auch im Fettanteil der heutigen Muttermilch, wobei verglichen mit Kuhmilch die Konzentrationen 20- bis 30fach höher liegen.

Ein besonderes Problem stellen in diesem Zusammenhang die *Dioxine* und *Furane* dar, die u. a. bei der Müllverbrennung, v. a. von chlorhaltigen Kunststoffen wie PVC in großen Mengen entstehen. Wegen der besonderen Aktualität wird näher auf Hexachlorcyclohexan (HCH), polychlorierte Biphenyle (PCB) und auf Dioxine eingegangen.

Besonders viele Untersuchungen gibt es inzwischen zu Konzentrationen dieser Stoffe in der Milch.

3.4.2 Die wichtigsten Schadstoffe

3.4.2.1 Chlorierte Kohlenwasserstoffe

Heute wissen wir, daß in der Luft, die die Erde umkreist, zahlreiche krebserzeugende Stoffe nachweisbar sind, die es vor 50 Jahren noch nicht gab. Heute müssen wir davon ausgehen, daß sich beispielsweise krebserzeugende Autoabgase aus New Yorker Autos auf niederbayerische Biogärten herablassen können und daß dioxinhaltige Pflanzenvernichtungsmittel aus dem hessischen Maisanbaugebiet auf bayerischen Hopfen niederregnen können. Heute kommt es auch vor, daß krebserzeugende Kunststoffweichmacher aus deutschen Wohnungen auf nordafrikanischen Obstplantagen landen.

Ernährungswissenschaftler aus aller Welt stellen immer wieder fest, daß der größte Teil der Bevölkerung in industrialisierten Ländern nicht mehr mit Trinkwasser, Obst, Gemüse, Getreide, Fleisch und Fisch versorgt werden kann, das frei ist von erwiesenermaßen krebserzeugenden Chemikalien, die nur durch menschliches Zutun in den Naturkreislauf geraten sind. Über die Nahrungsmittel nehmen wir beispielsweise eine Reihe von chlorierten Kohlenwasserstoffen auf, die bei Tieren Krebs erzeugen können. Nach aller Erfahrung ist es nur eine Frage der Zeit und des Untersuchungsaufwandes, bis die krebserzeugende Wirkung dieser Stoffe auch beim Menschen nachgewiesen ist.

3.4.2.2 HCH (Hexachlorcyclohexan)

In der Milch haben sich die Rückstände chlorierter Pestizide seit Erlaß der Höchstmengenverordnung im Jahre 1974 stark verringert. Eine Ausnahme machen lediglich die nicht-insektizidwirksamen Isomere Alpha und Beta des HCH. Alpha- und Beta-HCH fallen bei der Herstellung von technischem Hexachlorcyclohexan neben der insektizidwirksamen Komponente Gamma-HCH (Lindan) an. Technisches HCH ist naturgemäß preisgünstiger als die aufgereinigte Gamma-Isomere. Die besondere Problematik von Alpha- und Beta-HCH ergibt sich dadurch, daß eine vielfach höhere Anreicherung im Fettgewebe als bei Gamma-HCH erfolgt. Darüberhinaus konnte in Tierversuchen nachgewiesen werden, daß das Beta-HCH etwa 10 mal toxischer ist als das Gamma-HCH.

Die **chronisch toxische Wirkung** des HCH zeigt sich klinisch folgendermaßen:

- Steigerung des Leberstoffwechsels
- Enzyminduktion
- Leberhyperplasie und -Hypertrophie

- Lebertumoren (Rattenversuche)
- Tumorpromotion
- Kanzerogenität (hohe Dosen)
- Teratogenität (hohe Dosen).

Im Jahre 1983 wurde für Alpha- und Beta-HCH in Ergänzungsfuttermitteln für Milchtiere eine Höchstmenge von 0,01 mg/kg Trockensubstanz festgelegt. Nach verschiedenen wissenschaftlichen Untersuchungen wird dieser Grenzwert nominell derzeit von bis zu 30 % aller untersuchten Futtermittel in Norddeutschland überschritten. Bei hohen Kraftfuttergaben und einer hohen Carry-Over-Rate besteht sehr leicht die Gefahr, daß auch die für Milchfett geltende Höchstmenge von 0,1 mg/ kg für Alpha- und Beta-HCH überschritten wird. Die engen Beziehungen zwischen HCH-Rückständen in Futtermitteln und in der Milch konnten gezeigt werden, als in einem Versuchsbestand eine Umstellung der Kraftfuttermittel auf rückstandsarme Futtermittel erfolgte: Innerhalb weniger Wochen kam es zu einem deutlichen Rückgang der HCH-Isomere in der Bestandsmilch.

Schlußfolgerung:
Die HCH-Belastung unserer Milch durch Futtermittel aus Importen ist erheblich. HCH- armes Futter bedingt auch eine HCH-arme Milch. Wirtschaftseigene Futtermittel sind für die HCH-Belastung derzeit ohne praktische Bedeutung.

3.4.2.3 PCB (Polychlorierte Biphenyle)

PCB sind Umweltchemikalien, die erstmals in der 60er Jahren in Lebensmitteln tierischer Herkunft nachgewiesen wurden. Eingehende Untersuchungen haben inzwischen gezeigt, daß sie weit verbreitet sind. Ihre Anwendung erfolgt in Kondensatoren, Transformatorölen, Schmierölen, Farben etc.

▷ Im Mittel sind in Milch und Milchprodukten Rückstände zwischen 0,1 mg/kg und 0,2 mg/kg zu erwarten. Damit liegen die PCB-Rückstände derzeit im Regelfall höher als die Summe aller anderen chlorierten Kohlenwasserstoffe wie HCH- Isomere, DDT und Dieldrin.

Untersuchungen an Einzelfuttermitteln und Ergänzungsfuttermitteln (600 Proben) haben ergeben, daß im Mittelwert 0,01 mg/kg Trockensubstanz des Futtermittels vorliegen. Damit finden sich PCB-Rückstände im Mittelwert in einer Größenordnung, wie sie als Höchstmenge für die Isomeren Alpha und Beta des HCH festgelegt sind.

Über folgende Kette kommt es zu Kontamination und Akkumulation chlorierter Pestizide aus der Umwelt über Luft, Boden, Wasser, Pflanze, Tier, Nahrungsfett zum Menschen:

- Umwelt, allgemein: 0,01–0,1 µg/kg Substrat
- Futterpflanzen: 1–10 µg/kg Substrat
- Depotfett des Nutztieres: 10 bis 10 000 µg/kg Substrat
- Tierische Fette: 10 bis 10 000 µg/kg Substrat
- Frauenmilch, Humanfett: 10 bis 100 000 µg/kg Substrat.

3.4.3 Höchstmengen für Pestizide

Nahrungsmittel	DDT	Dieldrin	HCB	Alfa/Beta HCH	Gamma HCH
Fleisch	3,0	0,2	0,5	0,3	2,0
Geflügel	3,0	0,2	0,5	0,3	0,7
Milch	1,0	0,15	0,5	0,1	0,2
Eier	0,5	–	0,3	0,1	0,1
Fische	2,0	–	–	–	–
Fischleber	5,0	–	–	–	–

Tab. 15: Höchstwerte für Pestizide in tierischen Lebensmitteln (Borneff, 1986).

3.5 Krebserregende Substanzen

3.5.1 Schadstoffe

3.5.1.1 Benzpyrene

Neben den schon erwähnten Pestiziden und organischen Schadstoffen gibt es noch eine Reihe von Schadstoffen, die krebserregend sind. Hauptvertreter sind die sogenannten Benzpyrene, welche von den Pflanzen aus Luft und Boden aufgenommen werden. Wieviel hängt davon ab, wo sie angebaut werden. Gespeichert wird Benzpyren in den Zellen der Pflanzen, was bedeutet, daß Abwaschen allein keinen ausreichenden Schutz darstellt. Deutlich gewarnt werden muß vor dem Verzehr von Pflanzen, die in industrienahen Gebieten angebaut werden. Sie können 30mal stärker mit Benzpyren belastet sein als Pflanzen aus industriefernen Gebieten.

Als industrienah gilt auch der Rand von Autobahnen. Bodenproben haben gezeigt, daß hier Belastungen von 3000 Mikrogramm/kg gemessen werden können.

In der Regel sind auch häusliche und industrielle Abwässer stark mit polyzyklischen Aromaten belastet. Insbesondere im *Stadtkompost* kommt es zu einer bedenklichen Anreicherung, die oft gesundheitsgefährdend werden kann. Wird Gemüse mit solchem Stadtkompost gedüngt, kann es zu erheblichen Anreicherungen mit polyzyklischen Aromaten, insbesondere mit Benzpyrenen kommen.

Die folgende Tabelle gibt eine Übersicht über Benzpyrengehalte in Nahrungsmitteln (BORNEFF, 1986):

Nahrungsmittel	Verzehr (kg/ Kopf/Jahr)	Benzpyrenkonzentration µg/kg Frischgewicht	Benzpyren-zufuhr/a
Brot	131	0,35	45,5
Kartoffeln	110	0,04	4,4
Gemüse (Blätter)	140	1,25	175,0
Gemüse (Wurzel)	35	0,08	2,8
Trinkwasser	1000	0,002	2,0
Summe			229,7

Tab. 16: Übersicht über Benzpyrengehalte in Nahrungsmitteln (BORNEFF, 1986).

3.5.1.2 Nitrosamine

Die folgende Tabelle gibt eine Übersicht über die Gehalte an Dimethylnitrosamin, N-Nitrosopiperidin und N-Nitrosopyrrolidin in verschiedenen Lebensmitteln, (SCHMÄHL):

Nahrungsmittel	Verbindung	µg/kg
Wiener Würstchen	Dimethylnitrosamin →	0–84
Räucherfisch, behandelt mit Nitrat oder Nitrit	Dimethylnitrosamin →	4–26
Gebackener Fisch	Dimethylnitrosamin →	1– 9
Käse (Danish blue, Gouda, Tilsiter)	Dimethylnitrosamin →	1– 4
Salami	Dimethylnitrosamin →	10–80
Schinkenspeck, Rauchfleisch, Pfefferschinken, roh oder gebraten	Dimethylnitrosamin → N-Nitrosopiperidin → N-Nitrosopyrrolidin →	1–60 4–67 1–78

Tab. 17: Übersicht über die Gehalte an Dimethylnitrosamin, N- Nitrosopiperidin und N- Nitrosopyrrolidin in verschiedenen Lebensmitteln (SCHMÄHL).

Durchschnittliche Aufnahmemengen
Die folgende Tabelle zeigt die durchschnittliche Aufnahme von Nitrosaminen von männlichen Personen in verschiedenen Lebensmitteln (PREUSSMANN):

Lebensmittel	Tägl. Verbrauch	Nitrosamin	Zufuhr/Kopf
Bier	560 g	N-Nitrosodimethylamin	0,7 µg
Fleisch, Fleischprodukte	210 g	N-Nitrosodimethylamin N-Nitrosopyrrolidin N-Nitrosopiperidin	0,1 µg 0,1 µg 0,01 µg
Käse	30 g	N-Nitrosodimethylamin	0,01 µg
andere	1500 g	N-Nitrosodimethylamin N-Nitrosopyrrolidin	0,2 µg 0,03 µg
Summe	2300 g	N-Nitrosodimethylamin N-Nitrosopyrrolidin	1,1 µg 0,1 µg

Tab. 18: Durchschnittliche Aufnahme von Nitrosaminen von männlichen Personen in verschiedenen Lebensmitteln (PREUSSMANN).

3.5.1.3 Weichmacher

Besonders problematisch sind Weichmacher. Die größte Gruppe, etwa 60 %, sind *Phtalate*. Diese stehen im Verdacht, *krebserzeugend* zu sein. Beispielsweise für DEHP, (Di-2-ethyl-hexyl-phtalat), wurde nachgewiesen, daß diese Substanz im Tierversuch kanzerogen, mutagen und teratogen ist und darüberhinaus die Leber schädigt. Phtalate wurden auch in Lebensmitteln gefunden: Vom amerikanischen Bureau of Foods wurden insgesamt 340 Lebensmittelproben aus verschiedenen Regionen der USA analysiert. Unter anderem wurden die in der folgenden Tabelle aufgeführten Phtalatgehalte nachgewiesen (Rose, 1988):

Lebensmittel	Maximalwert	Mittelwert
Maismehl	2,3 ppm	0,17 ppm
Weißbrot	1,2 ppm	–
Eier	0,6 ppm	0,06 ppm
Frühstücksfertigprodukte	3,4 ppm	0,24 ppm
Fleisch	1,2 ppm	0,63 ppm
Margarine	56,3 ppm	2,45 ppm
Käseprodukte	35,3 ppm	5,4 ppm
Milch	31,4 ppm	7,9 ppm

Tab. 19: Phtalatgehalte in der Nahrung (Rose, 1988).

Es wird deutlich, daß Fett eine besondere Rolle bei der Anreicherung spielt. Daher ist es aus umweltmedizinischer Sicht dringend erforderlich, daß einem übermäßigen Fettkonsum vorgebeugt wird.

- Darüber hinaus ist es ratsam, Nahrungsmittel aus Kunststoffverpakkungen, bei denen Weichmacher zugesetzt wurden, zu vermeiden. Denn ein beträchtlicher Teil der Weichmacher geht direkt in die Nahrung über. Dies zeigt die folgende Tabelle (Öko-Institut, 1984):

Lebensmittel		**Weichmacherkonzentration**
Bohnen	▶	18,9 ppm (mg/kg)
Kristallzucker	▶	0
Liebesperlen	▶	63,7 ppm
Linsen	▶	73,6 ppm
Magermilchpulver	▶	222,2 ppm
Puddingpulver	▶	225,8 ppm
Sago	▶	33,6 ppm
Senfkörner	▶	96,8 ppm
Speisesalz	▶	21,4 ppm
Sultaninen	▶	150,6 ppm

Tab. 20: Weichmacher in der Nahrung (Öko-Institut, 1984).

▶ Es zeigt sich, daß insbesondere in Kunststoff verpacktes Magermilch- und Puddingpulver einen extrem hohen Weichmacheranteil aufweist.

3.6 Lebensmittel-Zusatzstoffe

3.6.1 Repräsentative Auswahl

3.6.1.1 Antioxidantien

Die folgenden Antioxidantien sind gebräuchlich:

- E 310 bis E 312 (Gallussäure-Verbindungen): Allergien, Asthma, Störungen des Immunsystems
- E 320 (Butylhydroxyanisol, BHA): Allergien, möglicherweise Wirkungen auf Zellstoffwechsel
- E 321 (Butylhydroxytoluol): Allergien, verschiedenste Stoffwechselwirkungen.

3.6.1.2 Arzneimittel

In der Futtermittel-Verordnung vom 16. 7. 76 ist die Verabreichung von Arzneimitteln und Pharmaka an Schlachttiere genau geregelt. Prinzipiell wird eine Wartezeit bis zur Schlachtung von 5 Tagen vorgeschrieben, für definierte Präparate gelten gesonderte Vorschriften.

Häufig kann bei entsprechender Indikation nicht auf therapeutische Applikation von Antibiotika (einschließlich von Präparaten gegen Parasiten) verzichtet werden. Allerdings werden sehr oft sogar prophylaktisch Antibiotika eingesetzt, insbesondere werden bei der Massentierhaltung Tetrazykline z. T. sogar ganzen Beständen über Trinkwasser und Futter verabreicht. Die Kommission zur Prüfung von Rückständen in Lebensmitteln der DFG empfiehlt in ihrer Mitteilung VI, auf solche nicht indizierten, ungezielten Tetrazyklin-Prophylaxen prinzipiell zu verzichten und in indizierten Fällen nur noch *Injektionspräparate* zu applizieren.

A. Hormone

Östrogene sind die wirksamsten Anabolika. Durch die Verordnung über Stoffe mit pharmakologischer Wirkung von 1977 ist die Anwendung bei der Jungtiermast erlaubt. Die Produkte dürfen lediglich kein kanzerogenes Diethylstilböstrol enthalten. Unerlaubte Mengen wurden 1980 bei verschiedenen Kalbfleischpräparationen für die Babykost ermittelt. Seitdem hat die EG-Kommission ein Verbot von Hormonbehandlungen in der Tierzucht vorgeschlagen. Ausgenommen soll die indizierte therapeutische Anwendung sein. Für die erlaubten Stoffe soll eine Risikoliste erstellt werden. Nur Tierärzte dürfen die Applikation vornehmen.

B. Mastmittel

Die Applikation von Mastmitteln ist äußerst problematisch. Man befürchtet Resistenzentwicklung, Entstehung von Antibiotikaallergien bei Menschen, die Rückstände in Milch oder Fleisch verzehren. Präparate, die beim Menschen nicht angewendet werden, dürften in dieser Hinsicht weniger Probleme machen. Erlaubt sind daher für nutritive Zwecke nur noch Flavophospholipol und Zinkbacitracin, die kaum resorbiert werden.

C. Thyreostatika

Als Masthilfsmittel könnten auch Thyreostatika eingesetzt werden, jedoch ist eine Verabreichung zu diesem Zweck in Deutschland verboten. Thyreostatika erzeugen einen höheren Wassergehalt der Muskulatur und *verschlechtern die Fleischqualität.*

D. Tranquilizer

Häufig werden in der Großtierhaltung Tranquilizer eingesetzt. Dies mit der Begründung, Verletzungen der Schlachttiere und Streßsituationen beim Transport zu vermindern. Vorgeschriebene Wartefristen sind kaum kontrollierbar.

3.6.1.3 Farbstoffe

Zur Vortäuschung einer besseren Qualität bzw. Schmackhaftigkeit werden vielen Nahrungsmitteln Farbstoffe zugesetzt. Gemäß der Farbstoffverordnung von 1959 dürfen nur Farbstoffe verwendet werden, deren Unbedenklichkeit erwiesen ist. Folgende synthetischen Farbstoffe sind häufig in Gebrauch und haben folgende Nebenwirkungen:

Synthetische Farbstoffe		**Nebenwirkungen**
E 104, E 110	→	Allergien, Hyperaktivität
E 102	→	Migräne
E 122, E 123, E 124, E 127	→	Lichtempfindlichkeit
E 128, E 131, E 132, E 133,	→	Allergien
E 142, E 151	→	Allergien

Ob die unkritische Anwendung von Farbstoffen, Bleichmitteln etc. durch das Bekanntwerden möglicher Konsequenzen (Kanzerogenität des Dimethylazobenzols = Buttergelb) eingeschränkt wurde, bleibt fraglich.

3.6.1.4 Süßstoffe

Früher häufig verwendete Süßmittel wie Dulcin haben erhebliche Nebenwirkungen. Dulcin kann zu einer Methämoglobinbildung, Zyklamat und Saccharin zu Karzinomen führen.

▶ Dulcin sollte nicht mehr, Zyklamat und Saccharin nur in geringen Mengen konsumiert werden.

3.6.1.5 Konservierungsstoffe

Gebräuchliche Konservierungsmittel sind:
- Pökelsalze (v. a. bei Marinaden, Mayonnaisen)
- Sorbinsäure und ihre Na-, K-, Ca-Salze
- Benzoesäure und ihre Derivate
- Ameisensäure und ihre K- und Ca-Salze.

Folgende mögliche Nebenwirkungen sind von Konservierungsstoffen bekannt:

Konservierungsstoffe	**Nebenwirkungen**
E 210 bis E 213 (Benzoesäure, Benzoate)	Allergien, Migräne, Vorsicht bei Asthma
E 214 bis E 219 (Parahydroxy-Benzoesäure-ester = Parabene)	Allergien, Migräne Vorsicht bei Asthma
E 220 bis E 227 (SO_2, Sulfite)	Sulfit-Überempfindlichkeit, Kopfweh, Übelkeit, Asthma, Schock

Konservierungsstoffe	**Nebenwirkungen**
E 230 bis E 232 (Biphenyl u. Verwandte)	Schwindel, Übelkeit Schleimhautreaktionen
E 233 (Thiabendazol)	Überempfindlichkeit
E 239 (Hexamethylentetramin)	Freisetzung von Formaldehyd
E 249 bis E 252 (Nitrit, Nitrat, Pökelsalz)	Kopfweh, Migräne Übelkeit, Nitrosaminbildung (kanzerogen)
E 280 bis E 283 (Propionsäure)	Kopfweh, Migräne

Die folgende Tabelle zeigt die erlaubten Höchstmengen für Sulfit in verschiedenen Früchten. Sie sind 10- bis 40mal so hoch wie in anderen Lebensmitteln. Das ergibt immerhin maximal 2 Gramm Sulfit/kg.

Obst	**Sulfit- Höchstwerte**
Aprikosen, Birnen, Pfirsiche	2000 mg/kg
Ananas, Äpfel, Quitten	1500 mg/kg
Weinbeeren	1000 mg/kg
glasierte halbfeuchte Trockenfrüchte	1000 mg/kg
kandierte Früchte	100 mg/kg
Konfitüre, Marmelade, Pflaumenmus	50 mg/kg
Korinthen	10 mg/kg

Tab. 21: Erlaubte Höchstmengen für Sulfit in verschiedenen Früchten (A. CALATIN, 1990):

3.6.1.6 Biologische Gifte

Die häufigsten biologischen Gifte sind neben Pilzgiften diejenigen in *Fischen* und *Muscheln.* Fischvergiftungen werden sowohl durch bakterielle Infektions- und Intoxikationserreger *(Salmonellen, Choleravibrionen, Hepatitisviren)* als auch durch Toxine verursacht. Am häufigsten sind Vergiftungen durch biogene Amine, die sich im Fischfleisch durch bakterielle Dekarboxylierung von Aminosäuren anreichern. Makrelen und Thunfisch beispielsweise enthalten relativ viel Histidin, so daß reichlich viel Histamin entsteht, das als Indikatorsubstanz dienen kann.

Toxine (vgl. Lehrbücher der Hygiene)
Verschiedene Mikroorganismen produzieren Toxine. Zur Auslösung von Krankheiten ist eine bestimmte Dosis erforderlich, die durch bakterielle Vermehrungsvorgänge im Nahrungsmittel entsteht. Häufige Intoxikationen sind *Staphylokokken-Enterotoxikosen, Botulismus, Clostridium-perfringens-Lebensmittelvergiftungen, Bacillus-cereus*-Lebensmittelvergiftungen und *Mykotoxikosen.* Dazu kommen Intoxikationen durch *Fisch-* und *Muschelgifte, Pflanzengifte* und *toxische Chemikalien:*

Z. B. Saxitoxin aus Dinoflagellaten, gespeichert in Muscheln, Ciguatoxin aus Blaualgen, gespeichert in Fischen, Tertrotoxin (Japan. Kugelfischvergiftung), Barbencholera (Rogengenuß, Toxin unbekannt), biogene Amine (Makrelenvergiftung) und klassische Pilzgifte (z. B. Amanitatoxin).

Mikrobielle Intoxikationen können additiv wirken zu Intoxikationen durch Gifte höherer Pflanzen (z. B. Belladonna, bittere Mandeln), zu pharmakologisch wirksamen Substanzen (Antibiotika, Thyreostatika,

Östrogene), Chlorkohlenwasserstoffen (Pestiziden u. a.), toxischen Metallen und Radionukliden.

3.7 Gefahren der Nahrungsmittel-Zubereitung

3.7.1 Wärmebehandlung

Bei der Wärmebehandlung von Fleisch kommt es zu Vitaminverlusten. Der B_1-Komplex wird beim Garen bis zu 50 % reduziert, bei 150 °C Ofentemperatur werden im gebratenen Fleisch B_1, B_2, Niazin, Pantothensäure deutlich weniger geschädigt als bei 205 °C (Verluste ca. 30–40 %).

Bei Sterilisationstemperaturen treten Thiaminverluste bis zu 80 % auf. Der Proteingehalt wird bei lange einwirkenden hohen Temperaturen beeinträchtigt. Mineralstoffe, Vitamine und Kohlenhydrate können auslaugen. Eine ausreichende Erhitzung wird durch den Farbumschlag des roten Hämoglobins nach braun angezeigt. Bei gepökeltem Fleisch kommt die rote Farbe von Nitrosomyoglobin.

3.7.2. Trocknung

Mit einem Entzug von Flüssigkeiten wird den Bakterien ihre Existenzgrundlage entzogen. Vitamine, v. a. Vitamin C, werden durch die Trocknung zerstört.

3.7.3 Bestrahlung

Bestrahlung ist möglich entweder mit *Gammastrahlen* oder mit *Mikrowellen.* Eine Bestrahlung mit Gammastrahlen ist zwar von der WHO gestattet, aber derzeit noch durch das Lebensmittelgesetz in Deutschland verboten. Im Rahmen der neuen EG-Gesetze soll die Gamma-Bestrahlung möglichweise in Zukunft erlaubt sein. Folgende Länder bestrahlen nach Angaben der Verbraucherzentrale in Hamburg folgende Lebensmittel mit Gammastrahlen:

- Holland: Hähnchen, Gewürze, Kartoffeln, Zwiebeln, Pilze
- Spanien: Kartoffeln, Zwiebeln
- Frankreich: Kartoffeln, Zwiebeln, Knoblauch
- Ungarn: Gewürze (diese können dann auch in Tiefkühl-Fertiggerichten oder Dosen stecken)
- Italien: Kartoffeln, Knoblauch, Zwiebeln.

▷ Das Hauptproblem dabei ist, daß für bestrahlte, importierte Lebensmittel noch keine allgemeine Kennzeichnungspflicht besteht. Die

Untersuchungsämter haben noch keine eindeutig funktionierende Testmethode, um eine erfolgte Bestrahlung festzustellen.

Die Bestrahlung von Nahrungsmitteln mit **Mikrowellen** ist erlaubt. Mögliche Gefahren einer Strahlenverseuchung der Nahrung sind noch nicht hinreichend erforscht. Die Folgen einer Langzeiternährung mit mikrowellenbestrahlten Nahrungsmitteln sind noch nicht absehbar. Nach Brodeur (1981) sind Mikrowellen in ihrer Wirkung auf Nahrungsmittel mit Röntgenstrahlen vergleichbar. Brodeur weist eindringlich darauf hin, daß auch die Gefahren der Gammastrahlen lange Zeit nicht erkannt wurden. Noch Ende der vierziger Jahre kam es vor, daß Ärzte ihre Hand in den Röntgenstrahl hielten, um zu prüfen, ob ihr Röntgenschirm scharfe Bildwiedergabe zeigte. Während mit Gammastrahlen seit den sechziger Jahren nach und nach immer vorsichtiger umgegangen wird, mißt man derzeit bei uns den nichtthermischen biologischen Effekten der Mikrowellenenergie kaum eine Bedeutung bei.

Beispielsweise wurden nach Brodeur (1981) die folgenden nichtthermischen Effekte auf Säugetiere bei umfangreichen Experimenten mit Mikrowellen erzielt:
- Genetische Veränderungen
- Modulationen biologischer Rhythmen
- Bildung von Sauerstoff- und Hydroxylradikalen
- Immunologische Veränderungen
- Veränderungen des hämatopoetischen Systems
- Veränderungen von Enzymaktivitäten etc.

3.8 Literaturverzeichnis zum Kapitel 3

Anke et al., 1979, in: *Fiedler, H. J.* und *H. J. Rösler* et al.: Spurenelemente in der Umwelt, F. Enke, Stuttgart 1988

Arbeitsgemeinschaft der Verbraucher e. V., Bonn 1980, zitiert aus *Auermann* 1980, in: *Fiedler, H. J.* und *H. J. Rösler* et al.: Spurenelemente in der Umwelt, F. Enke, Stuttgart 1988

Bayr. Umweltministerium: Therm. Abfallbehandlung, München 1990

Borneff, J.: Hygiene, Ein Leitfaden für Studenten und Ärzte, Thieme, Stuttgart, New York 1986

Bundesministerium für Ernährung, Landwirtschaft und Forsten, zitiert aus Süddeutscher Zeitung, München, 16. 11. 1987

Burth, U., Kramer, A., Jahn, M., Müller, R., Weuffen, W.: Mittel und Verfahren zur Förderung der Wundabschlußreaktion bei Pflanzen. WP A 01 N/ 279731–5 und 279 732–3.

Burth, U., Weuffen, W., Jahn, M., Kramer, A., Müller, R., Adam, Chr., Tesche, M.: Mittel und Verfahren gegen Streß- und Umweltnoxen bei landwirtschaftlichen und gärtnerischen Nutzpflanzen WP A 01 N 1279740, 1985

Calatin, A., Zeitkrankheit Nahrungsmittel-Allergien. München 1990

Carol, E., 1972, zitiert aus *Heinrich* und *Hergt*

Carson, R.: Der stumme Frühling. C. H. Beck, München 1990

Daunderer, M.: Müllverbrennungsemissionen. Klinisch toxikologische Stoffmonographien, Klin. Toxikologie, 43. Ergänzungslieferung 6/89

Ernst, W., 1983, zitiert aus *Fiedler, H. J.* und *H. J. Rösler* et al.: Spurenelemente in der Umwelt, F. Enke, Stuttgart 1988

Fiedler, H. J., H. J. Rösler et al.: Spurenelemente in der Umwelt, F. Enke, Stuttgart, 1988

Förstner, U., R. Stiefel: Chemiker-Zeitung 102, 161-169, 1978

Heinrich, D., Hergt, M.: DTV-Atlas zur Ökologie, Deutscher Taschenbuch-Verlag, München 1990

Hellmann, A.: Müllverbrennung Augsburg, Ärztl. Kreisverband Augsburg, 1990

Joosse van Damme, 1983, zitiert aus *Fiedler, H. J.* und *H. J. Rösler:* Spurenelemente in der Umwelt, F. Enke, Stuttgart, 1988

Jülich, W. D., Kramer A., Spiegelberger, E., Weuffen, W.: Einfluß von NaSCN auf die Serumaktivität der Alanin-Amino-Transferase bei experimenteller Leberschädigung des Meerschweinchens und In-Vitro-Befunde zur Beeinflussung dieses Enzyms. In: Wiss.Z. der E.-M.-Arndt-Univ. Greifswald, Med.R.33/ 2, 59–60 (1984)

Kabata-Pendias, A. und *H. Pendias:* Trace elements in soils and plants, CRC Press Inc. Boca Raton, Florida, USA, 1984

Käferstein, F. K. et al.: Blei, Cadmium, Quecksilber. Ursachen, Konsequenzen, Erfordernisse,- Modellstudie, Dietrich Reimer, Berlin, 1979

Kampe, W.: Blei und Cadmium in Nahrungsmitteln der Angebotsform und im Gesamtverzehr, Landw. Forsch. Sonderh. 39, 361–383, 1983

Klein, L. A., M. Lang, N. Nash, L. Kirschner: Journal of Water Pollution Control Fed. 46, 2653–2662, 1984

Kloke, A., D. R. Sauerbeck, H. Vetter, In: *Nriagu, J. O.* (ed): Changing metal cycles and human health, Springer, Berlin, 113–141, 1984

Kloke, A.: Blei-, Zink- und Cadmium-Anreicherung in Böden und Pflanzen. Staub-Reinh. Luft 34, 18–21, 1974

Köthe, G., in: »STERN-Report Boden«, 1985

Kramer, A., Weuffen, W., Schröder, H., Jülich, W.-D., Grimm, U., Hecht, S., Schirdewan, K., Schwenke, W., Bauernhorst, V., Stark, E., Wiss.Z.E.-M.-Arndt-Univ. Greifstwald, Med.R.33/ 2, 40–42 (1984)

Landwirtschaftliche Untersuchungs- und Forschungsanstalt Kiel der Landwirtschaftskammer Schleswig-Holstein, Messung der Spektren der Gammastrahlenden Caesium-Radionuklide in Dinkel-Körnerproben (7. 11. 1986)

Landwirtschaftliche Untersuchungs- und Forschungsanstalt Kiel der Landwirtschaftskammer Schleswig Holstein, Qualitative Analyse Chlorierter Kohlenwasserstoffe und Phosphorsäureester in Dinkelkörnerproben (10. 10. 1986, 11.1. 1988)

Lux und *Hintze* 1983, in: »STERN-Report Boden«, 1985

Öko-Institut et al. (Herausg.), Chemie im Haushalt, Reinbek, 1984

Penck, A., zitiert aus *Heinrich* und *Hergt,* 1990

Piekarski und *Pelster* 1980, zitiert aus *Borneff, J.,* 1986

Prabucki, A. et al.: Fettsäureanalysen von Dinkelkörnern, Institut für Tierproduktion der ETH, Gruppe Ernährung, Leitung Prof. Prabucki, Universitätsstraße 2, CH 8092 Zürich (Im Auftrag für: Forschungsinstitut für Biologischen Landbau Bernhardsberg).

Preussmann, E., in *Borneff, J.,* Hygiene, Thieme, Stuttgart, 1986

Rose, W. D:. Krebsgifte, München 1988

Rote Liste, Liste bedrohter Tier- und Pflanzenarten, BUND, 1990

Schmähl, G., in: *Borneff, J.,* Hygiene, Thieme, Stuttgart, 1986

Schulte-Uebbing, C., Die Geisel der Fast-Food-Ernährung, Vortrag, Symposium Ernährung, Gesundheit und Umwelt, Deutsches Museum, München, 2/1990

Schulte-Uebbing, C., Berkmüller, A., Schulte-Uebbing, E. E.: Medizinisch-toxikologisches Gutachten zur Beurteilung der Thiozyanatgehalte von Dinkel und Dinkelerzeugnissen, München, 1989

Schulte-Uebbing, C.: Unser tägliches Brot – Kritische Analyse unserer Grundnahrungsmittel, Vortrag, Insel Reichenau, 1989

Schulte-Uebbing, C., Wie schädlich sind Dioxine? Zeitschrift Bessere Umwelt, München, 1/1991

Schulte-Uebbing, C.: Müssen wir alle zum Sondermüll? Zeitschrift Bessere Umwelt, München, 1/1991

Schulte-Uebbing, C. (gemeinsam mit *Zahn, V.):* Vorlesung Umweltmedizin, Ludwig-Maximilians-Universität München, Wintersemester 1990/91, Sommersemester 1991, Wintersemester 91/92

Schulte-Uebbing, C. (gemeinsam mit *Zahn, V.):* Ethische Aspekte der Umweltmedizin, München und Straubing, 1991 (im Druck)

Schulte-Uebbing, C. (gemeinsam mit *Zahn, V.):* Die Verantwortung des Arztes gegenüber unserer Umwelt, München und Straubing, 1991, (im Druck)

Schulte-Uebbing, C. (gemeinsam mit *Zahn, V.):* Umweltmedizinische Aspekte in Gynäkologie und Geburtshilfe, Vorlesung Ludwig-Maximilians Universität München, Wintersemester 1990/91, Sommersemester 1991, Wintersemester 1991/92

Schulte-Uebbing, C., (gemeinsam mit *K. E. Rehfues* et al.): Mehrere Publikationen zum Themenbereich »Bodenchemie, -toxikologie, Waldsterben« 1982–1985

Schulte-Uebbing, C. (gemeinsam mit *E. Eruz, F. Makeschin, K. E. Rehfues):* Auswirkungen von Vollumbruch, Kalkung, Weißerlenanbau auf Bioelementvorräte eines ehemals streugenutzten Kiefernstandortes »Forstwissenschaftliches Centralblatt«, 104. Jahrgang, 1985, Heft 1, S. 8–22,

Schulte-Uebbing, C.: Auswertung eines Meliorationsversuches im Forstamt Waldsassen«, Vortrag, Wintersemester 1981/82, Lehrstuhl für Bodenkunde und Standortswissenschaften der Forstlichen Fakultät der Universität, München, 1982

Schulte-Uebbing, C., Auswertung eines Meliorationsversuches im Forstamt Waldsassen, – Inventur der Nährelementvorräte im Boden und ef;Geologische, petrographische Untersuchungen an Phyllit Forstwissenschaftliche Diplomarbeit am Lehrstuhl für Bodenkunde und Standortswissenschaften der Forstlichen Fakultät der Universität München, 1982

Schulte-Uebbing, C., et al.: BMFT- Projekt »Nutzung forstlicher Biomasse«, Lehrstuhl für Forstliche Verfahrenstechnik und Forstliche Arbeitswissenschaften der Forstlichen Fakultät der Universität München, 1981

Schulte-Uebbing, C.: Geologische, bodenkundliche und vegetationskundliche Untersuchungen im NW-Teil des Gradabteilungsblattes 8043 Laufen an der Salzach sowie »Versuch der Korrelation der Salzachterrassen von Laufen bis Burghausen«, Diplomarbeit am Lehrstuhl für Allgemeine und Angewandte Geologie der Universität, München, 1981

Schulte-Uebbing, C., et al.: Dendromykosen, Institut für Holzforschung der Forstlichen Fakultät der Universität, München, 1980

Schulte-Uebbing, C., et al.: Toxikologische Untersuchungen zum Nikotinabusus, Organisch-Chemisches Institut der Technischen Universität München, Prof. Dr. M. Strell, 1976

Schuh-Tschan 1985, in: »Stern Report Boden 1985«

Souci, Fachmann, Kraut: Food Composition and Nutrition Tables 3. Aufl., Wiss. Verlagsges. m. b. H. Stuttgart (1989)

Walter, P. et al.: Vitaminanalysen von Dinkel-Körnerproben, Schweizerisches Vitamininstitut Professor Walter, CH Vesalgasse 1, 4051 Basel (Im Auftrag für Forschungsinstitut für Biolog. Landbau, siehe dieses), (1984)

Weuffen, W.: Persönliche Mitteilungen, Kongreß Hildegard-Medizin, Konstanz, Insel Reichenau 11/89

Weuffen, W., A. Kramer: Zusammenfassung der Ergebnisse der 6. Thiozyanat-Arbeitstagung, Wiss. Z.E.-M.-Arndt-Univ. Greifswald, Med. Reihe 36, 3–4 (1987).

Weuffen, W.: Medizin. u. biolog. Bedeutung der Thiozyanate (Rhodanide), Volk und Gesundheit Berlin (1982)

Weuffen, W., Gröschel, D., Kramer, A.: Inf. Control 1, 405–406 (1980)

Weuffen, W. und *Kramer, A.:* Zur Einordnung des Thiozyanateffektes innerhalb von Lebensprozessen und sich ergebende Anwendungsmöglichkeiten, Wiss. Z. Ernst-Moritz-Arndt-Univ. Greifswald, Med. Reihe 36, 3–4 (1982)

Weuffen, W., Kramer, A., Koch, S., Koch, D., Lange, M.-L., Bilka, E.: Anti-migrationshemmende Wirkung von NaSCN und KSCN sowie der Gemische von NaSCN/KSCN/KJ und NaSCN/KSCN bei epinephrektomierten Meerschweinchen. In: Wiss. Z. E.-M.-Arndt-Univ. Greifswald, Med. R. 33/2, 52–56 (1984)

Zöttl, H. W., Lamparski, F.: Mitteilungen der Deutschen Bodenkundlichen Gesellschaft 32, 509–518, 1981

4. Umweltbelastungen in der Luft

Die Luft enthält 78,09 % Stickstoff, 20,94 % Sauerstoff, 0,93 % Argon und 0,03 % Kohlendioxid. Der tägliche Sauerstoffbedarf des Menschen beträgt je nach Arbeitsleistung zwischen 3 und 12 Kubikmeter, entsprechend einer Menge von 15 bis 60 Kubikmeter Luft. Beim Kleinkind ist der Sauerstoffbedarf im Verhältnis noch wesentlich höher.

Kohlendioxid
Kohlendioxid in der Natur ist in einen Kreislauf eingebunden. Es entsteht bei Verbrennungen und Atmungsvorgängen von Mensch und Tier, bei Fäulnisprozessen und Verwesung sowie bei Vulkaneruptionen. Die Pflanzen assimilieren CO_2 unter Einwirkung von Licht mit Hilfe des Chlorophylls wieder zu Kohlenhydraten. Ein Teil löst sich auch im Regen- und Oberflächenwasser.

Der MAK-Wert beträgt 5000 ppm bzw. 9000 mg/m^3. Die hygienische Grenzkonzentration für Wohn- und Arbeitsräume liegt bei 0,1 % (= 1000 ppm). CO_2 ist in Innenräumen ein Indikator für schlechte Luft.

4.1 Luftverunreinigungen

Luftverunreinigungen hat es im Laufe der Erdgeschichte immer gegeben: Im Laufe der vielen gebirgsbildenden Phasen waren tausende von Vulkanen tätig, deren Eruptionen zu extremen Umweltkatastrophen geführt haben. Abgesehen von dieser »natürlichen Umweltverschmutzung« produziert der Mensch in jüngster Zeit zunehmend anthropogene Luftverunreinigungen, die aus umweltmedizinischer Sicht äußerst problematisch sind.

Luftverunreinigung liegt nach der WHO vor, wenn sich ein luftverunreinigender Stoff oder mehrere luftverunreinigende Stoffe in solcher Menge und so lange in der Außenluft befinden, daß sie für Menschen, Tiere, Pflanzen und Eigentum schädlich sind, zur Schädigung beitragen oder das Wohlbefinden oder die Besitzausübung unangemessen stören können. Luftverunreinigungen im Sinne der TA-Luft sind Veränderungen der natürlichen Zusammensetzung der Luft, insbesondere durch Rauch, Ruß, Staub, Gase, Aerosole, Dämpfe und Geruchsstoffe. Zu den Dämpfen kann auch Wasserdampf gehören.

4.1.1 Problematik technisch bedingter Emissionen

▶ **Emissionen** im Sinne der TA-Luft sind die von einer Anlage ausgehenden Luftverunreinigungen.

Sie werden als Massenkonzentrationen in der Einheit mg/m^3, als Massenstrom in g/h oder als Massenverhältnis in g/t angegeben. Stark mit Luft verdünnte Abgase werden als Abluft, feuchte Abluft als Wrasen bezeichnet. Rauch besteht aus feindispersen Feststoffen, Nebel aus Flüssigkeitströpfchen. Dämpfe sind unter ihrem Kondensationspunkt in der Luft verteilte, über 20 °C siedende Flüssigkeiten. Staub ist feinverteilter Feststoff mit Teilchendurchmessern von 0,5 µm bis 1 mm. Aerosole stellen kolloiddisperse Emissionen fester oder flüssiger Stoffe dar, z. B. Stadtdunst.

▶ **Immissionen** im Sinne der TA-Luft sind auf Menschen, Tiere, Pflanzen oder Sachen einwirkende Luftverunreinigungen.

Als solche sind in der Regel in 1,5 m Höhe über dem Erdboden oder der oberen Begrenzung der Vegetation oder im Abstand von 1,5 m von der Oberfläche eines Bauwerkes auftretende Luftverunreinigungen anzusehen. Immissionen werden als Massenkonzentrationen in mg/m^3, bei Gasen auch als Volumenkonzentration in cm^3/m^3, bei Stäuben als Konzentration an Staubpartikeln in der Einheit $1/cm^2$ und für Staubniederschlag als zeitbezogene Massenbedeckung in g/m^2/Tag angegeben.

4.1.2 Grenzwerte, gesetzliche Bestimmungen

Die Emissionsgrenzwerte der TA-Luft 1986 für Müllverbrennungsanlagen betragen:

• Staub	30 mg/m^3
• Stickoxide	0,5 g/m^3
• Schwefeloxide	0,1 g/m^3
• Kohlenmonoxid	0,1 g/m^3
• Gesamtkohlenstoff	20 mg/m^3
• Halogenwasserstoff	50 mg/m^3
• Fluorwasserstoff	2 mg/m^3

Klasse I (z. B. für Hg, Cd, Ti) ▶	0,2 mg/m^3
Klasse II (z. B. Ni, Cr, As, Co, Cu) ▶	1 mg/m^3
Klasse III (z. B. Pb, Cr, Sb, V) ▶	5 mg/m^3

Wie hieraus ersichtlich, werden in der TA-Luft u. a. für alle Arten von emittierenden Anlagen die maximal zulässigen Emissionen für Aerosole sowie für gas- und dampfförmige Stoffe festgelegt. Die einzelnen Schwermetalle werden dabei entsprechend ihrer Toxizität verschiedenen Klassen zugeordnet, wobei die festgelegten Emissionsgrenzwerte jeweils Summenkonzentrationen für die einzelnen Stoffe sind.

Erstmals wurde bei der 17. Verordnung nach dem Bundesemissionsschutzgesetz (BImSchV) auch ein Emissionswert für polychlorierte Dibenzodioxine und -furane (0,1 ng/m^3) eingeführt. Allerdings liegen bisher keine gesicherten Erfahrungen darüber vor, ob dieser Grenzwert technisch eingehalten werden kann. Der Staubauswurf wurde von bisher 30 auf 10 mg/m^3 gesenkt. Bei den anorganischen Staubinhaltsstoffen sind vor allem die Emissionswerte für die Schwermetalle der Klassen I und II von Bedeutung. Eine *besondere Stellung* nimmt das der Klasse I zugeordnete *Quecksilber* ein, das überwiegend dampfförmig vorliegt.

Die Grenzwerte für gasförmige Stoffe betragen für Schwefeloxide 100 mg/m^3, für Stickoxide 500 mg/m^3.

Diese Grenzwerte sollen durch die 17. Verordnung nach dem »Bundesimmissionsschutzgesetz« (BImSchV) auf 50 mg/m^3 bzw. 200 mg/m^3 gesenkt werden. Die Emmissionsgrenzwerte für gasförmige anorganische Chlorverbindungen sind auf 50 mg/m^3, künftig 10 mg/m^3, und für die entsprechenden Fluorverbindungen auf 2 mg/m^3, künftig 1 mg/m^3 gesenkt worden. Bei der Absenkung des Emissionsgrenzwertes für Kohlenmonoxid (CO) auf 100 mg/m^3 ging es nach Angaben des Bayerischen Umweltministeriums weniger um den Schadstoff CO selbst, als um die Gewährleistung eines hohen Ausbrandgrades für Rauchgase, um den möglichen Gehalt an toxischen organischen Stoffen zu reduzieren. CO erfüllt dabei eine Leitfunktion. Nach Angaben des Bayerischen Umweltministeriums verringert eine Verbesserung des Ausbrandes u. a. die Neubildung polychlorierter Dibenzodioxine und -furane. Auch die Absenkung des Emissionswertes für die Summe aller organischen Stoffe von bisher 20 mg/m^3 Gesamtkohlenstoff auf 10 mg/m^3 sowie die Reduktion des Emissionswertes für Staub wirkt sich emissionsmindernd aus, da die polychlorierten Kohlenwasserstoffe z. T. partikelgebunden emittiert werden.

4.1.3 MAK-, TRK-, MIK-Werte

Die Liste der »*Maximalen Arbeitsplatzkonzentrationen*« **(MAK-Werte)** wird jährlich von der Senatskommission der DFG zur Prüfung gesundheitsschädlicher Arbeitsstoffe herausgegeben. Für kanzerogene Substanzen werden keine MAK-Werte, sondern TRK-Werte (Technische Richtkonzentrationen) angeführt, weil zur Zeit keine Festsetzung eines Schwellenwertes möglich ist.

Mit den *Immissionswerten* sollen Gesundheitsschädigungen der Menschen, v. a. von Kindern, Alten und Kranken, selbst bei langfristiger Einwirkung, vermieden werden. Maximale Immissionswerte lassen sich durch Maximale Immissionskonzentrationen **(MIK)** oder Maximale Immissionsraten **(MIR)** ausdrücken. MIK-Werte in der Luft werden in mg/m^3 oder in ppm angegeben. Die Immissionsraten stellen die Massenangabe pro Flächeneinheit in der Zeiteinheit dar.

Da die Schadwirkung akut oder chronisch auftreten kann, müssen bei den MIK-Werten sowohl *Kurzzeit-* als auch *Langzeitwerte* angegeben werden. Der Grenzwert für Dauereinwirkung darf bis zur Höhe des Grenzwertes für kurzzeitige Einwirkung innerhalb von 4 Stunden für 30 Minuten überschritten werden. Nicht berücksichtigt wird beispielsweise die Entstehung allergischer Reaktionen bei einzelnen Personen durch Spurenstoffe.

Der MIK-Wert muß um einen Sicherheitsfaktor niedriger liegen als der Wert, der nach dem gegenwärtigen Erkenntnisstand gerade noch zu einer Gesundheitsschädigung führen kann. Die Liste der MIK-Werte des VDI 2310 bezieht sich auf den Schutz des Menschen vor toxischen Einwirkungen anorganischer Substanzen. Die VDI 2306 begrenzt organische Verbindungen. Sofern ein MIK-Wert für eine neue Substanz benötigt wird, die noch nicht in der Liste aufgenommen ist, wird empfohlen, zunächst etwa 1/20 des MAK-Wertes anzusetzen.

4.1.4 Immissionsgrenzwerte der TA Luft

Die Immissionsgrenzwerte »zum Schutz vor Gesundheitsgefahren« der TA Luft wurden am 27. Februar 1986 an die gültige EG-Norm angepaßt. Die IW 1-Grenzwerte beziehen sich auf den Mittelwert über einen längeren Zeitraum (ca. 1 Jahr), die IW 2-Grenzwerte beziehen sich dagegen auf die 98-Perzentile über den o. g. Zeitraum. Die Meßwerte werden dabei immer auf eine Beurteilungsfläche bezogen, im allgemeinen 1 km^2, d. h. die an den Eckpunkten einer solchen Fläche gemessenen Konzentrationen werden gemeinsam ermittelt.

4.1.4.1 Internationaler Vergleich

Sehr strenge, vorbildliche Richtlinien gibt es in der Schweiz. Im Dezember 1985 erließ der Schweizer Bundesrat die Luftreinhalteverordnung (LRV), in der neben Emissionsbegrenzungen auch die höchstzulässige Belastung der Luft (Immissionsgrenzwerte) und das »Vorgehen für den Fall, daß die Immissionen übermäßig sind« (Art. 1) geregelt sind.

Falls solche übermäßigen Immissionen auftreten, muß die zuständige Behörde einen Maßnahmenplan erstellen, in dem die Quellen der Emissionen und Maßnahmen zur Beseitigung der Belastung angegeben sind (Art. 31). Bei den Maßnahmen kann die Behörde bei stationären Anlagen die »Sanierungsfristen verkürzen« oder »ergänzende oder verschärfende Emissionsbegrenzungen festlegen« (Art. 32). Die Grenzwerte nach Art. 14 des Schweizer Umweltschutzgesetzes von 1983 sind so festgelegt, daß die Immissionen Menschen, Tiere, Pflanzen, deren Lebensgemeinschaften und Lebensräume nicht gefährden, die Bevölkerung in ihrem Wohlbefinden nicht stören, die Bauwerke nicht beschädigen und die Fruchtbarkeit des Bodens, die Vegetation und die Gewässer nicht beeinträchtigen. Besonders gut ist, daß bei den Schweizern auch Kinder, Kranke, Betagte und Schwangere, also Personen mit erhöhter Empfindlichkeit, berücksichtigt werden. Bei den Werten für Schwefeldioxid stützen sich die Schweizer auf die WHO-Werte. In den USA gibt es »Standards«, wobei in den National Ambient Air Quality Standards (NAAQS) zwischen dem »Primary Standard« und dem »Secondary Standard« unterschieden wird. Während der Primary Standard die menschliche Gesundheit schützen soll, schützt der Secondary Standard die öffentliche Wohlfahrt, gemessen an den Auswirkungen der Verschmutzung von Vegetation und Materialien.

Zur Begrenzung der Emissionen an besonderen staubförmigen Stoffen in Abgasen gibt es 3 Klassen in der TA-Luft. Stoffe der **Klasse 1** sind *Arsen, Asbest, Blei, Cadmium, Fluor, Nickel, Quecksilber* und *Thallium*. Für diese Stoffe gilt bei einem Massenstrom von 0,1 kg/h und mehr ein Höchstwert von 20 mg/m^3.

Stoffe der **Klasse 2** sind *Jod, Kobalt, Quarz, Ruß, Teer* und *Aromatische Amine*. Für diese Stoffe gilt bei einem Massenstrom von 1 kg/h und mehr ein Höchstwert von 50 mg/m^3.

Stoffe der **Klasse 3** sind *Bitumen, Bor, Kupfer, Molybdän* und *Phosphate*. Für diese Stoffe gilt bei einem Massenstrom von 3 kg/h und mehr ein Höchstwert von 75 mg/m^3.

Für organische dampf- oder gasförmige Verbindungen in Abgasen unterscheidet die TA-Luft ebenfalls drei Klassen.

Stoffe der **1. Klasse** sind *Anilin, Ethylenoxid, Benzol, Formaldehyd, Phenol* und *Phosgen*. Für diese Stoffe gilt bei einem Massenstrom von 0,1 kg/h und mehr ein Höchstwert von 20 mg/m^3.

Stoffe der **Klasse 2** sind *Benzin, Ethylenchlorid, Dioxan, Trichlorethylen* und *Chloroform*. Für diese Stoffe gilt bei einem Massenstrom von 3 kg/h und mehr ein Höchstwert von 150 mg/m^3.

Stoffe der **Klasse 3** sind *Azeton, Ethanol, n-Hexan, Methanol, Iso-Propanol* und *Tetrachlorethylen*. Für diese Stoffe gilt bei einem Massenstrom von 6 kg/h und mehr ein Höchstwert von 300 mg/m^3.

Für nichtgefährdende Staubniederschläge sind in der TA-Luft folgende Immissionswerte festgelegt: Für Langzeitwirkung (IW 1) 0,35 g/Quadratmeter/Tag und für Kurzzeitwirkung (IW 2) 0,65 g/Quadratmeter/Tag.

Für die Massenkonzentration von nichtgefährdenden Stäuben mit einer Partikelgröße in der Luft gilt: Für Stäube kleiner 10 µm: Langzeitwirkung (IW 1) 0,1 mg/m^2. Für Stäube größer und gleich 10 µm: Langzeitwirkung (IW 1) 0,2 mg/m^2. Für Stäube kleiner 10 µm: Kurzzeitwirkung (IW 2) 0,2 mg/m^2. Für Stäube größer und gleich 10 µm: Kurzzeitwirkung (IW 2) 0,4 mg/m^2. Auch für verschiedene gasförmige Immissionen wurden Immissionswerte festgelegt.

4.1.4.2 Smog-Immissions-Grenzwerte

In Deutschland gibt es eine Smog-Musterverordnung, an die in den letzten Jahren die Verordnungen der Länder mehr und mehr angepaßt wurden. Normalerweise wird dann **Smog-Alarm** gegeben, wenn eine länger andauernde Wetterlage vorherrscht und die Imissionsbelastung die unten aufgeführten Grenzwerte überschreitet. Zur Auslösung der jeweiligen Smog-Stufe muß einer der Grenzwerte für einen festgelegten Zeitraum überschritten werden. Bei Schwefeldioxid-Staub wird der

SO_2-Meßwert und der zweifache Meßwert von Schwebstaub zusammengezählt und mit dem Grenzwert verglichen.

Obwohl bereits die Grenzwerte aller alten Bundesländer einheitlich sind, gibt es noch Unterschiede, an wievielen Meßstationen diese Grenzwerte für den Smogalarm überschritten sein müssen. In Nordrhein-Westfalen beispielsweise müssen die Grenzwerte an mindestens einem Drittel der Meßstellen überschritten werden. In Hessen müssen die Grenzwerte erstens an mindestens der Hälfte der Meßstellen oder zweitens berechnet als arithmetischer Mittelwert über alle Meßstellen oder drittens an zwei benachbarten Meßstellen des jeweilig ausgewiesenen Smog-Gebietes überschritten werden.

In der sogenannten **Smog-Vorwarnstufe** wird die Öffentlichkeit in den Medien von der Situation unterrichtet. In den beiden Alarmstufen erfolgt die Einleitung von Maßnahmen zur Schadstoff-Verringerung.

1. Alarmstufe:	In den Smog-Gebieten ist der »gewöhnliche KFZ-Verkehr« verboten (schadstoffarme Fahrzeuge dürfen noch fahren), stationäre Feuerungsanlagen ab einer gewissen Größe dürfen nur noch schadstoffarme Stoffe verfeuern.

2. Alarmstufe:	Darüber hinaus dürfen bestimmte Feuerungsanlagen nicht betrieben werden.

4.1.4.3 Richtwerte für Schwermetallimmissionen

Für Blei- und Cadmium-Immissionen hat die Bundesregierung am 6. 10. 1978 in einer Novelle des Bundesimmissionsschutzgesetzes vom 28. 8. 1974 folgende Immissionswerte beschlossen:

- *Cadmium* und anorganische Cadmiumverbindungen als Bestandteile des Staubniederschlags: 7,5 ng/m^2/Tag
- *Cadmium* und anorganische Cadmiumverbindungen als Bestandteile des Schwebestaubes: 40 ng/m^2
- *Blei* und anorganische Bleiverbindungen als Bestandteile des Staubniederschlages 500 $\mu g/m^2$/Tag
- *Blei* und anorganische Bleiverbindungen als Bestandteile des Schwebestaubes: 2 $\mu g/m^2$.

4.1.4.4 Hauptemittenten

Die Hauptursache der Luftverschmutzung ist die Gewinnung von Energie durch Verbrennung von Kohle und Öl. Hauptemittenten sind, abgesehen von regionalen Ausnahmen *Hausfeuerung, Kraftfahrzeugverkehr* und *Industrie*. Somit leisten Haushalte und Kleinverbraucher einen erheblichen Beitrag zur Luftverschmutzung. Obwohl die Schadstoffbelastung mit Kohlenmonoxid, Stickoxiden, Schwefeldioxid und Stäuben im Zeitraum von 1966 bis 1987 zurückgegangen ist, ergeben sich durch den Straßenverkehr zunehmend Probleme:

> Aufgrund stetig steigender Zulassungszahlen für Kraftfahrzeuge wurde der Straßenverkehr die Nummer eins bei der Luftverschmutzung. Sein Anteil an der Gesamtemission betrug 1987 etwa 48 %. In den letzten drei Jahren konnten durch den Katalysator bereits beträchtliche Mengen giftiger Abgase wie Stickoxide, Kohlenwasserstoff, Kohlenmonoxid in unschädliche Produkte wie Kohlendioxid, Wasserdampf und Stickstoff umgewandelt werden.

4.1.5 Die wichtigsten Schadstoffemissionen

Man unterscheidet verschiedene Arten von Emissionen: Gasförmige Emissionen, z. B. Schwefeldioxid (v. a. aus Heizöl, Kohle, Gas), Stickoxide (z. B. aus Autoabgasen, Salpetersäureherstellung, Nylonproduktion etc.), Kohlenmonoxid (z. B. aus Abgasen des KFZ-Verkehrs), Kohlendioxid (Verbrennungsgas), Fluorwasserstoffe (Aluminiumindustrie, Phosphordüngemittelindustrie, Ziegeleien, Töpfereien, Stahlemaillierwerke etc.), Chlorwasserstoff, Aldehyde (z. B. bei unvollständiger Verbrennung von Kohlenwasserstoffen, z. B. Autoabgasen etc.), Ozonide (z. B. bei Oxidation von ungesättigten organischen Verbindungen durch Ozon), Kohlenwasserstoffe und chlorierte Kohlenwasserstoffe, Peroxide, aromatische Kohlenwasserstoffe (z. B. Benzol, Phenol etc.) etc. Flüssige Emissionen sind z. B. Schwefelsäure-Nebel. Feste Emissionen sind z. B. Flugasche, Ruß, Abrieb von Straßen, Autoreifen, Staub verschiedenster Zusammensetzung (Entstehung z. B. Gewinnung von Kohle, Zement, Metallen etc.) etc.

Es gibt *künstliche* und *natürliche Staubquellen*. Letztere sind vorwiegend kontinentaler Staubfluß, vulkanogener Staubfluß, vulkanogene Gase, verbrennende Vegetation und Aerosolbildung an der Meeresoberfläche etc. Beispielsweise liegt für die Elemente Al, Ti, Sm, Fe, Mn, Co der anthropogene Einfluß unter dem natürlichen, während die Elemente Cr, V, Ni in etwa gleichem oder nur leicht erhöhtem Umfang in die Atmosphäre gelangen. Die wichtigsten anthropogenen Quellen der Partikelemission (Primärproduktion) auf der Erde sind (STRAUSS, 1977, in Mio. t/ a): Kohle 39,7, Eisen- und Stahlindustrie 9,9, Nichtfossile Brennstoffe 8,8, Ölverbrennung 2,2, Müllverbrennung 4,4, Zementherstellung 7,7, Landwirtschaftliche Emissionen 11,0, übrige anthropogene Quellen 17,6. Anthropogene Prozesse spielen für folgende Elemente eine entscheidende Rolle: Blei, Quecksilber, Cadmium, Arsen, Molybden, Zinn, Kupfer, Zink, Selen, Antimon und Silber.

▷ Von toxikologischer Bedeutung sind dabei besonders Blei, Cadmium, Quecksilber und Arsen.

4.1.5.1 Blei

Für die Größenordnung des Bleipegels wird allgemein angegeben:
- Reinluft: ca. 50 ng Pb/m^3
- ländliche Gebiete: ca. 150 ng Pb/m^3
- Städte: ca. 500 bis über 6000 ng Pb/m^3.

An der Bleiemission sind beteiligt:
- Industrie: 2900 t/Jahr
- Haushalt und Kleingewerbe: 300 t/Jahr
- Verkehr: 3000 t/Jahr
- Gesamt: 6200 t/Jahr.

Es wird deutlich, daß nicht nur die Industrie, sondern vor allem auch der Kraftfahrzeugverkehr entscheidenden Anteil an den Blei-Emissionen hat (bleihaltiges Benzin).

4.1.5.2 Cadmium-Emissionen

Das Schwermetall Cadmium wird bei der Zinkverhüttung als Koppelprodukt in großen Mengen freigesetzt.

Weitere Bereiche, in denen Cadmium Verwendung findet, sind: Nickel-Cadmium-Akkumulatoren, Stabilisatoren für Hart-PVC, Pigmente für Kunststoffe, Oberflächenbeschichtung, Klärschlamm, Farbstoffe u. a. Cadmium gelangt v. a. mit der Nahrung (80 %) und durch das Trinkwasser (15 %) in den menschlichen Organismus. Der Anteil des über die Atemluft zugeführten Cadmiums ist unter 1 %.

4.1.5.3 Quecksilber-Emissionen

Quecksilber ist ein silberglänzendes, flüssiges Metall, es verdampft bereits bei Zimmertemperatur und ist leicht flüchtig. Durch vulkanische Aktivitäten, durch Verbrennungsprozesse von Kohle, Heizöl und Müll und aus Hüttenwerken gelangt Quecksilber in die Umwelt. Quecksilber wird verwendet in der Chlorindustrie, zur Herstellung von Thermometern, Laborchemikalien, Batterien (Knopfzellen), Schädlingsbekämpfungsmitteln, Zahnfüllungen, Beizmittel, etc. In den Abgasen von Müllverbrennungsanlagen können wegen des hohen Dampfdrucks dieses Metalls auch bei sonst sehr guter Schadstoffabscheidung erhebliche Quecksilber-Emissionen sein.

4.1.5.4 Arsen-Emissionen

Arsen ist ein chemisches Element mit halbmetallischem Charakter und wird mit seinen Verbindungen als Legierungsbestandteil, in der Glasindustrie, in Zinkhütten und als Holzschutzmittel für den Außeneinsatz verwendet. In Westdeutschland werden jährlich 1000 Tonnen produziert. Über Feuerungsanlagen und Metallhütten gelangt Arsen in die Luft, es ist in Spuren ubiquitär verbreitet. Noch heute werden Weinstöcke in manchen Ländern mit Arsen gespritzt; außerdem finden sich in Meerestieren erhöhte Arsengehalte. Seit 1942 ist der Einsatz arsenhaltiger Schädlingsbekämpfungsmittel im Weinbau in Deutschland verboten. Wegen des **kanzerogenen Potentials** kann ein MAK-Wert nicht angegeben werden; der TRK-Wert beträgt 0,2 mg/m^3.

4.1.5.5 Chrom-Emissionen

Als Legierungsbestandteil in Spezialstählen wird das Schwermetall Chrom oft zum Oberflächenschutz durch Verchromen bzw. Chromatisieren verwendet. Auch als Gerbereihilfsmittel und Farbpigmente kommen Chromverbindungen zum Einsatz.

4.1.5.6 Mangan-Emissionen

Mangan ist ein stahlweißes bis silberweißes häufig vorkommendes Schwermetall. Es wird überwiegend als Legierungsbestandteil zur Erhöhung der Korrosionsbeständigkeit gebraucht.

4.1.5.7 Thallium-Emissionen

Thallium ist ein weitverbreitetes Schwermetall, das in sehr niedriger Konzentration über Flugstäube in die Umwelt gelangt, v. a. bei metallurgischen und chemischen Prozessen und bei Verbrennungen. In Ratten-

und Insektenbekämpfungsmitteln wird es noch heute in einigen Ländern als Wirkstoff eingesetzt. Die Weltproduktion beträgt etwa 20 t/a.

4.1.5.8 Vanadium-Emissionen

Vanadium ist ein sehr hartes, sprödes, blaugrau glänzendes Schwermetall, das überwiegend als Legierungsbestandteil in der Stahlindustrie und zur Farbstoffherstellung verwendet wird. In fossilen Brennstoffen, v. a. Erdöl, ist Vanadium in geringen Mengen enthalten. In Gebieten mit hohem Heizölhausbrand sind die menschlichen Lungen durch Vanadiumemissionen gefährdet. In der Erdölschlacke und im Ruß von Erdöl können Vanadiumgehalte bis zu 50 % nachgewiesen werden.

4.1.5.9 Phosphor-Emissionen

Als Schädlingsbekämpfungsmittel werden z. T. Metallphosphide eingesetzt. Das sehr giftige Zinkphosphid dient zur Bekämpfung von Insekten in Silos und Speichern.

4.1.5.10 Beryllium-Emissionen

Beryllium ist ein Leichtmetall, in Westdeutschland werden jährlich etwa 100 Tonnen produziert, die man hauptsächlich für Speziallegierungen im technischen Gerätebau benötigt.

Anthropogen gelangt Beryllium aus Feuerungsanlagen in die Umwelt.

4.1.5.11 Nickel-Emissionen

Nickel ist ein silberweißes, stark glänzendes Schwermetall. In Westdeutschland werden jährlich mehr als 72 000 Tonnen für Legierungen und zur Oberflächenveredelung verwendet, weitere 8000 Tonnen für Katalysatoren, für die Batterieherstellung und für Pigmente. Nickel gelangt insbesondere über Müllverbrennungsanlagen, Metallhütten und Feuerungsanlagen in die Umwelt. Der MAK-Wert für Nickelcarbonyl beträgt 0,1 ppm.

4.1.5.12 Eisen-Emissionen

Im Erzbergbau werden größere Mengen an Eisenstaub freigesetzt. Das Einatmen von Eisenrauch führt zu Krankheitsbildern, die mit einer Silikose vergleichbar sind. Elektroschweißer sind ebenfalls stark gefährdet.

4.1.5.13 Zink-Emissionen

Das Schwermetall Zink wird vor allem zum Verzinken von Stahlteilen, für den Zinkdruckguß, im Baubereich und für Trockenbatterien gebraucht. Außerdem ist Zink in Autoreifen und in Korrosionsschutzpigmenten enthalten. Durch feinverteilten Zinkstaub oder Zinkoxid werden Reizungen der Atemwege induziert. Beim Messinggießen und beim Schweißen von Zinkblechen tritt gelegentlich ein Metalldampffieber auf.

4.1.6 Verkehrs-Emissionen

Der Verkehr trägt zu folgenden Emissionen in erheblichem Maß bei: Kohlenoxid, Stickoxide, Schwefeloxide, organische Gase, Stäube (v. a. Ruß und Blei). Am 1. 7. 89 waren in Westdeutschland 34,5 Millionen Kraftfahrzeuge mit Verbrennungsmotoren (v. a. Otto- und Dieselmotoren) oder Elektromotoren zugelassen. Diese Kraftfahrzeuge gaben an die Umwelt ab:

- ca. 124 000 000 t Kohlendioxid
- ca. 5 800 000 t Kohlenmonoxid
- ca. 1 200 000 t Kohlenwasserstoffe
- ca. 1 600 000 t Stickstoffoxide
- ca. 55 000 t Rußpartikel
- ca. 42 000 t Schwefeldioxid
- ca. 42 000 t Benzol
- ca. 1 700 t Blei.

4.1.6.1 Bleiemissionen durch Kraftfahrzeuge

Zur Erhöhung der Klopffestigkeit von Kraftstoffen für Ottomotoren ist es seit den 30er Jahren international üblich, dem Benzin ein Antiklopfmittel organischer Bleiverbindungen zuzusetzen. Am verbreitetsten ist der Zusatz von Bleitetraethyl, einer farblosen Flüssigkeit, die zu 64 Gew.- % aus Blei besteht, mit Benzin leicht mischbar und äußerst giftig ist. Außer Bleitetraethyl wird häufig auch Bleitetramethyl angewandt. Da das mit den Abgasen eines KFZ emittierte Blei aus den Antiklopfzusätzen zum Kraftstoff stammt, müßten die zu erwartenden Bleiemissionen eigentlich direkt proportional zum Kraftstoff-Verbrauch und dem Gehalt des Kraftstoffes an Bleiverbindungen sein. Verschiedenste Emissionsmessungen ergaben aber, daß die momentane Bleiemission kleiner, gleich oder größer der dem Verbrauch entsprechenden sein kann (Abthoff und Nunnemann). Dies liegt daran, daß die organischen Bleiverbindungen erst oberhalb 800 °C verdampfen, so daß es je nach Temperaturzustand des Motors und der Abgasanlage und je nach

Intensität des Abgasstromes zur Zwischenspeicherung von Bleiverbindungen zwischen Brennraum des Motors und Ende der Abgasanlage kommt.

In umfangreichen Studien konnte gezeigt werden, daß es bei höherer Fahrgeschwindigkeit und damit erhöhtem Kraftstoffverbrauch, Abgasstrom und höherer Temperatur auch zu erhöhten Bleiemissionen kam. Die Emissionsspitzen traten insbesondere bei Beschleunigungen auf. Bei ca. 90 km/h war deutlich erkennbar, daß für eine gewisse Zeit überproportional viel Blei emittiert wurde, das aus vorher gespeicherten Ablagerungen herrührte. Die Dauer dieser zusätzlichen Emission hing davon ab, wieviel Blei in der vorausgegangenen Betriebszeit gespeichert worden war. Generell nimmt die Bleiemission mit der Verkehrsintensität zu. Das wurde z. B. an autofreien Sonntagen deutlich, an denen die Bleiwerte weit unter einem Zehntel der Werte an Werktagen lagen (UBA-Bericht Blei 1976).

Während die Emissionen aus Haushalten und Industriefeuerungen etwa um das 10000- bis 1 Millionenfache verdünnt werden, bevor sie in den Bereich der Atemluft gelangen, geschieht dies bei KFZ-Emissionen nur um den Faktor 1000. Die Immissionsbelastung durch Kraftfahrzeuge ist also weitaus größer als es dem rechnerischen Emissionsanteil entspricht. Das zeigen auch die Blutbleikonzentrationen in Ballungsräumen. Die Tendenz des Luftbleigehaltes ist zwar generell durch zunehmenden Einsatz von Katalysator-KFZ rückläufig. Dennoch sind auch heute noch die Blutbleikonzentrationen in Ballungsräumen erheblich. In der Umgebung von Verkehrsräumen sind nicht nur die Luftbleikonzentrationen, sondern auch die Blutbleikonzentrationen deutlich erhöht. Blei gelangt v. a. mit der Nahrung (80 %) und mit dem Trinkwasser (15 %) in den menschlichen Organismus. Etwa 5 % der täglichen Bleizufuhr, d. h. ca. 250 µg, werden mit der Atemluft aufgenommen.

Die wirksamste Maßnahme zur Bleireduktion in der Luft ist das sofortige Verbot bleihaltiger Kraftstoffe und das Umrüsten aller PKW's auf Katalysator. Dies ist, abgesehen von der Bleibelastung, auch wegen der Dioxin- und Furanbelastung dringend notwendig.

Katalysatoren

In Neufahrzeugen mit mehr als 2,0 l Hubraum werden entsprechend der gültigen Vorschriften Drei-Wege-Katalysatoren eingebaut, die seit dem

1. 1. 93 für alle Hubraumklassen vorgeschrieben sind. Mit Hilfe der Katalysatortechnik können die Abgasemissionen der Otto-Motoren bei regelmäßiger Wartung und beim Einsatz von bleifreiem Benzin um ca. 90 % reduziert werden.

4.1.6.2 Diesel-Emissionen

Dieselmotoren stoßen im Vergleich zu Otto-Motoren ohne Abgasreinigung erheblich weniger Kohlenmonoxid, Kohlenwasserstoffe und Stickstoffoxide in die Umwelt aus. Dieselabgase enthalten mehr Festpartikel, v. a. mehr Ruß, in dem verschiedene Kanzerogene enthalten sind. Es besteht eine enge Korrelation zwischen dem Rußpartikelgehalt im Dieselabgas und dem Schwefelgehalt des Dieselkraftstoffs.

▷ Ein wichtiges umweltmedizinisches Ziel ist daher die Reduzierung des Schwefelgehalts im Dieselkraftstoff.

4.1.6.3 Flugzeug-Emissionen

Anfang 1991 legte die Swissair als erste Fluggesellschaft eine Ökobilanz für den Luftverkehr vor. Am Standort Zürich-Kloten wurden der weltweite Flugbetrieb, der Flug- und Fahrzeugunterhalt, der Bodenverkehr, das Verpflegungswesen, die Energieversorgung und andere Firmenbereiche begutachtet. Im Jahr 1990 gaben 55 Flugzeuge im Bereich des Flughafens Zürich folgende Emissionen an die Umwelt ab: 429 t Stickoxide, 288 t Kohlenmonoxid, 99 t Kohlenwasserstoffe. Weltweit waren es 22 600 t Stickoxide, 3 449 t Kohlenmonoxid und 1 098 t Kohlenwasserstoffe.

Die Untersuchungen ergaben, daß 1989 pro 100 Tonnen-Kilometer 3,5mal weniger Kohlenwasserstoffe und 8mal weniger Kohlenmonoxid an die Umwelt abgegeben wurden als 1970. Vergleicht man das gesamte Bodenverkehrsaufkommen im Einzugsgebiet des Flughafens mit den Stickoxidemissionen während des Start- und Landezyklus der Flugzeuge, so ergibt sich, daß der Bodenverkehr für eine doppelt so große Stickoxidemission, nämlich ca. 948 t, verantwortlich ist.

4.1.7 Industrie-Emissionen

Von der Industrie werden verschiedenste Emissionen in die Luft freigesetzt, wobei vor allem Schwefeloxide mit 60,1 % und Stickoxide mit 37,2 % den Hauptanteil der anorganischen Gase und Kohlenwasserstoffe mit 36,9 %, Alkohole mit 24,6 % und halogenierte Kohlenwasserstoffe mit 13,4 % den Hauptanteil der organischen Gase bilden.

▷ Halogenierte Kohlenwasserstoffe haben eine sehr große toxikologische Bedeutung.

Von der Industrie werden insbesondere folgende halogenierte Kohlenwasserstoffe emittiert:

- Chlorierte Kohlenwasserstoffe
- Trichlorfluorethan
- Chloroform
- Methylenchlorid
- Perchlorethylen
- Trichlorethan
- Trichlorethylen
- Difluorchlormethan (z. B. Frigen 22)
- Tetrachlorkohlenstoff.

4.1.7.1 Verbrennungsprodukte

A. Hausbrand-Emissionen

Beim Hausbrand kommt es zu verschiedensten Emissionen, die man auch in drei Hauptgruppen unterteilen kann:

Anorganische Gase

- Kohlenoxid
- Schwefeloxide
- Stickoxide
- Fluorwasserstoff.

Organische Gase, insbesondere:

- Benzinkohlenwasserstoffe
- Perchlorethylen,

sowie Staub aus Verbrennungsprozessen.

B. Emissionen durch die Kohleverbrennung

Vor allem im Winter, während der Heizperiode, kann der Hausbrand, insbesondere die Kohleverfeuerung, stark zur Luftverunreinigung beitragen. Je nach dem Grad der Verunreinigungen der Kohle kommt es zur Ruß- und Rauchentwicklung, zur Abgabe von Kohlenmonoxid und, je nach Schwefelanteil, zur Emission von Schwefeldioxid. Es ist historisch belegt, daß es z. B. in England im Mittelalter durch den zunehmenden Ersatz des bisher verfeuerten Holzes durch Kohle mehr und mehr zu starker Rauchbelästigung kam. Dort trug die Hausfeuerung mit Kohle sehr zur Luftverunreinigung bei. Gleichzeitig kam es zu einem dramatischen Anstieg von Bronchialerkrankungen, auch maligner Erkrankungen. Das hat seine Gründe: Bei der Verbrennung von Kohle, beispielsweise in einem gewöhnlichen Zimmerofen, werden ohne Emissionsfilter verschiedenste Kanzerogene in die Luft freigesetzt, u. a. auch Benzpyrene. Der Benzpyrenanteil der Emissionen von Kohleöfen ist im Vergleich zu Ölöfen extrem hoch.

Eine Studie des Umweltbundesamtes ergab folgende Näherungswerte für **Benzpyrene** (bezogen jeweils auf 1 kg Heizmittel bzw. Treibstoff):
- Ölzentralheizung: 0,002 µg
- Kohlekraftwerk: 0,2 µg
- Ölofen: 2,0 µg
- Ottomotoren: 200 µg
- Kohlezimmerofen: 2000 µg.

Bisher gibt es keine zufriedenstellende Technologie, die geeignet wäre, um Benzpyrene effizient zu filtern. Beispielsweise ist in England zwar die hohe Rate an Erkrankungen des Respirationstraktes seit den 60er Jahren durch den sogenannten »Clean Air Act« deutlich rückläufig, die malignen Erkrankungen, insbesondere das Bronchialkarzinom, haben aber auch dort deutlich zugenommen.

Kohle enthält beträchtliche Mengen an Schwefelverunreinigungen. Zur Reduktion des Schwefelanteils der Kohle gibt es Entschwefelungsverfahren, in denen bei der Verkokung von Kohle (Koksherstellung) ein Teil des Kohleschwefels entfernt wird.

C. Emissionen durch Kraftwerke

Wir sind heute in Mitteleuropa gewöhnt, Energie im Überfluß zur Verfügung zu haben. Ein gut funktionierendes Netz von Energiegewinnungsanlagen macht einen hohen Lebensstandard möglich. Durch diese, für unsere Wirtschaft und unseren Lebensstandard wichtige Energieerzeugung kommt es allerdings zu erheblichen Umweltbelastungen.

Folgende Energieanlagen sind bei uns, d. h. am Verbrauchsort, direkt oder indirekt an Umweltbelastungen beteiligt: Ölheizungen, Gasheizungen, Öfen/Braunkohle, Öfen/Steinkohle, Gaswärmepumpen und Dieselwärmepumpen.

Folgende Kraftwerke und Energie-Umwandlungs-Anlagen tragen zu chemischen Schadstoffemissionen bei: Raffinerien, Kohlekraftwerke, Kohleveredlungs-Anlagen, Kernkraftwerke und Müllverbrennungsanlagen.

Betrachtet man die chemischen Schadstoffemissionen von verschiedenen Energiegewinnungsanlagen, so wird deutlich, daß am Verbrauchsort Stein- und Braunkohleöfen erhebliche Mengen an Schwefeldioxid, Kohlenmonoxid und Stäuben, Gas- und Dieselwärmepumpen sehr große Mengen an Stickoxiden emittieren. Am Umwandlungsort kommt es insbesondere durch ältere Kohlekraftwerke und durch Müllverbrennungsanlagen zur Emission erheblicher Mengen an Schwefeldioxid, Stickoxiden und Stäuben.

Emissionen von Kohlekraftwerken
Bei der Kohle gibt es, je nach Anteil der Verunreinigungen, qualitativ sehr große Unterschiede. Kohle entsteht beim Prozeß der Inkohlung aus Holz. In Abhängigkeit von den vorherrschenden Bedingungen beim Inkohlungsprozeß enthält die Kohle mehr oder weniger große Mengen von Verunreinigungen, die dann bei der Verbrennung freigesetzt werden. Besonders hoch sind Schwermetall- und Schwefelanteile. Die in Kraftwerken verfeuerte Braun- und Steinkohle enthält meist Aschebestandteile zwischen 10 und 20 %. Die Kohlenasche setzt sich zusammen aus Eigenasche (= Pflanzenasche) und Fremdasche (Sand, Schluff, Ton und sorbierte Anteile).

Aus toxikologischer Sicht ist insbesondere die Verteilung der Schwermetalle in Kohlekraftwerken von Bedeutung. Während sich z. B. Mangan in der Schlacke anreichert, sind die meisten Schwermetalle v. a. im Reingasstaub, der in die Atmosphäre abgegeben wird.

Element	Schlacke	Zyklonstaub	E-Filterstaub	Reingasstaub	Kohle
Cadmium	0,03	0,2	0,2	0,1	–
Chrom	13	76	34	7	127
Kupfer	20	103	71	11	214
Mangan	100	280	63	12	474
Nickel	7	66	38	7	105
Blei	0,5	53	70	6	200
Thallium	2	9	3	0,5	–
Zink	9	100	98	20	571
Gesamtmasse (kg)	**79,7**	**336,0**	**112,0**	**15,4**	**8000**

Tab. 22: Schwermetallgehalte in zwei Serien von Kohlekraftwerksproben (DANNECKER, 1982):

Weitere Messungen von DANNECKER et al. (1982) zeigen deutlich, daß trotz Filteranlagen die größten Schwermetallmengen im **Reingasstaub** zu finden sind.

D. Emissionen der Hüttenindustrie

Die Schwarzmetall-Hütten setzen große Mengen an Schadstoffen in die Atmosphäre frei. Insbesondere Fluor, Mangan, Magnesium, Zink, Blei, Chrom etc. werden in Form fester Phasen freigesetzt. In der Umgebung von Aluminiumhütten treten insbesondere zahlreiche Fluorverbindungen als Umweltnoxen auf, die zusammen mit gasförmigen HF-Emissionen als Ursachen für Fluorosen bei Pflanze, Tier und Mensch bekannt sind. Bei der Verhüttung von Blei-, Zink-, Kupfer-, Zinnerzen bzw. deren Schrotte werden nicht nur diese Elemente emittiert, sondern auch Cadmium, Kobalt, Nickel, Molybdän, Arsen, Selen, Antimon, Wismut, Quecksilber, Germanium, Silber etc., die als Neben- und Spurenelemente in den Rohstoffen enthalten sind.

Die Glashüttenindustrie gehört zu den bedeutenden Schadstoff-Emittenten. In der Umgebung von Glashütten treten u. a. beträchtliche Bor- und bei der Bleiglasherstellung auch Bleiemissionen in Form des Anglesits (Bleisulfat) sowie zahlreiche Fluorwasserstoff-Verbindungen auf. Auch in der Zementindustrie sind Schwermetallemissionen bekannt. Neben der Emission von Sulfaten, Carbonaten, Silikaten des Kalziums, Natriums, Kaliums und Fluoremissionen in Form des Fluorits sind Zinkemissionen in Form des Franklinits (Zink-Eisen-Oxid), Bleiemissionen in Form des Galenits (Bleisulfit) und Thalliumemissionen bekannt.

Gasförmige Emissionen

Emittiertes Gas	**Jahr und Mengen/Jahr**	
	1970	1989
Kohlenmonoxid	14,0 Mio t /Jahr	8,45 Mio t /Jahr
Schwefeldioxid	3,75 Mio t /Jahr	1,05 Mio t /Jahr
Stickoxide	2,35 Mio t /Jahr	2,7 Mio t /Jahr
Stäube	1,3 Mio t /Jahr	0,53 Mio t /Jahr

Tab. 23: Vergleich zwischen den Haupt-Gasemissionen in Westdeutschland 1970 und 1989 (SZ.6/89.).

▷ Aus der Tabelle geht deutlich hervor, daß die westdeutsche Luft insgesamt sauberer geworden ist. Nach dem Umweltbericht 1990 verringerten sich die Emissionen von Kohlenmonoxid um 40 %, jene von Staub um 59 %. Der Ausstoß von Schwefeldioxid konnte sogar um 72 % reduziert werden. Lediglich bei den Stickoxiden ergab sich eine Zunahme von 15 %. Allerdings zeichnet sich auch hier nach dem Umweltbericht 1990 eine Wende ab: Die Stickoxidemissionen waren 1989 mit 2,7 Mio t um 0,2 Mio t niedriger als 1987, obwohl der PKW-Bestand um fast 2 Millionen angewachsen ist.

Zu den wichtigsten **Gas-Emissionen** zählen:

- Schwefeldioxid, -trioxid, Schwefelsäure
- Stickoxide
- Kohlenmonoxid, Kohlendioxid, Schwefelwasserstoff
- Ammoniak
- Fluorwasserstoff
- Salzsäure
- Halogenkohlenwasserstoffe
- Vinylchlorid
- Oxidationsprodukte des Vinylchlorids.

E. Genehmigungspflichtige Anlagen

Verursacher und emittierte Mengen (t/a; %)					
Emissionsquelle	Kraftwerke	sonstige Feuerungsanlagen	Müllverbrennung	Produktionsanlagen	Summe
Schwefeloxide	1215; 33	1480; 40	137; 4	880; 24	3710; 100
Kohlenmonoxid	33; 1	99; 3	290; 8	3057; 88	3476; 100
Stickoxide	703; 37	600; 31	11; 1	597; 31	1910; 100
Chlorwasserst.	13; 30	12; 28	3; 6	16; 37	44; 100
Fluorwasserst.	2; 30	1; 13	0,1; 1	4; 55	8; 100
Ammoniak	–	–	–	4; 100	4; 100
sonstige anorg. V.	–	–	0,1; 9	1; 91	1; 100
Summe	1966; 22	2192; 24	438; 5	4557; 50	9153; 100

Tab. 24: Jahresemissions-Werte für Schwefeldioxid, Kohlenmonoxid, Stickstoffdioxid, Chlorwasserstoff, Fluorwasserstoff, Ammoniak und sonstige anorganische Verbindungen (BAYR. LANDESAMT f. UMWELTSCHUTZ, 1988).

4.1.7.2 Die wichtigsten Schadstoffe

A. Kohlenmonoxid

Kohlenmonoxid entsteht auf natürliche Weise im Stoffwechsel von Mikroorganismen und einiger Pflanzen und ist Quellgasbestandteil. Es strömt der Atmosphäre entweder zu oder entsteht in der Stratosphäre unter UV-Lichteinwirkung aus Kohlendioxid. CO wird auch in der troposphärischen Abbaukette von Methan mit Hilfe von OH-Radikalen angereichert. Die den natürlichen Quellen entsprechende Menge CO entsteht anthropogen bei der Verbrennung von Kohle und Kohlenwasserstoffen (Benzin etc.).

In Deutschland stammen ca. 67 % aus Kraftfahrzeugen, in denen eine vollständige Verbrennung nur bei voller Leistung erbracht wird. Kohlenmonoxid ist ein für Tiere und Menschen gefährliches Gas, das respiratorisch aufgenommen wird und sich mit 240facher Affinität an das Hämoglobinmolekül anlagert (vgl. Umwelttoxikologie).

B. Kohlendioxid

Kohlendioxid ist als wichtigstes Glied des Kohlenstoffkreislaufs nahezu ungiftig und C-Lieferant der Photosynthese. Kohlendioxid läßt in der Atmosphäre wie Wasserdampf die kurzwellige Solarstrahlung durch und absorbiert die langwellige Rückstrahlung von der Erde. Dadurch kommt es zu einer Erwärmung (Treibhauseffekt). Zu den Folgen des Treibhauseffektes vgl. entsprechende Abschnitte.

C. Schwefelgase

Unter den gasförmigen Luftverunreinigungen ist Schwefeldioxid (SO_2) die am weitesten verbreitete Substanz. Der Schwefelkreislauf sieht so aus: Vom Schwefeldioxid in der Atmosphäre entstehen ca. 2/3 bei der Verbrennung fossiler Brennstoffe, ca. 28 % trägt der Abbau organischen Materials im Ozean und ca. 3 % im Boden dazu bei. Der Rücktransport zur Erde erfolgt durch Auswaschung mit den Niederschlägen (65 %) sowie der Pflanzen (18 %) und durch Gasabsorption der Wasseroberflächen (16 %).

Die Daten über anthropogene Emissionen variieren zwischen 65 und über 300 Millionen Tonnen pro Jahr. In der Luft entsteht Schwefelsäure, Ammoniumsulfat und Ammoniumhydrogensulfat, wobei meist neutrale bis saure Partikel auftreten. Die Verweilzeit für SO_2 in der Atmosphäre beträgt nach Thiel (1978) im Schnitt 1–3 Tage, die von Sulfaten 3–8 Tage. Freies Schwefeltrioxid kommt in der Atmosphäre praktisch nicht vor (Thiel).

Schwefeldioxid-Emissionen	
Nach der Gesamtmenge (1000 t)	Nach der Intensität (t/km^2)
USA 20700	Ostdeutschland 37,0
UdSSR (europ.Teil) 11100	CSSR 24,6
Polen 4300	Belgien 15,3
Ostdeutschland 4000	Ungarn 15,3
Großbritannien 3540	Großbritannien 14,5
Spanien 3250	Polen 13,8
Italien 3150	Italien 10,5
CSSR 3150	Bulgarien 10,3
Westdeutschland 2230	Westdeutschland 9,0
Frankreich 1850	Niederlande 7,7

Tab. 25: Schwefeldioxid-Emissionen in verschiedenen Ländern (SZ 1988).

Betrachtet man die Intensität, sieht man, daß die größten Sünder nicht immer die schlimmsten sein müssen. Beispielsweise verpesten die USA die Luft mit der Rekordmenge von 20,7 Mio t SO_2/a. Da das Land so groß ist, verteilt sich die Belastung: Je Quadratkilometer gerechnet, ergibt sich nur eine Emission von 2,2 t. Die Liste wird von Ostdeutschland angeführt.

D. Der Saure Regen

Schwefeldioxid, Stickoxid, Chlorwasserstoff sind für den zunehmenden Säuregehalt der Luft verantwortlich. Schwefeldioxid löst sich in Wasser zu Schwefliger Säure und wird in der Troposphäre durch Ozon und Wasserstoffperoxid zu SO_3 oxidiert, das sich mit Wasser zu Schwefelsäure verbindet. Ozon und Hydroxylradikale oxidieren NO zu NO_2, so daß Salpetrige Säure und Salpetersäure entstehen. Chlorwasserstoff wird u. a. gemeinsam mit hochtoxischen Dioxinen bei der Müllverbrennung von PVC frei. Das Gas verbindet sich mit Wasser zu Salzsäure. Die Schadstoffe können dann direkt (trockene Deposition) auf Materialien und Lebewesen einwirken oder als Lösung aus der Luft ausgewaschen werden (nasse Deposition). Die nasse Deposition von Säuren bezeichnet man auch als Sauren Regen. Der Saure Regen kann ursächlich mit dem Waldsterben in Verbindung gebracht werden. Unter anderem werden dabei folgende Mechanismen diskutiert:

- Auswaschung von Mg aus dem Chlorophyll
- Öffnen von Nadel- und Blatt-Spaltöffnungen
- Dadurch erhöhte Verdunstung.

Sicherlich liegt beim Waldsterben ein synergistischer Effekt verschiedener Ursachen vor. Weitere wichtige Ursachen sind neben immissionsbedingten Schädigungen durch chemische Immissionen:

- Klimatische Ursachen
- Waldbauliche Fehler
- Mikrowellen (z. B. Radaranlagen, Satelliten etc.)
- Mikroorganismen (Pilze, Bakterien, evt. Viren).

Saure Niederschläge schädigen auch Gebäude und Gewässer. Die Gebäudeschäden durch den Sauren Regen betragen in Deutschland weit über eine Milliarde DM/Jahr. Schwefelsäure reagiert mit Kalkstein und Marmor zu Gips. Der Baustoff zerfällt. Der lösliche Gips kann zur Gesteinsoberfläche wandern und bildet dort Gipskrusten und -ausblühungen, die den Stein an der Oberfläche schichtenweise abheben. Durch Schwefelsäure wittern Glasmalereien ab. Schwefeldioxid bleicht sie aus, Gläser werden trüb.

E. Stickoxide

Von den verschiedenen Oxidationsstufen des Stickstoffs haben bei der Luftverunreinigung **N_2O, NO** und **NO_2** besondere Bedeutung. Diese Substanzen werden unter dem Begriff **NOx** zusammengefaßt. Stickoxide entstehen bei hohen Verbrennungstemperaturen und sind in den Abgasen von Kraftfahrzeugen, Feuerungsstellen und Müllverbrennungsanlagen enthalten. Auch durch bakterielle Vorgänge wird in der Luft NOx erzeugt. Größenordnungsbereich: Ca. 8 µg NO_2 bzw. 2 µg NO/m^3.

Nach Borneff (1986) steht der natürlichen Stickoxidproduktion von insgesamt etwa 500 Mio t/a ein Auswurf von nur ca. 50 Mio t/a durch technische Prozesse gegenüber. Allerdings konzentrieren sich die künstlich produzierten Stickoxide auf Ballungsräume. Nach dem Emissionskataster von Mainz-Wiesbaden verteilt sich die Gesamt-Stickoxidemission von 19000 t/Jahr folgendermaßen:

- Industrieabgase 71 %
- KFZ-Verkehr 20 %
- Hausbrand und Kleingewerbe 9 %.

Dabei kann man verschiedene **Höhenklassen** unterscheiden:

- 0–20 m: 28 % (v. a. KFZ-Verkehr)
- 21–60 m: Nur insgesamt 9 %
- 61–80 m: 39 %
- über 80 m: 24 % (v. a. Industrieabgase).

Der **Immissionsgrenzwert** (IW 1) **von 80 µg NOx/m^3** wird sehr häufig im innerstädtischen Bereich überschritten. Im Inneren von Kraftfahrzeugen ist das Problem der Stickoxidbelastung, insbesondere bei langen Autobahnfahrten, noch viel größer als im Stadtbereich. An Steigungen der Bundesautobahnen wurden Spitzenwerte (3-min-Mittel) von > 4000 µg/m^3 gemessen. In deutschen Städten wurden folgende Tagesmittel und maximale Halbstunden-Mittel gemessen (Zeitschrift UMWELT, in µg/m^3):

Stadt	Tagesmittel	max. 1/2-Std-Mittel
Frankfurt	300	820
Karlsruhe	400	900
Köln	400	1900
Mainz	130	500
Saarbrücken	100	1200

F. Fluorwasserstoffe

In der Region Augsburg betragen die Jahresemissionen von Fluorwasserstoffen aus Kraftwerken, Feuerungsanlagen, Abfallverbrennungs- und Produktionsanlagen nach Angaben des Bayrischen Landesamt für Umweltschutz (in t/a und %):

- Kraftwerke: 2,3 t/a (30,3 %)
- Sonstige Feuerungsanlagen: 1,0 t/a (13,2 %)
- Abfallverbrennungsanlagen: 0,1 t/a (1,3 %)
- Produktionsanlagen: 4,2 t/a (55,2 %)
- Summe 7,6 t/a.

G. Chlorverbindungen

Chlorwasserstoff-Gase werden bei der Produktion und insbesondere bei der thermischen Entsorgung von Chlorverbindungen wie Vinylchlorid und Polyvinylchlorid in die Umwelt freigesetzt.

▶ Bei der Müllverbrennung von PVC werden u. a. hochtoxische Dioxine, Furane und Chlorwasserstoffgase freigesetzt.

Letztere verbinden sich mit Wasser zu Salzsäure, die dann entweder direkt (trockene Deposition) auf Materialien und Lebewesen einwirken oder als Lösung aus der Luft ausgewaschen werden kann (nasse Deposition).

Nach Claus et al. (1990) kommt es bei der Verarbeitung von Chlor bis zur Herstellung des Endproduktes PVC zu schweren Umweltbelastungen: Neben der bereits erwähnten Emission von Quecksilber bei der Chlorherstellung entstehen bei der Weiterverarbeitung des Chlors zu

Vinylchlorid gefährliche Abfälle an Chlorkohlenwasserstoffen (CKW) . Darüber hinaus kommt es bei der Polymerisation und Wiederaufbereitung zu Emissionen von Vinylchlorid und zur Freisetzung von kritischen Zusatzstoffen (z. B. Weichmacher etc.). Auch der Transport der hochgiftigen Verbindungen Chlor und Vinylchlorid ist nicht ungefährlich. Nach CLAUS et al. 1990 liegen die Grenzwerte für Vinylchlorid und das entscheidende Zwischenprodukt 1,2-Dichlorethan zum Teil noch sehr hoch.

H. Stäube

Beim Staub unterscheidet man, je nach Teilchengröße zwischen:
- Grobstaub: > 10 µm
- Feinstaub: 10–0,5 µm
- Feinststaub: < 0,5 µm
- Lungengängiger Staub: < 5 µm.

Die wichtigsten anthropogenen **Staub-Quellen** auf der Erde sind (STRAUSS, in Mio t/a):
- Kohle: 39,7
- Eisen- und Stahlindustrie: 9,9
- Nichtfossile Brennstoffe: 8,8
- Landwirtschaftliche Emissionen: 8,2
- Zementherstellung: 7,7
- Müllverbrennung: 4,4
- Ölverbrennung: 2,2
- sonstige anthropogene Quellen 17,6.

Quarzstäube
Quarzstaub-Emittenten sind:
- Kohlegewinnung (Quarzanteil 2–7 Gew. %)
- Erzbergbau, Steinbruchindustrie
- Glas-, Porzellanindustrie
- Gießereien (Quarzsand als Formstoff)
- Strahlmittel
- Industrie-Ofenbau
- Schleifstein-Herstellung
- Steinmetz-, Bildhauerhandwerk.

Durch Quarzstäube kann es zu einer **Silikose** kommen. Die fibroseerzeugende Wirkung wird bestimmt durch:
- Staubkonzentration an freier kristalliner Kieselsäure
- Einwirkdauer und -rhythmik und damit Dosis des deponierten Staubes
- individuelle Disposition.

Für Quarz- einschließlich Cristobalit- und Tridymitfeinstaub gilt eine maximale Arbeitsplatzkonzentration (MAK-Wert) von 0,15 mg/m^3. Ferner wird für Feinstaub, der 1–4 Gew. % Quarz, Cristobalit und Tridymit enthält, ein MAK-Wert von 4,0 mg/m^3 angewandt. Die Zahl der Silikosen ist rückläufig.

Aluminiumstäube

Gefahrenquellen sind vor allem die Herstellung von Kurund aus Bauxit und die Herstellung von Aluminiumfeinstaub (Pyroschliff). Aluminiumstäube werden eingeatmet und bewirken in tieferen Luftwegen und in der Lunge irreversible Gewebsveränderungen.

I. Blei, Kadmium, Thallium

Größenordnung des *Bleipegels*:

- Reinluft: ca. 50 ng Pb/m^3
- ländliche Gebiete: ca. 150 ng Pb/m^3
- Städte: 500–6000 ng Pb/m^3.

Größenordnung des *Thalliumpegels* nach Sartorius:

- Gesamtemission ca. 83,5 t/a (= 1/100 der Bleiemission)
- Ländliche Gebiete: 0,002–0,003 $\mu g/m^3$
- Dichtbebaute Regionen: 0,005–0,02 $\mu g/m^3$
- Nahe bei Emittenten: 0,06 $\mu g/m^3$.

J. Asbest

Asbest ist in der Arbeitsmedizin als ein Werkstoff mit **hohem kanzerogenem Potential** erkannt worden. Inhalierter Asbeststaub erzeugt Karzinome der Pleura, des Peritoneums und, v. a. bei Rauchern, der Lunge. Der Asbest-Jahresverbrauch liegt in Deutschland bei ca. 200 000 t. Zu einer Staubentwicklung kommt es bei folgenden Prozessen:

- Be- und Verarbeitung (Sägen, Schleifen)
- Verwendung: Abrieb, Verwitterung, Erosion, Korrosion.

Besonders gefährlich sind Asbestzemente, Straßendecken, Fußbodenbeläge. Bei der Verarbeitung entstehen Stäube mit Faserkonzentrationen bis $100/cm^3$ (TRK-Wert $2/cm^3$).

Faserdefinition: Länge > 5 µm, Durchmesser < 3 µm,
Länge/Durchmesser > 3/1

▶ In der verschärften TA-Luft sind nur noch 5 mg Asbest/m^3 zugelassen.

K. Thomasmehl

Thomasmehl fällt als Thomasschlacke bei der Stahlerzeugung nach dem Thomasverfahren an. Feingemahlen wird es als Düngemittel eingesetzt. Neben dem Phosphatanteil enthält die Schlacke u. a. Oxide von Calcium, Eisen, Mangan, Magnesium, Aluminium und Vanadium. **Gefahrenquellen** für das Einatmen von Thomasmehl sind:

- Zerkleinern
- Absacken
- Verladen, Transportieren
- Dünger: Mischen, Aufbringen.

L. Talkum

Wasserhaltiges Magnesiumsilikat der Glimmergruppe. Talkum und Steatit enthalten hohe Anteile an freier kristalliner Kieselsäure.

Gefahrenquellen:

- Füllstoff, Schmier-, Gleitmittel in der Gummi-, Farben- und Papierindustrie
- Talkum-, Steatitstaub in der elektrokeramischen Industrie.

Talkose: Primäre Pneumopathie vgl. »Umwelttoxikologie«.

4.1.7.3 Organische Emissionen

Folgende organische Substanzgruppen werden gasförmig emittiert:

- Kohlenwasserstoffe
- Alkohole
- Halogenierte Kohlenwasserstoffe
- Aromaten
- Aldehyde
- sonstige.

In Großstädten können erhebliche Immissionskonzentrationen organischer Verbindungen nachgewiesen werden. Beispielsweise zeigten sich nach Borneff (1986) in der Frankfurter Innenstadt erhebliche Konzentrationen an *n-Hexan, Benzol, Toluol, Xylol und Trichlorethan.*

A. Benzol

Die relativ hohen Meßwerte für das Benzol sind wegen der nachgewiesenen kanzerogenen Wirkung nicht zu vernachlässigen.

▶ Die Höchstwerte für Benzol: MIK 1000 ppb = 1 cm^3/m^3, TRK = 8000 ppb = 26 mg/m^3.

An einigen Straßenunterführungen in Bayern wurden nach Borneff sogar Benzolwerte von > 0,4 mg/m^3 gemessen.

B. Chlororganische Verbindungen

Insbesondere im Bereich von Müllverbrennungsanlagen sind verschiedene chlororganische Verbindungen nachweisbar.

Sie verteilen sich folgendermaßen (Düszäln et al., 1987):
- Chlorbenzole (z. B. HCB): 29,1 %
- Chlorphenole: 67,0 %
- PCBs: 0,1 %
- PCDFs: 2,5 %
- PCDDs: 1,3 %.

C. Dioxine und Furane

Besonders heiß diskutiert werden heute in den Medien die Emissionen und Immissionen von Dioxinen und Furanen, insbesondere diejenigen aus *Müllverbrennungsanlagen.* Dioxine sind eine Gruppe chemisch ähnlicher Substanzen unterschiedlicher Toxizität. Sie enthalten jeweils zwei Benzolringe, die über Sauerstoffbrücken miteinander verknüpft sind. Furane haben im Gegensatz dazu nur eine Sauerstoffbrücke. Die Vielfalt der Dioxine und Furane ergibt sich aus der Stellung der Chloratome im Molekülgerüst und dem unterschiedlichen Chlorierungsgrad. Daraus erklären sich Namen und Abkürzungen »Polychlorierte Dibenzodioxine, kurz PCDD« bzw. »Polychlorierte Dibenzofurane, kurz PCDF«. Es sind über 75 verschiedene polychlorierte Dioxine und über 135 verschiedene polychlorierte Furane bekannt. Sie sind, je nach der Chloratom-Stellung, mehr oder weniger toxisch.

Bekannt wurden die Dioxine durch einen traurigen Skandal: Einen Unfall bei Seveso mit einem hochtoxischen Dioxin, dem 2,3,7,8-Tetrachlordibenzodioxin (TCDD), heute Seveso-Dioxin genannt. Von weiteren 4 Dioxinen und 7 Furanen sind bisher toxische Potentiale bekannt. Dioxine und Furane gehören, gemeinsam mit Hexachlorbenzol, PCB und anderen Verbindungen, zu den langlebigsten und stabilsten Verbindungen, die wir heute kennen. Über das toxische Potential des

Sevesodioxins ist inzwischen einiges bekannt. Im Gegensatz dazu weiß man heute noch sehr wenig über die möglicherweise toxischen Effekte der anderen Dioxine und Furane.

Dioxine und Furane entstehen bei natürlichen geologischen Prozessen: Sie werden beipielsweise bei Vulkaneruptionen, die mit extrem hohen Temperaturen einhergehen, gemeinsam mit einem Gemisch verschiedenster Chlorkohlenwasserstoff-Gase in die Atmosphäre freigesetzt. Immer mehr Dioxine und Furane entstehen heute auch anthropogen, v. a. bei der Herstellung, Umwandlung und Entsorgung von Chlorkohlenwasserstoff-Produkten. Darüber hinaus werden sie bei metallurgischen Prozessen, bei der Papierherstellung (Chlorbleiche) und bei Verbrennungsprozessen jeder Art in die Atmosphäre freigesetzt.

Quellen für Dioxine sind:

- Vulkane, geologische Prozesse
- Chlorindustrie
- Metallurgie
- Papierherstellung (Chlorbleiche)
- Hausbrand (Kaminruß)
- Müllverbrennungsanlagen
- Kraftfahrzeuge (Auspuffgase, Diesel, LKWs, PKWs)
- Zigarettenrauch
- Straßenstaub etc.

Dioxin-Emissionen

Die in der Literatur angegebenen Dioxin-Emissionswerte variieren außerordentlich stark. Es fällt auf, daß Befürworter von Müllverbrennungsanlagen für diese Anlagen wesentlich niedrigere Dioxin-Emissionswerte angeben als Gegner der Müllverbrennung. Den höchsten Anteil der anthropogenen Quellen haben nach dieser Tabelle die Papierindustrie und »weitere thermische Quellen«, d. h. nicht näher definierte Verbrennungsanlagen. Nach Angaben des Ministeriums enthält das Reingas aus der Abfallverbrennung nur 0,4 kg TE/Jahr, während z. B. beim Schrott- und Metallrecycling fast das Neunfache emittiert wird. Auch bei der Produktion und Verwendung von Pentachlorphenol (PCP) wird mehr als das Dreifache emittiert als bei der Abfallverbrennung.

Emittent	Dioxingehalt
Kaminruß →	bis > 100 pg/g
Ottomotor, PKW →	< 1 bis 4 pg/g
Dieselmotor (LKW) →	3 pg/g
Zigarettenrauch →	< 1 pg/g

Tab. 26: TCDD-Emissionen im Ruß von Auspuffgasen, Wohnzimmerkaminen und Zigarettenrauch (Bayrisches Umweltministerium, 1990)

Es zeigt sich, daß im Kaminruß bis zu 100 pg/g TCDD enthalten sind. Von Kaminkehrern ist bekannt, daß sie nicht nur eine geringere Lebenserwartung haben, sondern auch sehr oft an Hodenkarzinomen erkranken. Die Diesel- und Ottomotor-Abgase liegen zwar mit 3 bzw. mit 1–4 pg/g Dioxinen deutlich unter den Werten des Kaminrußes. In Ballungsgebieten kann es jedoch zu Stoßzeiten zu erheblichen Emissionsspitzen mit hochtoxischen Belastungen kommen.

Gebiet	Dioxingehalt
Ländliche Region ——►	10– 20 fg TE/m^3
Peripherie von Ballungsgebieten ——►	20– 80 fg TE/m^3
Ballungsgebiete ——►	70–280 fg TE/m^3
Industriebeaufschlagte Gebiete ——►	30–160 fg TE/m^3
Einflußbereich Müllverbrennungsanlage ——►	70–130 fg TE/m^3
Deponiebereich ——►	10–150 fg TE/m^3
Verkehrsbereich ——►	80–120 fg TE/m^3

Tab. 27: Dioxingehalte der Luft in unterschiedlich strukturierten Gebieten (Bayrisches Umweltministerium, 1990)

Daß Dioxine ubiquitär vorkommen, zeigen auch Untersuchungen in den USA, von denen das Ministerium berichtet: In *Kaffeefiltern* sind pro Gramm 5 pg TCDD und 23 pg TCDF enthalten. D.h., daß ein Kaffeetrinker, der 4mal täglich Kaffee filtert, pro Tag 5 pg TCDD und 32 pg TCDF aufnimmt.

Der Dioxin-Grenzwert für die Atemluft wurde für TCDD mit 0,04 pg/m^3 Luft festgelegt. Für die Emissionen von Müllverbrennungsanlagen wurde ein Grenzwert von 0,1 ng/m^3 Emission festgesetzt.

4.1.7.4 Kanzerogene

Bei den aromatischen Kohlenwasserstoffen sind einige Verbindungen, von denen kanzerogene Eigenschaften bekannt sind.

Bisher wurde aus dieser Gruppe dem 3,4-*Benzpyren* die größte Aufmerksamkeit geschenkt. Schon 1954 hatte Cooper in der Luft von Salford (Lancashire) 2 ng/m^3 Luft nachgewiesen. In den USA wurden 1964 von Hettche für 9 Städte Werte zwischen 2 und 30 ng/m^3 Luft ermittelt. In Deutschland fanden BROCKHAUS et al. (zitiert aus BORNEFF, 1986) folgende Durschnittswerte:

- Schauinsland (Schwarzwald), Reinluftgebiet: 0,4 ng/m^3
- Mannheim (Ballungsgebiet): 10,5 ng/m^3
- Gelsenkirchen (Ballungsgebiet) 91,4 ng/m^3.

Kanzerogene werden vom Emissionsort durch Luftströme oft weite Strecken transportiert. BJÖRSETH et al. (1979) konnten in Schweden und Norwegen Kanzerogene in Luftmassen nachweisen, die aus England und vom Europäischen Kontinent gekommen waren. Benzpyren-Emissionen entstehen v. a. aus Kohleöfen (bis zu 2000 µg/kg Kohle) und Ottomotoren (200 µg/kg Benzin). Nach verschiedenen Untersuchern in den USA haben folgende **Emittenten** den Hauptanteil an der **Benzpyrenemission** (BORNEFF, 1986):

- ▶ Abfallverbrennungsanlagen (563 Tonnen/Jahr = 45 %)
  - Müllverbrennung ca. 33 t/a
  - offene Feuer (Wald-, Landwirtschaft) ca. 140 t/a
  - Autobeseitigung ca. 50 t/a
  - Kohleabfall ca. 340 t/a

- ▶ Heizungen (ca. 475 Tonnen/Jahr = 38 %)
  - Kohle: Haushaltsöfen ca. 420 t/a
  - große Kohleheizungsanlagen ca. 10 t/a
  - Kohlekraftwerke ca. 1 t/a
  - Öl ca. 2 t/a
  - Gas ca. 2 t/a
  - Holz ca. 40 t/a

- ▶ Industrieanlagen
  - Koksherstellung ca. 192 t/a
  - Crackanlagen ca. 6 t/a
  - Asphaltblasen < 1 t/a.

4.1.8 Klimakatastrophe

Seit 1780 ist der Kohlendioxidanteil in der Atmosphäre um mehr als 60 ppm gestiegen. Allein im Zeitraum von 1958 bis heute betrug der Anstieg mehr als 8 %. Gegenwärtig beträgt er etwa 0,8 bis 1 ppm/Jahr. Der CO_2-Anstieg wird vorwiegend verursacht durch Verbrennung, also Oxidation von Kohlenstoffverbindungen, v. a. fossiler Brennstoffe, aber auch durch Kahlschläge, v. a. der tropischen Regenwälder. Ein Hauptproblem ist, daß CO_2 Wärmestrahlen absorbiert, die von der Erdoberfläche in den Weltraum ausgesandt werden. Eine Zunahme des CO_2-Gehaltes in der Atmosphäre führt daher über diesen Mechanismus zu einer Klimaveränderung. Folgende Faktoren tragen zusätzlich, direkt und indirekt, zu den Veränderungen bei:

- Schwankungen der Sonnenenergie
- Wolkendecke
- Schneedecke
- Polkappen.

Folgende Substanzen tragen zum **Treibhauseffekt** bei (RAMANATHAN et al., 1987, mit jeweiligem prozentualen Anteil):

- Kohlendioxid (CO_2) 50 %
- Methan (CH_4) 19 %
- FCKW 17 %
- Ozon 8 %
- Lachgas (N_2O) 4 %.

4.1.8.1 Gegenwärtige Daten und Perspektiven

Derzeit sind die Folgen dieser Klimaveränderung im gesamten Ausmaß noch nicht absehbar. Nach dem gegenwärtigen Stand der Kenntnisse ist anzunehmen, daß bei der bis ins Jahr 2020 zu erwartenden Verdoppelung des CO_2-Gehaltes (0,03 auf 0,06) die Aufwärmung der Atmosphäre mindestens 2–3 °C betragen wird. Nach Berechnungen von Wissenschaftlern wird es zu folgenden **Temperaturerhöhungen** kommen:

- Luft ca. 1,5 °C
- Terrestrischer Bereich, Tropen 2 °C
- Terrestrischer Bereich, mittlere Breiten 4 °C
- Terrestrischer Bereich, Arktis 8 °C.

Es wird zu folgenden **Klimaveränderungen** kommen:

- Klimazonen-Verlagerungen
- Ausweitung der Trockengebiete
- Einengung subtropischer Winter-Regengebiete
- Verringerung der Niederschläge in mittleren Breiten.

Innerhalb der nächsten 200 Jahre wird die westantarktische Eisdecke schmelzen, was einen Anstieg des Meeresspiegels auf der ganzen Welt um mehr als 6 m zur Folge haben wird. Damit sind weitreichende Überschwemmungen vorprogrammiert. Durch den CO_2-Anstieg wird es zu einer Erwärmung, insbesondere an den Polen kommen. Die Wüstengebiete werden polwärts verlagert, die Trockenzonen wachsen, die landwirtschaftlichen Nutzflächen werden kleiner. Die Erde wird zur globalen Wüste.

4.1.8.2 Zerstörung der Ozonschicht

Ozon, O_3, ein farbloses, in geringer Konzentration geruchloses Gas, entsteht v. a. in der Stratosphäre in einer Höhe von 20–30 km unter der Einwirkung der kurzwelligen UV-Strahlung der Sonne. Die sogenannten »ozonreichen« Wälder der Luftkurorte riechen nicht nach Ozon, sondern nach Terpenen. Der Geruch von Ozon ist sogar unangenehm, stechend und keinesfalls erfrischend. In geringen Konzentrationen vermag Ozon andere Gerüche zu überdecken.

In hoher Konzentration wirkt Ozon als starkes Oxidationsmittel zwar keimtötend, für die Luftdesinfektion ist es aber in der Praxis nicht anwendbar, weil die Atemwege zu sehr gereizt werden.

Ozongehalt in der Erdatmosphäre:
- 50 km: Stratosphäre 90 % Ozon
- 15 km: Tropopause
- 11 km: Troposphäre 15 % Ozon
- 0 km: Erdoberfläche.

> Normalerweise findet man in 100 Kubikmeter Luft der bodennahen Schichten 1 bis 2 mg. Der MAK-Wert für Ozon liegt bei 0,1 ppm, d. h. 0,2 mg/m^3 Luft.

Die energiereiche, harte UV-Strahlung wird beim Eintritt in die Atmosphäre durch Spaltung des Sauerstoffs O_2 in elementaren Sauerstoff O gebremst. Der Sauerstoff O verbindet sich mit noch nicht gespaltenem O_2 zu O_3, also Ozon.

Für das Leben auf der Erde brauchen wir einen unzerstörten Ozon-Gürtel in der Stratosphäre, da er durch Absorption der UV-C-Strahlung das Leben erst ermöglicht. Derzeit entsteht ein immer größeres **Ozonloch**:
- Antarktis: Ozonloch in einer flächenmäßigen Größe wie die USA
- Nordpol: Beginnendes Ozonloch.

A. Ursachen des Ozonloches

Bereits 1974 haben MOLINA und ROWLAND nachgewiesen, daß die Ozonschicht u. a. durch den Gebrauch von Spraydosen mit Fluorchlorkohlenwasserstoffen (FCKW) als Treibgase zerstört wird. Es dauerte länger als 10 Jahre, bis die Öffentlichkeit verstanden hat, worum es geht. Nicht nur Spraydosen enthalten FCKW, sie wurden und werden auch zur

Kunststoffverschäumung und als Kältemittel eingesetzt. Im Bereich der Kältemittel wurden die FCKW-Verbindungen zu Beginn der 30er Jahre wegen ihrer günstigen physiologischen und chemischen Eigenschaften und der Sicherheit eingeführt. Vollhalogenierter FCKW wird derzeit noch weltweit zu folgenden Zwecken angewendet (UMWELTBUNDESAMT 1990):

- Treibmittel, Aerosole ca. 27 %
- Blähmittel, Schaum ca. 25 %
- Kältemittel ca. 25 %
- Lösemittel ca. 16 %
- andere ca. 5 %.

Diese Substanzen sind zwar schwerer als Luft, werden aber mit turbulenten Strömungen in höhere Luftschichten verfrachtet. Es kommt zu folgendem Wirkmechanismus:

- Erhöhte UV-Strahlung
- Photolytische Zersetzung
- Katalytische Reaktion abgespaltener Chloratome
- Entstehung von molekularem Sauerstoff.

Noch immer werden bei uns in großem Umfang FCKW hergestellt und verwendet, leider auch im Gesundheitsbereich:

Eine Reihe von medizinischen Sprays, v. a. Asthma-Sprays, sind immer noch FCKW-Sprays. Es ist eine sehr wichtige Aufgabe der Umweltmedizin, sich dafür einzusetzen, daß ozonzerstörende Substanzen so schnell wie möglich ganz verschwinden.

Für die **Ozonzerstörung** sind nicht nur FCKW verantwortlich, sondern zusätzlich noch folgende Substanzen:

- Methylchlorid (entsteht aus Methyljodid des Meeres)
- Methylchloroform (Metall-Entfettungsmittel)
- NO
- NO_2
- N_2O
- Cl.

Lachgas, N_2O, kann wegen seiner Reaktionsträgheit in die Stratosphäre verfrachtet werden und wird dort photochemisch mit atomarem Sauerstoff zu NO umgewandelt. NO ist ein wirksamer Katalysator für die Ozonreduktion. Mit einer mittleren Lebensdauer von ca. 20 Jahren stellt das Lachgas ein *großes Problem* dar. Die Prognosen der Ozonreduktion in den nächsten 50 Jahren durch das Lachgas reichen von 1 bis 2 % bis über 20 %. Auf jeden Fall müssen wir Konzepte entwickeln, wie die Lachgasbelastung möglichst schnell drastisch vermindert werden kann.

B. Folgen des Ozonloches für Lebewesen

Wegen verschiedener Schutzmechanismen (Fell, Lebensweise) sind bei den Tieren derzeit noch keine gravierenden Folgen festzustellen. Es ist jedoch nur eine Frage der Zeit, wann es auch bei den Tieren zu Gesundheitsschäden, v. a. Hauterkrankungen, kommen wird. Den Pflanzen drohen bereits heute weitreichende Gefahren. Nach Felduntersuchungen sind die verschiedenen Spezies höchst unterschiedlich empfindlich, einige Nutzpflanzen (z. B. Tomaten, Mais, Senf etc.) scheinen bereits unter den derzeitigen Strahlungsbedingungen an der Grenze ihres Existenzminimums zu leben. Auch bei den wild wachsenden Pflanzen reagieren einige Arten ungünstig auf verstärkte UV-Strahlung.

Die Zerstörung der Ozon-Schicht führt unter anderem über eine verminderte Absorption der schädlichen UV-C-Strahlung zum Anstieg von malignen Erkrankungen, v. a. von Hauttumoren, wie z. B. dem *malignen Melanom*. Nach einem Bericht, der bereits 1979 vom National Research Council der USA vorgelegt wurde, wird selbst bei einem sofortigen Produktionsstop aller FCKW-Verbindungen die Ozonschicht um ca. 16,5 % abgebaut, die Hälfte davon in den nächsten 25 Jahren. Nach den neuesten Prognosen wird bei der augenblicklichen FCKW-Produktion in jedem Fall eine Abnahme um 5–10 % erwartet.

C. FCKW-Ersatzstoffe

Sauerstoff, O_2 als FCKW-Ersatztreibmittel hat sich nicht bewährt. Bei der Aufschäumung der Kunststoffe vom Typ der Polyurethane, Polyolefine, Polystyrole und Phenolharze werden als FCKW-Ersatzstoffe u. a. Propan und Butan verwendet. Diese Stoffe machen jedoch Probleme wegen der leichten Brennbarkeit beim Abfüllen und beim Transport. Sicherheitsprobleme beim Verbrauch wurden durch besondere Ventilkonstruktionen gelöst. Für Großkälteanlagen ist beispielsweise eine Wiedereinführung von Ammoniak möglich. Bei der technischen und chemischen Reinigung ist der Ersatz von FCKW durch Perchlorethylen möglich. Auch die FCKW-Ersatzstoffe tragen zum Treibhauseffekt bei. Spraydosen verbrauchen bei der Herstellung viel Energie und wertvolle Rohstoffe und vergrößern den Müllberg unnötig. Am umweltfreundlichsten sind die sogenannten Pumpsprays ohne Treibgase.

▶ Aus umweltmedizinischer Sicht sollten im Gesundheitsbereich nur noch solche Pumpsprays im Einsatz sein.

D. Umweltmedizinische Konsequenzen

Sicher ist, daß die Gefahr durch den ständigen CO_2-Anstieg von Jahrzehnt zu Jahrzehnt zunimmt. Wir können und dürfen nicht warten, bis sich das Klima so stark verändert hat, daß wir machtlos der Katastrophe gegenüberstehen. Die Verbrennung der fossilen Rohstoffe muß eingeschränkt und die Abholzung der Urwälder sofort gestoppt werden. Die Waldflächen müssen durch Wiederaufforstungsmaßnahmen wieder vergrößert werden.

E. Sofortiger Handlungsbedarf

- Globales Klimaschutz-Konzept
- Weltweite Energiesparmaßnahmen
- Sofortiger Stop der Rodungen
- Wiederaufforstungsmaßnahmen
- Sofortiger Stop der Bodenversiegelung
- Schonung der fossilen Brennstoffe
- Verzicht auf Treibstoffe aller Art
- Verbot von FCKW-Treibgasen
- Verbot von Spraydosen
- Bevorzugung von Gas gegenüber Öl oder Kohle
- Sofortiger Stop der Lachgasproduktion.

4.2 Literaturverzeichnis zu Kapitel 4

Abthoff, J., Nunnemann, F.: Erprobung einer neueren Meßmethode zur direkten Bleiemissionsbestimmung im Autoabgas mit Hilfe der Atomabsorption während instationärer Fahrzyklen. MTZ, Stuttgart 39, 10: 437–440, 1978

Bayerisches Umweltministerium: Thermische Abfallbehandlung, 1990

Brodeur, P.: Mikrowellen, die verheimlichte Gefahr, U. Pfriemer Verlag, München 1981

Chamberlain, A.C.: Effect of airborne lead on blood lead, Atmosph. Environm. 17, 1983

Claus et al.: Es geht auch ohne PVC, Rasch und Röhring, Hamburg 1990

Dammecker, W.: Schadstoffmessungen bei Müllverbrennungsanlagen. Kraftwerkstechnik 63: 237–243, 1983

Dannecker, W.: Anwendung der Atomspektroskopie zur Beurteilung chemischer und ökotoxischer Eigenschaften von Stäuben aus Emissionen und Immissionen. In: Welz, B. Atomspektrometrische Spurenanalytik, Verlag Chemie, Weinheim, 187–211, 1982

Düszäln, van, G. et al.: Bremer Umweltinstitut, Abfallwirtschaftskonzept für Krefeld, S. 52 ff., Bremen, 1987

Handbuch der Geo- und Baubiologie: Herausg.: Münchner Gesellschaft für Geo- und Baubiologie, München 1984

Heinrich, D., Hergt, M.: DTV-Atlas zur Ökologie, Deutscher Taschenbuch-Verlag München 1990

Hessisches Landesamt für Umwelt: Bewertungshilfe für Dioxine, Umweltplanung, Arbeits- und Umweltschutz. Schriftenreihe des Hessischen Landesamt für Umwelt, Heft Nr. 53

König, H.L.: Unsichtbare Umwelt. Moos-Verlag, München 1981

Möller, 1981, zitiert aus *Fiedler, H.J., Rösler, H.J.,* 1988, *Lantzy, J., Makkenzie, T.:* Atmospheric trace metals, global cycles and assessment of man's impact. Geochim. et Cosmochim. Acta 43, 511–525 (1979)

Lützke, K.: PCDD- und PCDF-Emissionsmessungen, VDI-Bericht Nr. 634, 1987

Radczewski 1970, *Riedel* 1978, *Stief* 1974 (aus *Rösler* und *Fiedler* 1988)

Ramanathan, V. et al.: Climate Chemical Interactions And Effects Of Changing Atmospheric Trace Gases, J. Gephys. Res., Band 25, S. 1441–1482, 1987

Rentsch: 1985, Kurzwellen- und Mikrowellentherapie, Jena, 1985

Sartorius et al.: Emissionsquellen und die Situation hinsichtlich der Emission von Kadmium in Westdeutschland. Staub 37, 422, 1977

Schlatter, Ch., H. Poigner: Zeitschrift für Umweltchemie und Ökotoxikologie, S.11–17, 1989

Schulte-Uebbing, C.: Waldsterben durch technische Mikrowellen?, Wiss. Symposium »Ursachen des Waldsterbens« des Umweltbundesamtes Berlin 12/1985

Schulte-Uebbing, C.: Streß- und Resistenzmangelsyndrom durch Technische Mikrowellen – Pathophysiologische Arbeitshypothesen zum Waldsterben, Herold, München 1985

Schulte-Uebbing, C.: (gemeinsam mit *E. Eruz, F. Makeschin, K.E. Rehfues*), »Auswirkungen von Vollumbruch, Kalkung, Weißerlenanbau auf Bioelementvorräte eines ehemals streugenutzen Kiefernstandortes« Forstwissenschaftliches Centralblatt, 104. Jahrgang, 1985, Heft 1, S. 8–22

Schulte-Uebbing, C.: Waldsterben als Folge eines Streß- und Resistenzmangelsyndroms, mitverursacht durch Mikrowellen, Vortrag, Institut für Forstphysiologie, München 1986

Schulte-Uebbing, C.: Erholung streßgeplagter Fichten im Faradayschen Käfig – Auswertung der Brannenburger Versuche, Herold, München 1984

Schulte-Uebbing, C.: Erholung streßgeplagter Fichten im Faradayschen Käfig, Auswertung der Brannenburger Versuche, Vortrag, Arbeitskreis Ökologie, München, Wintersemester 1984/1985

Schulte-Uebbing, C.: Waldentwicklung seit über 200 Millionen Jahren trotz chemischer Umweltverschmutzung – Konsequenzen moderner palaeobotanischer und vulkanologischer Forschungsergebnisse, Herold, München 1984

Schulte-Uebbing, C.: Radarstrahlen – Mikrowellen, In: Unser Wald darf nicht sterben, Ulmer-Verlag, Schönaich 1983

Schulte-Uebbing, C.: Radaranlagen Ursache des Waldsterbens?, Z. Wohnen und Gesundheit, Herausg.: A. Schneider 3/1982

Schulte-Uebbing, C.: Tannensterben durch Elektromagnetische Felder?, Vortrag, Lehrstuhl für Forstbotanik, 1982

Schulte-Uebbing, C.: »Auswertung eines Meliorationsversuches im Forstamt Waldsassen«, Vortrag, Wintersemester 1981/82, Lehrstuhl für Bodenkunde und Standortswissenschaften der Forstlichen Fakultät der Universität, München 1982

Schulte-Uebbing, C.: »Auswertung eines Meliorationsversuches im Forstamt Waldsassen, – Inventur der Nährelementvorräte im Boden« und »Geologische, petrographische Untersuchungen an Phyllit« Forstwissenschaftliche Diplomarbeit am Lehrstuhl für Bodenkunde und Standortswissenschaften der Forstlichen Fakultät der Universität München 1982

Schulte-Uebbing, C. et al.: BMFT-Projekt »Nutzung forstlicher Biomasse«, Lehrstuhl für Forstliche Verfahrenstechnik und Forstliche Arbeitswissenschaften der Forstlichen Fakultät der Universität München 1981

Schwan 1978, Classical Theory of Microwave Interactions with Biological Systems, In: *Taylor* and *Cheung,* p.90, 1978

Schwan, H.P., K. R. Foster: RF-Field Interactions With Biological Systems, In: Electrical Properties and Biophys. Mechanisms, Proc.IEEE, 1980

Schweizer Bundesamt für Umweltschutz: Immissionsgrenzwerte der Schweizer Luftreinhalteverordnung (LRV), Bern, 1986

Strauss, W.: Air Pollution Control III, Wiley & Sons, New York, 1977

5. Umweltbelastung im Wasser

5.1 Wirkungsmechanismen und Zusammenhänge

Die Erdoberfläche ist zu 71 % von Wasser bedeckt. Die Hydrosphäre umfaßt das gesamte feste, flüssige und gasförmige Wasser der Erde. Dazu gehören die Lebensräume der Meere (marine Ökosphäre), der Binnengewässer (limnische Ökosphäre) mit ihren Übergangs- und Randgebieten, außerdem das weniger belebte Grundwasser, Tiefengewässer, sowie das Eis und Wasser der Atmosphäre.

Es gibt 3 globale Kreisläufe, deren Antriebskräfte die unterschiedlich starke Energiestrahlung der Erde, die geringere Wärmeabstrahlung des Wassers gegenüber dem Land und die Eigenrotation der Erde sind: Meer → Atmosphäre → Land, Meer → Atmosphäre → Land → Meer, und Land → Atmosphäre → Land.

Durch die Wärme kommt es zur Verdunstung (Evaporation), beim Abkühlen zur Kondensation des Wasserdampfes und zu Niederschlägen. Auf dem Festland kommt es zum ober- und unterirdischen Abfluß, ein Teil bleibt als Rücklage (Bodenfeuchte, Eis, Seen) zurück oder wird verbraucht (Organismen, Mineralien). Der Wasserhaushalt regelt den Energiehaushalt der Erde. Nur 0,77 % des Gesamtvolumens sind am Süßwasserkreislauf beteiligt, der größte Teil liegt gebunden vor: Fast 70 % sind in Gletschern, Schnee und Eis gebunden.

5.1.1 Abwässer und Wasserverunreinigungen

Wasser-Verschleiß

Der Pro-Kopf-Verbrauch an Trinkwasser liegt in Deutschland heute bei ca. 150 l/Tag. Dabei gibt es wesentliche statistische Unterschiede zwischen Land- und Stadtbevölkerung. Von den durchschnittlich 140 l, die jeder Bundesbürger im Schnitt verbraucht, sind nur 2–3 l eigentliches Trinkwasser in Form von Getränken. Der Rest rauscht über Badewanne, Spülbecken, Toilette etc. ab.

Der durchschnittliche Abwasseranfall/Person entspricht in etwa dem Wasserverbrauch. Zur Zeit liegt er bei ca. 150 l/Tag. Die Zusammensetzung ist vielfältig. Den Hauptanteil stellen die organischen Substanzen. Im Durchschnitt werden in die häuslichen Abwässer von jedem Einwohner täglich ca. 80 g anorganische und 120 g organische Abfallstoffe entlassen. Für den biologischen Abbau dieser Substanzen sind in 5 Tagen 54 g Sauerstoff nötig. Dieser verhältnismäßig konstante BSB_5-

Wert wird als Einwohnergleichwert (EGW) bezeichnet und zur Bewertung von Gewerbe- und Industrieabwässern herangezogen. Pro Person werden durchschnittlich ausgeschieden:

- 60–370 g Kot (ca. 25 % organ. Trockensubstanz)
- 1200 ml Urin (ca. 5 % Trockensubstanz)
- Abwässer von Körperpflege (Seife, Kosmetika, Haare, Hautabschilferungen)
- Küchenabwässer (Getränke-, Speisereste, Tenside etc.)
- Waschmaschinenabläufe
- Reinigungs-Abwässer
- Mineralöle, technische Lösungsmittel etc.

Die **Industrieabwässer** gliedern sich in folgende Substanzgruppen:

- Organische Stoffe (aus Zellstoff-, Zucker-, Marinaden-, Lederfabriken, Brennereien, Molkereien, Schlachthöfen etc.)
- Anorganische Stoffe (aus Stein-, Braunkohleindustrie, Porzellanindustrie, Farbenfabriken, Metallgewinnung und -verarbeitung etc.)
- Toxische Stoffe (Teerverarbeitung, Pestizidherstellung, Batterie-, Leuchtstoffröhren-, Monitoren-Herstellung etc.)
- Mikrobiell belastende Stoffe (Gerbereien, biochemische Industrie etc.)
- Wärmebelastende Substanzen (Kühlwässer etc.)
- Radioaktive Substanzen (Aus Reaktoren, Anlagen zur Aufbereitung von Kernbrennstoffen, wissenschaftliche, medizinische, technische Industrie etc.).

Auch die **Landwirtschaft** produziert Abwässer:

- Düngemittel
- Abwässer aus Massentierhaltungen
- Pestizidhaltige Abwässer etc.

5.1.2 Trinkwasser

5.1.2.1 Trinkwasser-Aufbereitung

Trinkwasser stammt in Deutschland zu 71 % aus Grund- und Quellwasser, zu 12 % aus angereichertem Grundwasser, zu 7 % aus Talsperren, zu 6 % aus Uferfiltrat, zu 3 % aus See- und zu 1 % aus Flußwasser. Oberflächenwasser läßt man zunächst künstlich versickern (Grundwasseranreicherung), wobei Schmutzbestandteile durch Bodenkolloide in monatelanger Passage ausfiltriert werden (Uferfiltration) und organische Belastungsstoffe von Mikroorganismen biologisch abgebaut werden.

Die Trinkwasser-Aufbereitung wird immer schwieriger, da unsere Flüsse stark mit Salzen, Wasch-, Düngemitteln, organischen Stoffen und

Schwermetallen belastet sind. Beispielsweise transportiert der Rhein jährlich eine Salzfracht (Chloride) von über 10 Millionen Tonnen. Das entspricht einer Menge von fast 4 Zentnern Salz je Bundesbürger. Auch die Rückstände von Dünge- und Waschmitteln (Nitrate, Nitrite, Phosphor) sowie die organischen Schmutzlasten (Abwässer, Fäkalien) und die Mengen mehr oder weniger giftiger Schwermetalle sind im Rhein größer als in Elbe oder Weser. Trinkwasser wird in folgenden Reinigungsschritten in Wasserwerken gewonnen:

- Entfernung von Schwebstoffen
- Abfangen von Grobbestandteilen mit Siebrechen und Sandfang
- Sedimentationsbecken
- Flockenfiltration
- Entfernung von Flockenresten im Schnellsandfilter.

5.1.2.2 Qualität und Anforderungen

Trinkwasser soll klar, farb- und geruchlos, sauerstoffreich und frei an pathogenen Bakterien (weniger als 10 Keime/ml) sein. Der Gehalt an gelösten Stoffen soll sich in gewissen Grenzen halten. Eisen-, Mangangehalte und Anteile organischer Verbindungen sowie von Stickstoffverbindungen sollen so gering wie möglich sein. Darüber hinaus soll Trinkwasser möglichst keine Korrosion hervorrufen und stets in genügender Menge mit ausreichendem Druck zur Verfügung stehen. Die Anforderungen an die Gesamthärte liegen bei 6–8° dH (= 10 mg CaO/l Wasser). Die bakterielle Wasseruntersuchung erfolgt durch Kulturverfahren. Die Probenentnahme erfolgt nicht an abgestandenem Wasser, sondern nachdem die Leitung oder Pumpe 10 min lang geflossen ist. Der Transport ins Laboratorium erfolgt in einer 500-ml-Thermosflasche. Die Probe sollte nach 6 Stunden, bei unveränderter Temperatur, im Labor verarbeitet sein.

- Koloniezahl: < 100 Bakterien/ml (alle aerob bei 20 °C) in 44 Stunden bei Standardbedingungen aus 1 ml Wasser wachsenden Keime
- Fehlen von E. coli in 100 ml
- Viren: Bisher noch keine Grenzwerte.

5.1.2.3 Chemische Trinkwasseruntersuchung

Bei der routinemäßigen chemischen Trinkwasseruntersuchung werden folgende *Parameter* bestimmt:

- pH-Wert, Reaktion des Wassers (meist neutral oder schwach alkalisch)
- Abdampfrückstand (< 500 mg/kg)
- Vorkommen organischer Substanzen (allgemeiner Nachweis, z. B. mit Kaliumpermanganat, evtl. dann spezifischer Nachweis)
- Stickstoffverbindungen (Nitrite, Nitrate, Ammoniak etc.)

- Sulfate
- Chloride
- Härte (Angabe in ° dH, deutsche Härtegrade).

5.1.2.4 Schadstoffe im Trinkwasser

Das Problem der Verunreinigung des Wassers durch Schadstoffe kann nach CARSON (1990) nur in einem größeren Zusammenhang verstanden werden, als Teil des Ganzen, zu dem es gehört – der Verunreinigung der gesamten Umwelt des Menschen. Dieses Problem wird nie unter einem bestimmten Aspekt, z. B. dem der Gesundheit der Bevölkerung, vollständig befriedigend gelöst werden können, weil wir es hier – wie bei allen Umweltproblemen – mit einer Vernetzung verschiedener Faktoren und Interessen zu tun haben, für die nicht eine Maximallösung, sondern nur ein Optimum als beste Lösung erreicht werden kann. Das schließt jedoch nicht aus, daß sich die Gemeinschaft im Gesamtinteresse aller Beteiligten auf Einhaltung von Mindestanforderungen einigt.

Das Trinkwasser kann aus einer Vielzahl von Quellen mit Schadstoffen belastet werden:

1. Sickerwässer aus Mülldeponien
2. Chemische Abfälle aus Fabriken
3. Wasch- und Reinigungsmittel aus Haushalten und Betrieben
4. Chemische Spritz- und Stäubemittel (Insektizide, Herbizide, ...)
5. Überdüngung in der Landwirtschaft (Einschwemmung von Nitraten in das Oberflächenwasser)
6. Schadstoffeinträge in die Luft, z. B. durch Müllverbrennung (Beeinflussung des Wassers über den Regen)
7. Unvermeidliche Einträge von Schadstoffen aus technischen Prozessen in das Wasser, z. B. PCB in Bergwerken, Motoröle in Straßenabwässern
8. Tankerunglücke und gewollte Meeresvergiftung als Kriegswaffe (Golf-Katastrophe) u. a. Katastrophen
9. Radioaktive Abfallprodukte aus Reaktoren
10. Radioaktive Niederschläge (fall out) von Kernexplosionen.

Nach 1940 begann die Massenproduktion synthetischer Chemikalien. Man rechnet heute mit 100 000 Chemikalien in der Umwelt. Von den in Deutschland z. Z. zugelassenen 304 Wirkstoffen für Pflanzenschutzmittel wurden nach WASSERMANN bereits über 40 in Trinkwasserproben nachgewiesen.

5.1.2.5 Trinkwasser-Grenzwerte

Seit 1. 10. 1989 gelten folgende Grenzwerte für das Trinkwasser:
- Arsen ——► 0,04 mg/l
- Blei ——► 0,04 mg/l
- Cadmium ——► 0,005 mg/l
- Chrom ——► 0,05 mg/l
- Cyanid ——► 0,05 mg/l
- Fluorid ——► 1,5 mg/l
- Nickel ——► 0,05 mg/l
- Nitrat ——► 50 mg/l
- Nitrit ——► 0,1 mg/l
- Quecksilber ——► 0,001 mg/l
- Polyzyklische Aromaten ——► 0,2 µg/l
- Organische Chlorverbindungen ——► 0,003 bis 0,0025 mg/l
- Pestizide ——► 0,1 µg/l
- Polychlorierte und polybromierte Biphenyle und Terphenyle ——► 0,5 µg/l

Die Empfehlungen der WHO für die Grenzwerte radioaktiver Stoffe sind:

► ^{90}Strontium 30 pCi* 10^{-1}

► Radium 10 pCi 10^{-1}

► *pCi = pikocurie = 10^{-12} Ci.

5.1.2.6 Trinkwassergefährdung durch Nitrate

Ein sehr großes Gefahrenpotential für Trinkwasser liegt in den Nitraten. Diese gelangen z. T. aus natürlichen, z. T. aus künstlichen Quellen ins Grund- und damit ins Trinkwasser. Bis zur Hälfte des Gesamtnitrats landwirtschaftlich genutzter Böden entstehen bei der Stickstoffoxidierung und bei der biologischen Mineralisation.

Quellen steigender Nitratbelastung sind Abwässer aus
- sich häufenden festen Abfallstoffen (Gartenabfälle, Haushaltsmüll)
- künstlicher Düngung mit mineralischen Stickstoffdüngern
- Anreicherung des Stickstoffpools des Bodens um jährlich 1–3 % durch Mineralisierung von Ernteresten und Gründünger der intensiven Landwirtschaft
- mit Gülle überdüngten Böden.

In Deutschland werden dem Boden durchschnittlich 8400 kg Stickstoff/km^2/a zugeführt. Diese setzen sich wie folgt zusammen (Deutsche Forschungsgemeinschaft, 1984):

- Atmosphärischer Niederschlag ——▶ ca. 700 $kg/km^2/a$
- (Stickoxide aus der Verbrennung fossiler Energieträger und aus elektrischen Erscheinungen in der Atmosphäre)
- Naturdünger ——▶ ca. 2750 $kg/km^2/a$
- Kunstdünger ——▶ ca. 4800 $kg/km^2/a$
- Stickstoffbindung durch Bodenbakterien ——▶ ca. 150 $kg/km^2/a$

Die Chemisierung von Betrieb, Haushalt und Landwirtschaft und die Intensivierung der Agrarerzeugung haben die Belastung des Trinkwassers mit Nitraten verursacht. Die Nitratkonzentration hat sich sogar stellenweise in den letzten 15 Jahren verdoppelt. Dabei sind Nitratprobleme im Grund- und Trinkwasser immer Standortprobleme: Sie ergeben sich insbesondere in Abhängigkeit von geologischen Gegebenheiten und landwirtschaftlichen Nutzungsformen.

Das Problem der Nitratbelastung unserer Trinkwässer wird in den nächsten Jahren sicherlich noch zunehmen, zumal es je nach geologischer Gegebenheit oft mehrere Jahre dauern kann, bis die Nitrate in die Grundwässer gelangen.

Nitrate im Trinkwasser lassen sich entweder semiquantitativ, mit Hilfe käuflicher, ionensensitiver Teststäbchen oder photometrisch nachweisen. Der *photometrische Nachweis* ist wesentlich genauer. Hierbei wird die quantitative Umsetzung von Nitrat in schwefel- und phosphorsaurer Lösung mit 2,6-Dimethylphenol zu 4-Nitro-2,6-dimethylphenol photometrisch nachgewiesen. Mit dieser Methode kann man Nitratkonzentrationen zwischen 2 und > 100 mg/l nachweisen.

Nitrate zeichnen sich aus durch Primär-, Sekundär- und Tertiärtoxizität:

▶ In sehr hohen Konzentrationen wirken Nitrate akut toxisch.

Es kommt dann zu *Schleimhautreizungen* in Magen, Darm und gelegentlich zu *Herzrhythmusstörungen.*

Wesentlich häufiger und gefährlicher ist die Sekundärtoxizität, die vor allem bei *Säuglingen* in den ersten Lebensmonaten auftritt: Nitrate gelangen z. T. in die Speicheldrüse und werden in der Mundhöhle zu Nitrit reduziert. Nitrit lagert sich an das Hämoglobin an und oxidiert das zweiwertige zum dreiwertigen Eisen. So wird Hämoglobin in Methämoglobin umgewandelt. Es kommt zur *Methämoglobinämie* und *Cyanose.* Nitrit reagiert im sauren Milieu des Magens mit Aminen zu Nitrosaminen, NOH-haltigen organischen Verbindungen aus sekundären

Aminen und HNO_2. Nitrosamine sind potente Karzinogene. Bei Tieren erzeugen sie hauptsächlich Magenkarzinome (LÖFFLER et al. S. 880).

Für Nitrate gilt nach der bundesdeutschen Trinkwasserverordnung (Fassung von 1986) ein Grenzwert von 50 mg/l, nach der EG-Richtlinie 25 mg/l. Als für die Zubereitung von Säuglingsnahrung geeignet darf nach der Deutschen Mineral- und Tafelwasserverordnung Trinkwasser mit einem Nitratgehalt von unter 10 mg/l bezeichnet werden.

Im gesamten Bundesgebiet gibt es z. T. stark erhöhte Nitratwerte (Öko-Magazin, 1987). In insgesamt 137 über das gesamte Bundesgebiet verteilten Ortschaften lagen folgende Nitratwerte vor:

- > 50 mg/l 7 Ortschaften
- > 25 mg/l 46 Ortschaften
- > 10 mg/l 44 Ortschaften
- < 10 mg/l 40 Ortschaften

Im Kreis Starnberg liegen nach BÖNING (1991) die Nitratwerte im Trinkwasser bei 23 von 42 Brunnen über dem EG-Richtwert. 4 Wasserwerke liegen mit den Nitratwerten über 40 mg/l und nähern sich bereits dem in Deutschland erhöhten Wert von 50 mg/l. Man rechnet mit einer jährlichen Nitratzunahme von 1 mg/l. Pestizide im Boden könnten diese Entwicklung durch Zerstörung denitrifizierender Bakterien noch beschleunigen. Nach DIETER (1991) ist die Nitratbelastung des Trinkwassers einer der gewässerökologisch gravierendsten Eingriffe der letzten Jahrzehnte und vergleicht die Folgen des massiven Sauerstoffeintrags in Form von Nitratverfrachtung mit denen des FCKW/Ozon-Problems.

5.1.3 Umweltmedizinische Maßnahmen

Palliative Maßnahmen

- Schutz der Säuglinge: Kein Trinkwasser mit > 10 mg/l Nitrat. Falls Nitratgehalte höher sind, Säuglingsnahrung mit Mineralwasser zubereiten
- Schutz der Erwachsenen: Trinkwasser mit Nitratgehalten von > 25 mg/l sparsam konsumieren. Trinkwasser mit > 50 mg/l nicht mehr trinken (Ersatz: Mineralwasser).
- Haushalts-Wasserfilter sind teuer und wenig effektiv. Sie reduzieren oft die umweltmedizinisch erwünschte Wasserhärte.

Kurative Maßnahmen

- Bei Nitratwerten von über 25 mg/l Beschwerden bei Wasserwerk, Wasserzweckverband, Gemeinde
- Bei Nitratwerten über 50 mg/l Strafanzeige gegen Wasserversorgungsunternehmen, Medienkampagne

- Konsumverhalten: Einkauf nur beim biologischen Anbau
- Staatliche Förderung biologischer Landwirte
- Einschränkung der landwirtschaftlichen Düngung
- Höhere Besteuerung von Nitratdüngern
- Strafrechtliche Verfolgung ökologiefeindlicher Landwirte.

5.2 Wichtige Schadstoffe und Verursacherprodukte

5.2.1 Sulfate

65 Mio t Schwefel werden jährlich in Deutschland in die Luft geblasen. Sulfate finden sich als Gips und Anhydrit sowie als Magnesium- und Natriumsalz in der Natur weit verbreitet. Auch Regenwasser enthält relativ hohe Sulfatkonzentrationen (oft über 100 mg/l). Adsorptionen und Anreicherungen in der biologischen Kette treten nicht auf. Sulfatgehalte ab 25 mg/l fördern besonders in Warmwasserleitungen die Korrosion, Konzentrationen ab 200 mg/l wirken sich nachteilig auf die Haltbarkeit von Beton aus (DIN 4030). Ab einer Konzentration von 200 mg/l Natriumsulfat und von über 600 mg/l Magnesiumsulfat kommt es zu deutlichen Geschmacksbeeinträchtigungen und zu laxierenden Wirkungen. Nach der TVO gilt ein Grenzwert von 240 mg/l. Oft finden sich jedoch höhere Werte. Verdächtig sind dabei alle Wässer mit einer hohen bleibenden Härte. Der toxische Bereich liegt im Tierversuch bei 6–18 g Na_2SO_4/l für Rinder und Schweine sowie 3 g/l für einige Fischarten.

5.2.2 Fluoride

Fluorverbindungen kommen in der Natur als schwerlösliche Bodenmineralien vor, anthropogen werden sie v. a. gasförmig von Aluminiumhütten, Stahlwerken, Düngemittelbetrieben etc. verbreitet. Bei höheren Konzentrationen im Trinkwasser kann es zu Zahnflecken, bei sehr hohen Dosierungen zur schweren Fluorose kommen. Fluormangel ist jedoch häufiger als Fluorüberdosierung. Die Fluoridversorgung des Körpers erfolgt über Luft, Speisen und Getränke. Jede normale Nahrung enthält Fluoride. Die durchschnittliche Zufuhr beträgt nach Auermann (zitiert aus Borneff) 0,4 bis 1,0 mg/Tag. Der durchschnittliche Trinkwassergehalt in Deutschland liegt bei etwa 0,3 mg/l. Die optimale tägliche Fluoridmenge ist nach Toth (1969) für Kinder von 1–15 Jahren mit 0,03 mg/kg max. 0,04 mg/kg) anzusetzen. Bei 20 kg Körpergewicht entspricht das etwa 0,6 mg/Tag.

Bei zu hohen Fluoridkonzentrationen im Trinkwasser sollte vom Wasserwerk eine Flockung mit Aluminiumsulfat oder aktiviertem Bauxit vorgenommen werden.

Nach BERGMANN (zitiert aus BORNEFF, 1986) sollte die Fluoriddosierung in Abhängigkeit von der Trinkwasserkonzentration folgendermaßen aussehen:

Menge Fluorid im Trinkwasser	**0–1,5**	**1,5–3**	**3–6**	> **6 Jahre**
< 0,2 mg/l	0,25 mg/d	0,5 mg/d	0,75 mg/d	1 mg/d
0,2–0,4 mg/l	–	0,25 mg/d	0,5 mg/d	0,75 mg/d
0,4–0,6 mg/l	–	–	0,25 mg/d	0,5 mg/d
0,6–0,8 mg/l	–	–	–	–

5.2.3 Polyzyklische Aromaten

Eine Reihe von *kanzerogenen* polyzyklischen Aromaten, z. B. vom Typ des 3,4-Benzpyrens, sind im Trinkwasser nachweisbar. Bei Trinkwasserkontrollen zeigten sich bei 90 % der Grundwasserproben folgende Polyzyklenkonzentrationen (BORNEFF, 1986):

- 1–10 $\mu g/m^3$ bei 90 % der Proben
- 11–100 $\mu g/m^3$ bei 9 % der Proben
- > 100 g/m^3 bei 1 % der Proben.

Der gegenwärtige Grenzwert von 250 $\mu g/m^3$ sollte deshalb auf 100 $\mu g/m^3$ herabgesetzt werden. In freien Gewässern können nicht die gesamten Kanzerogene bestimmt werden, sondern nur eine Auswahl (BORNEFF, 1986):

- Fluoranthren
- 3,4-Benzfluoranthren
- 3,4-Benzpyren
- 1,12-Benzperylen
- 11,12-Benzfluoranthren
- Indenopyren.

In freien Gewässern sind folgende Konzentrationen dieser o.g. Stoffe meßbar:

- Grundwasser, einwandfreies Seewasser ——▶ 1–10 $\mu g/m^3$ (ng/l)
- verunreinigtes Fluß- und Seewasser ——▶ 10–100 $\mu g/m^3$ (ng/l)

- sehr stark verunreinigtes Fluß- und Seewasser ⟶ 100–1000 $\mu g/m^3$ (ng/l)
- Abwasser bis ⟶ > 100 000 $\mu g/m^3$ (ng/l)

5.2.4 Waschmittel

Etwa 50 % der Nährstoffbelastung der Gewässer stammt aus Wasch- und Reinigungsmitteln, 30 % aus anderen Haushaltsquellen, 17 % aus der Landwirtschaft. 1988 wurden in Westdeutschland über 4 Mio t Wasch-, Spül- und Reinigungsmittel produziert. Sie enthalten als wesentliche Wirkstoffe Tenside und Phosphate. Diese Stoffe gelangen – z. T. nach dem Durchlauf durch Kläranlagen – in das Oberflächenwasser. Durch Eutrophierung im Zusammenhang mit dem Einschwemmen mit Tensiden und Phosphaten kann das biologische Gleichgewicht im Oberflächenwasser erheblich gestört werden. Das Wachstum der Wasserpflanzen wird beschleunigt. Die Wasserpflanzen sterben in übermäßiger Zahl ab, Fäulnis tritt auf, der Sauerstoffgehalt des Wassers sinkt unter das Mindestmaß, und der Abbau organischer Verunreinigungen durch aerobe Bakterien kommt zum Erliegen. Durch anaerobe Bakterien kommt es später zu weiterer Fäulnis. Schließlich sterben die Fische. Giftige Stoffe wie Schwefelwasserstoff und Ammoniak oder Methan können sich bilden. Auch sogenannte leicht abbaubare Tenside, z. B. Alkylbenzolsulfonate, ABS, machen große Probleme: Sie sind höher fischtoxisch, indem sie die O_2-Aufnahme an den Kiemen der Fische stören. Zu einer solchen Intoxikation kommt es ab einer Menge von 5–6 mg/l. Nach FISCHER und WINKLER (zitiert aus BORNEFF 1986) fanden sich in Neckar, Ruhr, Mosel und Main jedoch nur Konzentrationen von < 0,05–0,1 mg/l.

5.2.5 Mineralöle

Hochgradig giftig und sehr stabil sind Mineralöle, vor allem die ringförmigen Cycloalkane (*Naphtene*). Frische Rohöle entfalten eine starke Giftwirkung, die sich relativ schnell abbaut, wenn die niedrigmolekularen Naphtene verdampft sind. Schon bei kleinsten, unsichtbaren, vollständig gelösten Mengen des Öles nimmt Trinkwasser einen sehr unangenehmen Geruch und Geschmack an. Die vom Menschen eben noch wahrnehmbaren Konzentrationen sind individuell sehr verschieden.

Bereits kleinste Mengen Mineralöl, die ins Wasser gelangen, haben verheerende ökologische Folgen. Ein schreckliches Beispiel der jüngsten Zeit ist die Ölverpestung des Golfs: Rohöl hat eine niedrigere Dichte als Wasser und schwimmt großflächig auf der Wasseroberfläche.

Die kaum giftigen Alkane verdampfen in den ersten 8 Tagen. Die langkettigen Paraffine werden biologisch abgebaut, wobei die Abbaufähigkeit mit dem Grad der Verzweigung sinkt. Bei den Aromaten steigt die Toxizität mit der Ringzahl. Nach drei Monaten sind hydrophobe Erdölreste verklumpt, die hydrophilen nehmen bis zu 80 % ihres Volumens Wasser auf und bilden wenig stabilen Ölschlamm. Besonders stark betroffen von einer Ölpest sind stenöke Arten wie Muscheln, Schnecken und Seevögel. Extrem gefährdet sind wasserlandende Vögel, wie die meisten Möwen und Tauchvögel: Das Öl verklebt die Gefieder und unterbricht die Wärmeisolation. Der Stoffumsatz wird erhöht, die Tiere sterben an Erschöpfung.

5.2.6 Pestizide

Fachleute der Wasserwirtschaft sprechen von einem besorgniserregenden Anstieg der halogenierten Kohlenwasserstoffe, insbesondere der Pestizide, im Grundwasser. Diese Entwicklung muß als eine unmittelbare Gefahr für die Gesundheit des Menschen angesehen werden, zumal ein Großteil des Trinkwassers aus Grundwasser gewonnen wird. In Deutschland werden von den Landwirten jährlich rund 50 000 t Pestizide auf die Fluren ausgebracht. Hierunter befinden sich ca. 5 000 t Atrazin, dem mengenmäßig die größte Bedeutung zukommt. Derzeit sind in deutschen Grundwässern über 100 verschiedene Pestizide nachweisbar. Auch das Regenwasser ist meist so pestizidhaltig, daß es als Trinkwasser nicht mehr zugelassen werden kann. Ein Hauptproblem ist, daß die vielen kleinen Wasserwerke z. Z. nicht über ausreichende Kontroll- und Eliminierungstechniken verfügen.

Von den im Grundwasser, im Brunnenwasser oder im Uferfiltrat von Flüssen gefundenen Pestiziden seien als Auswahl folgende genannt (Schuster, G. 1989, Carson, 1990):

- **Aldrin:** *Insektizid;* Beizmittel für Saatgut; in der BRD verboten; Leber- und Nierenschäden; Bestandteil der Gruppe der Chlornaphtaline gemeinsam mit Dieldrin und Endrin
- **Atrazin:** *Herbizid;* erzeugt Nierenschäden, Verdacht auf Kanzerogenität und Erbgutschäden aufgrund von Tierexperimenten und epidemiologischen Studien; von der DFG jedoch nicht als kanzerogen eingestuft; ab Ende 1991 verboten; gehört zur Klasse der Triazine mit 25 Pestiziden
- **Des-Ethylatrazin:** *Herbizid;* verwandt mit Atrazin
- 2,4-D (2,4-Dichlorphenoxyessigsäure): Herbizid; wird im Getreideanbau und auch auf Grünland eingesetzt; sogenanntes Wuchsstoffmittel: die behandelten Pflanzen »wachsen sich tot«; verursacht beim Menschen Nervenentzündungen und Lähmungen

- 2,4,5-T (2,4,5-Trichlorphenoxyessigsäure): *Entlaubungsmittel* aus dem Vietnamkrieg; in technischer Form mit Dioxinen verunreinigt; Verdacht auf Kanzerogenität
- **1,3-Dichlorpropen:** *Nematizid* zur Entseuchung von Böden; gegen Fadenwürmer; krebsverdächtig; im Kartoffelanbau in großen Mengen eingesetzt; nicht mehr zugelassen; wegen hoher Persistenz immer noch im Grundwasser gefunden
- **Hepta-Chlor:** *Insektizid;* Saatgutpuder; Verdacht auf Kanzerogenität; in der BRD verboten
- **Lindan:** *Insektizid;* Gamma-Isomer des HCH; Lipophil; schädigt Leber, Nieren, ZNS.

Weitere Wirkstoffe, die in Westdeutschland zugelassen sind, sind (zusammengestellt nach DIETER, 1991, BÖNING, 1991, WASSERMANN, 1991):

- **Zineb, Maneb:** *Fungizid;* Verdacht auf Kanzerogenität
- **Alachlor, Linuron:** *Herbizide;* Harnstoff-, bzw. Anilinderivat
- **Methylbromid:** *Insektizid;* Wirkung neurotoxisch; wird auch als technisches Methylierungsmittel eingesetzt
- **Omethoat:** gehört zur Parathion-Gruppe der *Pestizide.*

▶ Bei Alachlor und Linuron ist zu erwarten, daß aus Phenylharnstoff und Chloranilinderivaten Nitroso-Verbindungen u. a. Kanzerogene entstehen.

Um die Flut von Umweltgiften zu begrenzen, wurden von der EG Grenzwerte für Schadstoffe festgelegt, die seit 1. 10. 1989 auch in Deutschland gelten. Danach darf Trinkwasser nicht mehr als 1 µg eines einzelnen Pestizids enthalten. Die Gesamtbelastung mit Pestiziden darf 0,5 µg/l nicht übersteigen. 10–30 % der 6300 deutschen Wasserwerke können die Grenzwerte nicht einhalten. 20 % brauchen Ausnahmeregelungen.

- Bayern: 50 Wasserwerke > 0,1 µg/l
- Schleswig-Holstein: > 17 µg/l Atrazin
- Baden-Württemberg: Jede 10. Trinkwasserstelle liegt über 0,1 µg /l
- Rheinland-Pfalz: 1,2 µg/l Chlortoluron
- Emsland: 8000 µg/l Dichlorpropen.

Die Kontrolle der Einhaltung ist schwierig

Amtliche Überwachungsmethoden können jedoch nicht den vollen Schutz der menschlichen Gesundheit gewährleisten, weil ein Teil der

Pestizide im Boden in Metabolite zerfällt, von denen keineswegs alle bekannt sind. Weder deren Toxizität noch ihre Wechselwirkungsmechanismen sind hinlänglich untersucht und können somit auch nicht in Verordnungen erfaßt werden. Eine toxikologische Bewertung von Schadstoffgemischen mit 2–3 Verbindungen bereitet nach WASSERMANN (1990) bereits erhebliche Schwierigkeiten, da neben normal additiven Wirkungen am gleichen Rezeptor synergistische Effekte mit Wirkungen an verschiedenen Rezeptoren eine Rolle spielen. Nach den schlechten Erfahrungen mit chlorhaltigen Pestiziden, zu denen das DDT und verwandte Stoffe gehören, die sich nach FORTH (1990) durch hohe Persistenz und dadurch bedingte ubiquitäre Verbreitung auszeichnen, hat die chemische Industrie leichter abbaubare Stoffe mit größerer Spezifität entwickelt. Zu ihnen gehört das Atrazin. Für diese Stoffe sollte gelten, daß sie wegen ihrer schnellen Metabolisierung nicht ins Grundwasser gelangen können. Wasserproben belegen jedoch, daß dies nicht uneingeschränkt gilt. Der bakterielle Abbau benötigt beim Atrazin bis zu 2 Jahre. Wenn das Mittel jedoch in dieser Zeit bis ins Grundwasser gelangt, ist es der Metabolisierung weitgehend entzogen und kann mit dem Trinkwasser in den menschlichen Organismus gelangen.

Eine wichtige Schutzfunktion für das Grundwasser hat der Ackerboden mit seiner Speicherkapazität für Schadstoffe. Bei genügend langer Verweildauer im Boden werden die Pestizide z. T. bakteriell abgebaut. Die Speicherkapazität des Bodens ist aber bereits weitgehend erschöpft. Auch ein sofortiger Stop der Pestizideinträge könnte die weitere Belastung des Grundwassers bis auf weiteres nicht verhindern, da der Zeitraum für das Durchwandern der Bodenschicht für Pestizide mehrere Jahre betragen kann. In dieser Zeitspanne können die Stoffe in das Trinkwasser einsickern, das aus dem Grundwasser gewonnen wird. Nach SCHUSTER (1989) werden auch die im Boden gespeicherten Pestizide – soweit nicht abgebaut – letztlich in das Grundwasser eingeschwemmt, zumal die Bindung an die Bodenteilchen meist nur sehr locker ist.

Wenn in bestimmten Gebieten die festgelegten Höchstwerte überschritten werden, müssen die betreffenden Brunnen nicht notwendigerweise außer Betrieb genommen werden. Von den zuständigen Amtsärzten der Kreise können Ausnahmegenehmigungen erteilt werden, die die Toxizität der betreffenden Wirkstoffe berücksichtigen. Die zugelassenen Überschreitungen können bis zum 100fachen der Trinkwassergrenzwerte betragen, der Summenwert darf maximal um den Faktor 20 überschritten werden. Eine Umfrage des Vereins des Gas- und Wasserfaches bei 300 Wasserwerken – entsprechend 50 % der Gesamttrinkwassermenge – ergab für den Einzelgrenzwert 92 Überschreitungen, für den Summengrenzwert 39 Überschreitungen. In Bayern hatten nach BÖNING 14 % der

51 größten Wasserwerke Grenzwertüberschreitungen für Pestizide genannt. Die Überschreitungen der Grenzwerte bewegten sich bisher in einer Bandbreite, innerhalb derer direkte gesundheitliche Schäden nicht festgestellt werden konnten. Das schließt jedoch nicht aus, daß etwa Einflüsse auf das Immunsystem, die ja noch weitgehend unerforscht sind, dennoch bereits aufgetreten sein können. Aus der Immuntoxikologie gibt es einzelne Untersuchungen über die Abhängigkeit von Pestizidwirkungen und Ernährungszustand der Versuchstiere sowie von der Kombination zweier Umweltchemikalien.

Von den 200 grundwasserrelevanten Pestiziden gibt es nach Böning (1991) nur für 182 Chemikalien aus dem Zulassungsverfahren Einzelnachweismethoden im µg/l-Bereich. Zum Auffinden von Pestiziden im Trinkwasser sind jedoch Multibestimmungsverfahren und Screening-Tests notwendig. Diese werden jetzt erst entwickelt. Das Gefahrenpotential ist sowohl ein Mengenproblem als auch ein spezifisch toxikologisches Problem. Die Chemisierung von Betrieb, Haushalt und Landwirtschaft und die Intensivierung der Agrarerzeugung haben die Belastung des Trinkwassers mit vielen Pestiziden verursacht: Heute übersteigt die Atrazinkonzentration an vielen Orten den Grenzwert von 0,1 µg/l im Grundwasser z. T. um das 8fache. Der für alle Pestizide in der EG-Richtlinie genannte einheitliche Grenzwert von 0,1 µg/l für den einzelnen Stoff deutet darauf hin, daß dieser Grenzwert nicht allein auf toxikologischen Erwägungen beruht. Nach allgemein anerkanntem Grundsatz kann für kanzerogene Stoffe überhaupt kein Grenzwert festgelegt werden, da bereits eine beliebig kleine Dosis Krebs auslösen kann.

Für Methylbromid, Omethoat und 1,3-Dichlorpropen dürften Grenzwerte überhaupt nicht festgelegt werden, weil diese Stoffe akkumulieren oder irreversible Schäden verursachen können. Nach Dieter liegen die toxikologischen Grenzwerte solcher Stoffe in der Nähe des gültigen Grenzwertes von 0,1 µg/l. Auch die toxikologischen Grenzwerte mancher denkbarer Abbauprodukte liegen ebenso tief.

Eine weitere Problematik der Grenzwertfestlegung ergibt sich aus den Nebenwirkungen von Wirkstoffen. Diese relativ seltenen Erscheinungen können im Tierversuch kaum aufgedeckt werden. Sie dürften aber bei der millionenfachen Kontamination der Menschen durchaus eine Bedeutung erlangen. Chronische Gesundheitsschäden können durch die bisher vorliegenden analytischen, toxikologischen und epidemiologischen Kenntnisse nicht ausgeschlossen werden (Wassermann, 1991).

Die Verminderung der Pestizid- und Nitratbelastungen des Grund- bzw. Trinkwassers kann nur durch eine Strukturänderung der Bodennutzung in der Landwirtschaft (Abkehr von der Überproduktion), durch ein verändertes umweltbewußtes Verbraucherverhalten (Wasch- und Reinigungsmittel) und durch Herstellung umweltverträglicher Produkte in der Industrie erreicht werden.

5.2.7 PCB (Polychlorierte Biphenyle)

Die in der Luft gemessenen PCB-Konzentrationen liegen im ng-Bereich je m^3; in Westdeutschland zwischen 5 und 30 ng/m^3. Die Konzentration einzelner PCB-Isomere im Wasser ist gering. Es kommt aber über die biologische Nahrungskette zu überraschend hohen Konzentrationen. Bei Wassertieren fand man um den Faktor 10^7–10^8 höhere Konzentrationen als im umgebenden Wasser. Im Trinkwasser wurden in Westdeutschland 10 ng/l ermittelt, in Flüssen Spitzenwerte bis zu 300 ng/l. Als besonders belastet muß das *Wattenmeer* angesehen werden, da die Flüsse große Mengen dort eintragen bzw. eingetragen haben – der Rhein bis zu 10 t/a. Daher sind vor allem auch Wassertiere, insbesondere Fische und Muscheln durch PCB belastet. Es werden Werte für Meeresfische von 0,04 mg/kg Frischgewicht und 0,5–1,4 mg/kg Frischgewicht für Fische aus dem Rhein genannt.

5.2.8 Organohalogenverbindungen

Die technischen Lösemittel Tri- und Tetrachlorethylen gelangen durch undichte Kanäle und Auffanggruben ins Grundwasser. Jahrzehntelang wurde nicht beachtet, daß Beton, Asbestzement und fast alle Kunststoffe dafür durchlässig sind (Borneff, 1986). Haloforme (Trihalogenmethane mit der Formel CHX_3 mit X = F, Cl, Br, J) entstehen bei der Trinkwasseraufbereitung. Im Trinkwasser sind sie, wie aus obiger Tabelle ersichtlich, in relativ hohen Mengen im aufbereiteten Grundwasser = Trinkwasser zu finden, während Tri- und Tetraethylen vorwiegend im Grundwasser vertreten sind. Zur gesundheitlichen Bewertung zitiert Borneff (1986) amerikanische Untersuchungen (EPA), die zumindest den Verdacht auf krebserzeugende Wirkungen im Tierversuch bei Chloroform und anderen Trihalogenmethanen erbrachten. Das BGA kam bei der Überprüfung der US-Untersuchungen zu dem Ergebnis, daß sich das Chloroform im Tierversuch als schwaches Karzinogen erwiesen habe und daß möglicherweise ein Zusammenhang von Blasenkrebs und haloformhaltigem Trinkwasser bestehe. Die rechnerische Gesamtbelastung des Menschen durch organische Halogenverbindungen ergibt sich nach Borneff (1986) wie folgt:

aus Trinkwasser	5,1 µg/d	(2 l/d)
aus Lebensmitteln	6,0 µg/d	(1,1 kg/d)
aus der Luft	178,2 µg/d	(18 m^3/d)
	189,3 µg/d	

Die angegebene Gesamtbelastung wurde aus den Stoffen *Chloroform, Tetrachlorkohlenstoff, Trichlorethylen* und *Tetrachlorethylen* errechnet.

5.2.9 Schwermetalle im Wasser

An der Belastung des Wassers mit Schadstoffen sind auch viele Schwermetalle beteiligt. Toxisch relevant sind *Blei, Quecksilber, Cadmium* und *Chrom*. Ihre Bedeutung erlangen sie u. a. durch die Anreicherung in der Nahrungskette. Die meisten Metalle sind andererseits als Spurenelemente lebensnotwendig. Schwermetalle wirken bei *Stoffwechselprozessen hemmend*. Wie die folgende Tabelle zeigt, sind in Niederschlagswässern, je nach regionaler Belastung, verschiedenste Schwermetalle mehr oder weniger stark angereichert (GALLOWAY et al., 1982):

Element	städt./industr. Ballungsgebiet	ländliche Region	unbelastetes Gebiet
Arsen	5,4 µg/dm^3	0,29 µg/dm^3	0,019 µg/dm^3
Blei	44 µg/dm^3	12 µg/dm^3	0,09 µg/dm^3
Cadmium	0,7 µg/dm^3	0,5 µg/dm^3	0,008 µg/dm^3
Chrom	3,2 µg/dm^3	0,88 µg/dm^3	–
Cobalt	1,8 µg/dm^3	0,75 µg/dm^3	–
Kupfer	41 µg/dm^3	5,4 µg/dm^3	0,060 µg/dm^3
Mangan	23 µg/dm^3	5,7 µg/dm^3	0,19 µg/dm^3
Nickel	12 µg/dm^3	2,4 µg/dm^3	–
Quecksilber	0,75 µg/dm^3	0,09 µg/dm^3	0,079 µg/dm^3
Silber	3,2 µg/dm^3	0,54 µg/dm^3	0,007 µg/dm^3
Vanadium	42 µg/dm^3	9 µg/dm^3	0,16 µg/dm^3
Zink	100 µg/dm^3	36 µg/dm^3	0,22 µg/dm^3

Die Schwermetalle aus den Niederschlägen reichern sich in Oberflächengewässern an.

Element	Süßwasserwerte FÖRSTNER 1983	Binnensee-Werte COPELAND 1972	Schwankungsbreite	
			min.	max.
Aluminium	< 30 µg/l	–	1 µg/l	2760
Antimon	0,1 µg/l	0,23 µg/l	– µg/l	–
Arsen	2 µg/l	1 µg/l	5 µg/l	336
Barium	10 µg/l	37 µg/l	2 µg/l	340
Beryllium	0,01 µg/l	–	0,01 µg/l	1,22
Blei	0,2 µg/l	1,5 µg/l	2 µg/l	890
Bor	10 µg/l	–	1 µg/l	5000
Cadmium	0,07 µg/l	0,3 µg/l	1 µg/l	130
Chrom	0,5 µg/l	1,7 µg/l	1 µg/l	112
Cobalt	0,05 µg/l	0,18 µg/l	1 µg/l	48
Eisen	< 30 µg/l	–	1 µg/l	4600
Gold	0,01 µg/l	–	– µg/l	–
Kupfer	1,8 µg/l	5 µg/l	1 µg/l	280
Lithium	1 µg/l	–	– µg/l	–
Mangan	< 5 µg/l	1 µg/l	0,3 µg/l	3230
Molybdän	1 µg/l	–	2 µg/l	1500
Nickel	0,3 µg/l	3,0 µg/l	1 µg/l	130
Quecksilber	0,01 µg/l	0,027 µg/l	– µg/l	4,3
Selen	0,1 µg/l	0,083 µg/l	– µg/l	–
Silber	0,3 µg/l	0,3 µg/l	0,1 µg/l	38
Strontium	50 µg/l	97 µg/l	3 µg/l	500
Thallium	0,004 µg/l	– µg/l	– µg/l	–
Titan	< 1 µg/l	– µg/l	– µg/l	–
Uran	0,5 µg/l	–	– µg/l	–
Vanadium	0,9 µg/l	0,2 µg/l	2 µg/l	300
Zink	0,5 µg/l	16 µg/l	2 µg/l	1183
Zinn	0,03 µg/l	–	– µg/l	–

Tab. 28: Konzentrationen gelöster Schwermetalle in Oberflächengewässern unterschiedlich belasteter Regionen (zusammengestellt nach FÖRSTNER et al., 1983, COPELAND et al. 1988, KOPP et al., 1968, in µg/l):

Untersuchungen von STAIGER (1984) zeigen die Zunahme von Cadmium-, Kupfer- und Zinkgehalten im Boden eines Abwasserverwertungsgebietes:

Abwassereinsatz	Cadmium	Kupfer	Zink
Beginn	0,17 mg/kg	5,7 mg/kg	23 mg/kg
nach 18 Jahren	0,22 mg/kg	9,0 mg/kg	30 mg/kg
nach 42 Jahren	0,42 mg/kg	18,5 mg/kg	52 mg/kg

Es ergibt sich ein deutlicher Schwermetalleintrag in den Boden, der über die Nahrungskette Konsequenzen für die Menschen hat. Daraus wurden folgende Empfehlungen für zulässige Schwermetallhöchstwerte für Bewässerungs-Wässer in Verbindung mit der zulässigen Gabenhöhe abgeleitet (Fiedler und Rösler, 1988, Werte in g/l):

Zulässige Gabenhöhe	Cd	Cr	Cu	Hg	Ni	Pb	Zn
100–200 mm/a	50	1000	200	50	500	500	500
600–1000 mm/a	10	1000	200	–	200	5000	2000
300 mm/a	20	1000	1000	20	500	1000	4000

5.3 Technische Prävention und organisatorische Konzepte

5.3.1 Abwasser-Technologien

Mit der Entwicklung der Schwemmkanalisation in den Städten mußte das ursprüngliche Verfahren der Abfall- und Abwasserverwertung weitgehend aufgegeben werden. Dieses alte Verfahren hatte den Vorteil, daß organische Substanzen aus Fäkalien und Urin bakteriell mineralisiert und als Düngemittel den Nahrungspflanzen zugeführt worden waren. Bei der Schwemmkanalisation wird der Stoffumsatz vom Boden in die Gewässer verlegt. Solange ein ausreichendes Verdünnungsverhältnis besteht, d. h. der Sauerstoffhaushalt nicht nachhaltig gestört wird, ergeben sich bei dieser großräumigen Form der Abwasserreinigung keine Probleme. In begrenztem Umfang wird dieses Verfahren daher auch heute noch angewandt (Oxidationsteich, Algenteich, Fischteich). Bei tiefem Grundwasserstand, geringen Pegelschwankungen, sandigem Boden und vorgereinigtem Abwasser kann eine Untergrund- oder Oberflächenverrieselung (Güllewirtschaft) durchgeführt werden. Häufiger wird die Abwasserverregnung eingesetzt. Dieses Verfahren setzt ein geeignetes Klima, entsprechende Bodenstruktur, vorgereinigtes Abwasser, Sperrfristen vor der Ernte und ausreichenden Abstand zu Siedlungen voraus. Auf Böden, die mit Abwässern beregnet werden, dürfen keine Salate und keine Gemüse angebaut werden.

5.3.2 Kläranlagen

Die einfachsten Kläranlagen bestehen aus dreiteiligen Faulkammern oder Durchflußabsatzbecken. Sie finden auch heute noch Einsatz bei alleinstehenden Häusern. Einfache Sammelgruben sollten wegen des Risikos einer Grundwasserverunreinigung durch zwangsläufig entstehende Undichtigkeiten nicht mehr eingebaut werden. Kläranlagen arbeiten normalerweise mehrstufig:

1. Stufe	mechanische Reinigung (Grobrechen, Sedimentation von Partikeln)
2. Stufe	biologische Reinigung (oxidativer Abbau organischer Substanzen)
3. Stufe	chemische Reinigung (Phosphatfällung)
4. Stufe	Flockung + Zweischichtsandfiltration

5.3.3 Umweltmedizinische Konsequenzen

Wir haben eine Trinkwasser-Krise! Aber nicht wegen der Trinkwasser-Menge, sondern wegen der Qualität!

Wir verbrauchen kostbares Trinkwasser für Brauchwasserzwecke: Jeder Deutsche verbraucht pro Tag 150 Liter Wasser, davon sind nur 2 bis 3 Liter über Getränke und Speisen eigentliches Trinkwasser. Der Rest rauscht als Abwasser über Toilettenspülung (45 l), beim Baden und Duschen (42 l), Wäschewaschen (17 l), Geschirrspülen (8 l), Körperpflege (8 l), etc. ab. Auf Dauer wird uns allen nichts anderes übrigbleiben, als mit unserem kostbaren Trinkwasser sparsamer umzugehen. Die folgenden Vorschläge sind nur ein paar von vielen Möglichkeiten:

- Wasser nie unnötig laufen lassen
- Duschen statt Baden (spart $^2/_3$ Wasser)
- Durchflußmengenbegrenzung beim Duschen
- Toilettenspülkästen mit 3-, 6-, 9-Liter-Bedienungsarmatur
- Monatlich alle Wasserhähne überprüfen, ob diese tropfen
- undichte Wasserhähne abdichten (Merke: 1 Tropfen alle 3 Minuten ergibt 150 Liter pro Monat, das sind in 20 Millionen Haushalten 3 Milliarden Liter!
- Wasserhähne mit Perlatoren versehen
- Einsatz von Wassersparaggregaten
- Wasserverbrauch berücksichtigen beim Kauf neuer Geräte wie Geschirrspülmaschine, Wäschetrockner, Waschmaschine etc.
- Wasch- und Geschirrspülmaschine nur randvoll in Betrieb setzen
- Gemüseputzen nie bei laufendem Wasser, sondern in Schüssel

- Brauchwassergewinnung (Regentonne, Brunnen, z. B. für Wäscherei)
- Autowaschen, Toilettenspülung mit Brauchwasser
- z. B. keine Rasensprengung mit Trinkwasser
- Autos nur alle 12 Wochen waschen! Merke: 1mal Autowaschen sind 300 Liter Trinkwasser, das sind bei 10 Millionen Autos 3 Milliarden Liter Wasser!

5.3.4 Wasser weniger belasten

- Beim Kauf von Chemikalien an Umweltverträglichkeit und biologische Abbaubarkeit denken
- Waschmittel sparsam einsetzen (z. B. Biowaschmittel nach Baukastenprinzip, ohne optische Aufheller, Füllstoffe, Bleichmittel, Duftstoffe)
- Putzmittel sparsam verwenden: Mehr Bürste als Chemie, z. B. Schmierseife, Essig etc.)
- Keine Raumsprays, Insektensprays, WC-Spülsteine, Desinfektionsmittel etc.
- Keine Abfluß- und Rohrreiniger (statt dessen Gummiglocke, Druckluftreiniger verwenden)
- Sondermüll (Batterien, Farben, Lacke, auch Biofarben, Öle, Fette, Lösungsmittel, Medikamente etc., feste Abfallstoffe nicht ins WC
- Autowäsche nur sooft wie nötig und nur dort, wo Abwässer erfaßt werden und Ölabscheider vorhanden sind, z. B. Waschanlagen, wo Wasser mehrfach verwendet wird
- Kein Streusalz im Winter verwenden
- Motorenöl fachgerecht entsorgen
- Heizöltank auf Dichtigkeit prüfen
- Keine Pestizide im Garten einsetzen

5.4 Literaturverzeichnis zu Kapitel 5

Auermann, E.: Untersuchungen über die Gesamtfluoraufnahme des Menschen, aus *Borneff,* 1986

Bergmann, K. E.: Wie wird Fluor richtig dosiert?, aus *Borneff,* 1986

Böning, U.: Unser Trinkwasser, In: Ärztliche Praxis, Nr. 13, 1991

Carson, R.: Der stumme Frühling, C. H. Beck, München 1990

Copeland et al.: zitiert aus *Fiedler* und *Rösler,* 1988

Dieter, H. H.: Unser Trinkwasser, In: Ärztliche Praxis, Nr. 13, 1991

Deutsche Forschungsgemeinschaft, Mitteilungen, 1984

Dyck, S., Peschke, G.: Grundlagen der Hydrologie. Berlin 1983

Fiedler, H. J., Rösler, H. J.: Spurenelemente in der Umwelt. F. Enke, Stuttgart 1988

Forth, W., Henschler, D., Rummel, W.: Pharmakologie und Toxikologie, Wissenschaftsverlag, Mannheim, Wien, Zürich, 1983

Forth, W., Raul, E. H., Ozon, In: Deutsches Ärzteblatt, Nr. 42, 1990

Förstner, U., Wittmann, G. T. W.: Metal Pollution In The Aquatic Environment. 2. Aufl., Springer, Berlin 1983

Galloway, J. N., Thornton, J. P. et al.: Trace metals in atmospheric deposition, Atmosph. environm. 16, 1982

Grieshammer, R.: Öko-Knigge. Rowohlt, Hamburg 1984

Heinrich und *Hergt:* DTV-Atlas zur Ökologie. Deutscher Taschenbuch-Verlag, München 1990

Kopp, J. F., Kroner, R. C.: Trade Metals in Waters Of The United States, Fed. Water Poll. Control Admin. Div. Pollut. Surveillance 1968 ÖKO-MAGAZIN, 10/1987

Schulte-Uebbing, C.: (gemeinsam mit *Penning, W., Dietrich, J. et al.*), Mitbetreuung der Kurse »Gynäkologische Balneotherapie und Physikalische Therapie in Gynäkologie und Geburtshilfe«. 1988 und 1989

Schulte-Uebbing, C.: (gemeinsam mit *Penning, W., Dietrich, J. et al.*), Referate über Hydrologie, Pedologie, Balneologie, Geologie, Balneotherapie etc. im Rahmen der Studentenkurse, z. T. publiziert auf Kongressen »Gynäkologische Balneotherapie«, u. a. in Bad Aachen, Bad Brückenau, Bad Lüneburg, Bad Waldsee.

Schulte-Uebbing, C.: Ökologische Gutachten (Biotopschutz), Waldbegutachtungen, forstbetriebswissenschaftliche Gutachten, Forsteinrichtungsgutachten, Garten-, Landschaftsplanungsgutachten, hydrologische, ingenieurgeologische Gutachten, Baugrundgutachten, München 1982–1990

Schulte-Uebbing, C., et al.: »Hydrologische Untersuchungen im ehemaligen Salzachgletschergebiet«, Lehrstuhl für Allgemeine und Angewandte Geologie der Fakultät Geowissenschaften der Universität München 1980

Schulte-Uebbing, C.: »Geologische, bodenkundliche und vegetationskundliche Untersuchungen im NW-Teil des Gradabteilungsblattes 8043 Laufen an der Salzach« sowie »Versuch der Korrelation der Salzachterrassen von Laufen bis Burghausen«, Diplomarbeit am Lehrstuhl für Allgemeine und Angewandte Geologie der Universität, München 1981

Schuster, G.: Vorsicht Trinkwasser, Stern Nr. 11, 1989

Steiger, K.: Blei im Boden, Mengen- und Spurenelemente, 175–192, Leipzig, 1984

Wassermann, O.: Unser Trinkwasser, In: Ärztliche Praxis, Nr. 13, 1991

6 Elektrosmog

6.1 Wirkungsmechanismen und Zusammenhänge

Neben chemischen Schadstoffbelastungen gibt es eine Reihe von physikalischen Umwelteinflüssen, die zu gesundheitlichen Belastungen, z. T. sogar zu schweren Erkrankungen führen können. Dazu gehören, neben der ionisierenden Strahlung, elektrische und elektromagnetische Felder. Während im Rahmen der radiologischen Ausbildung auf die Effekte der ionisierenden Strahlung ausführlich eingegangen wird, sind Auswirkungen elektrischer und elektromagnetischer Felder auf die menschliche Gesundheit kaum bekannt. Daher soll hier in erster Linie eine Übersicht über die elektrischen und elektromagnetischen Felder, die umweltmedizinisch relevant sind, gegeben werden.

Durch Industrialisierung und Technisierung eroberte die Elektrizität alle Bereiche menschlichen Lebens. Vor allem in den letzten Jahren kam es durch einen exponentiellen Anstieg der technischen **Mikrowellen** (durch Radaranlagen, Satelliten, Sender) zu einer kaum noch überschaubaren Durchstrahlung der Biosphäre. Gleichzeitig führte die Entwicklung elektronisch hochisolierter Baustoffe zu einer Vielzahl von elektrostatischen Vorgängen. Der Mensch schuf sich innerhalb kürzester Zeit technische Einflüsse, die von elektrostatischen Vorgängen über elektrische Ströme, Magnetfelder, elektromagnetische Wechselfelder niedriger, hoher und höchster Frequenzen bis in die Vielfalt technisch produzierter ionisierender Strahlen hinreichen. So ist es zu erklären, daß wir alle heute verschiedensten physikalischen Luftverunreinigungen ausgesetzt sind, deren möglicherweise synergistische Wirkungen auf uns bisher nur unzureichend untersucht sind.

6.1.1 Elektrische und magnetische Felder

Die elektrischen und magnetischen Felder, zu denen eine Reihe von Verunreinigungen führen, lassen sich in zwei große Gruppen gliedern.
Natürliche elektrische und magnetische Felder:

- Erdmagnetfeld (0,5 Gauß)
- Luftelektrisches Gleichfeld
- Resonanzfrequenz der Erde (ca. 10 Hz)
- Atmosphärische Wechselfelder (0 bis 30 Hz)
- Wetterimpulsstrahlung (10 bis 50 kHz)
- Kosmische und terrestrische Mikrowellen
- Radiowellen von der Sonne und aus dem Kosmos

- Infrarotstrahlung
- Lichtstrahlung
- Röntgen- und Gammastrahlung
- Korpuskularstrahlung.

Technisch erzeugte Felder sind:
- Elektrostatische Felder
- z. B. elektrische Weidezäune (Impulsfolge 1 Hz)
- Drehstromnetz (50 Hz, 110 V bis 380 V)
- Elektrisches Bahnnetz (16 2/3 Hz, 15 bis 110 kV)
- Telegraphienetz (30 Hz bis 30 kHz)
- Nachrichten-, Rundfunk-, Fernsehsender (5 kHz bis 20 gHz)
- Radaranlagen (cm- bis dm-Wellenbereich)
- Infrarotstrahlung (z. B. medizin. Therapie)
- UV-Strahlung
- Röntgenstrahlung.

Im Wohn-, Arbeits- und Schlafbereich beispielsweise ist der Mensch verschiedensten physikalischen Störeinflüssen ausgesetzt.

6.1.2 Elektrostatik

▷ Unter elektrostatischen Vorgängen versteht man die Aufladung hochisolierter Werkstoffe, Vorhänge, Teppiche, Möbel, Kleidung, wodurch es zu einer Beeinflussung des elektrischen Luftionenhaushaltes kommen kann.

Elektrische Feldschwankungen im ultraniedrigen und extremniedrigen Frequenzbereich, die im Zeitraum von Minuten, Sekunden oder deren Bruchteilen ablaufen, führen zu Veränderungen in der Ladungsumgebung und Feldstärkebilanz. Solche Vorgänge, die allgemein als niederfrequente Feldstärkeschwankungen bekannt sind, können durch mit Gleichstrom betriebene Maschinen in Großstädten wie U-, S- oder Straßenbahnen, aber auch durch räumliche Bewegung magnetfeldbeeinflussender Körper anderer Art verursacht sein.

Prinzipiell unterscheidet man zwischen Gleich- und Wechselstrom. Beispielsweise U- und Straßenbahnen fahren mit Gleichstrom. In unmittelbarer Nähe und bei den Stromzuführungen treten starke elektrische und magnetische Felder auf. Wechselstrom wird heute technisch überall eingesetzt. Transformatoren wandeln ihn in beliebig hohe Spannungen um. Man unterscheidet Stark- und Schwachstrom.

6.1.3 Elektromagnetische Felder

In Deutschland und einigen anderen europäischen Ländern wird die *elektrische Eisenbahn* mit einem Wechselstrom der Frequenz 16 $^{2}/_{3}$ HZ betrieben. Durch die hohe Betriebsspannung von 15 000 V, die auf der Oberleitung liegt, wird ein weitreichendes elektrisches Feld rechts und links vom Gleis erzeugt, das noch verstärkt wird, wenn ein großflächiges Oberleitungsnetz besteht, wie z. B. in Bahnhofsbereichen. Die von den Oberleitungen verursachten elektrischen Felder reichen viele hundert Meter weit. Noch viel weiter gehen die Magnetfelder, die durch die elektrischen Felder entstehen. Die Eisenbahnschienen sind nicht vom Erdboden isoliert, so daß ein Teil des Stromes parallel zu den Schienen im Erdboden fließt (vagabundierender Strom). Je stärker leitfähig der Boden ist, desto weiter reichen die Ströme. Zwei Kilometer vom Gleis entfernt können sie noch tausendmal stärker sein als natürliche Resonanzen dieser Frequenz. Im Bereich geophysikalischer Anomalien können solche Ströme noch deutlicher in Erscheinung treten.

Wenn das *Telefon* klingelt, fließt ein Wechselstrom mit einer Frequenz von 25 Hz, also etwas höher als diejenige der Eisenbahn, die Spannung ist jedoch wesentlich niedriger. Meist sind Telefonapparate direkt am Arbeitsplatz, oft unmittelbar am Schlafplatz. Die Telefonkabel verursachen elektrische und magnetische Felder, die während des Telefonates zwischen 300 und 3000 Hz liegen.

6.1.4 Strom- und Lichtnetz

Der Strom kommt mittels großer Überlandleitungen mit Hoch- und Niederspannungen vom Erzeuger zum Verbraucher. Damit nicht zuviel Energie verlorengeht, überträgt man mit verschiedenen Betriebsspannungen: Hochspannungstransformatoren bewirken, daß Spannungen von mehr als 100 000 V durch Überlandleitungen in weit entfernte Gebiete gebracht werden, wo sie stufenweise vermindert werden, bis der elektrische Strom schließlich mit 220 V aus der Steckdose kommt. Das Stromnetz der Haushalte arbeitet mit Wechselstrom der Frequenz 50 Hz und einer Spannung von 220 V.

Hochspannungsleitungen

In allernächster Nähe einer 110 kV-Hochspannungsleitung über dem Erdboden sind elektrische Feldstärken der Frequenz 50 Hz von 500 V/m bis 200 V/m, in 30 bis 40 m Entfernung 5 bis ca. 50 V/m, in 100 bis 200 m Entfernung nur noch 0,5 bis etwa 10 V/m meßbar.

6.2 Belastungsfaktor technische Mikrowellen

Innerhalb der letzten Jahrzehnte nahm die Intensität technischer Mikrowellenfrequenzen im Vergleich zur Intensität entsprechender Frequenzen natürlichen Ursprungs exponentiell zu. Zu den Mikrowellen natürlichen Ursprungs zählen jene, die aus dem Kosmos stammen und durch Schichten der Atmosphäre an die Erdoberfläche gelangen (kosmische Mikrowellen) und solche, die direkt von der Erdoberfläche abgestrahlt werden (terrestrische Mikrowellen). Zu den Mikrowellen technischen Ursprungs zählen *Rundfunk-, Fernseh-, Radar-, Richtfunk-, Satelliten-, Fernmelde-, Mikrowellentherapie-* etc. *-Wellen.* Zunächst eine Übersicht über Mikrowellen-Frequenzen, -Wellenlängen und Anwendungsbereiche:

Frequenz	**Wellenlänge**	**Anwendung**
0,3–3,0 GHz	100 cm – 10 cm	Rundfunk, Fernsehen, Radaranlagen
3,0–30 GHz	10 cm – 1 cm	Radar, Richtfunk, Mikrowellenöfen, Strahlentherapie
30–300 GHz	10 mm – 1 mm	Radar, Satellitenfunk, Strahlentherapie

Nach BRODEUR (1981) ist heute in Großstadtregionen der ständige Strahlungshintergrund durch technische Mikrowellen schätzungsweise hundert- bis zweihundert Millionen mal so groß wie der natürliche Hintergrund an elektromagnetischen Wellen, der von der Sonne herstammt.

6.2.1 Richtlinien für technische Mikrowellen

In den USA basieren die festgelegten Grenzwerte darauf, daß thermische Schädigungen vermieden werden. Diese können erst bei höherer Dosierung nachgewiesen werden. Deshalb liegen die Grenzwerte in den USA vergleichsweise hoch: 10 mW/cm^2 bzw. 1 mW/cm^2 bei längerer Expositionszeit. Die deutschen Richtlinien haben sich bisher an diesen Werten orientiert.

Im Gegensatz dazu wurden schon sehr früh in der ehemaligen UdSSR viel strengere Maßstäbe gesetzt. Dies aufgrund zahlreicher Langzeitversuche mit Pflanzen, Tieren und Menschen, die erbrachten, daß bereits bei extrem niedrigen Dosen nichtthermische Effekte und z. T. schwere Schädigungen auftraten.

Frequenzbereich	Höchstzulässiger Grenzwert
Kurzwellen	20 V /m
Frequenzen > 300 MHz (Dezimeter-, Zentimeter-Millimeterwellen)	bis zu 8 Stunden 10 μW/cm² bis zu 2 Stunden 100 μW/cm² bis zu 20 Minuten 1 mW/cm² **Schwangere und Stillende** 1 μW/cm²

Tab. 29: Höchstzulässige Grenzwerte für verschiedene Mikrowellenfrequenzen in der ehemaligen UdSSR (RENTSCH 1985)

Seit langem wird in der UdSSR und in Osteuropa mit Mikrowellen wesentlich vorsichtiger umgegangen als bei uns; dies, obwohl dort beispielsweise Höchstwerte für chemische Schadstoffbelastungen nicht so streng festgelegt sind wie bei uns. Der zulässige Mikrowellen-Höchstwert für Schwangere und Stillende beträgt mit 1 $\mu W/cm^2$ ein Tausendstel dessen, was mit 1 mW/cm^2 bei längerer Expositionszeit in den alten deutschen Bundesländern erlaubt ist.

6.2.2 Mikrowellen: Die verheimlichte Gefahr?

Nach BRODEUR (1981) sind Mikrowellen in ihrer Wirkung auf Lebewesen mit Röntgenstrahlen vergleichbar. BRODEUR weist eindringlich darauf hin, daß auch die Gefahren der Röntgenstrahlen lange Zeit nicht erkannt wurden. Noch Ende der vierziger Jahre kam es vor, daß Ärzte ihre Hand in den Röntgenstrahl hielten, um zu prüfen, ob ihr Röntgenschirm scharfe Bildwiedergabe zeigte.

Während mit Röntgen- und anderen ionisierenden Strahlen seit den sechziger Jahren nach und nach immer vorsichtiger umgegangen wird, mißt man derzeit bei uns den nichtthermischen, biologischen Effekten der Mikrowellenenergie kaum eine Bedeutung bei. Folgende **nichtthermische Effekte** auf Säugetiere wurden nach BRODEUR (1981) bei umfangreichen Experimenten **mit Mikrowellen** erzielt:
- Genetische Veränderungen
- Modulationen biologischer Rhythmen
- Bildung von Sauerstoff- und Hydroxylradikalen
- Immunologische Veränderungen
- Veränderungen des hämatopoetischen Systems
- Veränderungen von Enzymaktivitäten etc.

Diese nichtthermischen Effekte von Mikrowellen sind eine Funktion folgender Variablen (SCHWAN):
- Wellenlänge
- Frequenz
- Intensität

- Pulsungsart der Mikrowellen und
- Größe
- Dichte
- Gewebszusammensetzung
- anatomische Lage
- spezifische Strahlenempfindlichkeit des lebenden Organismus.

6.2.3 Waldsterben durch Mikrowellen?

Viele Forstwissenschaftler, die sich mit der Waldsterbensforschung befassen, müssen heute gestehen, daß nach wie vor die Ursachen des Waldsterbens nicht geklärt sind. Obwohl die chemischen Schadstoffbelastungen durch strengere Gesetze und bessere Filteranlagen in den letzten Jahren eher rückläufig sind, nimmt das Waldsterben dramatisch zu. Auch in Gebieten, in denen die Luft arm ist an chemischen Schadstoffen. Der Autor wies bereits 1982 u. a. auf Beobachtungen in Canada hin, wo trotz geringer chemischer Schadstoffbelastung in der Nähe von Radaranlagen sehr ausgedehnte Waldschäden vorlagen. Er beschrieb bereits 1983 die folgenden Arbeitshypothesen für pathophysiologische Mechanismen: Nadeln, Blätter und Zweige haben Antennenwirkung, denn die Antenne, ein in die Luft hereinragender elektrisch aufladbarer Körper, besitzt durch seine Speicherung der Luftelektrizität ein natürliches Spannungsfeld gegenüber der Erdelektrizität. Dies ist bei jedem Baum der Fall, insbesondere in den Jahreszeiten, in denen er im vollen Saft steht. Er ist Resonanz- oder zumindest Teilresonanz-Empfänger: In Abhängigkeit seiner morphologischen Eigenschaften empfängt der Baum ein breites Frequenzspektrum von elektromagnetischen Wellen, das von Millimeter- bis zu Meterwellen reicht. Dabei spielt die Morphologie eine entscheidende Rolle. Die Arbeitshypothese, daß Bäume als Mikrowellenantennen möglicherweise durch diese elektromagnetischen Felder geschädigt werden, kann durch Beobachtungen und Experimente untermauert werden:

- Bäume, die im Richtstrahl von Mikrowellenemittenten stehen, erkranken und sterben am Streß- und Resistenzmangelsyndrom. Wenn zwischen Emittent und Baum ein engmaschiger Drahtzaun steht, der höher als der Baum ist, zeigt der Baum nicht die typischen Streß-Symptome. Sobald er über den Zaun hinauswächst, beginnt der Kronenumbau und Nadelabwurf. Dabei sind zuerst die Zweige betroffen, die in Richtung des Emittenten zeigen (Antenneneffekt).
- Einen ähnlichen Effekt beobachtet man, wenn zwischen Sender und Baum ein Betonhochhaus steht.

- Experimente mit Faraday'schem Käfig führten zur Erholung streßgeplagter Koniferen. Andere Experimente zeigten, daß man mit Tannen und Fichten als Antennen Fernsehprogramme empfangen kann.

Es ist interessant, daß die physikalischen Luftverunreinigungen, insbesondere im Mikrowellenbereich zwischen 1 MHz und etwa 300 GHz, im gleichen Zeitraum gemeinsam mit dem Waldsterben exponentiell zugenommen haben. Der Mensch produziert in den letzten Jahren in diesem Frequenzbereich technisch Leistungsdichten, die einem Vielfachen der natürlichen Intensitäten entsprechen. Innerhalb der letzten Jahre wurden unzählige Satelliten in Betrieb genommen, die zu einer flächendekkenden Verbreitung der Mikrowellen beitragen. Dies in einem Frequenzbereich, vor dem die Lebewesen durch Schutzmechanismen der Atmosphäre seit vielen Jahrmillionen weitgehend verschont waren.

7. Checkliste: »Umweltbelastungen« von A–Z

Auf den folgenden Seiten werden die wichtigsten Umweltgifte in alphabetischer Reihenfolge kurz genannt und skizzenhaft charakterisiert. Die Liste erhebt keinen Anspruch auf Vollständigkeit. Zu genaueren Informationen über einzelne Umweltgifte wird an dieser Stelle auf das Lehrbuch der Umweltmedizin (Zahn, V., C. Schulte-Uebbing, 560 Seiten, München, 1991), auf das Buch »Umweltbedingte Frauenkrankheiten« (Schulte-Uebbing, C., 408 Seiten, Sonntag Verlag, Stuttgart, 1995), auf die Umweltmedizinische Fibel (Schulte-Uebbing und Zahn, 5. Auflage, 160 Seiten, 1995) sowie auf das ausführliche Literaturverzeichnis verwiesen.

7.1 Die Schadstoffe im einzelnen

7.1.1 Aldrin

Aldrin ist ein hochwirksames Schädlingsbekämpfungs-, Spritz- und Stäubemittel, das sich durch chemische Verwandtschaft mit Dieldrin auszeichnet und sich leicht in Dieldrin umwandeln kann. Aldrin gehört zu den giftigsten Kohlenwasserstoffen. In der *Leber* und an den *Nieren* werden Entartungserscheinungen beobachtet. Bei Tierversuchen mit Jagdfasanen, Ratten und Hunden mischte man kleinste Mengen von Aldrin in die Nahrung; die Folge war Unfruchtbarkeit bzw. Lebensunfähigkeit der Nachkommenschaft.

7.1.2 Amalgam (siehe auch: »Schwermetalle«)

Amalgam, eine Mischung aus Quecksilber, Silber, Kupfer, Zinn und einigen weiteren Spurenelementen, ist in Deutschland ein weit verbreitetes Zahn-Füllungsmaterial. Ökologisch betrachtet trägt Amalgam erheblich zur Gesamt-Quecksilberbelastung bei: Allein 13 % des Quecksilbers im Abwasser stammt aus Zahnarztpraxen. Beispielsweise setzen in Hamburg 1100 Zahnarztpraxen jährlich 400 Kilogramm Quecksilber in die Abwässer frei. Heute muß entferntes Amalgam gewissenhaft als Sondermüll entsorgt werden. Ab 1. 1. 90 wurden Amalgamabscheider in Zahnarztpraxen gesetzlich vorgeschrieben.

Bereits 1926 beschrieb der Chemieprofessor Stock die Gefahren des Quecksilberdampfes. 1939 beschrieb er gemeinsam mit toxikologisch arbeitenden Ärzten die chronische Quecksilbervergiftung. 1985 kam es aufgrund der umfangreichen Literatur über die Gefahren des Amalgams in Rußland zum Amalgamverbot. 1985 erfolgte der Amalgamverzicht in Japan, 1991 das Amalgamverbot in Schweden. Bei uns konnte sich das BGA bisher noch nicht zu einem generellen Amalgamverbot entschließen. Wie in den folgenden Kapiteln dieses Buches gezeigt werden wird, ist Amalgam in der Umweltmedizin wegen seiner Mutagenität, Teratogenität, als möglicher Auslöser von Immunschwächen und irreversiblen Schädigungen insbesondere in der Gynäkologie und Geburtshilfe, ein äußerst bedeutender Schadstoff.

7.1.3 Arsen

Arsen ist ein chemisches Element mit halbmetallischem Charakter und wird mit seinen Verbindungen als Legierungsbestandteil, in der Glasindustrie, in Zinkhütten und als Holzschutzmittel für den Außeneinsatz verwendet. 1000 Tonnen werden in der Bundesrepublik jährlich produziert. Nur in seinen Verbindungen ist Arsen giftig. Über Feuerungsanlagen und Metallhütten gelangt Arsen in die Luft, in Spuren ubiquitär verbreitet. Die durchschnittliche Tagesaufnahme wird beim Menschen auf 0,05–0,1 mg geschätzt.

7.1.4 Asbest

Die in letzter Zeit wohl am bekanntesten gewordene krebserregende Substanz ist Asbest. Hier wird besonders deutlich, daß der Umgang mit der Natur und ihren Stoffen einen Eingriff in ein bestehendes Gleichgewicht bedeutet. Asbest ist ein natürlich vorkommendes faserförmiges silikatisches Mineral, das in zwei Formen als Serpentinasbest und als Amphibolasbest vorkommt. Am häufigsten verwendet wird das Magnesiumsilikat Chrysotil, die langfaserige und weiche Form, der sogenannte Weißasbest. Asbest wird bergbaumäßig als Mineral gewonnen. Vor 1960 wurden in Westdeutschland etwa 70 000 t jährlich verbraucht. Zwischen 1960 und 1970 stieg der Verbrauch auf 200 000 t an.

7.1.5 Benzol

Benzol ist eines der wichtigsten Umweltgifte. Es ist eine farblose, aromatisch riechende, brennbare, leicht flüchtige Flüssigkeit, die als wichtiger Grundstoff für die Herstellung aromatischer Verbindungen in der organischen Chemie dient. Die Verwendung von Benzol ist aufgrund der Kanzerogenität stark eingeschränkt worden. Seit bleifreies Benzin eingeführt wurde, hat man Benzol in Superkraftstoffen als Antiklopfmittel mit etwa 2,3–3,8 % eingesetzt; auch im Normalbenzin ist es mit etwa 1,6 % enthalten. Nach einer EG-Richtlinie v. 3. 4. 85 ist der Höchstgehalt auf 5 % festgesetzt worden. 1988 wurden ca. 600 000 t

Benzol produziert und 92 000 t in die Umwelt emittiert. Mit Hilfe der Katalysatortechnik kann die Benzolemission des Kfz-Verkehrs um etwa 90 % reduziert werden. Von der *Haut* und den *Schleimhäuten* wird Benzol leicht aufgenommen. Im menschlichen Organismus reichert es sich im *Fettgewebe* an. 50 % des eingeatmeten Benzols werden über die Lunge wieder ausgeschieden, die andere Hälfte wird im Körper verarbeitet: Zunächst erzeugen die Monooxygenasen ein Epoxid, daraus entstehen weitere Stoffwechselprodukte, z. B. Phenole.

Als Durchschnittswerte der Benzolexposition in Schweden wurden gemessen:

- bei Tanklastwagenfahrern 0,4 ppm
- bei Tankstellenwarten 0,084 ppm
- bei Matrosen auf Tankern 6,56 ppm
- bei Kokereiarbeitern 2,72 ppm
- bei Kfz-Mechanikern 0,052 ppm
- bei Holzfällern 0,29 ppm
- bei Chemielaboranten 0,44 ppm

> In Deutschland beträgt die technische Richtkonzentration für Benzol 5 ppm, dies entspricht einer Konzentration von 5 µg/dl Blut und ca. 40 mg Phenol/l Harn.

7.1.6 Benzpyren

3,4-Benzpyren ist ein Vertreter der Gruppe der polyzyklischen aromatischen Kohlenwasserstoffe (PAH). Bei unvollständigen Verbrennungsprozessen wird es gebildet und kann insbes. im Tabakrauch, in Kokerei- und Kfz-Abgasen, in Kohle- und Holzfeuerungsanlagen und im Ruß nachgewiesen werden. Benzpyrene sind stark krebserregende Substanzen.

7.1.7 Blei

Die Industrie in Westdeutschland verbraucht jährlich 350 000 t Blei, die Hälfte davon wird für Akkumulatoren benötigt. Die wichtigste Quelle für athmosphärische Emissionen ist der Automobilverkehr (2000 t 1989). Durch die Einführung des bleifreien Benzins nahmen die Bleiemissionen aus Kraftfahrzeugen deutlich ab. Die durchschnittliche Bleiaufnahme in den Industriestaaten beträgt 0,1–0,4 mg/d, in industriellen Ballungsgebieten 0,3–0,5 mg/d.

▶ Die WHO hat empfohlen, daß eine Bleiaufnahme von 3,0 mg/Woche nicht überschritten werden soll.

70 bis 80 % des Bleis werden in der Regel mit der Nahrung aufgenommen, wobei der Gehalt des Trinkwassers je nach Konzentration wesentlich diese Aufnahme bestimmen kann.

7.1.8 Cadmium

Cadmium wird bei der Zinkverhüttung als Koppelprodukt in großen Mengen freigesetzt. Weitere Bereiche, in denen Cadmium Verwendung findet, sind: Nickel-Cadmium-Akkumulatoren, Stabilisatoren für Hart-PVC, Pigmente für Kunststoffe, Oberflächenbeschichtung, Klärschlamm, Farbstoffe u. a. Über die Nahrungskette reichert sich Cadmium in Pflanzen, Tieren und auch im Menschen an. Hohe Konzentrationen findet man in Innereien von Schlachttieren, Gemüsen und Speisepilzen. Ca. 85 % des aufgenommenen Cadmiums gelangen mit der Nahrung und etwa 15 % mit dem Trinkwasser in den menschlichen Körper. Die über die Atmung aufgenommenen Mengen sind zwar sehr gering, ihnen kommt aber dennoch eine große toxikologische Bedeutung zu, weil von ihnen eine krebserzeugende Wirkung ausgeht.

Die durchschnittliche Cadmiumaufnahme in den Industriestaaten beträgt 0,025–0,06 mg/d, in industriellen Ballungsgebieten 0,06–0,08 mg/d. Nach der WHO-Empfehlung sollten nicht mehr als 0,057–0,071 mg/d (das sind 0,4–0,5 mg/Woche) aufgenommen werden.

7.1.9 Chlordan

Chlordan ist ein Pestizid, das als Kontakt- und Fraßgift gegen Heuschrecken, Ameisen, Schaben und andere Tiere eingesetzt wird. Bei Wasserorganismen ist die Schwelle der akuten Toxizität kleiner als 1 µg/l. Chlordan kann nur schwer abgebaut werden; deshalb ist das Risiko einer langfristigen Wirkung selbst kleinster Mengen groß, die durch die Luft verbreitet werden und in die Gewässer gelangen.

▶ In Deutschland ist der Einsatz von Chlordan verboten.

In höheren Konzentrationen entstehen Leber- und Nierenschäden und Beeinträchtigung des ZNS; ein Krebsrisiko ist nicht ausgeschlossen.

- ▶ Chlordan wird als eines der giftigsten Insektizide bezeichnet; jeder, der es anwendet, kann sich vergiften.

7.1.10 DDT (= Dichlor-diphenyl-trichloräthan, siehe auch: »Pestizide«)

DDT ist als Pestizid seit 1941 in großen Mengen weltweit als Schädlingsbekämpfungsmittel eingesetzt worden. Sein Metabolit, das DDE, hat ähnliche Wirkung. DDT wurde auch, wegen seiner angeblichen Unschädlichkeit, im Krieg als Hygienemittel in Staubform direkt am Menschen – an Soldaten, Flüchtlingen und Gefangenen – eingesetzt.

- ▶ Die Anwendung von DDT ist seit 1. 7. 1977 in Westdeutschland verboten.

In den folgenden 10 Jahren hat sich ein deutlicher Rückgang der Konzentration in den Humanproben abgezeichnet. Dennoch muß wegen der langen Halbwertszeit von DDT im Organismus von 1 Jahr und ständiger Neuaufnahme mit einer Grundbelastung im menschlichen Körper auch in Zukunft gerechnet werden. Die Aufnahme von DDT erfolgt überwiegend mit der Nahrung. Eine Total-Diet-Analyse in den USA 1954 hat eine tägliche Aufnahmemenge von 184 µg DDT/Person bzw. von 2,5 µg/kg ergeben. Jede untersuchte Mahlzeit enthielt DDT. Daraus wurde geschlossen: Man könne sich nur bei wenigen, wenn überhaupt noch bei einem Nahrungsmittel darauf verlassen, daß es völlig frei von DDT sei.

DDT ist fettlöslich und wird in Organen gespeichert, die reich an Fettsubstanz sind, in den Nebennieren, den Hoden und in der Schilddrüse. Relativ große Mengen finden sich in Leber, Nieren und im Darmfett. Das Fettgewebe wirkt als biologischer Verstärker um den Faktor 100 (Carson, 1990). Die Konzentrationen von DDT/DDE im Fettgewebe gesunder Personen in verschiedenen Ländern werden von Forth et al. (1983) für das Gesamt-DDT 1969 mit Werten zwischen 1,8 (Australien) und 19,9 (Florida) jeweils in mg DDT/kg Fett angegeben. Bei landwirtschaftlichen Arbeitern wurden 35 mg und in der Herstellungsindustrie bei Verpackern 1131 mg DDT/kg Fettgewebe ermittelt. Beck (1989) nennt für die USA 1951 einen durch 75 Stichproben belegten Durchschnittswert von 5,3 mg DDT/kg Fettgewebe. In Frauenmilchproben lag der durchschnittliche Gehalt nach Beck bei 0,13 mg/kg Milch, d. h. bei rund 4 mg/kg Milchfett. Der Maximalgehalt betrug etwa 25 mg/kg Milchfett. In Westdeutschland wurden 1959 für DDT und DDE bis zu 10 mg/kg Fett gefunden (Mittelwert 2,3). Die Konzentrationen stiegen in den folgenden Jahren noch an. Noch höhere Werte ergaben sich in den Ostblockländern und in den Ländern der Dritten Welt, weil dort DDT in großen Mengen eingesetzt wurde.

7.1.11 Dieldrin

Dieldrin ist ein Schädlingsbekämpfungs- und Spritzmittel, das nach dem deutschen Chemiker Diels benannt wurde, und gehört zu den meist gebrauchten Insektiziden. Dieldrin ist 5mal so giftig wie DDT nach oraler Aufnahme im Magen; aber 40mal so giftig, wenn es in einer Lösung durch die Haut absorbiert wird.

▶ Es kann relativ schnell das ZNS schädigen und Krämpfe, Gedächtnisverlust und Schlaflosigkeit auslösen. Schwere Schädigungen der Leber wurden beobachtet.

7.1.12 Diesel-Schadstoffe

Unter dem Begriff *Dieselruß* werden die festen Stoffpartikel der Dieselmotorabgase zusammengefaßt. Polyzyklische aromatische Kohlenwasserstoffe lagern sich an den Dieselruß an. Durch den Einsatz von Rußfiltern kann der Partikelausstoß von Dieselmotoren erheblich verringert werden, bei LKWs bis zu 90 %. Ruß ist ein Rauchniederschlag, der sich bei der Verbrennung verschiedener organischer Stoffe bildet und große Mengen von feinem Kohlenstaub aufweist.

7.1.13 Dioxine (siehe auch: »Furane«)

In der aktuellen Diskussion um Umweltschadstoffe nehmen Dioxine und Furane eine herausragende Stellung ein. Zahlreiche Wissenschaftler behaupten, diese Verbindungen gehörten nach heutigem Kenntnisstand zu den giftigsten Stoffen, die bei industrieller Herstellung von Produkten anfallen. Dioxine und Furane entstehen bei natürlichen geologischen Verbrennungsprozessen (v. a. bei vulkanischen Aktivitäten), bei künstlichen Verbrennungsprozessen, insbesondere in Ottomotoren mit bleihaltigem Treibstoff, in Kohlekraftwerken, Heizungs- und Müllverbrennungsanlagen, bei der Herstellung von Pestiziden und Imprägnierstoffen, bei der Verbrennung von kunststoffummantelten Elektrokabeln in Recyclinganlagen etc. Laborexperimente zur Bildung und Zerstörung von Dioxinen haben ergeben, daß die Entstehung der Dioxine temperaturabhängig erfolgt.

Untersuchungen zur Kontamination mit Dioxinen und Furanen in der Umgebung von Müllverbrennungsanlagen und Recyclinganlagen haben denn auch ergeben, daß Boden, Pflanzen, Tiere und Menschen in der Nähe solcher Anlagen deutlich höher belastet sind als in ländlichen

Gegenden. Hierbei ist der Mensch als Endstufe der Nahrungskette besonders gefährdet. Ein Zerfall (Zerstörung) erfolgt dann oberhalb von 700 °C. Dioxine und Furane sind ubiquitär verbreitet, ihre Toxizität wird teilweise in »toxischen Äquivalenten« (TE) angegeben. Hierbei handelt es sich um eine Verrechnungseinheit, mit der die unterschiedliche Toxizität der Isomere der Dioxine und Furane rechnerisch vereinheitlicht wird.

Nach H. Beck (1990) liegt die ständige Belastung eines Erwachsenen der Durchschnittsbevölkerung in Westdeutschland mit Dioxinen und Furanen nach dem BGA im Bereich von 4–80 pg TE TCDD/g Fett, die sich vorwiegend im Fettgewebe anreichern. Die direkte Aufnahme aus der Luft hat unter Normalbedingungen eine untergeordnete Bedeutung (< 5 %). Der Mensch ist das Endglied der Nahrungskette. Die tatsächliche Belastung des Menschen ergibt sich aus der hohen Lipophilie bestimmter Dioxine und Furane.

Die tägliche Aufnahme von Dioxinen und Furanen mit der Nahrung hat das BGA nach dem Ernährungsbericht in TE je Person umgerechnet. Die mittlere Aufnahmemenge von 93,5 pg TE TCDD entspricht bei einem Körpergewicht von 70 kg ca. 1,3 pg TE TCDD/kg KG. Diese mittlere Aufnahmemenge resultiert aus der ubiquitären Verbreitung der Dioxine. Svensson weist darauf hin, daß alle 210 PCDD- und PCDF-Isomere, die in Rauchgasemissionen der verschiedenen Verbrennungsanlagen vorhanden sind, in nachweisbaren Mengen von Okta- und Hepta-Isomeren und 11 der 12 giftigsten Isomere in biologischen Proben – z. B. in Kuhmilch, Fisch und Robbe – wiederzufinden sind. Gleiches gilt auch für Muttermilch und humanes Fettgewebe.

Die Aufnahme aus der Nahrung – der im Normalfall fast ausschließliche Eintragspfad – beträgt für einen Erwachsenen unter Normalbedingungen durchschnittlich 90 pg TE TCDD/d/Person, d. h. bei 70 kg Körpergewicht 1,3 pg TE TCDD/kg KG/d.

Die Aufnahme aus der Luft liegt unter 5 % und kann unter Normalbedingungen vernachlässigt werden, es sind jedoch Fälle bekannt geworden, bei denen auch die Belastungen aus der Luft zu schädigenden Einflüssen auf die Gesundheit geführt haben. Nach I. Lukassowitz (1990) haben aufgrund toxikologischer Untersuchungen demgegenüber BGA und UBA 1985 unter Risikoaspekten eine duldbare tägliche Aufnahmemenge von 1–10 pg TE TCDD/kg KG vorgeschlagen. Die Giftaufnahme bewegt sich also bereits im Grenzbereich.

Unter dem Vorsorgeaspekt setzt das BGA die duldbare tägliche Aufnahmemenge niedriger an und schlägt im Rahmen einer noch nicht abgeschlossenen Neubewertung der Dioxin- und Furanisomere jetzt vor, daß der Grenzwert von 1 pg TE TCDD/kg KG/d nicht überschritten werden sollte. Damit wird also bereits unter Normalbedingungen mit der durchschnittlichen Aufnahmemenge von 1,3 pg TE TCDD/kg KG/d die Vorsorgesicherheitsschwelle überschritten.

7.1.14 Endosulfan

Endosulfan ist eine gelbe bis gelbbraune Substanz und wird als Kontakt- und Fraßgift gegen beißende und saugende Insekten im Obst-, Gemüse- und Ackerbau und gegen Käfer und Raupen in der Forstwirtschaft gebraucht. Auch bei der Kartoffel- und Maikäferbekämpfung wird es gelegentlich eingesetzt. Im Gegensatz zu anderen chlorierten Kohlenwasserstoffen baut sich Endosulfan in lebenden Organen rasch ab. Pflanzen, Haustiere, Bienen und Vögel sind von der Giftwirkung des Endosulfans nicht betroffen; Fische aber reagieren auf Endosulfan äußerst empfindlich.

7.1.15 Endrin

Endrin ist ein chlorierter Kohlenwasserstoff mit insektiziden und rodentiziden Wirkungen. Es ist der giftigste chlorierte Kohlenwasserstoff. Trotz der engen Verwandtschaft mit Dieldrin hat Endrin aufgrund einer nur geringfügigen Abweichung in der Molekülstruktur eine 5mal so große Giftigkeit. Im Vergleich mit DDT ist es für Säugetiere 15mal, für Fische 30mal und für einige Vögel etwa 300mal so giftig wie DDT. In Deutschland besteht deshalb ein **Anwendungsverbot**.

7.1.16 Farbstoffchemikalien

Die Farbstoffe in den Textilien werden heute synthetisch hergestellt. Folgende Farbstoffchemikalien haben nach der MAK-Werte-Kommission ein **krebserzeugendes Potential** für den Menschen: *Arsen, Benzidin, Benzol, Monochlordimethylether, 2-Naphtylamin* und *4-Aminodiphenyl.*

7.1.17 FCKW (Fluor-Chlor-Kohlenwasserstoffe)

FCKW sind Fluorchlorkohlenwasserstoffverbindungen, in denen Wasserstoffatome überwiegend durch Fluor- und Chloratome ausgetauscht sind. Die flüssigen oder gasförmigen FCKW werden als Kältemittel in Kühlaggregaten, als Reinigungsmittel in der elektronischen Industrie, zum Aufschäumen von Kunststoffen und als Treibmittel in Spraydosen verwendet. 1986 kamen in Westdeutschland 112 000 t FCKW auf den Markt, weltweit 1 140 000 t. Sie sind in der Stratosphäre entscheidend mitverantwortlich für den Abbau der Ozonschicht, die dadurch die kurzwelligen UV-Strahlen nicht mehr genügend abhalten kann. Mit einer deutlichen Zunahme von **Hautkrebs** muß deshalb in Zukunft gerechnet werden. Es ist geplant, daß bis 1995 die Verwendung von FCKWs in Deutschland eingestellt wird.

7.1.18 Formaldehyd

Formaldehyd ist ein farbloses, stechend riechendes Gas und als weltweit häufigst produzierte Chemikalie ein wichtiger Grundstoff für die chemische Industrie; die wäßrige Lösung von Formaldehyd ist Formalin. Formaldehyd wird als Desinfektionsmittel, besonders gegen Viren, in Kosmetika und Körperpflegemitteln und als Konservierungsstoff, z. B. in der Anatomie, gebraucht. Harnstoff-Formaldehyd-Harze werden als Bindemittel für Spanplatten und zum Verschäumen von Hohlräumen bei der Isolation von Häusern verwendet.

Die Ausgasungen von Formaldehyd aus Spanplatten und Schäumen können in Wohnungen und Büros starke körperliche Reaktionen hervorrufen; vor allem *Kopfschmerzen* und *Atemwegsreizungen* werden beobachtet. Werden konzentrierte Formaldehyddämpfe eingeatmet, treten an den *Schleimhäuten* und *Lungen* schwere Reizzustände auf; bei langfristiger Exposition nimmt die Sensibilisierung der *Bronchien* zu bis hin zu *Asthmaanfällen*. Bei *Hautkontakten* kommt es zu *allergischen Reaktionen*; eine krebserzeugende Wirkung wird angenommen.

▶ Für Innenräume hat das BGA einen Grenzwert von 0,1 ppm empfohlen.

7.1.19 Furane (siehe: »Dioxine«)

7.1.20 Halogen-Kohlenwasserstoff-Verbindungen

Unter halogenierten Kohlenwasserstoffen versteht man eine Sammelbezeichnung für chemische Verbindungen, die Halogene beinhalten. Diese große, z. T. sehr heterogene Stoffgruppe weist mit zunehmender Anzahl der Halogenatome einen immer stärkeren Einfluß auf die Funktionen des ZNS auf.

Bei den Halogencarbonen nimmt die metabolische Stabilität in der Reihe J < Br < Cl < F zu. Werden chlorierte cyclische Kohlenwasserstoffe über längere Zeiträume und wiederholt in großen Mengen aufgenommen, treten als Beschwerden *Appetitlosigkeit, Abmagerung* und *allgemeine Schwäche* auf. Zusätzlich können sich *Leberparenchymschäden, polyneuropathische* und *zentralnervöse Symptome* manifestieren. Auch Blutbildveränderungen werden beobachtet. Gelegentlich treten auch Hautveränderungen allergischer Genese auf. Eine wesentliche Quelle für die Belastung des Menschen mit Halogenkohlenwasserstoffen ist die Luft. Tri- und Tetrachlorethylen sind teilweise in großen Mengen in Wurstwaren enthalten (z. T. 400 µg/kg).

7.1.21 HCB (Hexachlorbenzol)

Das HCB ist Ausgangsprodukt für die Herstellung verschiedener Verbindungen wie Pentachlorphenol und für Farbstoffe. Es kommt herstellungsbedingt als Verunreinigung in einigen Pestiziden vor und wird in kleineren Mengen in Verbrennungsanlagen freigesetzt. Als Pflanzenschutzmittel ist es in Westdeutschland seit 1981 verboten. HCB wird in einer sehr großen Anzahl von Proben in verschiedenen Bereichen der Umwelt, vor allem in Boden, Sedimenten, Wasser, Luft, Nahrungsmitteln, nachgewiesen. Es reichert sich vorwiegend im Fettgewebe, im Blut und in der Muttermilch an und kann zu Stoffwechselstörungen und Organschäden führen. Die Bundesanstalt für Arbeitsschutz und Unfallforschung (BAU) führt HCB in der Liste krebserregender Arbeitsstoffe. Nach dem WHO-Krebs-Forschungsinstitut haben Tierversuche die Kanzerogenität von HCB belegt. HCB wird in der Umwelt nur sehr langsam abgebaut (Valentin, 1985).

7.1.22 HCH (Hexachlorcyclohexan)

Lindan ist das Gamma-Isomer des Pestizids HCH (= Hexachlorcyclohexan). Es hat die stärkste insektizide Wirkung. Die restlichen Isomere werden zu anderen chemischen Verbindungen verarbeitet. HCH wird auch in 0,5 %iger Lösung als antiparasitäres Kopfwasser verwendet.

▶ Lindan ist ein kumulativ wirkendes Gift, das zu *Leber-* und *Nierenschädigungen* führt und das ZNS beeinträchtigt.

Noch toxischer ist das β-Isomer, es wirkt aber weniger insektizid. HCH ist toxischer als DDT, aber weniger persistent und kumulierend. HCH-Rückstände können heute in fast allen Nahrungsmitteln nachgewiesen werden, vor allem in fetthaltigen. Seit 1986 ist die Verwendung von Gamma-HCH gesetzlich eingeschränkt (ROSE, 1987).

Alpha-HCH und Lindan werden vom Organismus relativ rasch ausgeschieden und liegen im Humanfett daher meist nur in geringen Konzentrationen vor, während das β-HCH aufgrund seiner langen Halbwertzeit stark angereichert wird (BECK, 1989).

Über die Beurteilung von Gamma-HCH (Lindan) als kanzerogenen Stoff gibt es widersprüchliche Angaben. Die International Agency for Research on Cancer (WHO) stützt sich auf Tierversuche, bei denen Lindan Krebs auslöste. Es wird in der Literatur auch auf eine Reihe von Fällen hingewiesen, bei denen Menschen von Leukämie und anderen Blutkrankheiten betroffen wurden (CARSON, 1990). In der Regel können diese Fälle nicht einem einzigen Gift zugeordnet werden, sondern meist einem Gemisch, z. B. aus Lindan und DDT. Der Pathomechanismus der Krebsentstehung konnte bisher nicht eindeutig geklärt werden.

7.1.23 Holzschutzmittel

Holzschutzmittel dienen zur Vorbeugung und Bekämpfung von holzzerstörenden und holzverfärbenden Organismen. Sie sind meist Gemische und Emulsionen verschiedener Wirkstoffe, z. B. Insektizide, Fungizide, Lösemittel. Man unterteilt Holzschutzmittel in *wasserlösliche* und *ölige*.

Die wasserlöslichen Holzschutzmittel bestehen z. T. aus anorganischen Salzgemischen, die folgende Komponenten enthalten können: Kupfer, Arsen, Chrom, Silizium, Fluor u. a. Zu den öligen Holzschutzmitteln werden die Steinkohlenteeröl- und Rohöl-Präparate und die lösemittelhaltigen Präparate mit organischen Insektiziden und Fungiziden gerechnet.

Holzschutzmittel sind gesundheitsschädlich für den Menschen und die Umwelt. Beim Menschen steht als Gesundheitsrisiko der direkte Hautkontakt bei der Verarbeitung von Holzschutzmitteln und das Abgasen biozider Holzschutzmittelbestandteile in die Innenraumluft im Vordergrund; man sollte sie deshalb in trockenen Wohnräumen vermeiden.

Ein Zulassungsverfahren für diese Stoffe gibt es bisher noch nicht. Als Alternative zu Holzschutzmitteln gibt es jedoch auch andere Verfahren, z. B. das Heißluftverfahren.

7.1.24 Karbamate

Karbamate sind die Ester und Salze der Karbamidsäure, die als Insektizide und Herbizide verwendet werden. Sie verhindern auch das Auskeimen gelagerter Kartoffeln. Die Vergiftungserscheinungen der Karbamate – nach dem Einatmen oder der Aufnahme durch die Haut – beruhen auf einer kurzdauernden Hemmung der Cholinesterase und sind den Vergiftungen durch Physostigmin sehr ähnlich. Einige Karbamate haben eine *stark reizende Wirkung* auf *Augen, Schleimhäute* und *Haut*. Sie werden im Körper rasch metabolisiert und kumulieren nicht.

7.1.25 Lindan (siehe HCH, Hexachlorcyclohexan)

7.1.26 Lösungsmittel

Unter Lösungsmitteln versteht man Flüssigkeiten, die andere Stoffe lösen können, ohne dabei chemisch zu reagieren. Neben dem Wasser kommt vor allem organischen Verbindungen hohe Bedeutung zu. Man benötigt Lösemittel für die industrielle Produktion, für Lacke, Druckfarben, Beschichtungsmittel, zum Abbeizen, Reinigen und Entfetten. In Deutschland werden jährlich etwa 2 Millionen Tonnen Lösemittel produziert. Organische Lösungsmittel sind in nicht unerheblichem Maße mitverantwortlich für die Luftverschmutzung; mehrere 100 000 Tonnen entweichen in Deutschland jedes Jahr in die Luft. Dem kann entgegengewirkt werden durch Abgasreinigung und durch Verwendung lösemittelfreier und lösemittelarmer Produkte, z. B. Dispersionslacke, Pulverlacke.

Die gesundheitlichen Auswirkungen der einzelnen Lösemittel auf den Menschen sind sehr unterschiedlich; für Benzol und Tetrachlorkohlenstoff gelten z. B. Anwendungsbeschränkungen, während Alkohole, aliphatische Kohlenwasserstoffe und Ketone als weniger gesundheitsschädlich eingestuft werden.

7.1.27 Methanol

Methanol ist eine farblose Flüssigkeit, die als Verdünnungs- und Reinigungsmittel, Lösemittel, Frostschutzmittel, Vergällungsmittel und Treibstoff gebraucht wird und sehr giftig ist. Methanol wird über die Atmungsorgane in Dämpfen aufgenommen und durch die Haut resorbiert. Es kann vom menschlichen Organismus nur unzureichend oxidiert und abgebaut werden, wobei Formaldehyd und Ameisensäure entstehen.

Symptome der Methanolvergiftung sind:

- Appetitlosigkeit,
- Schwindel,
- Kopfschmerzen,
- Benommenheit,
- visuelle Störungen,
- Augenschmerzen,
- Ohrensausen,
- Leibschmerzen.

▶ 30–100 ml oral aufgenommenes Methanol sind tödlich.

7.1.28 Methoxychlor

4,4-Dimethoxydiphenyltrichloräthan wird als Methoxychlor bezeichnet und ist ein dem DDT chemisch verwandtes Pestizid. Methoxychlor hemmt die Enzyme des Oxydationszyklus und wird von Leberenzymen entgiftet. Gesundheitsschädliche Wirkungen wurden beobachtet an den *Nieren*, am *ZNS* und am *Uterus*.

7.1.29 Nitrate

Nitrate, die Salze der Salpetersäure, sind sowohl geruch- als auch geschmacklos. Im Wasser werden Nitritgehalte bis 10 mg/l als natürlich angesehen. In vielen Oberflächengewässern liegt die durchschnittliche Konzentration jedoch über 20 mg/l, bedingt durch übergroßen Stickstoffeintrag in Regionen mit intensiver landwirtschaftlicher Nutzung, in Weinbaugebieten und in Gebieten mit großem Nutzviehbestand.

Die vom erwachsenen Menschen täglich aufgenommenen Nitrate stammen durchschnittlich zu 60 bis 80 % aus Gemüse, zu ca. 30 % aus Trinkwasser und zu 5 bis 15 % aus Fleisch.

Während für Erwachsene die Nahrung die Hauptquelle darstellt, wird die Nitratbelastung des Säuglings und Kleinkindes hauptsächlich vom Wasserverbrauch und dessen Nitratkonzentration bestimmt. Teufel und Mitarbeiter (1991) konnten jüngst zeigen, daß einem Säugling in einer mit Leitungswasser aus dem Rhein-Neckar-Raum zubereiteten Nahrung im Vergleich zur industriell hergestellten Säuglingsmilch und besonders gegenüber der Muttermilch das meiste Nitrat zugeführt wird.

Nach kanadischen Empfehlungen ist die Obergrenze für die Nitrataufnahme bei einem 2 Monate alten Säugling mit 115 mg/Tag anzusetzen.

Von diesen hohen und relevanten Nitratbelastungen können immer noch Trinkwassereigenversorger in ländlichen Regionen ohne Wasserverbundsystem und Entwässerungskanalisation betroffen sein.

7.1.30 Organische Phosphorverbindungen

Organische Phosphorverbindungen sind chemische Substanzen mit mindestens einer Phosphor-Sauerstoff-Kohlenstoff-Bindung. Von den etwa 200 verschiedenen hochtoxischen und umweltschädlichen Phosphorverbindungen werden die meisten als Pestizide verwendet, z. B. Parathion, Malathion. Vergiftungen mit organischen Phosphorverbindungen, die als Insektizide Cholinesterasehemmstoffe beinhalten, haben den Charakter einer *endogenen Acetylcholinvergiftung*. Die anderen Organophosphorverbindungen zeichnen sich bei Vergiftungen durch periphere motorische und zentralnervöse Störungen aus.

7.1.31 Organische Substanzen (siehe: Trinkwasser-Schadstoffe)

7.1.32 Organohalogenverbindungen

Eine große Gruppe von Pestiziden, die für den Menschen gefährlich werden können, leitet sich aus den schwerflüchtigen Organohalogenverbindungen ab. Im Vordergrund stehen dabei die relativ unpolaren polychlorierten bzw. polybromierten Verbindungen mit einer längeren Halbwertzeit im Organismus. Aber auch bei kurzer Halbwertzeit und ständiger Aufnahme kann es zu Anreicherungen im Organismus kommen, z. B. beim PCP, schließlich auch als Abbauprodukt anderer Organochlorverbindungen, z. B. beim HCB und anderen Pestiziden. Die Vergiftungssymptomatologie ist bei allen Organochlorverbindungen annähernd gleich. Inwieweit letztlich für die akute wie für die chronische Symptomatologie der chlorierten zyklischen Kohlenwasserstoffe Spuren von Begleitstoffen der Dioxine und Furane verantwortlich zu machen sind, kann gegenwärtig noch nicht entschieden werden (VALENTIN, 1979).

Die **chronische Toxizität** der Chlorkohlenwasserstoffe beruht in vielen Fällen auf den beim Abbau dieser Verbindungen – vor allem in der *Leber* – entstehenden Zwischenprodukten. Diese Abbauprodukte, im wesentlichen Epoxide und Radikale, reagieren mit den Makromolekülen in den Zellen, wahrscheinlich auch mit der DNA, und sind so vermutlich für die Mutagenität verantwortlich.

7.1.33 Ozon

Ozon ist ein Gas, das in der Stratosphäre vor allem durch ultraviolette Strahlung gebildet wird und in Spuren durch atmosphärische Prozesse auch in erdnahe Schichten transportiert wird. Dort entsteht durch luftchemische Prozesse zusätzlich Ozon aus Stickstoffoxiden und Kohlenwasserstoffen. Da Ozon eine bakterien- und virenabtötende Wirkung hat, wird es zur Trinkwasseraufbereitung verwendet.

In Ballungsgebieten können kurzzeitig Ozonkonzentrationen von über 300 $\mu g/m^3$ auftreten. Bereits in niedrigen Konzentrationen kann Ozon beim Menschen Reizungen der Schleimhäute, Lungenfunktionsstörungen und Veränderungen biochemischer Parameter hervorrufen.

▶ Der MIK-Wert für eine halbe Stunde beträgt 120 mg/m^3.

7.1.34 Parathion (z. B. E 605)

Parathion ist ein Diäthylnitrophenylthiophosphat, das als Schädlingsbekämpfungs-, Stäube- und Spritzmittel verwendet wird. Im Handel sind diese Substanzen unter dem Namen **E 605, Ekatox, Follidol, S.N.P., Sulfos B 404, Thiophos 3422, Eftol, Fosferno** und **Niran** bekannt.

> Beim Erwachsenen beträgt die tödliche Dosis 5 mg/kg Körpergewicht. Frühsymptom einer Vergiftung ist ein »unbezwingbares Augenzwinkern«.

7.1.35 PCB (Polychlorierte Biphenyle)

Die polychlorierten Biphenyle gehören mit dem DDT und seinen Abbauprodukten, mit dem HCH und dem HCB zur Gruppe der schwerflüchtigen Chlorkohlenwasserstoffe. Diese Stoffe erreichen den Menschen vor allem über die Nahrung, zu ca. 70 % über tierische, zu 25 % über pflanzliche Nahrungsmittel, nur der Rest über Luft, Wasser und Boden. Spuren der genannten Stoffe lassen sich beinahe bei fast jeder Frau nachweisen und gelangen damit auch in die Nahrung von Säuglingen. Da PCBs plazentagängig sind, wird auch das intrauterine Leben bereits einer Grundbelastung ausgesetzt.

▶ Die Belastungen des Menschen mit PCBs gehören zu den bedenklichsten. PCBs sind bereits vor ca. 20 Jahren als Stoffe, die die Umwelt und den Menschen gefährden, erkannt und in der Verwendung für technische Zwecke durch gesetzliche Maßnahmen seit 1978 stark eingeschränkt bzw. verboten worden. Damit sind aber die

Gefahren für Gesundheit und Leben, die aus diesen Stoffen erwachsen, heute keineswegs beseitigt.

Die in der Luft gemessenen PCB-Konzentrationen liegen im ng-Bereich je m^3; in Westdeutschland zwischen 5 und 30 ng/m^3. Im Trinkwasser wurden in Westdeutschland 10 ng/l ermittelt, in Flüssen Spitzenwerte bis zu 300 ng/l.

Als besonders belastet muß das Wattenmeer angesehen werden, da die Flüsse große Mengen dort eintragen bzw. eingetragen haben – der Rhein z. B. bis zu 5–10 t/a.

Die Bodenbelastung ist sehr unterschiedlich. In Stadtgebieten wurden Gehalte bis zu 1 mg/kg ermittelt. Im Hausmüll und im Klärschlamm konnten bei Stichproben Konzentrationen von 0,5–10 mg PCB/kg Trockenmasse ermittelt werden.

Unter den Nahrungsmitteln sind vor allem Fische durch PCB belastet. Es werden Werte für Meeresfische von 0,04 mg/kg Frischgewicht und 0,5–1,4 mg/kg Frischgewicht für Fische aus dem Rhein genannt. Die polychlorierten Biphenyle sind ein Beispiel dafür, wie Stoffe, die für spezielle technische Zwecke entwickelt worden sind, dennoch in der Umwelt zu einer allgemeinen Belastung werden können. PCBs sind allgegenwärtig und führen auf dem Hauptimmissionspfad, den die Nahrungskette darstellt, zu einer Kontaminierung der gesamten Bevölkerung.

7.1.36 PCP (Pentachlorphenol)

Der Anwendungsbereich als Pestizid ist die Bekämpfung von Wildkräutern, Algen, Schnecken, Pilzen, Insekten u. a. PCP wird auch als Holzschutzmittel verwendet.

► In Westdeutschland ist es seit 1989 verboten, nicht jedoch in der EU.

Die *Aufnahmepfade des PCP* sind:

1. Aufnahme über die Nahrung (importierte Zuchtpilze);
2. Aufnahme über die Atemluft: PCP tritt gasförmig aus behandelten Stoffen aus. Dies betrifft z. B. Lederwaren und Holz (Parkett, Verschalungen), Teppichböden;
3. Aufnahme über die Haut;
4. Entstehung im Körper durch Metabolismus: als Abbauprodukt anderer Organochlorverbindungen (z. B. HCB und anderer Pestizide).

Nach Aufnahmestop tritt Besserung oder Heilung ein. PCP ist aber ein ubiquitär verbreiteter Stoff. Chlorphenole sind in fast allen Urinproben nachweisbar (BECK, 1989). Die Halbwertszeit liegt etwa bei 20 Tagen, denn bei exponierten Arbeitern verringerte sich der Gehalt nach Ausschaltung der Quelle in genau dieser Zeitspanne

- im Serum von 1,31 auf 0,59 mg/l
- im Urin von 5,1 auf 2,2 mg/l.

Für die tägliche Aufnahmemenge der Normalbevölkerung wurden unterschiedliche Werte ermittelt: In Kanada 10–30 µg/Person; andere Autoren nennen 15,1 µg und 2,8 µg/Person/Tag. Die Normalbelastung in Westdeutschland beträgt: 40–70 µg/l Urin. Die Maximalbelastung beträgt (in Japan): 5,91 mg/l Urin (Kontrollgruppe: 2–200 µg/l Urin). Bei kontinuierlicher Aufnahme kommt es zu Anreicherungen im Fettgewebe. Ermittelt wurden Werte zwischen nn (nicht meßbar) und 570 ng/g. Meßbare Konzentrationen konnten auch in Leber- und Serumproben nachgewiesen werden. Andere Chlorphenole wurden auch im Blut und im Urin von Personen ohne bekannte Exposition festgestellt.

Als obere Normgrenze in der Arbeitsmedizin gilt im Plasma 20 µg/dl und im Urin 70 µg/g Kreatinin. Als tolerierbarer Grenzwert im Urin gilt: 1 mg/g Kreatinin. Die Letaldosis für Menschen beträgt 2 g.

7.1.37 Pestizide (siehe: DDT, DDE, HCH, PCP...)

Pestizide sind Chemikalien, die für die Bekämpfung spezieller Schädlingsgruppen – z. B. Insekten, Pilze, Unkräuter – eingesetzt werden. Unter den Pestiziden kommt vor allem den polyzyklischen Aromaten große Bedeutung zu. Die Pflanzenschutzmittel sind eine Gruppe von ca. 1700 Mitteln, die derzeit 296 zugelassene Wirkstoffe enthalten und in der Landwirtschaft, im Obst- und Weinbau, im Garten, an Straßenrändern oder Gleiskörpern Anwendung finden. Pro Jahr werden ca. 30 000 Tonnen in der Landwirtschaft ausgebracht, dafür müssen etwa 1,2 Milliarden DM aufgebracht werden, was ungefähr 7 % des Gesamterlöses für pflanzliche Produkte entspricht. Den größten Anteil machen mit ca. 50 % die Mittel gegen Unkräuter (Herbizide) aus, gefolgt von den Fungiziden und den Insektiziden. Mittlerweile können schon mehr als 40 Pestizide im Trinkwasser nachgewiesen werden, und es ist davon auszugehen, daß etwa 50 % des verteilten Trinkwassers derzeit eine Beeinflussung durch Pflanzenschutzmittel aufweist (MÜLLER-WEGENER, 1989).

Nach der Trinkwasserverordnung gelten seit dem 1. 10. 89 als neue Grenzwerte für Pestizide 0,1 µg/l für die Einzelsubstanz und 0,5 µg/l für die Summe aller Pestizide. Dieser Wert war zunächst als »nicht nachweisbar« gedacht; mit Verbesserung der Analysetechnik hat uns die Realität aber bereits eingeholt. Die vorhandene Minimalverunreinigung stellt das Problem dar, denn diese Stoffe gehören auch in niedrigster Konzentration nicht in das Grund- und Trinkwasser.

7.1.38 Phenol

Chlorierte Phenole können je nach Herstellungsprozeß sowie bei Zersetzungsreaktionen Dioxine bilden. Viele chlorierte Kohlenwasserstoffe, ebenso die Phenole und manche Herbizide stören die Oxidation und die Energieerzeugung innerhalb der Zelle. Dadurch können vorerst ruhende Krebszellen entstehen, in denen die unabänderlich bösartige Veränderung lange Zeit unentdeckt schlummert, bis die Krankheit schließlich ausbricht und als Krebs offen zutage tritt (Carson, 1990).

7.1.39 Phosphorsäure-Ester

Phosphorsäure-Ester werden als Schädlingsbekämpfungsmittel, Weichmacher, Flammschutzmittel und als Kampfstoffe – z. B. Tabun, Sarin, Soman – eingesetzt.

▶ Die meisten Phosphorsäure-Ester haben eine starke Giftwirkung gegenüber dem Menschen; 50–100 mg sind oftmals bereits tödlich.

Der hohen akuten Toxizität dieser Stoffgruppe steht im Vergleich zu den chlorierten cyclischen Kohlenwasserstoffen ein rascher biologischer Abbau als Vorteil gegenüber. Phosphorsäure-Ester werden in Organismen nicht gespeichert. Da die organischen Phosphorsäure-Ester starke Inhibitoren der Acetylcholinesterase sind, treten die meisten Vergiftungen bei Warmblütern als Acetylcholinvergiftung an den Cholinozeptoren in Erscheinung.

Vergiftungssymptome sind *Dyspnoe, Lungenödem, Tränen-* und *Speichelfluß, Koliken, Durchfälle* und *Erbrechen*. Weitere Symptome sind *Sehstörungen, Bradykardie, Tremor, Krämpfe, Sprachstörungen, Paraesthesien, Verwirrtheit* u. a.

▶ Nach einem mehrwöchigen Intervall treten schlaffe Lähmungen auf, die an den Füßen beginnen und zur rumpfnahen Muskulatur emporsteigen.

7.1.40 Schwerflüchtige Organohalogenverbindungen (siehe: »Organohalogenverbindungen«)

7.1.41 Schwermetalle

Zu den Schwermetallen werden *Zink, Kupfer, Mangan, Zinn, Chrom, Cadmium, Blei, Quecksilber* u. a. gerechnet. Es sind Metalle mit einer höheren Dichte als 5 g/cm^3. Ein besonderes Problem stellt dabei Quecksilber durch Amalgam (siehe dieses) dar.

7.1.42 Teer

Teer ist ein Destillationsprodukt aus Stein- und Braunkohle, Torf und Holz und wird in Kokereien und Gaswerken hergestellt. Im Straßenbau, in Dachpappen- und Brikettfabriken und bei der Holzimprägnierung wird Teer gebraucht, das große Mengen an aromatischen Kohlenwasserstoffen – Benzol, Naphthol, Anthrazen, Phenol – enthält.

> Teer und Teerprodukte induzieren die Hautkrebsbildung. Die wichtigsten Gefahrenexpositionen sind: Steinkohlendestillation, Wartung von Kaminen, Herstellung von Briketts, Asphaltieren von Straßen, Teeren von Schiffen, Holzimprägnierung mit Teer u. a.

7.1.43 Textilschadstoffe (siehe auch »Farbstoffchemikalien«)

Bei den Textilfasern unterscheidet man synthetische und natürliche Fasern. Viele Substanzen, die in der Textilindustrie verwendet werden, haben ein **krebserzeugendes Potential**. Viele Textilfasern enthalten ungebundene Restmonomere der chemischen Ausgangsstoffe und zahlreiche Hilfsstoffe, z. B. Farbstoffe, Weichmacher, Schädlingsbekämpfungsmittel u. a. Obwohl Baumwollkleidung allgemein als angenehm und gesund angesehen wird, weist sie dennoch Risiken auf. Baumwolle baut man in der Regel in großen Plantagen an und behandelt sie mit Pestiziden und Herbiziden. Die Farbstoffe in den Textilien werden heute synthetisch hergestellt.

> Folgende Farbstoffchemikalien haben nach der MAK-Werte-Kommission ein krebserzeugendes Potential für den Menschen: **Arsen, Benzidin, Benzol, Monochlordimethylether, 2-Naphtylamin, 4-Aminodiphenyl.**

III.

Umweltbedingte Erkrankungen

1 Übersicht

1.1 Zuordnung nach Fachgebieten

Durch die im letzten Abschnitt genannten Umweltschadstoffe und -einflüsse können verschiedenste, zum Teil auch ganz neuartige Krankheitsbilder und Erkrankungen verursacht werden. Da hier im Rahmen dieses Buches nur eine ganz knappe Übersicht gegeben werden kann, soll an dieser Stelle auf das ausführliche Literaturverzeichnis hingewiesen werden. Hier eine unvollständige Übersicht, bezogen auf einzelne Fachgebiete:

Augenheilkunde	Chronische schadstoffbedingte Konjunktivitis Chronische schadstoffbedingte Sehstörungen
Chirurgie	Schadstoffbedingtes Magen-Karzinom Schadstoffbedingtes Colon-Karzinom Schadstoffbedingte Leber-Tumoren Schadstoffbedingte Pankreas-Tumoren
Dermatologie	Chronische schadstoffbedingte Neurodermitis Nahrungsmittelallergien, schadstoffbedingte Chlorakne, sonstige allergische Reaktionen
Hals-Nasen-Ohrenheilkunde	Chronische schadstoffbedingter Tinnitus, schadstoffbedingte Sinusitis, Pharynx-, Larynx-Karzinom, schadstoffbedingter Schnupfen, Hörsturz, Schwerhörigkeit etc.
Innere Medizin	Müdigkeitssyndrom (Holzschutzmittelsyndrom) Sick Building Syndrome (Häuserkrankheit) Amalgam-Syndrom, schadstoffbedingte Neurodermitis, Nahrungsmittelallergien
Kinderheilkunde	Plötzlicher Kindstod (SIDS) Chronisch schadstoffbedingte Neurodermitis, Pseudokrupp, Asthma, hyperaktives Kind, Schadstoffbedingte Leukämie
Neurologie/ Psychiatrie	Schadstoffbedingte Depressionen, neuro-muskuläre Erkrankungen, Polyneuropathien, Amalgam-Syndrom, schadstoffbedingte Leistungsschwäche, Gedächtnisstörung etc.
Urologie	Schadstoffbedingtes Blasenkarzinom Andrologische Sterilität Schadstoffbedingtes Prostata-Karzinom
Zahnheilkunde	Amalgam-Syndrom, Metall-Unverträglichkeit, Palladiumvergiftung etc.

1.2 Allgemeine schadstoffbedingte Symptome

Typische Symptome, die vermuten lassen, daß eine umweltbedingte Erkrankung vorliegt, sind:

- ▶ Abgeschlagenheit
- ▶ extreme Müdigkeit
- ▶ Antriebslosigkeit
- ▶ Muskel- und Rückenverspannungen
- ▶ Gelenksteifigkeit (v. a. beim morgendlichen Aufstehen)
- ▶ Vergeßlichkeit
- ▶ Anzeichen vorzeitigen Alterns
- ▶ Depressionen (ohne äußere Belastungen)
- ▶ Angstzustände
- ▶ verminderte Vitalität
- ▶ Schlafstörungen
- ▶ Wetterfühligkeit
- ▶ verklebte Augen
- ▶ Herzrasen oder -stolpern.

1.3 Sonstige häufige umweltschadstoffbedingte Beschwerden

- Belegte Zunge
- trockene Schleimhäute
- Störungen der Geschmacksempfindung
- rauhe Kehle
- verstopfte Nase
- Ohrgeräusche
- trockene Gesichtshaut
- Kopfhautjucken
- Schuppen
- Störungen der Geruchsempfindung
- häufiges Räuspern
- Aufstoßen
- Bedürfnis, an die frische Luft zu gehen

- Atembeschwerden
- unablässiger Hustenreiz
- zähflüssiger Auswurf (ohne akute Erkältung)
- oberflächliche Atmung
- Unfähigkeit zu tiefem Luftholen
- Infektanfälligkeit mit häufiger Bronchitis
- leichte Fieberschübe.

2. Neuartige Umwelt-Syndrome

Da im Rahmen dieses Buches nur eine ganz knappe Übersicht über die vielen neuartigen Umwelt-Syndrome gegeben werden kann, soll an dieser Stelle auf das ausführliche Literaturverzeichnis hingewiesen werden.

Auf den folgenden Seiten werden die wichtigsten neuartigen Umwelt-Syndrome ganz knapp in alphabetischer Reihenfolge vorgestellt.

2.1 Das »Amalgam-Syndrom«

2.1.1 Einführende Informationen

Amalgam ist eine Legierung, bestehend aus elementarem Quecksilber, Silber, Zink, Kupfer und Zinn in unterschiedlichen Anteilen, die in Deutschland noch von vielen Zahnärzten als Zahnfüllung verwendet wird. Amalgam ist ein Schadstoff, der für viele Krankheiten (mit)verantwortlich gemacht werden muß. Schon lange ist wissenschaftlich erwiesen, daß Amalgam für den menschlichen Organismus äußerst toxisch ist. Bereits der Chemiker STOCK beschrieb 1939 die fatalen Auswirkungen dieser Quecksilberlegierung.

▷ In Japan und Rußland wurde Amalgam 1985 und in Schweden 1991 verboten.

Man weiß heute, daß die Halbwertszeit von organischem Quecksilber im Blut etwa drei Monate, im Gehirn 18 Jahre beträgt.

Bei Zahnärzten und deren Helferinnen wurden im Gehirn zehnfach höhere Quecksilberkonzentrationen festgestellt als bei Patienten, die Amalgamfüllungen hatten. Nach DAUNDERER ist Amalgam u. a. die Ursache für folgende Erkrankungen: *Immunschwäche, Teratogenität, Mutagenität, Kumulation* im *Skelettsystem.* Es besteht im Zusammenhang mit Amalgam auch der dringende Verdacht auf irreversible Schädigung.

DAUNDERER berichtet über 8000 Patienten, die 1 bis 22 Füllungen im Mittel seit 8 Jahren hatten. Die deutlichen Beschwerden setzen etwa im 6. Jahr ein. Bei intensiver Beschäftigung mit den Patienten fällt auf, daß sehr viele schwere gifttypische Beschwerden beobachtet wurden, die nach Amalgamentfernung und Entgiftung nicht mehr vorhanden waren. Die Früherkennung von Schäden durch Amalgam ist äußerst problematisch. Daher ist die sofortige Einführung von toxikologisch ungefährlichen Ersatzstoffen und das absolute Verbot für Amalgam zu fordern.

2.1.2 Die chronische Amalgamvergiftung

Der Amalgamvergiftete wird *ängstlich* und *menschenscheu,* er imponiert Laien als psychosomatisch krank, er begibt sich nicht spontan in ärztliche Behandlung, wenn er nicht von außen auf den schwierigen Pathomechanismus und die Behandlungsmöglichkeiten hingewiesen wird. Dies unterstreicht das Heimtückische dieser Vergiftung. Darüber hinaus zeigt der Amalgam-Patient folgende **Symptome:**

- Erhöhte Infektanfälligkeit
- Allergien
- Bauchschmerzen
- Energielosigkeit
- Wetterfühligkeit
- Schwindel
- Sehstörungen
- Hörstörungen
- Tremor
- Muskelschmerzen.

Wie schon erwähnt, kann es beim Legen und Entfernen von Amalgam-Füllungen zu beträchtlichen Quecksilberfreisetzungen kommen. Bei Hamburger Zahnärzten und deren Helferinnen wurden im Gehirn bis zu hundertfach höhere Quecksilberkonzentrationen festgestellt als bei Patienten, die Amalgamfüllungen hatten. Die Hypophysen der Zahnärzte, die post mortem untersucht wurden, enthielten bis zu tausendfach höhere Quecksilber-Konzentrationen als diejenigen unbelasteter Kontrollen, so daß elementares Quecksilber möglicherweise direkt über den

Nervus olfactorius in die Hypophyse transportiert wird (Störtebecker, 1985).

Die gemessenen Quecksilberbelastungen in der Hypophyse von Amalgambelasteten sind so hoch, daß damit die vom Autor bei Amalgampatientinnen immer wieder beobachteten immunologischen und vor allem endokrinen Störungen der Hypophysen-Ovar-Achse beziehungsweise der Hypophysen-Hypothalamus-Achse erklärt werden können. Dies wird auch durch eine Arbeit von Sikorski et al. 1987 belegt. Hier wurden bei 81 Frauen, die in Zahnarztpraxen arbeiteten, signifikant höhere Methylquecksilberkonzentrationen in Scham-und Haupthaarproben gemessen als bei Frauen, die dieser Belastung nicht ausgesetzt waren (Sikorski et al., 1987). Erstere hatten signifikant häufiger Zyklusstörungen und Aborte.

In einer Untersuchung von Gerhard et al. an Frauen mit unerfülltem Kinderwunsch wurde die Quecksilberausscheidung vor und nach DMPS-Belastung überprüft und mit einem Vergleichskollektiv verglichen. Die Kinderwunschpatientinnen waren zum Großteil deutlich mit Amalgam belastet und hatten gegenüber dem Vergleichskollektiv massiv erhöhte Werte bei der Quecksilberausscheidung.

Dies deckt sich auch mit den eigenen Erfahrungen des Autors. In der eigenen Sterilitätssprechstunde (Beobachtungen von Schulte-Uebbing und Zahn, 1990–1994) waren Patientinnen mit maximalen Ausscheidungs-Werten von mehr als 500 mg/g Kreatinin ausnahmslos steril. Eine spontane Schwangerschaft war erst nach Amalgamsanierung und Entgiftung möglich.

Darüber hinaus können die Beobachtungen von Gerhard und Mitarbeitern vom Autor bestätigt werden:

- Fast alle Patientinnen, die eine maximale Ausscheidung von 500 bis 36 000 mg/g Kreatinin nach 2 Stunden (etwa 5 % von 700 Tests) hatten, hatten schwere Zyklusstörungen.

Fast alle Patientinnen mit anovulatorischen Zyklen, therapieresistenten Zyklusstörungen und schweren Lutealinsuffizienzen waren amalgambelastet, wobei sich eine hochsignifikante Korrelation zwischen erhöhten Quecksilberausscheidungswerten und dem Vorliegen von Amalgamfüllungen ergab. Wie bei den Untersuchungen von Gerhard et al. ergab sich eine geringere Signifikanz zu den Rauchgewohnheiten, zum Vorhandensein von Allergien und Alopezie. Zusammenhänge mit den Ernährungsgewohnheiten ließen sich im Gegensatz zu den Untersuchungen von Gerhard et al. herstellen.

Über Störungen in der Schwangerschaft durch anorganisches Quecksilber ist wenig bekannt. Bei beruflich bedingter akzidenteller Hg-Vergiftung soll es gelegentlich zu Aborten gekommen sein. In vitro hemmt anorganisches Quecksilber den Aminosäurentransport in der Plazenta, so daß Mangelernährungen des Fetus resultieren können (LIOKA et al., 1987).

Wurden schwangere Meerschweinchen Hg-Dampf ausgesetzt, so passierte das Quecksilber rasch die Plazentarschranke und wurde in der fetalen Leber angereichert, wo es zu mehr als der Hälfte an Metallmethionin gebunden vorgefunden wurde (YOSHIDA et al., 1986, 1987). Hierdurch wurde wahrscheinlich die Quecksilberverteilung im Körper gehemmt, so daß die Gewebekonzentrationen im fetalen Gehirn, Blut, Lunge, Herz und Niere niedriger als im Muttertier waren.

Bei Patientinnen mit wiederholten Frühaborten findet man häufig ein verändertes Immunsystem (MIEDANER-MAIER et al., 1989). Es ist durchaus denkbar, daß Schadstoffbelastungen diese Veränderungen bewirken und damit verantwortlich für Fehlgeburten sein können. Bei Schwangeren konnte nachgewiesen werden, daß Quecksilber aus Amalgamfüllungen in der Plazenta angereichert wird (VIMY et al., 1990, DRASCH et al., 1993).

Vergiftungen durch Methylquecksilber wurden in Japan, in der UdSSR und im Irak beobachtet (BAKIR et al., 1973, KOOS u. LONGO, 1976, AMIN ZAKI et al., 1974). Nach intrauteriner Intoxikation mit Methylquecksilber wiesen Neugeborene überwiegend Hirnschädigungen auf (Krämpfe, Lähmungen, geistige Unterentwicklung, Gang- und Sprachstörungen). Obwohl bei Schwangeren, die mit Methylquecksilber verseuchten Fisch gegessen hatten, kaum Symptome einer Hg-Intoxikation bestanden, waren die Neugeborenen zum Teil schwer gestört und wiesen deutlich höhere Hg-Konzentrationen auf als die Mütter.

► In Deutschland ist deshalb seit 1990 der Umgang mit Methylquecksilber verboten.

In Tierversuchen konnte nachgewiesen werden, daß die Hg-Konzentrationen im fetalen Hirn höher als im mütterlichen lagen, wenn trächtige Mäuse mit Methylquecksilber gefüttert wurden (INOUYE et al. 1986). Die Gehirnareale von Meerschweinchenfeten waren unterschiedlich stark betroffen (INOUYE u. KAJIWARA, 1988). Quecksilber hemmte die plazentare und fetale Aufnahme von Leucin und senkte die Konzentrationen von Zink, Kupfer und Eisen, was zu einer Wachstumsretardierung führte (CURLE et al., 1983).

Amalgambelastete zeigen eine erhöhte **Anfälligkeit** gegenüber **Infekten** und **Allergien.** Häufige Begleiterscheinungen sind **Bauchschmerzen, Energielosigkeit, Wetterfühligkeit, Schwindel, Seh-** und **Hörstörungen, Tremor** und **Muskelschmerzen.** Bei chronischer Intoxikation ist besonders das Nervensystem betroffen mit **Parästhesien, Seh-** und **Hörstörungen, Koordinationsstörungen** und **Persönlichkeitsveränderungen.**

In der Ausatemluft und im Speichel von Probanden mit Amalgamfüllungen wurden deutlich höhere Quecksilberkonzentrationen gemessen als bei Probanden ohne Amalgam. Durch Kauen von Kaugummi stiegen die Konzentrationen in Speichel und Ausatemluft bei Amalgamträgern stark an (Loh, 1984). Vimy und Lorscheider (1985) berechneten aus den Atemluftkonzentrationen von Amalgamträgern, daß bei 4–12 Füllungen 8–30 mg Quecksilber pro Tag aufgenommen wurden. Die Höhe der Quecksilberdepots im Organismus korrelierte signifikant mit der Zahl der Amalgamfüllungen (Birkmaier et al., 1990). Das relativ ungefährliche anorganische Quecksilber wird durch aerobe und anaerobe Mundbakterien und die Darmflora in hochgiftige organische Quecksilbersalze umgewandelt (Heintze et al., 1983).

Schiele (1988) konnte eine signifikante Abhängigkeit der Gehirn-und Nieren-Quecksilber-Konzentrationen von der Zahl der Amalgamfüllungen nachweisen. Mit dem Chelatbildner DMPS (s. Diagnostik) ließ sich die Quecksilberaussscheidung im 24-Stunden-Urin stimulieren und zwar um so mehr, je größer die Zahl der Amalgamfüllungen war (Schiele et al., 1989). Hahn et al., (1989 und 1990) legten bei Affen und Schafen Amalgamfüllungen, die radioaktiv markiert waren, und führten nach 4 Wochen eine Ganzkörperszintigraphie durch. Bei niedrigen Blut-und Urin-Quecksilberspiegeln fanden sie die größte Anreicherung von Quecksilber im Kieferknochen, im Gastrointestinaltrakt und in den Nieren.

Daschner et al. (1990) setzten Affen entweder Amalgamfüllungen in die Zähne oder Amalgamimplantate in den Oberkieferknochen. Nach einem Jahr wurden die Tiere getötet und die Verteilung des Quecksilbers in allen Körperorganen gemessen. Die Zahngruppe wies eine signifikant größere Belastung als die Knochengruppe auf. Höchste Werte fanden sich in den Nieren.

Eine weitere beträchtliche Speicherung von Quecksilber war auch im Ganglion Spinale, in den Langerhans'schen Zellen des Pankreas, im Nebennierenmark, in den Hepatozyten und Kupferzellen der Leber, im Interstitium der Lunge, in den Lymphknoten des Intestinaltraktes und vor allem auch im Hypophysenhinterlappen und in den Ovarien nachweisbar. Daß auch beim Menschen die Quecksilberfreisetzung aus Amalgamfüllungen eine Rolle spielen kann, demonstrierte KÖSTLER (1990). Er ließ Probanden mit Amalgamfüllungen (durchschnittlich 10) 20 Minuten entweder Kaugummi kauen oder heißen Zitronensaft trinken und bestimmte vorher und direkt danach zahlreiche Parameter im Blut. In beiden Gruppen stieg der Hg-Spiegel im Vollblut nach der Provokation signifikant an. Die Zahl der T-Lymphozyten und die Zahl der »Natural killer cells« sank im Blut signifikant ab.

Zusammenfassend läßt sich sagen, daß Amalgam ein höchst problematischer Schadstoff ist, der zu subtoxischen und toxischen Belastungen bei Zahnarzt, Helferin und Patienten führt und daher nicht mehr verwendet werden sollte.

2.2 Das »Anspannungs-Erschöpfungs-Syndrom (AES)« (Tension-Fatigue-Syndrom)

Patienten mit Umwelterkrankungen zeigen einen typischen Symptomenkomplex, der als Anspannungs-Erschöpfungs-Syndrom bezeichnet werden kann und im Erscheinungsbild der psychiatrischen Diagnose *Neurasthenie* sehr ähnlich ist (GOODWIN et al., 1979).

Umweltmedizinische Untersuchungen haben gezeigt, daß die große Zunahme der verschiedenen Chemikalien in unserer Umwelt ein Hauptgrund für den deutlichen Anstieg vor allem auch psychischer Störungen ist. Man hat erkannt, daß psychosozialer Streß unter anderem die zelluläre Immunität des menschlichen Organismus beeinträchtigen kann.

2.3 Allergisches Asthma bronchiale

Das allergische Asthma gehört zu den häufigsten chronischen Erkrankungen, zum Teil auch schon im Kindesalter. Die Zunahme in der Häufigkeit und in der Schwere des allergischen Asthmas ist heute erwiesen. Als eine mögliche Ursache werden Emissionen aus Automobilen angesehen. In Schadstoff-Tiermodellen konnte gezeigt werden, daß Schwefeldioxid, Stickoxide und Ozon zu chronischen Reizungen und immunologischen Veränderungen führen können. Ursächlich können auch sehr oft Wechselwirkungen zwischen Allergenen und Schadstoffen in der Luft sein. Auch Pollen-Partikel können gleichzeitig Träger von Allergenen und Schadstoffen, z. B. von Schwermetallen, organischen Verbindungen und Schwefel sein.

2.4 Das »Blei-Syndrom«

Die Industrie in Westdeutschland verbraucht jährlich 350 000 t Blei, die Hälfte davon wird für Akkumulatoren benötigt. Die wichtigste Quelle für atmosphärische Emissionen ist der Automobilverkehr (2 000 t 1989). Durch die Einführung des bleifreien Benzins nahmen die Bleiemissionen aus Kraftfahrzeugen deutlich ab. Die durchschnittliche Bleiaufnahme in den Industriestaaten beträgt 0,1–0,4 mg/d, in industriellen Ballungsgebieten 0,3–0,5 mg/d.

- ▶ Die WHO hat empfohlen, daß eine Bleiaufnahme von 3,0 mg/Woche nicht überschritten werden soll.

70 bis 80 % des Bleis werden in der Regel mit der Nahrung aufgenommen, wobei der Gehalt des Trinkwassers je nach Konzentration wesentlich diese Aufnahme bestimmen kann. In den USA stammt die Hochbleibelastung hauptsächlich von bleihaltigen Farben bei den vielfältigen Hand-Mund-Aktivitäten des Kleinkindes. In Großstädten spielt die Bleiinhalation eine zusätzliche Rolle. Der Trinkwassergehalt von Blei liegt in der Bundesrepublik Deutschland durchschnittlich bei 9 µg/l. Bei Zubereitung der Säuglingsnahrung mit diesem Wasser werden damit in den ersten 6 Lebensmonaten 20 µg/kg/Woche und in den folgenden 6 Lebensmonaten ca. 35 µg/kg/Woche aufgenommen. Voll gestillte Kinder erhalten während des ersten Trimenons übrigens nahezu die gleiche Bleimenge wie künstlich ernährte Flaschenkinder.

> Die WHO gibt die duldbare wöchentliche Zufuhr mit 50 µg/kg/Woche für Erwachsene an, das sind 7 µg/kg und Tag; für Säuglinge und Kinder gibt es keinen vergleichbaren Standard. Die Arbeitsgruppe um Ziegler konnte jedoch zeigen, daß bei Kindern bis zu einem Alter von 2 Jahren die Aufnahme von täglich 5 µg Blei pro kg (= 35 µg/kg und Woche) bereits zu einer positiven Bleibilanz führt, auch aufgrund der hohen Absorptionsquote von 50 %.

▶ Die Trinkwasserverordnung legt fest, daß Trinkwasser nicht mehr als 40 µg Blei pro Liter enthalten darf.

Wird dieser Grenzwert voll ausgeschöpft, wird die von der WHO errechnete duldbare wöchentliche Zufuhr von 50 µg/kg knapp erreicht, die auf Stoffwechselbilanzuntersuchungen basierenden Werte deutlich überschritten, hinzu kommt noch die Belastung über die Luft, die im ersten Lebensjahr 3,1 µg/kg/Woche betragen kann.

In Altbauwohnungen mit Bleirohrinstallationen enthält des Trinkwasser sehr viel höhere Bleikonzentrationen, im Standwasser wurden bis zu 400 µgPb/l, im Fließwasser häufig um 100 µg/l gemessen. Bei Benutzung dieses Wassers kann die wöchentliche Aufnahme über 100 µg/kg/Woche betragen. Hinsichtlich der Bleirohrinstallationen scheint es in Deutschland ein Nord-Süd-Gefälle zu geben; in Bayern und in Baden-Württemberg sind sie außerordentlich selten. In Berlin sind noch in etwa 10 % der Häuser Bleirohre vorhanden.

2.5 Das »Cadmium-Syndrom«

Cadmium wird bei der Zinkverhüttung als Koppelprodukt in großen Mengen freigesetzt. Weitere Bereiche, in denen Cadmium Verwendung findet, sind: Nickel-Cadmium-Akkumulatoren, Stabilisatoren für Hart-PVC, Pigmente für Kunststoffe, Oberflächenbeschichtung, Klärschlamm, Farbstoffe u. a. Über die Nahrungskette reichert sich Cadmium in Pflanzen, Tieren und auch im Menschen an. Hohe Konzentrationen findet man in Innereien von Schlachttieren, Gemüsen und Speisepilzen.

Ca. 85 % des aufgenommenen Cadmiums gelangen mit der Nahrung und etwa 15 % mit dem Trinkwasser in den menschlichen Körper. Die über die Atmung aufgenommenen Mengen sind zwar sehr gering, ihnen kommt aber dennoch eine große toxikologische Bedeutung zu, weil von ihnen eine krebserzeugende Wirkung ausgeht.

2.6 Das »Candida-Syndrom«

Sehr häufig sind umweltschadstoffbedingte Verdauungsstörungen. Der weitaus überwiegende Teil umweltschadstoffbelasteter Patientinnen leidet an *Obstipation* (=Stuhlverstopfung). Geringer ist der Anteil der Frauen, die unter chronischen Durchfällen leiden. Sehr häufig sind auch *Adipositas* bzw. *Anorexie* durch Umweltschadstoffe (mit-)verursacht.

Candida ist ein Pilz, dessen Sporen praktisch überall sind und der nicht nur zu schweren Verdauungsstörungen, sondern auch zu schweren systemischen Erkrankungen führen kann. Auch und gerade im gynäkologischen Bereich ist Candida albicans ein gefürchteter Erreger.

Candida kommt ubiquitär vor: Im Schwimmbad, auf der Wäsche und in den Betten. Er kann sich auch in der Vagina ständig aufhalten, ohne Beschwerden hervorzurufen. Aber wenn das ökologische Gleichgewicht der Vagina gestört ist, wächst er und vermehrt sich, vor allem in den tiefer gelegenen Teilen der Vagina und um den Gebärmutterhals herum. Häufig verursacht Candida *chronische Verdauungsprobleme* durch Candida wie Durchfall, Verstopfung, Blähungen oder häufig übelriechender Stuhl mit starker Gasbildung. Obwohl Candida albicans meistens primär im Darm sitzt, können viele systemische Krankheiten auf Candida albicans zurückgeführt werden. Beinahe jedes Organ kann davon betroffen sein, vor allem das Nervensystem, das endokrine System und das Verdauungssystem.

Patienten mit Krankheiten, die mit Hefe zusammenhängen, haben im U M W E L T-Test fast immer eine vorausgehende wiederholte Einnahme von *Antibiotika,* von *oralen Empfängnisverhütungsmitteln* und/ oder *Kortikosteroiden.* Durch diese Medikamente wird die Ansiedlung von Candida albicans im Verdauungstrakt und in der Vagina gefördert. Auch Gesundheitsprobleme bei Kindern, die häufig *Antibiotikagaben* erhalten hatten und Verdauungsstörungen, oralen Soor, Windelwundsein, Hyperaktivität, Lernprobleme und chronische Allergien der Atmungsorgane zeigten, können häufig mit Hefe zusammenhängen.

Eine Hauptursache des Candida-Syndroms ist eine einseitige ungesunde Ernährung. Sehr oft spielen Umweltschadstoffe eine entscheidende Rolle, die sich in minderwertiger Nahrung angereichert haben. Unsere Nahrung ist inzwischen weitgehend »industriell kaputtgemacht«. Jeder Bundesbürger nimmt pro Jahr mit der Nahrung sechs bis acht Pfund reine Chemie zu sich.

Neue Stoffe werden in der EU zugelassen, darunter auch solche, die bisher bei uns verboten bzw. eingeschränkt waren (z. B. Propionsäure bei Brot, im Tierversuch kanzerogen; Tartrazin in Süßigkeiten und Limonaden, allergen). Natürlichkeit und optisch-sensorische Qualität kann auch bei minderwertigen Ausgangsprodukten durch synthetische Farb-und Aromastoffe oder Geschmacksverstärker vorgetäuscht werden. Je mehr synthetische Zusatzstoffe in einem Produkt enthalten sind, um so größer ist das Risiko von Allergien. Zwar können auch natürliche Zusatzstoffe bei manchen Menschen Allergien auslösen, die Ursache ist dabei jedoch eindeutiger zu erkennen und auszuschalten.

Wechselwirkungen oder Synergieeffekte (z. B. gegenseitige Wirkungsverstärkung) zwischen den einzelnen Zusatzstoffen, Rückständen, Verunreinigungen und natürliche Inhaltsstoffen, sowohl im Lebensmittel als auch im menschlichen Organismus sind weitgehend unbekannt. Das gilt auch für mögliche Wechselwirkungen zwischen chemisch-synthetischen Zusatzstoffen und Medikamenten.

Ein großes Problem sind die **gentechnologisch produzierten Lebensmittel.** Hier werden mit Hilfe neu gezüchteter Lebewesen, vor allem Mikroorganismen, völlig neuartige Nahrungsmittel erzeugt, die nicht in natürlichen Kreisläufen entstanden sind. Niemand kann mit Sicherheit voraussagen, wie sich diese Organismen in der Umwelt verhalten werden (Was einmal freigesetzt wurde, kann kaum zurückgeholt werden). Es ist nicht sicher auszuschließen, daß in dem veränderten Stoffwechsel von Pflanzen oder Mikroorganismen neue unbekannte Stoffwechselprodukte entstehen können, die schädlich für den Menschen sind. Niemand weiß z. B., ob und wie gentechnologisch veränderte Bakterien mit den Bakterien im menschlichen Körper reagieren. Die Produktion von mehr Lebensmitteln für eine Überflußgesellschaft ergibt keinen Sinn. Die von den Befürwortern angesprochenen Probleme wie Welthunger oder Mißernten reicht als Begründung nicht aus, zumal die Abhängigkeit der sogenannten Dritten Welt von den Industrienationen noch größer wird.

Ein weiteres großes Problem ist die **Bestrahlung von Lebensmitteln** mit Röntgen- und/oder Mikrowellenstrahlen. Ernährungsphysiologisch wichtige Inhaltsstoffe können dabei zerstört werden (z. B. Vitamine, Eiweiß). Es können Radiolyseprodukte (Spaltprodukte) aus Eiweiß (o-Tyrosin, DNA-Veränderungen) und Fettsäuren entstehen, die in unterschiedlicher Menge im Lebensmittel verbleiben können. Es kann eine nicht vorhandene Frische des Produktes vorgetäuscht werden. Schädliche Keime werden z. T. erst bei extrem hohen, nützliche dagegen schon bei relativ niedrigen Strahlendosen abgetötet. Es besteht die Möglichkeit der Resistenzbildung bei krankheitserregenden Keimen. Die bisherigen Konservierungsmethoden (Pasteurisation, Sterilisation, Tiefkühlen oder Trocknung) werden durch die Bestrahlung ersetzt.

Eine chronische Besiedelung des Darms mit Candida durch permanent falsche Ernährung und chronische Zufuhr von minderwertiger, schadstoffhaltiger Kost kann langfristig zu schweren Erkrankungen führen. Die Gefährlichkeit von Verdauungsstörungen – gleichgültig, ob es sich um Verstopfung oder Durchfall handelt – wird heute vielfach unterschätzt. Es ist nicht damit getan, bei Verstopfungen Abführmittel und bei Durchfällen Mittel zur Eindickung des Stuhles bzw. zur Verringerung der Darmperistaltik zu geben. Damit werden nur die Symptome, nicht aber die eigentlichen Ursachen bekämpft.

Wenn sich aber im Darm Bakterien oder Pilze ausbreiten, die dort nicht hingehören, dann treten die Stoffwechselausscheidungen dieser Kleinstlebewesen durch die Darmschleimhaut auch in die Lymph- und Blutbahn des menschlichen Körpers ein. Auf diesem Wege können sie sich dann im ganzen Organismus verteilen und so die unterschiedlichsten Krankheiten auslösen. *Kopfschmerzen* und *Migräne* gehören ebenso dazu wie *Gelenkbeschwerden, allergische Reaktionen, Hautausschläge, Asthma* und vieles andere mehr.

Wie wichtig die Beseitigung von Candida albicans im Darm ist, zeigt die Tatsache, daß Personen, die eine Intoleranz gegenüber einer Vielzahl von Chemikalien aufweisen, eine sofortige Besserung ihres Zustandes nach einer Anti-Candida-Therapie zeigen. An dieser Stelle sei auf den Abschnitt »Therapie umweltbedingter Frauenkrankheiten« verwiesen.

2.7 Die »Chlorwasserstoff-Krankheit«

Chlorwasserstoff ist ein farbloses Gas mit stechendem Geruch. Es hat hohe Bedeutung bei der Herstellung von PVC. Müllverbrennungsanlagen setzen bei der Verbrennung von PVC Chlorwasserstoffe in großen Mengen in die Umwelt frei. Bei längerem Einwirken von Chlorwasserstoffen auf die Atemorgane kommt es zu *Bronchialkatarrhen* und *heftigem Reizhusten.*

2.8 Das »Chronische Müdigkeitssyndrom (CMS)« (Chronic Fatique Immundysfunction Syndrom (FIDS))

Das sogenannte »Chronische Müdigkeitssyndrom (CMS)«, in Frankreich erstmals als »Chronic Fatique Immundysfunction Syndrome« (FIDS) beschrieben, kommt nach neuesten Schätzungen bei etwa 1,5 Prozent der Bevölkerung vor. Das bedeutet, daß allein in Deutschland ca. 1,6 Millionen Menschen darunter leiden. Die Aufnahme der Umweltschadstoffe, die zu dieser Erkrankung führen, erfolgt vor allem über Nahrung (Lebensmittel, Wasser), aber auch über Inhalation (Luft). Schadstoffe werden auch aufgenommen über den Wohn-, Arbeits- und Freizeitbereich.

Als Haupt-Schädigungsmechanismus gilt beim Chronischen »Müdigkeitssyndrom« eine Störung der psycho-neuro-endokrinologischen Funktionsachse, einhergehend mit einer chronischen Schädigung des Immunsystems. Meßbar ist eine Verminderung der Killerzellen, die durch die entsprechenden Umweltbelastungen ausgelöst wurde.

Symptome sind

- eine ausgeprägte Müdigkeit
- starke Erschöpfung, häufig einhergehend mit Lymphknotenschwellungen
- gelegentlich mit Temperaturerhöhung
- Hals-, Gelenk- und Muskelschmerzen.

Weitere Begleiterscheinungen können sein: *Entzündliche* und *infektiöse Erkrankungen, Kopfschmerzen, Schlafstörungen* und *Depressionen.*

Folgende **Komplikationen** sind in Zusammenhang mit dem FIDS beschrieben worden: Übergang in chronische Entzündungen, Autoimmunerkrankungen und lymphoproliferative Erkrankungen.

Besonders wichtig ist bei Verdacht auf FIDS die **Schadstoffanalytik.** Bestimmt werden sollten gegebenenfalls die Schwermetalle **Blei, Quecksilber, Cadmium, Kupfer, Aluminium** und **Silber,** darüber hinaus unbedingt **Pentachlorphenol, PCB** und **Lindan,** bei entsprechendem Verdacht auch die **Dioxine** und **Furane.**
Die **Therapie** muß darauf abzielen, die entsprechenden Schadstoffquellen zu eliminieren und über entsprechende Immunmodulationsverfahren mit der Substitution entsprechender Vitamin-Mineral-Spurenelemente die Abwehr zu steigern. Dies kann auch durch die gezielte **Gabe von Immunglobulinen,** von **Thymuspräparaten,** gegebenenfalls von **Interferonen** erfolgen.

2.9 Das »Dioxin-Syndrom«

2.9.1 Zum Begriff »Dioxinvergiftung«

Ein anerkanntes Krankheitsbild »Dioxinvergiftung« gibt es nicht. Meist tritt eine Schwächung des Immunsystems auf, und andere Krankheiten werden in ihrer Entstehung gefördert. Beim Seveso-Unfall 1976 trat zwar bei vielen Betroffenen Chlorakne auf, was aber langfristig nicht zum Tode führte. Bei den mit Dioxinen kontaminierten Kindern wurde eine 2,4-fach erhöhte Sterblichkeit festgestellt; die Kinder starben vor allem an Leukämie. Auch bei den 1500 Arbeitern der Chemiefirma H. C. Boehringer, die 1954 nach einem Unfall an Chlorakne erkrankt waren, lag die Todesursache Krebs 6 % höher als im Bundesdurchschnitt. Entsprechend der amerikanischen Umweltbehörde EPA gibt es keine Untergrenze oder Unbedenklichkeit gegenüber den Dioxinen (Kosinski, 1991).

2.9.2 Dioxine und Furane

Wie bereits im Abschnitt 2 beschrieben, nehmen die Dioxine und Furane in der aktuellen Diskussion um Umweltschadstoffe eine herausragende Stellung ein. Zahlreiche Wissenschaftler behaupten, diese Verbindungen gehörten nach heutigem Kenntnisstand zu den giftigsten Stoffen, die bei industrieller Herstellung von Produkten anfallen. Dioxine und Furane sind ubiquitär verbreitet, ihre Toxizität wird teilweise in »toxischen Äquivalenten« (TE) angegeben. Hierbei handelt es sich um eine Verrechnungseinheit, mit der die unterschiedliche Toxizität der Isomere der Dioxine und Furane rechnerisch vereinheitlicht wird.

2.9.3 Dioxinproblematik in der Gravidität

Es ist nachgewiesen worden, daß Dioxine placentagängig sind und sich schon intrauterin nennenswerte Gewebekonzentrationen ergeben (Knebusch, 1990). Die Intrauterinzeit und das erste Lebensjahr sind wegen der hohen Teilungsintensität des schnell wachsenden Gewebes die empfindlichste Zeit in der gesamten Lebensspanne. Diese Empfindlichkeit gilt besonders für Substanzen, die wie Dioxine am Zellkern angreifen.

2.9.4 Dioxinproblematik in der Neonatologie

Ein Säugling, der bei einer Stillmenge von 800 ml und 5 kg KG rund 89 pg TE TCDD/kg KG/d aufnimmt, überschreitet also während der Stillzeit den tolerablen Wert bereits um das Zehnfache.

Wenn auch der tolerable Wert für eine lebenslange Aufnahme definiert ist und damit auf den Säugling mit seiner zeitlich begrenzt erhöhten Aufnahmemenge nicht unmittelbar anwendbar ist, so muß andererseits doch berücksichtigt werden, daß ein Neugeborenes mit seinen noch in der Entwicklung befindlichen Organen als wesentlich empfindlicher gegenüber den Ultragiften eingestuft werden muß als ein Erwachsener.

2.9.5 Dioxinproblematik in der Pädiatrie

Wie stark gerade Kinder durch eine erhöhte Dioxinbelastung gesundheitlich beeinträchtigt werden können, läßt sich aus der »Kindergartenstudie« entnehmen, die der Hamburger Senat jetzt veröffentlicht hat (siehe auch Abschnitt »Kinderkrankheiten«).

2.9.6 Exposition und Dosis

Die aufgenommene kumulierte Dosis (die Körperlast, zu bestimmen als PCDD/PCDF-Gehalt im Blut oder Fettgewebe) als auch die biologisch am Zielorgan aktive Dosis, die fast nie bestimmt werden kann, stehen meist weder untereinander noch in Bezug zur Exposition in einem linearen Zusammenhang. Die aufgenommene Dosis, die z. B. im Fettgewebe zu finden ist, sagt nichts über die Belastung der Atemwege aus. Die leicht fettlöslichen Luftschadstoffe wie PCP, Dioxine und Furane tragen nur vergleichsweise wenig zur Gesamtbelastung des Körpers bei. Hauptquellen der Aufnahme sind die Fette aus der Nahrung. Es ist jedoch ein Trugschluß, daß diese Gewichtung auch eine Gewichtung in der Wirkung beinhaltet.

2.9.7 Dioxine im Fettgewebe

So sind Schadstoffe, die an Fett gebunden sind, biologisch als weniger aktiv anzusehen als freie Moleküle. Die Beurteilung muß auch die möglichen Zielorgane der Schadstoffe berücksichtigen.

Hinsichtlich allergischer Erkrankungen oder Veränderungen von Immunglobulinen der Klasse A sagt die Körperlast an Dioxinen nichts über den Angriffsort an der Oberfläche der Schleimhäute und der Haut aus. Auch Krebserkrankungen der Bronchien müssen in keinem Zusammenhang mit der Gesamtbelastung an PCDD/PCDF im Körperfett stehen, da auch hier lokale Einwirkungen der Atemluft – wie beim Zigarettenrauch – vorliegen können.

Insofern ist die Bestimmung des Dioxingehalts im Körperfett genauso ein Trugschluß wie die noch vor kurzem geltende Annahme, Chlorakne sei ein Indikator für Dioxinbelastung.

2.9.8 Toxizität der Dioxin-Isomere

Es gibt bei den Dioxinen und Furanen 210 Isomere mit stark voneinander abweichender Giftigkeit. Macht man – wie in der Kindergartenstudie – nur statistische Aussagen über Kollektive, so können die spezifischen Wirkungen der beteiligten Stoffe jedoch nicht genau angegeben werden.

2.9.8.1 Darstellung der Problematik

Aus dem oben gesagten ergibt sich eine methodische Problematik mit folgenden Tatbeständen:

- ▶ Die sehr starken Unterschiede der Giftigkeit im Isomerenspektrum der Dioxine und Furane im Vergleich zum 2,3,7,8-TCDD bestimmen einen Bereich der Giftigkeit von 10^{-1} bis 10^{-6} (Bröker et al., 1985).
- ▶ Die Anreicherung dieser Stoffe im Fettgewebe kann in homöopathischer Verdünnung bis in den Femtogramm-Bereich hinunter nachgewiesen werden. Damit ist das Problem der Nachweisbarkeit der Stoffe und ihrer Wirkungen gegeben (Beck, 1990).
- ▶ Dioxine und Furane sind ubiquitär in der Umwelt vorhanden und gelangen auf verschiedenen Wegen in den menschlichen Organismus: über die Nahrung zu 95 %, über die Atemluft zu weniger als 5 %.

Mit Sicherheit müssen zusätzlich folgende wesentliche Faktoren mitberücksichtigt werden:

- ▶ Die Eßgewohnheiten und
- ▶ die Wohnverhältnisse.

Um eine hinreichende **Risikobeurteilung** zu ermöglichen, müssen nach Schlatter (1987) 2 Aspekte berücksichtigt werden:

- Das toxische Potential der Dioxine und Furane muß festgestellt werden. Das geschieht mit Modellsystemen, in die die Kenntnisse über den molekularen Aufbau der Isomere und deren spezifische Wirkungsweise im Tierversuch eingehen, aber auch alle verfügbaren Daten über die Wirkungsweise am Menschen sind zu berücksichtigen, z. B. nach Unglücksfällen bzw. arbeitsmedizinische Erkenntnisse.
- Die Gefahrensituation muß genau definiert und beschrieben werden. Unter welchen Bedingungen sich das toxische Potential auswirken kann, ist zu untersuchen.

Auch ist die Frage zu beantworten, wo es Expositionsverhältnisse gibt, unter denen relevante Mengen an Dioxinen aufgenommen werden können, die die spezifischen Symptome verursachen. Die Problematik liegt darin, daß Dioxine und Furane ubiquitär vorkommen: Es ist sehr schwer, den jeweiligen Stellenwert bei der Krankheitsentstehung zu ermitteln, beispielsweise nach Inkorporation über die Nahrungskette, durch Holzschutzmittel, Pestizide, Emissionen der Müllverbrennung, etc.

Weiterhin muß die Frage nach den konkreten Gefahrensituationen und nach ihren Wahrscheinlichkeiten beantwortet werden. Beschränken sie sich auf Unglücksfälle mit einer definierbaren Wahrscheinlichkeit von $x < 1$, oder sind sie alltäglich gegeben mit einer Wahrscheinlichkeit von $x = 1$?

2.9.8.2 Das toxische Potential

Vergleichbarkeit der Isomere

Das toxische Potential der Dioxine und Furane leitet sich vorwiegend aus der Chlorierung der Dibenzo-Dioxine/-Furane ab. Von den insgesamt 210 theoretisch möglichen PCDDs und PCDFs weisen die sehr hoch und sehr niedrig chlorierten Isomere eine vergleichsweise geringe Toxizität auf.

Dioxine, bei denen die Positionen 2,3,7,8 mit Chloratomen besetzt sind, dann aber auch diejenigen, die bei dieser Besetzung darüber hinaus noch 1 oder 2 zusätzliche Chloratome an anderer Position haben, gehören zu den synthetisch hergestellten Substanzen mit der höchsten akuten Toxizität. Nur Bakterientoxine – wie z. B. das Botulinus-, das Tetanus-, das Diphtherie-Toxin – können noch toxischer sein, selbst als das stärkste Gift der Dioxingruppe, das Seveso-Gift 2,3,7,8-TCDD (Bröker et al.,1985).

Ein wesentliches Problem besteht darin, von der experimentell nachgewiesenen, aber sehr unterschiedlichen Toxizität bei verschiedenen Tieren auf die Toxizität beim Menschen zu schließen. Dabei besteht die besondere Schwierigkeit, daß experimentelle Ergebnisse keineswegs für alle Isomere vorliegen, da ein hoher experimenteller Aufwand viel Zeit erfordert und hohe Kosten verursacht. Vereinfachend wirkt andererseits, daß von den 210 Isomeren nur die in der folgenden Tabelle Genannten im menschlichen Fettgewebe ermittelt werden konnten. Ihre Konzentrationen liegen alle im Pikogrammbereich.

Dioxin	*Mittelwert*	*Minimum*	*Maximum*
2,3,7,8-TeCDF	2,5 pg/g	0,7 pg/g	6,0 pg/g
2,3,7,8-TeCDD	7,2 pg/g	1,5 pg/g	18 pg/g
1,2,3,7,8-PeCDF	0,4 pg/g	0,2 pg/g	1,6 pg/g
2,3,4,7,8-PeCDF	40 pg/g	10 pg/g	101 pg/g
1,2,3,7,8-PeCDD	21 pg/g	8,8 pg/g	48 pg/g
1,2,3,4,7,8-HxCDF	15 pg/g	4,8 pg/g	39 pg/g
1,2,3,6,7,8-HxCDF	17 pg/g	4,7 pg/g	47 pg/g
2,3,4,6,7,8-HxCDF	4,7 pg/g	2,1 pg/g	10 pg/g
Summe HxCDF	36 pg/g	12 pg/g	96 pg/g
1,2,3,4,7,8-HxCDD	19 pg/g	8,7 pg/g	29 pg/g
1,2,3,6,7,8-HxCDD	89 pg/g	35 pg/g	129 pg/g
1,2,3,7,8,9-HxCDD	12 pg/g	3,8 pg/g	20 pg/g
Summe HxCDD	120 pg/g	48 pg/g	178 pg/g
1,2,3,4,6,7,8-HpCDF	20 pg/g	7,2 pg/g	35 pg/g
1,2,3,4,6,7,8-pCDD	106 pg/g	39 pg/g	228 pg/g
OCDF	0,3 pg/g	0,2 pg/g	0,8 pg/g
OCDD	613 pg/g	212 pg/g	1112 pg/g

Dioxin	*Wertebereich*
TCDF	1– 10
TCDD	2– 20
Summe PeCDF	2– 100
PeCDD	2– 50
Summe HxCDF	2– 100
Summe HxCDD	10– 300
Summe HpCDF	2– 50
HpCDD	10– 250
OCDF	1– 20
OCDD	50–1500
TCDD-Äquivalente (BGA)	4– 80

Tab. 30 Konzentrationen an PCDD und PCDF im Humanfettgewebe der Normalbevölkerung in pg/g Fett (Beck, 1989)

2.9.8.3 Metabolisierung

Von den restlichen Isomeren nimmt man an, daß sie über den Stoffwechsel schnell ausgeschieden bzw. metabolisiert werden (Svensson, 1986). Über die Auswirkungen dieser Prozesse auf die menschliche Gesundheit besteht noch weitgehend Unklarheit. Im Falle der Metabolisierung sollen Dioxine und Furane ihre Giftigkeit verlieren.

2.9.8.4 Toxisches Äquivalent (TE)

Erschwerend wirkt, daß diese im menschlichen Fettgewebe vorkommende Kongeneren-Matrix hinsichtlich der beteiligten Kongenere eine sehr unterschiedliche Toxizität aufweist. Um überhaupt eine praktisch handhabbare Methode der Toxizitätsermittlung für jede beliebige Kombination aus der Gruppe der besonders toxischen Isomere zu erhalten, haben verschiedene Institute in Deutschland (BGA), in der Schweiz, in Dänemark und in den USA (EPA und Eadon) u. a. unter Verwendung ähnlicher Berechnungsmethoden Äquivalenzziffern für die Toxizität der verschiedenen Isomere festgelegt. Dadurch wird eine Summenbildung der Giftigkeit möglich.

Als Bezugsgröße mit der Äquivalenzziffer 1 (toxisches Äquivalent = 1 TE) gilt einheitlich die experimentell ermittelte LD_{50}-Dosis des 2,3,7,8-TCDD von 22–60 µg/kg KG bei Ratten. Penta-und Hexachlordioxine – wenn sie in 2,3,7,8-Stellung Chloratome enthalten – haben entsprechend dem BGA den Faktor 0,1 : d. h. die Toxizität beträgt nur noch 1/10 derjenigen des 2,3,7,8-Tetrachlordibenzodioxins.

PCDD/F	BGA (Deutschland) 1984	EPA (USA) 1986
TCDF	0,1	0,1
TCDD	1,0	1,0
PeCDF	0,1	0,1
PeCDD	0,1	0,5
HxCDF	0,1	0,01
HxCDD	0,1	0,04
HpCDF	0,01	0,001
HpCDD	0,01	0,001
OCDF	0,001	0
OCDD	0,001	0

Tab. 31: Toxizitäts-Äquivalenz-Faktoren, bezogen auf das 2,3,7,8-TCDD (nach H. Beck, 1990)

A. Problematik des toxischen Äquivalents

Zur Ermittlung der Toxizität einer bestimmten Menge eines gegebenen Isomers, z. B. von 10 pg 2,3,7,8-TCDF, wird die Menge des Isomers in Gewichtseinheiten mit dem Faktor 0,1 multipliziert: 10 pg x 0,1 = 1 pg TE TCDD. Für ein Gemisch verschiedener Isomere lassen sich nun die für die einzelnen Isomere ermittelten TE-Werte addieren. Man erhält die Gesamttoxizität des Gemisches, ausgedrückt in der Menge des 2,3,7,8-TCDDs mit gleicher toxischer Wirkung. Der wichtigste Unterschied in der Bewertung der Toxizität zwischen BGA und EPA betrifft das Pentachlordibenzofuran: TE-Faktor 0,1 bzw. 0,5

Eine vom BGA zusammengestellte Tabelle typischer menschlicher Nahrungsmittel tierischen Ursprungs mit einem Gesamtgehalt an PCDF und PCDD von ca. 88 ppt Fett würde sich allein durch eine Neubewertung mit dem Faktor 0,5 anstelle von 0,1 für das 2,3,4,7,8-PeCDF auf 111 ppt Fett, d. h. um 26 % erhöhen (Beck et al., 1989). Mit dieser höheren Bewertung seiner Toxizität würde das PeCDF zum beherrschenden Isomer bei der Giftaufnahme durch Nahrungsmittel. Neben EPA geht auch die NATO-Bewertung und die Bewertung der Kanadier von dieser höheren Bewertung aus (Knebusch, 1990). Hier sollen jedoch mit Rücksicht auf einen einheitlichen Bewertungsmodus die Faktoren des BGA verwendet werden. Man unterstellt bei den verschiedenen Isomeren einen gleichartigen Wirkungsmechanismus und ein gleichartiges toxisches Potential, in Abhängigkeit von der Anordnung der Chloratome und der Größe des Moleküls. Weiterhin werden die Enzyminduktion, die Rezeptoraffinität und Kanzerogenität bei jedem Isomer bzw. bei der Gruppe – soweit bekannt – berücksichtigt.

Toxikologen lehnen diese für die praktische Risikoabschätzung festgelegte Methode als unwissenschaftlich ab. Bezogen auf die Toxizität der Mischung aller Isomere der Dioxine und Furane, ausgedrückt in TE, weicht denn auch die Gesamttoxizität – abhängig von den verschiedenen Berechnungsmethoden – bei den Instituten bis zu einer Zehnerpotenz voneinander ab. Außer den bereits genannten Mängeln, die mit der Methode der toxischen Äquivalente notwendigerweise verbunden sind, ist zu bemerken, daß Daten über die Langzeitwirkung von Niedrigdosen für die meisten Isomere völlig fehlen (Svensson, 1986). Durch diesen Hinweis ergibt sich ein direkter Bezug zur Hamburger Kindergartenstudie, nach der 11 Laborwerte der Kinder noch 1 Jahr nach Verlassen des Kindergartens verändert waren.

B. Äquivalenzziffern des BGA

Das BGA hat für die unter toxischen Gesichtspunkten beim Menschen relevanten Dioxine und Furane, die mindestens in den Positionen 2,3,7,8 je ein Chloratom enthalten, Äquvalenzziffern festgelegt.

Nach Svensson 1986 basieren die unterschiedlichen Äquivalenzwerte der Institute auf folgenden Methoden:

Institut	**Berechnungsgrundlage**
BGA, Berlin	Akute Toxizität, Rezeptorenaffinität, Enzyminduktion, Reproduktionstoxizität, kanzerogene Effekte
EPA, Washington	Vorwiegend kanzerogene Effekte, aber auch andere toxische Effekte
Eadon	Akute Toxizität (LD_{50}-Werte)
Bundesamt für Umwelt, Bern	Enzyminduktion
Miljöstyrelsen, Kopenhagen	Enzyminduktion

Da die unterschiedlichen Berechnungsgrundlagen etwas differierende toxische Äquivalente ergeben, ist es für die praktische Arbeit wichtig, die angewandte Methode anzugeben – vor allem bei Vergleichen von Untersuchungsergebnissen. In Deutschland scheint sich die Methode des BGA infolge der Verwendung mehrerer Parameter bei der Bestimmung der TE-Werte als besonders ausgeglichen bewährt zu haben. Weiterhin muß beim Vergleich von Proben menschlichen oder tierischen Ursprungs beachtet werden, auf welche Art der Probennahme sich die ausgewiesenen Äquivalenzwerte beziehen. Da sich die 15 giftigsten Dioxine und Furane besonders im Fettgewebe anreichern, beziehen sich die meisten Probennahmen auch auf Fett. Hinsichtlich der Art der Probennahme können sich sehr stark differierende Werte ergeben.

C. No observable effect level (NOEL)

Als praktische Richtgröße für das Risiko, dem Menschen durch die Aufnahme von Dioxinen ausgesetzt sind, hat das BGA diejenige Menge des Gifts bestimmt, die erfahrungsgemäß auch bei Langzeitexposition keine erkennbaren Krankheitssymptome hervorruft. Der dadurch definierte Grenzwert ist der »no observable effect level«. Er wird im Tierversuch an Ratten bei lebenslanger Kontamination ermittelt und liegt derzeit bei 1 ng/kg KG.

Der entsprechend dem BGA für Menschen unter dem Vorsorgeaspekt als tolerabel geltende Grenzwert von 1 pg/kg KG enthält also gegenüber dem NOEL einen Sicherheitsfaktor von 1 000.

Die durchschnittliche Aufnahme der Bevölkerung an Dioxinen pro Tag liegt mit 1,3 pg/kg KG bereits über dem Vorsorgegrenzwert des BGA. Teilkollektive wie Säuglinge, Industriearbeiter und Bewohner in der Umgebung von Industrie- und Kraftwerksanlagen, die Dioxine und Furane emittieren, sind einer wesentlich höheren Belastung ausgesetzt. Die Frage der Sicherheit bei der Ergebnisübertragung vom Tierexperiment auf den Menschen ist in den letzten zwei Jahrzehnten intensiv untersucht worden.

2.9.9 Biologische Wirkungsmechanismen der Dioxine

Es gibt derzeit verschiedenste Theorien über den Ablauf von TCDD-Reaktionen im Körper:

- Ah-Rezeptor-Hypothese
- Theorie über TCDD als Schilddrüsenhormon-Agonist
- Theorie über Einflüsse des TCDD auf Vitamin-A-Menge,
- TCDD-Wirkung auf Rezeptor-Regulationen
- TCDD-Wirkung auf den Intermediärstoffwechsel (einschließlich der zugehörigen hormonellen Antworten).

Nach K. Rozman (1989) haben diese Theorien jedoch noch zu keinen schlüssigen Ergebnissen geführt. Es gibt aber inzwischen eine Fülle von Erkenntnissen über die akute und chronische Toxizität der Dioxine.

2.9.10 Letalität von TCDD

Bisher wurde kein dokumentierter Fall beschrieben, bei dem als Todesursache TCDD ermittelt wurde. Menschen sind deutlich weniger empfindlich gegenüber TCDD als einige Tierarten. Der Grund für die durch TCDD bedingte Letalität bei Ratten beruht auf einer progressiv letalen Hypoglykämie, die durch Hemmung der Glukoneogenese verursacht wird. Der metabolische Ablauf ist unter den Tierarten sehr unterschiedlich. Die Primaten hingegen weisen große Ähnlichkeiten auf. Die Annahme, daß der durch TCDD induzierte Tod bei den Primaten wie bei Ratten auf die Hemmung der Glukoneogenese zurückzuführen ist, legt nahe, daß sich die akute Toxizität gegenüber dem Menschen in der Expositionsspanne von 70–300 µg/kg KG einstellt, wie sie bei Rhesus-Affen beobachtet worden ist. Dieser Wert liegt in der Mitte zwischen dem der empfindlichsten Tierart (Meerschweinchen) und dem der unempfindlichsten (Hamster).

2.9.11 TCDD als Tumorpromotor

TCDD ist nicht ein gentoxisches Agens, auch nicht ein Krebs-Initiator, wohl aber ein *Promotor* bei der Bildung von *Tumoren.* Die Promotion bewirkt einen schwellenartigen biologischen Prozeß. Die lineare Extrapolation der Dosis-Wirkungsbeziehung ist daher eine sehr konservative Annäherung.

▶ 10 pg TE TCDD/kg KG/d stellen eine Sicherheitsgrenze gegenüber der Promotion von *Krebs, Porphyrie* und *Chlorakne* für Menschen bei lebenslanger Exposition dar.

2.9.12 Auswertung des Seveso-Unfalls

Diese Aussagen werden durch die Ergebnisse einer epidemiologischen 10-Jahres-Studie über den Seveso-Unfall 1976 gestützt, die von Bertazzi et al. (1989) veröffentlicht wurde. Sie umfaßt 30 703 Personen im engeren und weiteren Umkreis der Unglücksstelle. Nach ihr hat sich eine erhöhte Mortalitätsrate folgender Krebsarten ergeben:

- Gallenblasen-Karzinom (bei Frauen),
- Gehirntumoren
- Neoplasmatische Prozesse im Lymphgewebe
- Neoplasmatische Vorgänge bei der Hämopoese.

Es konnten jedoch keine eindeutigen Beziehungen abgeleitet werden. Bei Tumoren im Bindegewebe und bei Melanomen konnte nur ein sehr geringer Anstieg festgestellt werden. Die Mortalität bei Leber- und Brustkrebs war geringer als befürchtet.

2.9.13 Dioxin-und Furankontaminationen

Durch die genannten Emissionsquellen gelangen Dioxine und Furane über die Luft in den Boden und über die Nahrungskette auch in den menschlichen Blutkreislauf. Die Aufnahme ist, abgesehen von ubiquitär vorhandenen Mindestmengen, stark vom Standort abhängig.

Eine sehr aufschlußreiche Übersicht über den Einfluß des Standorts in der Nähe von Kupfer-Recyclinganlagen und Industriestandorten gegenüber der »Normalbelastung« gibt Beck (1990). Während die Normalbelastung der Kuhmilch im Mittel 0,9 pg TE TCDD/g Fett beträgt, liegt die Belastung in der Nähe einer Recyclinganlage bei 9,6 und in der

Industriegegend bei 2,5 pg TE TCDD/g Fett. Der Höchstwert wurde in der Nähe einer Metallschmelze mit 14 pg TE TCDD/g Fett ermittelt.

Die direkte Aufnahme aus der Luft hat unter Normalbedingungen eine untergeordnete Bedeutung (< 5 %). Der Mensch ist das Endglied der Nahrungskette. Die tatsächliche Belastung des Menschen ergibt sich aus der hohen Lipophilie bestimmter Dioxine und Furane.

Die tägliche Aufnahme von Dioxinen und Furanen mit der Nahrung hat das BGA nach dem Ernährungsbericht in TE je Person umgerechnet. Es ergeben sich die in folgender Tabelle zusammengestellten Werte.

Nahrungsmittel	*Aufnahmemenge (g/ Tag)*	*Aufnahmemenge TCDD (pg TE/ Tag)*
Fleischprodukte	38	23,5
Milchprodukte	33	28,5
Eier	3,9	4,2
Fischprodukte	1,8	33,3
Pflanzliche Öle	26	0,3
Gemüse	244	2,4
Obst	130	1,3
Mittlere Aufnahmemenge		93,5

Tab. 32: Tägliche Aufnahme von Dioxinen und Furanen mit der Nahrung (aus BGA-Ernährungsbericht, in TE / Person)

2.9.13.1 Mittlere Aufnahmemenge

Die mittlere Aufnahmemenge von 93,5 pg TE TCDD entspricht bei einem Körpergewicht von 70 kg ca. 1,3 pg TE TCDD/kg KG.
Dieser Wert resultiert aus der ubiquitären Verbreitung der Dioxine. Svensson weist darauf hin, daß alle 210 PCDD-und PCDF-Isomere, die in Rauchgasemissionen der verschiedenen Verbrennungsanlagen vorhanden sind, in nachweisbaren Mengen von Okta- und Hepta-Isomeren und 11 der 12 giftigsten Isomere in biologischen Proben – z. B. in Kuhmilch, Fisch und Robbe – wiederzufinden sind. Gleiches gilt auch für Muttermilch und humanes Fettgewebe.

2.9.13.2 Eliminierung und Halbwertszeit

Das Fehlen aller übrigen PCDD- und PCDF-Isomere in biologischen Proben wird darauf zurückgeführt, daß diese im Magen-Darm-Kanal nicht in nennenswertem Umfang absorbiert oder sehr schnell ausgeschieden werden. Die Halbwertzeit im Menschen beträgt für diese Gifte nach SVENSSON (1986) 10–15 Jahre, nach SCHLATTER (1987) 6 Jahre. Es kommt also zu einer Kumulation mit ansteigendem Lebensalter (KNEBUSCH, 1990).

Für die flächendeckende Messung der standortbezogenen Dioxinbelastung hat sich die *Kuhmilch* als *guter Indikator* erwiesen. Aus der Belastung der Kuhmilch kann auf die Dioxin-Emissionsbelastung der Umwelt geschlossen werden. Besonderes Interesse gilt dabei den Weideflächen im Umkreis von 5 km zu einem vermuteten Dioxin-Emittenten.

2.9.14 Dioxin-Risikoabschätzung

Ausgehend von der Dosis-Wirkungsbeziehung bei Tieren kann mit hinreichender Sicherheit eine Gefährdung durch Dioxine beim Menschen ausgeschlossen werden, wenn ein bestimmter Aufnahme-Grenzwert – z. Zt. nach BGA 1 pg TE TCDD/kg KG/d – nicht überschritten wird. Durch einen Sicherheitsfaktor wird hierbei das unterschiedliche Organverhalten bei Tier und Mensch gegenüber den Giften berücksichtigt.

2.9.15 Das Risiko als rechnerische Größe

Das Risiko kann zunächst ganz wertneutral als eine rechnerische Größe angegeben werden. Sie ist das Produkt aus Eintrittswahrscheinlichkeit und Schadensumfang. So wurde das Risiko in den bisherigen Betrachtungen aufgrund der genannten Forschungsergebnisse auch behandelt. Die Abschätzung technologischer und gesellschaftlicher Folgeprozesse ist aber ein viel komplexeres Unterfangen, das nur in interdisziplinärer Zusammenarbeit untersucht werden kann.

Auch die Zumutbarkeit von Risiken ist schwer quantifizierbar. Denn der einzelne Mitbürger ist in der Regel überfordert, abzuschätzen, welches Risiko er selbst einzugehen bereit ist, wenn er z. B. mit einer geplanten Müllverbrennungsanlage in seiner Nachbarschaft konfrontiert wird. Es geht um die Frage, was den Bürgern von den Entscheidungsträgern an Risikobereitschaft bzw. an tatsächlichem Risiko zugemutet werden darf. Das aber ist letztlich eine ethische Frage. Aber der Sicherheitsfaktor 1 000 bei Dioxinen für den Risikoausgleich beim Übergang vom

Tierexperiment auf den Menschen ist keine Rechengröße mehr, er ist eine Schätzgröße und drückt als solche eher die Unwissenheit bezüglich der Wirkung auf den Menschen aus.

Selbst eine so groß angelegte Studie wie die Hamburger Kindergartenstudie hatte Schwierigkeiten bei der Ermittlung der Größen Eintrittswahrscheinlichkeit und Schadensumfang. Nur in einem sehr erweiterten Gebrauch des Begriffs Ursache – mit Hilfe einer Korrelationsanalyse – konnte festgestellt werden, daß die Dioxinbelastung aus den Holzschutzmitteln »ursächlich« für die veränderten Laborparameter der Kinder war.

2.9.16 Verhütung iatrogener Umweltschäden

Die Ärzte sehen sich hier plötzlich in eine Verantwortung gestellt, die den bisher gesteckten Horizont weit übersteigt. Die gesamte Krankenhaus- und Praxis-Organisation ist jetzt aufgerufen, konkrete Maßnahmen zu ergreifen, um an exponierter Stelle im Umweltgefüge die gesundheitsgefährdenden Wirkungen dieser Gifte zu vermeiden oder zumindest zu verringern. Durch ihre Vorbildfunktion wirkt die Ärzteschaft aber auch auf der psychischen und mentalen Ebene weit über den behandelten einzelnen Patienten hinaus bewußtseinserweiternd in die Bevölkerung hinein. Gerade der kranke Mensch ist äußerst sensibel für alle Vorgänge, die mit seinem Wohlergehen zusammenhängen. Einsichten, die er hier gewinnt, wirken nachhaltig in die Zukunft hinein. Insbesondere geburtshilfliche Abteilungen haben unter diesem Aspekt eine bevorzugte Stellung, weil hier der behutsame Umgang mit dem werdenden Leben naturgemäß auf eine gesteigerte Aufnahmebereitschaft für alles trifft, was mit der Vorsorge und dem Schutz des Lebens zusammenhängt.

Einsichten und Verantwortungsbewußtsein sind unabdingbare Voraussetzungen für dieses Umdenken. Die zunächst begrenzten aber durchaus wirkungsvollen Aktionen gegen Schadstoffbelastungen im Krankenhaus oder in der Praxis können als Keimzellen eines neuen Denkens dienen. Durch Erfahrungsaustausch mit anderen Kliniken und Behörden und durch Symposien kann der punktuell erzielte Erfolg als Impuls an andere Zentren weitergegeben und so ein flächendeckendes Netz optimierter Risikobewältigung geschaffen werden. Wichtig ist, daß in Krankenhaus und Praxis nicht nur die Schadstoffvermeidung und -verringerung durchgesetzt wird, sondern daß auch die Patienten und die Mütter und Väter der Neugeborenen beraten und zu eigenem Handeln motiviert werden.

Ein weiteres Beispiel eines erweiterten Risikobewußtseins mit dem klaren Ziel einer angemessenen Bewältigung des Umweltgefährdungsproblems stellt das Kooperationsmodell der Hamburger Kindergartenstudie dar. Sie ist ein wegweisendes Modell, wie aus einem konkreten Anlaß heraus – den mit PCP und Dioxinen belasteten Kindertagesstätten – das Problem in interdisziplinärer Zusammenarbeit der Fachgremien mit den Behörden und den betroffenen Eltern systematisch aufgearbeitet wurde.

2.10 Die »FCKW-Krankheit« (Fluor-Chlor-Kohlenwasserstoff-Krankheit)

FCKW sind Fluorchlorkohlenwasserstoffverbindungen, in denen Wasserstoffatome überwiegend durch Fluor- und Chloratome ausgetauscht sind. Die flüssigen oder gasförmigen FCKW werden als Kältemittel in Kühlaggregaten, als Reinigungsmittel in der elektronischen Industrie, zum Aufschäumen von Kunststoffen und als Treibmittel in Spraydosen verwendet. 1986 kamen in Westdeutschland 112 000 t FCKW auf den Markt, weltweit 1 140 000 t. Sie sind in der Stratosphäre entscheidend mitverantwortlich für den Abbau der Ozonschicht, die dadurch die kurzwelligen UV-Strahlen nicht mehr genügend abhalten kann. Mit einer deutlichen Zunahme von *Hautkrebs* muß deshalb in Zukunft gerechnet werden. Es ist geplant, daß bis 1995 die Verwendung von FCKWs in Deutschland eingestellt wird.

2.11 Die Fettsucht

Unter Fettsucht (= Adipositas) versteht man eine übermäßige Vermehrung oder Bildung von Fettgewebe; häufig betroffen sind berufsbedingt Köche, Gastwirte, Hausfrauen u. a. Ursachen für die Entstehung einer Adipositas sind z. B. Mangel an Bewegung (zu häufiges Autofahren), Unzufriedenheit, Mangel an Zuwendung, Mißerfolgserlebnisse (Kummerspeck). Die Therapieerfolge sind meist nicht befriedigend, weil die Krankheit oft Folge einer Suchthaltung ist. Der behandelnde Arzt sollte feststellen, ob eine endokrinologische Störung oder eine Stoffwechselerkrankung vorliegt. Ein *Therapieprogramm* sollte folgende Punkte beinhalten:

- Beseitigung schädlicher Umwelteinflüsse (psychosoziales Umfeld)
- Reduzierung der Kalorienaufnahme
- Patientenunterweisung für gesunde Ernährung

- Selbsthilfegruppen
- Verhaltens-und Psychotherapie.

2.12 Die »Fluorwasserstoff-Krankheit«

Fluorwasserstoff ist ein farbloses, giftiges, stark ätzendes Gas, das im Abgas von Müllverbrennungsanlagen, Aluminiumhütten, Ziegeleien und Keramikbetrieben festgestellt werden kann. Bei der Kontamination des Menschen tritt eine *starke Reizung der Schleimhäute* auf; es entstehen *äußerst schmerzhafte Entzündungen,* die in hartnäckige Geschwüre übergehen.

Die Heilungstendenz ist sehr schlecht; die betroffenen Gewebspartien müssen möglichst rasch mit **Calciumgluconat** umspritzt werden. Bei chronischer Belastung kommt es zu Knochen-, Zahn-, Nieren- und Hautveränderungen.

2.13 Das »Formaldehyd-Syndrom (FAS)«

Formaldehyd ist ein farbloses, stechend riechendes Gas und als weltweit häufigst produzierte Chemikalie ein wichtiger Grundstoff für die chemische Industrie; die wäßrige Lösung von Formaldehyd ist **Formalin.** Formaldehyd wird als Desinfektionsmittel, besonders gegen Viren, in Kosmetika und Körperpflegemitteln und als Konservierungsstoff, z. B. in der Anatomie, gebraucht. Harnstoff-Formaldehyd-Harze werden als Bindemittel für Spanplatten und zum Verschäumen von Hohlräumen bei der Isolation von Häusern verwendet.

Die Ausgasungen von Formaldehyd aus Spanplatten und Schäumen können in Wohnungen und Büros starke körperliche Reaktionen hervorrufen; vor allem Kopfschmerzen und Atemwegsreizungen werden beobachtet.

- Werden konzentrierte Formaldehyddämpfe eingeatmet, treten an den Schleimhäuten und Lungen schwere Reizzustände auf; bei langfristiger Exposition nimmt die Sensibilisierung der Bronchien zu bis hin zu Asthmaanfällen. Bei Hautkontakten kommt es zu allergischen Reaktionen; eine krebserzeugende Wirkung wird angenommen. Für Innenräume hat das BGA einen Grenzwert von 0,1 ppm empfohlen.

2.14 Die »Häuserkrankheit« (siehe auch »Sick Building Syndrome«)

2.14.1 Begriffserklärung

Am Beispiel der sogenannten Häuserkrankheit, auf englisch auch »Sick Building Syndrome« genannt, soll gezeigt werden, wie die »bebaute Umwelt«, das heißt der bebaute Wohn-, Arbeits- und/oder Freizeitbereich zur Entstehung von Krankheiten mit sogenannten »unspezifischen Frühsymptomen« (= Beschwerden im Frühstadium) führen kann. Immer wieder kommt es vor, daß sich Menschen, die in ein neues Gebäude eingezogen sind, plötzlich krank fühlen. Die Leistungsfähigkeit ist vermindert, sie sind unkonzentriert, müde, schlapp und auch psychisch völlig verändert. Das kann unter Umständen an Umwelt-Schadstoffen liegen, die in dieser neuen bebauten Umgebung angereichert sind und nun verstärkt auf die Menschen einwirken. Alle Beschwerden und Krankheitssymptome, die dadurch entstehen, werden unter dem Begriff »Häuserkrankheit (Sick Building Syndrome)« zusammengefaßt.

2.14.2 Frühsymptome

Frühsymptome, die immer wieder im Zusammenhang mit diesem »Sick Building Syndrome« beobachtet werden können, sind beispielsweise:

- Schleimhautreizungen
- Heiserkeit
- Husten
- Atemnot
- Kopfschmerzen
- Müdigkeit
- Konzentrationsstörungen
- Leistungsschwäche
- allergische Reaktionen.

Treten alle oder mehrere dieser Beschwerden immer in einem bestimmten Haus oder in einem bestimmten Raum innerhalb dieses Hauses auf, so besteht ein begründeter Verdacht auf »Sick Building Syndrome« (»Häuserkrankheit«).

2.14.3 Gefährdeter Personenkreis

Hinsichtlich der Häuserkrankheit besonders gefährdet beziehungsweise häufig betroffen sind vor allem Menschen, die in »ungesunden« Gebäuden und Wohnungen wohnen und/oder arbeiten. Ungesunde Bauwerke sind solche, die den baubiologischen Kriterien nicht gerecht werden.

2.14.4 Vorbeugung

Aus baubiologischer Sicht gehört zu einem gesunden Bau unbedingt ein **gesunder Standort.** Dieser sollte nach Möglichkeit frei sein von Altlasten, ohne sogenannte »geophysikalische Anomalien«, möglichst fern von Industrie, Müllverbrennung, Hauptverkehrsstraßen, Kernkraftwerk und nicht neben einer Hochspannungsleitung liegen.

Wichtig sind vor allem **»gesunde Baustoffe«.** Vermieden werden sollten möglichst moderne Baustoffe wie *Asbestzementplatten, Spanplatten, oberflächenbehandelte Hölzer, Isoliermaterial, Klebstoffe, Farben* und *Teppichböden,* durch welche die Luft in Innenräumen oft nachweisbar mit typischen Umweltschadstoffen belastet sein kann.

2.14.5 Therapieansätze beim SBS

Das wichtigste ist die Prophylaxe, daß heißt das Vermeiden giftiger Baustoffe. Diesbezüglich bedenklich sind vor allem isolierte Neubauten, in denen moderne Baustoffe wie Asbestzementplatten, Spanplatten, oberflächenbehandelte Hölzer, Isoliermaterial, Klebstoffe, Farben und Teppichböden verwendet werden. Durch solche Materialien kann die Luft in den Innenräumen oft nachweisbar mit typischen Umweltschadstoffen belastet sein, die für das genannte Beschwerdebild verantwortlich sind (Friedrichsen, 1990).

Die **häufigsten SBS-Quellen** sind nach Prof. A. Schneider:

• **Spanplatten**	Formaldehyd, Phenol, Isocyanat
• **Holzschutzmittel**	PCP, Lindan, Dieldrin, Endosulfan, Dichlorfluanid, Ethylparathion, Fluorwasserstoff, Tributylzinnoxid, Furmecyclox, Carbendazim
• **Teppichböden**	Butadien, Chloroform, Chlorbenzol, Xylol, Styrol, Perchlorethylen, Tetrachlorkohlenstoff, Vinylchlorid u. a.
• **Klebstoffe**	Formaldehyd, Dimethylformamid, Phenol, Phthalsäureester, Acrylsäureester, Benzol, Chloroform u. a.
• **Kunstharze**	Anilin, Acrylnitril, Butadien, Ethylbenzol, Epichlorhydrin, Styrol, Vinylacetat u. a.
• **Farben und Tapeten**	Acrylnitril, Anilin, Benzol, Isobutanol, Isobutylacetat, Toluol, Phthalsäureester, Phthalsäureanhydrid u. a.

Die beste Therapie ist die baubiologische Sanierung mit sogenannten **»gesunden Baustoffen«.** Wichtige baubiologische Kriterien für die geeignete Auswahl von Baustoffen sind:

- Verhalten gegenüber Mikrowellenstrahlung
- Anteil radioaktiver Bestandteile
- Anteil chemischer Schadstoffe
- Verhalten gegenüber natürlichen und technischen Störfeldern
- Filterwirkung für chemische und physikalische Emissionen
- Biologische und medizinische Effekte
- Psychologische und mentale Effekte.

Ein gesunder Wohn- (und Arbeits-)platz sollte nach folgenden baubiologischen Kriterien strukturiert sein:

• **Gesunde Wohnanlage**	Abseits von Industriezentren Abseits von Hauptverkehrswegen Geringe Lärm-, Strahlungs- und Geruchsbelastung
• **Gesunder Bauplatz**	Frei von geophysikalischen Anomalien Frei von Grundwasserströmen
• **Gesunde Raumgestaltung**	Evtl. Berücksichtigung der Himmelsrichtungen Lärm- und strahlenschützende Architektur Ästhetisch-psychologische Raumplanung
• **Gesundes Baumaterial**	Holz, Lehm, Ziegel, Kalk, Stroh, Schilf, u. a. Bioglas wenig Beton
• **Gesunde Wärme- und Schallisolation**	Teppiche, Fußböden, Gardinen (keine Synthetics) Tapeten und Wände aus Naturstoffen Schränke, Tische, Kommoden aus Naturholz Bettgestell und Matratze metallfrei, Bettzeug aus Naturstoffen
• **Gesunde Elektroinstallation**	Abschirmung und Verminderung elektrischer und magnetischer Felder Netzfreischalter Kein Elektrostreß am Schlafplatz
• **Gesunde Heizung**	Atemluft trocken, kühl, staubfrei und ohne Temperaturschichtung Keine Fußbodenheizung
• **Gesunde Beleuchtung**	Möglichst natürliches Licht Möglichst keine Leuchtstoffröhren (kein Flakkern oder Brummen) Keine elektrischen oder magnetischen Störfelder

• **Gesunder Anstrich**	Keine Giftquellen in der Wohnung (Spanplatten, Holzschutzmittel, Kunststoffteppiche, Kunststofftapeten ...)
• **Gesunde Wohnluft**	Optimale Lüftungsmöglichkeiten durch gesunde Baustoffe und Isolationsstoffe Gesundes Raumklima (Temperatur, Feuchtigkeit ...)

2.15 Das »Holzschutzmittel-Syndrom (HMS)«

Das sogenannte »Holzschutzmittelsyndrom«, auch Malerkrankheit oder Fertighaussyndrom genannt, kommt vor allem in Neubauten vor, in denen Holzteile mit entsprechenden Holzschutzmitteln behandelt wurden.

Holzschutzmittel werden zur Vorbeugung und Bekämpfung von holzzerstörenden und holzverfärbenden Organismen eingesetzt. Sie sind meist Gemische und Emulsionen verschiedener Wirkstoffe, z. B. Insektizide, Fungizide, Lösemittel. Man unterteilt Holzschutzmittel in wasserlösliche und ölige.

Die wasserlöslichen Holzschutzmittel bestehen z. T. aus anorganischen Salzgemischen, die folgende Komponenten enthalten können: Kupfer, Arsen, Chrom, Silizium, Fluor u. a.

Zu den öligen Holzschutzmitteln werden die Steinkohlenteeröl- und Rohöl-Präparate und die lösemittelhaltigen Präparate mit organischen Insektiziden und Fungiziden gerechnet.

Holzschutzmittel können gesundheitsschädlich für den Menschen und die Umwelt sein. Beim Menschen steht als Gesundheitsrisiko der direkte Hautkontakt bei der Verarbeitung von Holzschutzmitteln und das Abgasen biozider Holzschutzmittelbestandteile in die Innenraumluft im Vordergrund; man sollte sie deshalb in trockenen Wohnräumen vermeiden.

Ein Zulassungsverfahren für diese Stoffe gibt es bisher noch nicht. Als *Alternative* zu Holzschutzmitteln gibt es jedoch auch andere Verfahren, z. B. das *Heißluftverfahren.*

Der subjektive Höhepunkt des Holzschutzmittelsyndroms tritt etwa sechs Jahre nach Exposition auf. Hauptaufnahmeweg ist über die Luft.

Die in folgender Tabelle aufgeführten Substanzen können dabei eine Rolle spielen, wobei wichtig ist, daß bei den Schadstoffmessungen die Grenzwerte der entsprechenden Schadstoffe, wie PCP, HCH (Lindan), Endosulfan, Chlortanolil, Dichlorfluamid, Tetrachlorphenol, TBT-Verbindungen, Phenylquecksilber-Oleate, Furmecyclox, Carbendazim, Ethylparathion, Baycarb., Phoxim, Xyligen etc. nicht überschritten werden.

- Sehr häufig sind Augenbrennen, Hautjucken und Magen-Darm-Beschwerden, verbunden mit neurologischen Symptomen wie Kopfschmerzen, Schwindel, Sprachstörungen, Polyneuropathie, Tremor und sonstigen parkinsonähnlichen Symptomen.
- Häufig sind psychiatrische Auffälligkeiten wie Antriebsstörung, Depression, Aggressivität, Vergeßlichkeit und Schlafstörungen.

Die beste *Therapie* des Holzschutzmittelsyndroms ist die *Prophylaxe:* Nach Feststellung der entsprechenden Quellen eine gezielte Sanierung und Entsorgung. Zur gezielten Ausleitungs- und Entgiftungstherapie siehe den entsprechenden Abschnitt.

2.16 Das »Hypersensibilitäts-Syndrom (HSS)«

Immer häufiger kommt es zu sogenannten Hypersensibilitäten, das heißt zu unverhältnismäßig starken Überempfindlichkeits-Reaktionen gegenüber Umweltschadstoffen.

In den wenigsten Fällen handelt es sich dabei um klassische Allergien im strengen Sinne. Umweltschadstoffe fungieren viel häufiger als *»Suballergene«,* die sogenannte suballergische Reaktionen (= Überempfindlichkeiten, bei denen der Allergietest noch negativ ist) auslösen. Chronische suballergische Reaktionen gehen nicht selten mit sogenannten subtoxischen (unterschwelligen Vergiftungs-)Reaktionen einher. Moderne Umweltmediziner gehen davon aus, daß es sich meist um eine kombinierte Wirkung aus suballergischer und subtoxischer Reaktion handelt. Potentielle Suballergene und subtoxische Substanzen in diesem Sinn können die in der folgenden Tabelle aufgeführten Stoff- und Substanzgruppen sein:

- Lebensmittelzusatzstoffe
- Antioxidationsmittel
- Antimikrobielle Mittel
- Säureregulatoren
- Konservierungsstoffe

• Farbstoffe • Aromastoffe • Geschmacksverstärker • Süßstoffe, Geliermittel, Verdickungsmittel • Stabilisatoren, Emulgatoren
• Pestizidrückstände • Düngemittel • Schädlingsbekämpfungsmittel • Pilzbekämpfungsmittel • Unkrautbekämpfungsmittel
• Inhalierte Stoffe • Tabak • Sprays: Haar-, Haut-, Schuh-, Insekten-, Medikamentensprays • Stoffe von Putzereien, Färbereien, Gerbereien • Industrielle Abgase • KFZ-Abgase • Müllverbrennungsabgase
• Kontaktstoffe • Duftstoffe (Parfums, Cremes) • Desodorants (Schweiß, Intimbereich) • Bräunungs-, Bleichmittel • Wasch-, Spül-, Putzmittel • Desinfektionsmittel (Jod, Merfen)
• Arzneimittel, chemisch-synthetisch

Tab. 33: Potentielle »Sub-Allergene« und subtoxische Stoff- und Substanzgruppen

2.17 Das »ITAI-ITAI-Syndrom«

Das Itai-Itai-Syndrom ist bedingt durch eine **überhöhte Belastung** des Organismus **mit Cadmium.** Als chronisch-endemische Massenerkrankung traten in Japan 1955 bei Frauen (Multipara) in der Menopause nach hoher Exposition mit Cadmium folgende Gesundheitsstörungen auf:

- Anämie
- Osteomalazie
- Enteropathie
- Nierenschäden
- Leberschäden

Aus Tierexperimenten ist bekannt, daß Cadmium *embryotoxische, teratogene* und auch *kanzerogene* Eigenschaften hat.

2.18 Das »Klinische-Ökologie-Syndrom« (RING)

Beim klinischen Ökologie-Syndrom, das von J. Ring (1990) beschrieben wurde, wird die Interaktion zwischen Psyche und vermeintlichen oder echten körperlichen Beschwerden deutlich.

Immer mehr Menschen suchen heute wegen polysomatischer Beschwerden, die sie z. B. auf eine Allergie gegen Umweltschadstoffe zurückführen, den Arzt auf. Die Patienten klagen über subjektive Symptome z. T. in verschiedenen Organen; die Krankheitsdauer beträgt durchschnittlich 6 Jahre.

Intensive allergologische, internistische und psychosomatische Untersuchungen ergaben folgendes:

- schwere psychosomatische Störungen (47 %)
- manifeste endogene Psychosen (10 %)
- echte allergische oder pseudoallergische Reaktionen (33 %),
- Fokalinfekt (7 %)
- Rentenbegehren (etwa 3 %).

Viele Patienten weisen eine **atopische Diathese** auf, was oftmals die Ursache für die Projektion von psychischen Problemen auf Allergien gegen Pestizide, Konservierungsstoffe, Detergenzien u. a. ist.

Diese oft schwer zu führenden Patienten erfordern große Geduld des Arztes; umfangreiche allergologische und internistische Untersuchungen müssen durchgeführt werden, um organische Krankheiten auszuschließen.

2.19 Das »KFZ-Unfall-Syndrom«

Wenn Kraftfahrzeuge bei Verkehrsunfällen in Brand geraten, werden aus Polstern, Schonbezügen, Armaturenteilen, Fußmatten und anderen Fahrzeugteilen viele giftige Gase freigesetzt.

Es kommt sehr häufig vor, daß die Unfallopfer die Aufprall- und Brandverletzungen zwar überleben, aber an Vergiftungen durch Dioxine,

Furane, Zyanide u. a. sterben. Die Autozubehör-Hersteller sind aufgefordert, den Eintrag von giftigen Stoffen in ihre Produkte zu reduzieren.

2.20 Das »Künstler-Syndrom (KS)«

Viele Maler, Bildhauer, Grafiker und Designer klagen über *chronisch rezidivierende Exantheme* an der Haut, *Atemnot, migräneartige Kopfschmerzen* und viele andere Symptome.

Eine genauere Analyse der Ateliereinrichtung (Schadstoffrückstände in Böden, Wänden, Decke, Tischen, Schränken, Stühlen etc.), der verwendeten Werkstoffe, Farben, Kleber, insbesondere aber auch der Schadstoffe in der Raumluft, zeigt zweifelsfrei, daß viele Künstler unter Bedingungen arbeiten, bei denen ein industrieller Betrieb aufgrund geltender Arbeitsschutz-Richtlinien sofort dicht machen müßte. Am Ende jedes Semesters, wenn an den Kunstakademien und Hochschulen für Kunsterziehung in den Lehrsälen aufgeräumt wird, müssen viele hunderte von Tonnen Chemikalien, Farben, Kleber, Kunststoffe als Sondermüll entsorgt werden:

Klebstoff-Spezialmischungen aus Benzin, Toluol, Xylol, Methylchlorid, Essigester, Ketonen, Aceton und Alkoholen, plastische Kunststoffe, angereichert mit kanzerogenen Weichmachern und Schwermetallen wie Blei, Kadmium, Zink, Titan und vielem mehr.

Umfragen haben jedoch gezeigt, daß diese Zusammenhänge meist zu wenig bekannt sind oder verdrängt bzw. verleugnet werden. Kunststudenten am Lehrstuhl für Kunsterziehung in München antworteten auf Befragen, ob ihnen die schlechte Luft in den Zeichen- und Malsälen nichts ausmache, «die dicke Luft gehöre eben einfach dazu, ... wo Kunst gemacht werde, ließe sich der ätzende Gestank eben oft nicht vermeiden.« ... »Daß das Zeug nicht gerade gesund sei, wüßten sie schon. Doch wie gesundheitsschädlich es wirklich sei, welche Organschäden auftreten könnten, wisse man nicht. Darüber höre man nichts in der Kunstvorlesung« ...

Stoffgemische und Schadstoffbelastungen unterliegen an der Kunstakademie ebenso wenig wie in den vielen Künstlerateliers den üblichen arbeitsmedizinischen Regelungen. Und das wirkt sich leider auch auf die Gesundheit der Künstler aus:

Fast jeder zweite bekommt im Laufe der Zeit mehr oder weniger starke Kontaktallergien an der Haut, insbesondere an den Händen, im Gesicht und am Dekolleté. Überall, wo die Künstler mit den giftigen Stoffen in

Berührung kommen, kommt es zu *Juckreiz, Hautausschlag, -brennen* und *-rötung.*

Viele bekommen beim Umgang mit bestimmten Werkstoffen regelmäßig *Hustenanfälle,* teilweise sogar akute Atemnot bis zu stärksten lebensbedrohlichen *Asthmaanfällen.* Warum das so ist, wissen sie nicht. Nicht wenige haben alle klassischen Symptome einer chronischen Lösungsmittelvergiftung, ohne die Zusammenhänge zu kennen: *Benommenheit, Kopfschmerz, Schwindel, narkotische Erscheinungen,* alles Hinweise auf nicht zu unterschätzende Störeinflüsse des zentralen Nervensystems durch Umweltschadstoffe.

Tagtäglich arbeiten Künstler mit Schadstoffen, sind umgeben von Umweltgiften, die nach dem Einatmen über die Lunge in den Blutkreislauf gelangen, um sich dann in Nerven- und Gehirnzellen, Knochenmark, Körperfett, in Leber und Niere anzureichern.

Methyl- oder Ethylacetat-Ester, Methyl-Ethyl-Ketone reizen die Schleimhäute von Augen, Mund, Rachen, Magen, machen müde, aggressiv und gereizt. **Benzol** ist **krebserregend** und narkotisierend, Xylol und Toluol verursachen Krämpfe und psychische Störungen, **Toluol** und **Methylenchlorid** sind **krebsverdächtig,** Trichlorethan und Trichlorethylen schädigen Gehirn, Leber, Nieren.
Farbstifte aus Cellulose oder Kunstharzen, Ton, Talkum und Graphit mit Farbstoffen auf Methylviolettbasis, mit Gleit- oder Bindemitteln, können zu chronischen Hautentzündungen führen. **Fettstifte** aus Farbpulver, -wachsen oder -fetten, synthetische Ölfarben mit Verdickungs-, Feuchthalte-, Konservierungsmitteln, Stabilisatoren, schwermetallhaltigen Farbstoffen und Tensiden können bei Hautkontakt oder Inhalation zu allergischen Hautreaktionen, Reizung und Schwellung der Schleimhäute, Husten, Atemnot, Kopfweh, Schwindelanfällen, Nervenreizungen und -schädigungen führen.

Treten bei Künstlern die oben genannten Symptome auf, muß eine exakte Umweltanamnese, eine gezielte Untersuchung und dann eine gezielte Schadstoffanalytik und -ausleitung durchgeführt werden.

2.21 Das »Lösungsmittel-Syndrom (LMS)«

Wie bereits im Abschnitt 2 beschrieben, versteht man unter Lösungsmitteln Flüssigkeiten, die andere Stoffe lösen können, ohne dabei chemisch zu reagieren. Neben dem Wasser kommt vor allem organischen Verbindungen hohe Bedeutung zu. Man benötigt Lösemittel für die industrielle Produktion, für Lacke, Druckfarben, Beschichtungsmittel, zum Abbeizen, Reinigen und Entfetten. In Deutschland werden jährlich etwa 2 Millionen Tonnen Lösemittel produziert.

2.21.1 Risikoquellen und -faktoren

Für viele plötzlich auftretende Beschwerden nach Baumaßnahmen können Lösungsmittel in giftigen Gasen verantwortlich sein. Solche giftigen Gase können in Spanplatten, Holzverkleidungen, Teppichböden, Klebstoffen, Kunstharzen, Farben und Tapeten stecken und von dort freigesetzt werden. Die gesundheitlichen Auswirkungen einzelner Lösemittel auf den Menschen können sehr unterschiedlich sein: Für **Benzol** und **Tetrachlorkohlenstoff** gelten z. B. Anwendungsbeschränkungen, während *Alkohole, aliphatische Kohlenwasserstoffe* und *Ketone* als weniger gesundheitsschädlich eingestuft werden.

• **Spanplatten**	Formaldehyd, Phenol, Isocyanat
• **Holzschutzmittel**	PCP, Lindan, Dieldrin, Endosulfan, Dichlorfluanid, Ethylparathion, Fluorwasserstoff, Tributylzinnoxid, Furmecyclox, Carbendazim
• **Teppichböden**	Butadien, Chloroform, Chlorbenzol, Xylol, Styrol, Perchlorethylen, Tetrachlorkohlenstoff, Vinylchlorid u. a.
• **Klebstoffe**	Formaldehyd, Dimethylformamid, Phenol, Phthalsäureester, Acrylsäureester, Benzol, Chloroform u. a.
• **Kunstharze**	Anilin, Acrylnitril, Butadien, Ethylbenzol, Epichlorhydrin, Styrol, Vinylacetat u. a.
• **Farben und Tapeten**	Acrylnitril, Anilin, Benzol, Isobutanol, Isobutylacetat, Toluol, Phthalsäureester, Phthalsäureanhydrid u. a.

Tab. 34: Übersicht über lösungsmittelhaltige Gase und deren Quellen.

Organische Lösungsmittel sind in nicht unerheblichem Maße mitverantwortlich für die Luftverschmutzung; mehrere 100 000 Tonnen entweichen in Deutschland jedes Jahr in die Luft. Dem kann entgegengewirkt werden durch Abgasreinigung und durch Verwendung lösemittelfreier und lösemittelarmer Produkte, z. B. Dispersionslacke, Pulverlacke.

- **Weitere toxische Gase** können sein:
  Kohlemonoxid, Kohlendioxid, Schwefeldioxid, Schwefelwasserstoff, Schwefelkohlenstoff, Stickoxide, Fluorwasserstoff, Chlorwasserstoff, Fluor-Chlor-Kohlenwasserstoffe (FCKW's) und Ozon. Doch auch Hausstaub kann wie ein Reiz-und Erstickungsgas wirken.

2.21.2 Symptome beim LMS:

Ähnlich wie beim Holzschutzmittel-Syndrom (HMS) und beim Sick-Building-Syndrome (SBS) kommt es sehr häufig zu *Augenbrennen, Hautjucken* und *Magen-Darm-Beschwerden,* verbunden mit neurologischen Symptomen wie *Kopfschmerzen, Schwindel, Sprachstörungen, Polyneuropathie, Tremor* und sonstigen *parkinsonähnlichen Symptomen.* Häufig sind psychiatrische Auffälligkeiten wie *Antriebsstörung, Depression, Aggressivität, Vergeßlichkeit* und *Schlafstörungen.*

2.21.3 Hirnschäden durch organische Lösungsmittel

Viele Wissenschaftler nehmen heute an, daß organische Lösungsmittel die Entstehung neurotischer Störungen bis hin zu schweren hirnorganischen Defekten entscheidend fördern können. Im Extremfall kann dies bei betroffenen Patienten sogar zur Demenz führen. Immer wieder sieht der Autor in seiner umweltmedizinischen Praxis Patienten, die jahrelang in lösungsmittelbelasteten Räumen gearbeitet oder gewohnt haben und dann in der Psychiatrie gelandet sind. Es handelt sich dann um die klassische Diagnose: »Beginnendes lösungsmittelbedingtes dementielles Syndrom und depressive Störungen«.

2.22 Die »MINAMATA-Krankheit«

Gelangt anorganisches Quecksilber aus Fabriken als Abfall in größerer Menge ins Meer, so wird es von den Mikroorganismen methyliert, kommt in die Nahrungskette und wird schließlich vom Menschen als deren Endglied beim Fischverzehr aufgenommen und angereichert. Wenn wie 1956 in der japanischen Minamata-Bucht Fische zur Hauptnahrungsquelle zählen, kann es zu schweren Vergiftungen kommen.

In Minamata kam es zu einer Massenvergiftung mit 30 % Mortalität durch quecksilberverseuchte Abwässer, die aus einer Acetaldehyd-Fabrik ins Meer gelangten. Wegen der Akkumulation des Giftes kann der Ausbruch der Krankheit erst nach Jahren erfolgen. Über 1000 Erkrankungen wurden bisher amtlich anerkannt. Etwa die sechsfache Zahl wird noch überprüft. Die Erkrankung äußert sich in Sensibilitätsstörungen (Sehen, Hören, Tasten) und in unkoordinierten Bewegungen. Derartige Unfälle haben sich auch an anderen Orten ereignet. Ein Ausbruch der Krankheit konnte jedoch durch rechtzeitige Sicherungsmaßnahmen verhindert werden.

2.23 Das »Müdigkeitssyndrom« (Chronisches Müdigkeitssyndrom, FIDS = Chronic Fatique Immundysfunction Syndrom)

Das sogenannte »Chronische Müdigkeitssyndrom«, in Frankreich erstmals als »Chronic Fatique Immundysfunction Syndrome« (FIDS) beschrieben, kommt nach neuesten Schätzungen bei etwa 1,5 Prozent der Bevölkerung vor. Das bedeutet, daß allein in Deutschland ca. 1,6 Millionen Menschen darunter leiden. Die Aufnahme der Umweltschadstoffe, die zu dieser Erkrankung führen, erfolgt vor allem über Nahrung (Lebensmittel, Wasser), aber auch über Inhalation (Luft). Schadstoffe werden auch aufgenommen über den Wohn-, Arbeits- und Freizeitbereich.

Als Haupt-Schädigungsmechanismus gilt beim »Chronischen Müdigkeitssyndrom« eine Störung der psycho-neuro-endokrinologischen Funktionsachse, einhergehend mit einer chronischen Schädigung des Immunsystems. Meßbar ist eine Verminderung der Killerzellen, die durch die entsprechenden Umweltbelastungen ausgelöst wurde.

Symptome sind eine ausgeprägte Müdigkeit, starke Erschöpfung, häufig einhergehend mit Lymphknotenschwellungen, gelegentlich mit Temperaturerhöhung, Hals-, Gelenk- und Muskelschmerzen. Weitere Begleiterscheinungen können sein: Entzündliche und infektiöse Erkrankungen, Kopfschmerzen, Schlafstörungen und Depressionen. Folgende Komplikationen sind in Zusammenhang mit dem FIDS beschrieben worden: Übergang in chronische Entzündungen, Autoimmunerkrankungen und lymphoproliferative Erkrankungen.

- Besonders wichtig ist bei Verdacht auf FIDS die **Schadstoff-analytik.** Bestimmt werden sollten gegebenenfalls die Schwermetalle *Blei, Quecksilber, Cadmium, Kupfer, Aluminium* und *Silber,* darüber hinaus unbedingt *Pentachlorphenol, PCB* und *Lindan,* bei entsprechendem Verdacht auch die *Dioxine* und *Furane.*

Die Therapie muß darauf abzielen, die entsprechenden Schadstoffquellen zu eliminieren und über entsprechende Immunmodulationsverfahren mit der Substitution entsprechender Vitamin-Mineral-Spurenelemente die Abwehr zu steigern. Dies kann auch durch die gezielte Gabe von **Immunglobulinen,** von **Thymuspräparaten,** gegebenenfalls von **Interferonen** erfolgen.

2.24 Das »Ozon-Syndrom«

Bereits in niedrigen Konzentrationen kann Ozon beim Menschen Reizungen der Schleimhäute, Lungenfunktionsstörungen und Veränderungen biochemischer Parameter hervorrufen. Der MIK-Wert für eine halbe Stunde beträgt 120 mg/m^3. Im Büro kommt es z. T. zu erheblichen Ozonemissionen, z. B. beim Fotokopieren oder beim Verwenden eines Laserdruckers.

Das Komittee zur Prüfung gesundheitsschädlicher Arbeitsstoffe der DFG hat folgende Grenzwerte festgelegt:

- In 24 Stunden dürfen Büroangestellte maximal 8mal für eine Höchstdauer von 5 Minuten einer Ozonkonzentration von maximal 0,2 ppm in der Raumluft ausgesetzt sein.
- Der Grenzwert für die Arbeitsplatzkonzentration beträgt 0,1 ppm (Globus 7/ 90).

2.25 Das »Quecksilber-Syndrom«

Quecksilber ist ein silberglänzendes, flüssiges Metall, es verdampft bereits bei Zimmertemperatur und ist leicht flüchtig. Die wichtigsten Verwendungsarten sind:

- Thermometer
- Laborchemikalien
- Quecksilberbatterien (Knopfzellen)
- Schädlingsbekämpfungsmittel
- Zahnfüllungen
- Beizmittel.

Durch vulkanische Aktivitäten, durch Verbrennungsprozesse von Kohle, Heizöl und Müll und aus Hüttenwerken gelangt Quecksilber in die Umwelt. Wird Quecksilberdampf eingeatmet, kommt es zu Schädigungen des Nervensystems, auch Zittern und Verhaltensstörungen können beobachtet werden. Große Mengen an Quecksilber gelangen über Saatbeizmittel und andere Fungizide in den Boden und von dort über Flüsse und Seen in Wassertiere. Bei einem Fischverzehr von 1 kg/Woche wird die Quecksilberaufnahme auf 0,5 mg/Woche geschätzt (DFG-Bericht).

▶ Nach einer WHO-Empfehlung sollte eine wöchentliche Höchstmenge von 0,12 mg nicht überschritten werden.

2.26 Das »Schwefeldioxid-Syndrom«

Schwefeldioxid hat in Kombination mit Staub eine *reizende Wirkung* auf Atemwege, Haut und Schleimhäute; in höheren Konzentrationen kann es zu massiven Atembeschwerden kommen.

2.27 Das »Schwefelwasserstoff-Syndrom«

Schwefelwasserstoff ist ein brennbares, farbloses, giftiges Gas, das nach faulen Eiern riecht. Während es in niedrigen Konzentrationen lediglich als Geruchsbelästigung empfunden wird, *reizt* es höher konzentriert die *Schleimhäute* und kann sogar *Nervenschäden* hervorrufen.

2.28 Das »Schwefelkohlenstoff-Syndrom«

Schwefelkohlenstoff ist eine farblose, widerwärtig riechende Flüssigkeit, die v. a. als technisches Lösemittel in der Kunstseide- und Zellwollherstellung zum Einsatz kommt. Teilweise wird es auch als Schädlingsbekämpfungsmittel verwendet. Bei längerem Einatmen selbst kleiner Mengen treten Lähmungen, Krämpfe und Sehstörungen auf.

> Magen-Darm-Störungen mit Appetitlosigkeit und Gewichtsverlust und eine gleichzeitige Erhöhung des Serum-Cholesterinspiegels können ein wichtiger Hinweis auf eine chronische Schwefelkohlenstoffbelastung sein.

2.29 Schwermetall-Syndrome

Eine »Schwermetall-Krankheit« als solche gibt es eigentlich nicht, obwohl viele Krankheiten durch Schwermetalle (mit)verursacht werden können. Im Rahmen dieses Buches werden die einzelnen Syndrome jeweils unter dem Namen des betreffenden Schwermetalls abgehandelt: So gibt es ein Zink-, Kupfer-, Mangan-, Zinn-, Chrom-, Cadmium-, Blei-, Quecksilber- und Silber-»Syndrom«.

Zu den Schwermetallen werden Zink, Kupfer, Mangan, Zinn, Chrom, Cadmium, Blei, Quecksilber u. a. gerechnet. Es sind Metalle mit einer höheren Dichte als 5 g/cm^3. Kupfer, Zink und Mangan sind als Spurenelemente in geringen Mengen lebensnotwendig; die meisten Schwermetalle wirken jedoch bei Stoffwechselprozessen hemmend, viele wirken als Gifte für Mensch, Tier und Pflanze. Bei Verbrennungsprozessen werden in großem Ausmaß Schwermetalle in die Umwelt abgegeben; in der Luft sind sie an Staub gebunden. Sie sind Summationsgifte und reichern sich über die Nahrungskette in den meisten Organismen an. Viele Schwermetalle reichern sich in menschlichen Organen an.

2.30 Das »Sick-Building-Syndrome (SBS)«

Siehe 2.14 »Häuserkrankheit«

2.31 Das »Tension-Fatigue-Syndrom« (Anspannungs-Erschöpfungs-Syndrom)

Patienten mit Umwelterkrankungen zeigen einen typischen Symptomenkomplex, der als Anspannungs-Erschöpfungs-Syndrom bezeichnet werden kann und im Erscheinungsbild der psychiatrischen Diagnose *Neurasthenie* sehr ähnlich ist (Goodwin et al., 1979).

Umweltmedizinische Untersuchungen haben gezeigt, daß die große Zunahme der verschiedenen Chemikalien in unserer Umwelt ein Hauptgrund für den deutlichen Anstieg vor allem auch psychischer Störungen ist. Man hat erkannt, daß psychosozialer Streß unter anderem die zelluläre Immunität des menschlichen Organismus beeinträchtigen kann.

2.32 Die »YUSHO-Krankheit«

2.32.1 Beschreibung

Die YUSHO-Krankheit oder Reisöl-Krankheit ist mit einem Unglücksfall in Japan 1968 verknüpft. In einer Verarbeitungsanlage für Reisöl kam es zu einer Undichtigkeit, so daß das zum Betreiben der Anlage verwendete Kanechlor 400, das im wesentlichen aus PCBs (polychlorierten Biphenylen) besteht, unbemerkt in das Reisöl übertreten konnte. Die PCBs waren bis zu 5 ppm mit Dibenzofuranen verunreinigt. Die Verunreinigung war besonders hoch (250fach höher als durchschnittlich bei technischen PCBs). Etwa 2000 Personen verzehrten das kontaminierte Reisöl und erkrankten. Dieser Vorfall ist für die Beurteilung von Umweltschadstoffen von großer Bedeutung, denn bei den ursächlichen Schadstoffen handelt es sich um Stoffe, die in großen Mengen ubiquitär verteilt sind.

2.32.2 Klinische Symptomatik

Die Krankheit äußert sich in folgenden klinischen Symptomen:

- Chlorakne
- Verfärbung und Hyperkeratose der Haut
- Alopezie
- Porphyrie
- Hypersekretion der Meibom'schen Drüsen
- Lidödeme
- Enzyminduktion in der Leber
- Erhöhte alkalische Phosphatasen und Serumtransaminasen
- Erniedrigung des Serum-Bilirubins.

Bei einem Teil des Patientenkollektivs ergab sich eine Erniedrigung von Immunglobulin A und M. Bei den Patienten mit schwerer dermatologischer Symptomatik war die Erniedrigung des IgM signifikant. Von den betroffenen Frauen hatten 13 nach dem Unglücksfall Geburten. Davon waren 2 Totgeburten. Von den 11 Säuglingen hatten 10 Chlorakne und 9 verstärkte Sekretion aus den Augen.

2.32.3 Kanzerogenität

Im Zusammenhang mit der YSHO-Krankheit wird auch die Kanzerogenität der PCBs diskutiert. 51 Jahre nach dem Vorfall waren 22 Personen verstorben. 9 von ihnen wiesen maligne Tumoren des Magens, der Leber, der Lunge und der Mammae sowie Lymphome auf (MATTHIASCHK et al., 1983).

2.32.4 Gemische von Einzelkomponenten

H. BECK (1989) weist darauf hin, daß es sich bei technischen PCB-Produkten – wie im vorliegenden Fall – um Gemische von Einzelkomponenten handelt, die nicht standardisiert sind. Von den theoretisch möglichen 209 Komponenten kommen in Humanproben 3 Komponenten vor, die allein 60 % des PCB-Gehaltes der Muttermilch ausmachen. Es sei deshalb nicht schlüssig, wenn die an einem technischen PCB-Gemisch ermittelte Toxizität als repräsentativ für die Toxizität der PCBs in reiner Form angegeben wird.

3. Umweltbedingte Krebserkrankungen

3.1 Übersicht

Wohl kaum eine Erkrankung hat in der neueren Zeit soviel Schrecken verbreitet wie der Krebs. Etwa 20 bis 30 Prozent aller Menschen sterben heute an den Folgen einer Krebserkrankung. Viele davon könnten gerettet werden, wenn ihr Krebs rechtzeitig erkannt worden wäre.

3.1.1 Umwelt als Krebsursache

Nach neueren wissenschaftlichen Untersuchungen liegen bei fünfundsiebzig bis achtzig Prozent aller Krebserkrankungen Umweltfaktoren zugrunde. Dazu gehören chemische Substanzen in der Luft, im Wasser, im Boden, in der Nahrung und in Medikamenten. Das mit Abstand größte Risiko aus der Umwelt ist das Zigarettenrauchen, das für zweiundzwanzig bis vierzig Prozent aller krebsbedingten Todesfälle verantwortlich ist.

Zu den weiteren Risikofaktoren gehört die Luftverunreinigung durch den Rauch der Industrieschornsteine, der Müllverbrennungsanlagen, der Kraftwerke, der beheizten Wohnhäuser und der Autoabgase. Auch chemische Substanzen können zu Krebs führen, entweder durch direkten Kontakt bei der Arbeit am Arbeitsplatz oder durch indirekte Aufnahme, zum Beispiel durch die Luft, das Wasser oder durch Nahrungsmittel. Spätestens seit Tschernobyl wissen Sie alle, wie gefährlich die radioaktive Strahlung ist. Doch beschränken wir uns dabei nicht nur auf die radioaktiven Strahlen. Auch Röntgenstrahlen und die zur Bräunung der Haut so geschätzten ultravioletten Strahlen, vor allem aber auch die Mikrowellen können Krebs erzeugen.

Wenn wir essen, geht es letztlich darum, der kleinsten Einheit, der Zelle, einer Einheit aus lebender Materie, Nahrung zuzuführen. Für unser Überleben ist es unbedingt notwendig, daß die Membran der Zelle richtig strukturiert und normal durchlässig ist. Beim Darm bringt eine Erhöhung der Durchlässigkeit ein verstärktes Eindringen von Darminhalt ins Innere der Zelle mit sich: Neben der unverzichtbaren Nahrung gelangen Gifte, Bakterien und Viren in die Zelle. Um eine normale Membran aufbauen zu können, muß der Körper über normales Baumaterial, sprich normale Nahrungsstoffe, verfügen.

3.1.2 Krebsfördernde Faktoren

Viele Umweltschadstoffe gelten aufgrund neuerer Untersuchungen als sogenannte »krebsfördernde Faktoren«. Dazu gehören beispielsweise Farb- und Konservierungsstoffe und andere Zusätze in Lebensmitteln wie *Zyklamate* (Süßstoffe) und *Saccharine*. Diese wurden in den USA wegen ihrer krebserregenden Wirkung bereits aus dem Verkehr gezogen, in Europa jedoch nicht. Weitere **krebsfördernde Mittel** sind *Nitrite, Nitrate, Safrol* und andere. **Lebensmittel** können auch **krebserregend** wirken, wenn sie falsch gelagert werden (PCB in der Schutzschicht von Milchvorratssilos), wenn sie raffiniert oder gekocht werden (z. B. Wiederverwendung von Frittieröl).

Manche Forscher behaupten, daß Krebserkrankungen ein besonderes psychologisches Profil eigen ist, dessen hervorstechende Züge *›Passivität‹, Mangel an Aggressivität und Lebenswillen* sind, was zur »Selbstzerstörung in der Zelle« führt. Der amerikanische Radiologe SIMONTON hat unter anderem sogenannte *»psychische Traumen«* systematisiert.

Die moderne Psychoimmunologie geht heute davon aus, daß jeder psychische oder physische Schock einen Zustand von Streß und einen Adrenalinstoß hervorrufen kann. Dadurch kommt ein kompliziertes System von Hormonausschüttungen in Gang (Nebennieren, Hypothalamus, Hirnanhang), das auf den Angriff reagiert. Falls man nun in einem solchen Moment zu Anregungsmitteln, wie Zigaretten, Alkohol oder Drogen greift, erschöpft das System vollends. Aufgrund neuerer Erkenntnisse der endokrinologischen Onkologie weiß man, daß unter Umständen ein erhöhter Hormonspiegel bösartige Prozesse beschleunigen kann, falls der Tumor über Rezeptoren verfügt, die durch solche Hormone stimuliert werden. Ein wichtiges Beispiel sind Östrogene, die das Wachstum des Corpus-Karzinoms stimulieren können.

Eine bösartige Erkrankung bedroht, stört und zerstört die Einheit von Körper, Seele und Geist. Um diese Einheit wiederzuerlangen, ist es zunächst wichtig, daß man sich bewußt mit der Krankheit auseinandersetzt, um ihr dann ganzheitlich ohne Angst zu begegnen.

3.1.3 Umwelteinflüsse bei der Tumorentstehung

Der Mensch in seiner technisch-zivilisatorischen Umwelt ist heute in verstärktem Maß Krebsnoxen ausgesetzt, die über Wasser, Luft, Boden und Nahrung auf den menschlichen Organismus einwirken. Bei der Entstehung einer Krebserkrankung handelt es sich um ein komplexes Geschehen mit vielen Ursachen und mehreren Wirkungen, das mit wissenschaftlichen Kontrollversuchen in monokausaler Betrachtung nicht hinreichend erfaßt und dargestellt werden kann. Bei jeder Krebserkrankung sollten aus umweltmedizinischer Sicht insbesondere folgende Faktoren untersucht werden:

- Umweltschadstoffe
- Lebensgewohnheiten (Rauchen, ...)
- Ernährungsgewohnheiten
- Immun-Status
- Erbliche Belastung
- Biographie (Schicksalsschläge, berufliche Situation,. ...)
- Psychische Verhaltensmuster (Aktivität, Depressivität, ...).

Interessant ist, daß bereits 1964 eine Expertengruppe der WHO zu dem Ergebnis kam, daß 75 % aller Krebserkrankungen vermeidbar sein müßten, weil sie durch äußere, umweltbedingte Faktoren hervorgerufen werden, die im Gegensatz zu den meisten inneren, körpereigenen Faktoren verändert bzw. vermieden werden können. Die äußeren Faktoren wurden definiert als die gesamte Umwelt des Menschen einschließlich Ernährung und spezifische Verhaltensweisen.

3.1.4 Moderne Untersuchungen

Störungen des Immunsystems durch Umweltschadstoffe sind nicht nur für die Entwicklung von Allergien verantwortlich zu machen, sondern auch eine mögliche Hauptursache der Krebsentstehung.

Insbesondere beim hormonabhängigen Krebs, beim Mamma-Karzinom, Ovarial-Karzinom und beim Corpus-Karzinom müssen in diesem Zusammenhang Wechselbeziehungen zwischen Umweltschadstoffen, Hormon- und Immunsystem als bedeutsam angesehen werden.

Zwei Systeme im menschlichen Körper stehen in ständiger Wechselbeziehung zwischen der Umwelt und dem inneren Körpermilieu, das **Endokrinium** und das **Immunsystem**, beide gesteuert durch das übergeordnete Zentrale Nervensystem. Untersuchungen haben gezeigt, daß Umweltfaktoren sowohl in das Endokrinium als auch in das Immunsystem eingreifen können, so daß äußerer Streß auf biochemischem Weg Krankheiten hervorruft.

Das Immunsystem eines 15jährigen Menschen weist 8 Billionen immunkompetente Zellen auf und wiegt 1,5 kg (Runow, 1986). Während früher vor allem entzündliche Prozesse bei Umweltkrankheiten untersucht wurden, sind die Abnormitäten des Immunsystems, die bei Patienten mit Umweltkrankheiten nachweisbar sind, erst in den letzten Jahren Gegenstand der Forschung geworden; insofern wird dieses Feld auch durch besonders viele widerstreitende wissenschaftliche Meinungen geprägt.

Bei entzündlichen Prozessen, die durch Umweltkrankheiten ausgelöst werden, handelt es sich zwar um Reaktionen des Immunsystems, nicht aber um biochemische Prozesse, die einen immunologischen Charakter aufweisen; denn wie auch immer die entzündlichen Vorgänge verursacht werden, das Ergebnis ist immer eine Beeinträchtigung der Funktion des betreffenden Gewebes.

Am häufigsten wird bei Umweltkrankheiten eine Veränderung der **T-Lymphozyten** in Funktion und Anzahl gefunden. Aufgrund der engen Wechselwirkung zwischen den T-Lymphozyten und dem humoralen Zweig des Immunsystems (B-Lymphozyten) wurden neben der häufigen Fehlfunktion der zellgebundenen Abwehr auch gelegentlich Abnormitäten bei den Antikörpern und im Komplement-System festgestellt, die vor allem bei Allergikern gehäuft vorkommen.

Die T-Lymphozyten können u. a. durch Nahrungsmittelgifte, Chemikalien und psychosozialen Streß in ihrer Funktion beeinträchtigt werden.

Bei den meisten klinisch-ökologischen Patienten ist die absolute Anzahl der T-Lymphozyten erniedrigt (Rea et al., 1978). Wahrscheinlich handelt es sich hierbei meist um Suppressor-T-Zellen; diese Hypothese kann allerdings z. Zt. noch nicht wissenschaftlich bestätigt werden.

3.1.5 Umweltfaktoren als Streßauslöser

Auch Streß kann durch Umweltschadstoffe (mit-)verursacht oder verstärkt werden. Dieser wiederum muß nach modernsten psychoneuroonkologischen Untersuchungen als ein wesentlicher Katalysator onkogener Prozesse angesehen werden.

Experimentelle Versuche haben gezeigt, daß Streß-Phänomene die Funktion der T-Lymphozyten beeinträchtigen. So wird z. B. die mitogene Aktivität der T-Lymphozyten erheblich reduziert, wenn man die Zellen mit Ozon in einer Konzentration von 0,4 ppm konfrontiert; diese Ozon-Konzentration wird z. B. in der Luft in Los Angeles während eines Smog-Alarms gemessen (Peterson et al., 1978). Der menschliche Organismus benötigt etwa 2 Wochen, um sich nach einer derartigen Ozon-Reaktion wieder zu erholen.

Hypothetisch muß angenommen werden, daß endogene Mediatorsubstanzen, die durch das Immunsystem aktiviert wurden, Störungen in verschiedenen Zielorganen gleichzeitig hervorrufen können. Es konnte gezeigt werden, daß Mediatorsubstanzen – z. B. Prostaglandine, Kinine,

Serotonin, Histamin, Acetylcholin – untereinander zu einer *potenzierenden Wirkung* oder zu einem *Synergismus* führen können.

Derartige Effekte von Schadstoffen sind bereits in relativ niedrigen Konzentrationen – ab 10 ng/l – nachweisbar (RUNOW, 1986); so löst z. B. Phenol und Formaldehyd in niedrigen Dosen eine konzentrationsabhängige Histaminausschüttung aus Rattenmastzellen aus.

▶ Aufgrund neuerer Forschungsergebnisse wird angenommen, daß Umwelterkrankungen als Überempfindlichkeitsreaktionen auf Umweltfaktoren aufzufassen sind, die über ein Netzwerk von verschiedenen biochemischen Wegen im Körper wirken; dabei kommt den endogenen Mediatoren eine große Bedeutung zu.

Unter Streß scheidet die Nebenniere Encephalin aus (PLOTNIKOFF, 1981). J. WYBRAN et al. nehmen an, daß T-Lymphozyten Rezeptoren für endogene Opiate – z. B. für Encephalin – aufweisen, weiterhin vermuten andere Wissenschaftler, daß Encephaline auch die Funktion der T-Lymphozyten verändern können.

Entgegen einer weit verbreiteten Ansicht weisen die meisten Patienten mit Umweltkrankheiten normale oder auch erniedrigte IgE-Werte auf; nur bei etwa 10–30 % aller Umwelt-Patienten können erhöhte IgE-Werte nachgewiesen werden. Meist handelt es sich dann um allergische Reaktionen vom Typ I (nach COOMBS und GELL).

Bei Patienten mit Chemikalien- oder Nahrungsmittel-Überempfindlichkeiten wird über ungewöhnlich niedrige IgA-Werte berichtet. Die Schutzfunktion des Immunglobulins A in Leber, Darm und Schleimhäuten vor dem Eindringen fremder Stoffe ist dann nicht mehr gegeben, so daß Antigene bzw. Allergene leichter in die Blutbahn eindringen können und so eine verstärkte Reaktion des Immunsystems im Sinne einer Sensibilisierung erfolgen kann.

3.1.6 Immunkomplexkrankheiten als Krebs-Vorstufen

Bei Arbeitern in einer Kunststoffabrik, die *Vinylchlorid* ausgesetzt waren, wurden *Immunkomplex-Krankheiten* beobachtet (WARD, 1976). Bei organischen Lösungsmitteln wurde vereinzelt als Immunkomplex-Krankheit eine akute Glomerulonephritis festgestellt.

Ratten wiesen unter experimentell erzeugter Immunkomplex-Krankheit signifikant häufig Immunkomplex-Depots im Plexus chorioideus mit zugehörigen typischen Verhaltensänderungen auf (HOFFMAN et al., 1978). Diese Beobachtung erklärt möglicherweise die psychischen Veränderungen, die bei einigen Patienten mit Lupus erythematodes oder anderen

Autoimmunkrankheiten sowie auch bei Umweltkrankheiten festgestellt werden.

3.1.7 Krebsrisiko

Das Risiko eines Menschen, an Krebs zu erkranken, hängt vor allem von 2 Faktoren ab, vom Einfluß krebserzeugender Schädigungen von außen und von der Antwort der Körperzellen auf das kanzerogene Agens. Eine chemische Substanz wird erst in Verbindung mit einer Körperzelle kanzerogen. Aber schon eine Zelle reicht aus, um in einem empfindlichen Wirtsorganismus einen Tumor zu erzeugen.

3.1.8 Mechanismen der Krebsentstehung und -ausbreitung

3.1.8.1 Initiierung und Promotion

Die Entstehung von latenten Tumorzellen wird als Initiierung, die eigentliche Tumorentstehung als Promotion oder Kokanzerogenese bezeichnet. Während die Initiierung irreversibel ist, handelt es sich bei der Promotion um einen *reversiblen Prozeß.*

3.1.8.2 DNA-Veränderungen bei der Initiierung

Man nimmt an, daß es bei der Initiierung zu einer molekularen Veränderung der DNA kommt. Diese These wird gestützt von der Beobachtung, daß initiierte Zellen bis zu einem Jahr nach der Initiierung noch promoviert werden können. Die initiierungsbedingten Veränderungen der DNA werden offensichtlich von Zellgeneration zu Zellgeneration weitergegeben.

Die Tatsache, daß die Promotion noch reversibel ist, hat eine große medizinische Bedeutung:

> Kann die Exposition mit einem Promotor noch gestoppt werden, bevor die initiierten Körperzellen die Fähigkeit gewinnen, sich auch in Abwesenheit der Promotoren zu teilen, dann konnte die Tumorbildung verhindert werden. Berücksichtigt man, daß die meisten »Krebsgifte« nicht Initiatoren, sondern Promotoren sind – z. B. die Dioxine und Furane –, wird deutlich, welch große präventive Aufgabe und Verantwortung auf Umweltmediziner in dieser Frage zukommt.

Das Konzept der Tumorpromotion wurde von Rous, Berenblum und Motram in den 40er Jahren entwickelt; es dient zur Erklärung des Phänomens, daß das Bestreichen der Haut mit Crotonöl die Anzahl von Hauttumoren deutlich erhöhte, wenn vorher mit einer Dosis des Kanzinogens Benzopyren behandelt wurde. Heute werden ähnliche sequentielle Kombinationseffekte in Leber, Harnblase, Pankreas, Colon und Lunge, aber auch bei gynäkologischen Karzinomen, auf die gleiche Weise erklärt.

3.1.8.3 Kurzzeittests

Die Testung von Umweltfaktoren auf promovierende Wirkung ist im kompletten Dosis-Zeit-Protokoll sehr aufwendig. Häufig werden deshalb nur Kurzzeittests für die promovierende Wirkung durchgeführt. Ein wesentlicher Nachteil von Kurzzeittests ist, daß bei negativen Resultaten nicht auf fehlende Karzinogenität geschlossen werden kann. Ein anderes forschungsspezifisches Problem liegt darin, daß für die Ermittlung der gesetzlichen Toleranzgrenzen für Promotoren lediglich die Toxizitätsuntersuchungen der Einzelsubstanzen herangezogen werden.

Nur vergleichsweise selten werden Kombinationstests durchgeführt, obwohl z. B. für Benzpyren bekannt ist, daß sich seine Wirkung durch viele verschiedene Begleitstoffe im Smog der Städte auf das 600fache erhöhen kann.

Die experimentelle Erarbeitung von Erkenntnissen zum Wirkungsmechanismus von Promotoren und die Hypothesenbildung zum Mechanismus ihrer Wirkung steht noch am Beginn ihrer Entwicklung.

Bei der chemischen Kanzerogenese handelt es sich um einen dosis- und zeitabhängigen Prozeß. Die Wirkung eines Kanzerogens im Tierexperiment hängt von vielen Faktoren ab: Tierspezies, Tierstamm, Geschlecht, hormonales Gleichgewicht, Ernährung, Haltungsbedingungen und andere.

3.2 Häufige Krebsformen in der Umweltmedizin

3.2.1 Mamma-Karzinom (Brustkrebs)

3.2.1.1 Häufigkeit und Verbreitung

Jährlich werden bei 15 000 Frauen in der Bundesrepublik Tumore in der Brust festgestellt. Diese Krebszahl wäre vermeidbar gewesen, wenn die Frauen regelmäßig und damit rechtzeitig zur Krebsfrüherkennung gegangen wären. Bei einem früh erkannten Krebs der Brustdrüse beträgt die Heilungschance 98 Prozent, bei einem später erkannten Brustkrebs nur noch 46 Prozent. Ab dem 20. Lebensjahr sollte daher jede Frau mindestens einmal jährlich eine Untersuchung der Brust durch den Arzt machen lassen. Dafür stehen verschiedene Methoden zur Verfügung.

Der Brustkrebs ist in der westlichen Welt der häufigste bösartige Tumor der Frau. Das Mammakarzinom hat eine hohe Inzidenzrate in Nordeuropa und Nordamerika gegenüber einer deutlich geringeren in Südostasien und Japan. In den letzten Jahren wurde aber in Japan ein deutlicher Anstieg der Brustkrebsinzidenz festgestellt.

> Allein in der Bundesrepublik erkranken jährlich ca. 30 000 Patientinnen mit weiterhin steigender Tendenz. 1991 starben in den alten Bundesländern 15 043 Patientinnen am Brustkrebs, verglichen mit 5 483 Frauen im Jahre 1952.

In fast allen Ländern haben sowohl die Sterblichkeit (Mortalität) als auch die Neuerkrankungsrate (Inzidenz) in den letzten Jahrzehnten stark zugenommen. Starben in der alten Bundesrepublik 1968 noch 31,1 Frauen je 100 000 Einwohner an Brustkrebs, so ist diese Rate 1991 auf 45,3 je 100 000 angewachsen. In den letzten Jahren scheint die Mortalität zu stagnieren, was man den Behandlungserfolgen und den vermehrten Vorsorgeuntersuchungen zugute schreiben kann.

In der Bundesrepublik herrscht ein geographisches Gefälle von Nordrhein-Westfalen und Rheinland-Pfalz (über dem Bundesdurchschnitt) nach Bayern (unter dem Bundesdurchschnitt). Diese Daten beziehen sich aber nur auf die Todesfälle, nicht auf die Neuerkrankungen. Da in Deutschland Krebs-Neuerkrankungsfälle flächendeckend nur in Saarland und Hamburg (erfassen nur 5 % der bundesdeutschen Gesamtbevölkerung) registriert werden, lassen sich Aussagen über einen von Klinikern beobachteten Erkrankungsgipfel bei immer jüngeren Patientinnen nicht verifizieren. Gesichert ist, daß die Sterbehäufigkeit bis ins höchste Alter zunimmt, d. h. das Risiko, an Brustkrebs zu erkranken, steigt mit dem Alter an.

Aufgrund der Zunahme der Lebenserwartung ist abzuschätzen, daß jede 8. Frau im Laufe ihres Lebens am Mammakarzinom erkrankt, vor 50 Jahren traf es in den USA nur durchschnittlich jede 16. Frau.

3.2.1.2 Risikofaktoren

Allgemeine Risikofaktoren für Brustkrebs sind:

- Frühe Menarche
- Kinderlosigkeit
- Späte erste Schwangerschaft
- Späte Menopause
- Fehlende Gestagenwirkung
- Gutartige Brusterkrankungen
- Erbliche Belastung
- Starkes Übergewicht nach der Menopause.

Epidemiologische Studien haben gezeigt, daß ein hoher Fettanteil in der Ernährung und starker Alkoholkonsum die Entstehung von Mammakarzinomen fördern kann. Ob die Einnahme von Kontrazeptiva das Krebsrisiko erhöht, ist noch nicht erwiesen. Eine höhere Zufuhr von Vitamin A und eine ausreichende Selenversorgung reduzieren dagegen das Risiko.

Kritisch diskutiert wird unter Forschern die Frage, inwieweit die Zunahme der Krebsfälle auf verbesserte medizinische Diagnostik und mehr Erfahrung bei den untersuchenden Ärzten zurückzuführen ist. Hierüber gibt es sehr unterschiedliche Meinungen, wie weiter unten aufgeführt.

Eine internationale Forschergruppe argumentiert, die stete Zunahme an Neuerkrankungen an Brustkrebs über das letzte halbe Jahrhundert könne nur in geringem Maße durch vermehrte und verbesserte Mammografie erklärt werden (Harris, Lippman, Veronesi, Willett; NewEngJMed 1992;327/5:319–28).

Bei der Erforschung der eigentlichen Ursachen des Brustkrebses tappt die Wissenschaft noch sehr im Dunkeln. Man ist sich einig darüber, daß viele Faktoren bei Entstehung des Brustkrebses beteiligt zu sein scheinen.

3.2.1.3 Genetische Faktoren

Nach Maass 1994 dürften überwiegend vererbte genetische Defekte und »Faktoren des Lebensstiles« zur Entstehung des Mamma-Karzinoms beitragen. Unter letzteren sind Umwelteinflüsse im weitesten Sinne zu verstehen: Von der natürlichen Umwelt (Boden, Wasser, Luft) über die soziale Umwelt (z. B. Beruf, Familienstand), persönlichen Umwelt

(Trink- und Eßgewohnheiten, Rauchen) bis hin zur intrauterinen Umwelt des Ungeborenen.

Hinsichtlich des genetischen Risikos diskutiert man derzeit als mögliche Ursache einen genetischen Defekt am Chromosom Nr. 17. Dies scheint vor allem bei jungen Patientinnen eine große Rolle zu spielen. Allerdings sind nur etwa dreißig Prozent der Brustkebs-Patientinnen einer Risikogruppe zuzuordnen.

Aufgrund epidemiologischer Untersuchungen ist seit langem bekannt, daß große Unterschiede in der Erkrankungshäufigkeit zwischen westlichen Industriestaaten und Entwicklungsländern, aber auch Japan bestehen. Frauen in den USA haben ein bis zu siebenfach höheres Risiko, ein Mammakarzinom zu entwickeln, verglichen mit Frauen in Japan. Diese Unterschiede machen sich vor allem nach den Wechseljahren bemerkbar: In Japan sinkt die Erkrankungshäufigkeit nach dem 50. Lebensjahr, während sie im Westen weiter ansteigt.

3.2.1.4 Alkoholkonsum

Daß auch starker Alkoholkonsum das Brustkrebsrisiko leicht erhöht, ist seit längerer Zeit bekannt. Amerikanische Forscher fanden jetzt heraus, daß ein Alkoholkonsum von durchschnittlich 30 g Ethanol pro Tag (etwa 2–3 Drinks) den Spiegel mehrerer Hormone, u. a. des Östrogens, welches unter Umständen das Brustkrebswachstum fördern kann, deutlich erhöht (Reichman et al., 1993). Als Auslösemechanismus für den Krebs kann das aber nicht gewertet werden.

3.2.1.5 Ernährung

Untersuchungen an japanischen Emigranten nach Nordamerika zeigten eine rasche Anpassung der Erkrankungsrate an das Gastland. Genetische Faktoren können dafür nicht verantwortlich sein, eher westlicher Lebens- und Ernährungsstil.

3.2.1.6 Kalorienzufuhr

Interessant sind auch eindeutige Zusammenhänge zwischen Kalorienzufuhr und Brustkrebsrate: Schon in den 60er Jahren fand man heraus, daß in westlichen Ländern hohe Kalorien- und Fettzufuhr mit hoher Brustkrebsrate korreliert. Daraufhin schätzte man, daß bei einer Reduktion des Fettverzehrs um die Hälfte auch die Brustkrebsrate um die Hälfte abnehmen könnte (Kohlmeier 1991).

3.2.1.7 Fettmenge

Auch haben einige Kohorten- und Fall-Kontrollstudien Zusammenhänge zwischen hoher Fettaufnahme und einer erhöhten Brustkrebsrate gefunden. (Whittemore 1993, Willett et al.; Jama 1992). Plausibel würde dieser Zusammenhang dann, wenn man zeigen könnte, daß Fett eine biochemische Mittlersubstanz (»mediator«) im Brustkrebs beeinflußt.

3.2.1.8 Sättigungsgrad der Fettsäuren

Umstritten ist auch, ob die gesättigten Fettsäuren durch Kohlenhydrate, mehrfach oder einfach ungesättigten Fettsäuren ersetzt werden sollen. Möglicherweise kommt der Ernährung während der Jugend, wenn das Brustfettgewebe schnell wächst eine größere Bedeutung zu als eine fettreiche Ernährung im Erwachsenenalter. Zum Beispiel entwickeln asiatisch-amerikanische Frauen, die im Westen geboren wurden oder die während ihrer Kindheit in die USA ziehen, häufiger Brustkrebs als Frauen, die erst als Erwachsene emigrieren (Shimizu et al., 1991).

3.2.1.9 Vitaminmangel

Über die Rolle von Vitaminen und Antioxidantien bei der Brustkrebsentstehung wurden jüngst zwei große Studien mit unterschiedlichen Ergebnissen veröffentlicht: Eine chinesische Studie an 30 000 Erwachsenen ergab ein allgemein vermindertes Krebsrisiko durch eine Ergänzung der Nahrung mit einem Kombinationspräparat aus β-Karotin, Vitamin E und Selen. Allerdings handelte es sich bei den Teilnehmerinnen um äußerst schlecht ernährte Probandinnen, bei denen Vitaminpräparate möglicherweise stärker wirken als in westlichen Ländern (JNatCancerInst 1993).

In einer prospektiven Studie an 90 000 Frauen in den USA von Hunter et al. fand sich kein protektiver Effekt von hochdosiertem Vitamin C oder E. Niedrigdosiertes Vitamin A schien das Risiko für Brustkrebs sogar zu erhöhen (NEnglJMed 1993).

Fettsucht hat ebenfalls einen sehr schwachen Anstieg des Risikos zur Folge, allerdings nur nach dem Wechsel. Bei jungen Frauen wird einem erhöhten Gewicht ein schützender Effekt zugesprochen, was wohl auf Unregelmäßigkeiten der Periode zurückzuführen ist.

Zusammenfassend läßt sich sagen, daß hinter der Ernährung andere Risikofaktoren des Lebensstiles und der Industrialisierung für den Brustkrebs mitverantwortlich sein könnten.

3.2.1.10 Endokrine Faktoren

In letzter Zeit wird vermehrt über den Hormonhaushalt bei Brustkrebspatientinnen geforscht. So ist z. B. auffällig, daß in China die Frauen erst mit 17 Jahren geschlechtsreif werden, während z. B. in den USA die Frauen schon mit durchschnittlich 12,8 Jahren die erste Regelblutung erfahren.

Kinderlosigkeit und ein *spätes Alter bei der Geburt* des ersten Kindes (über 30 Jahre) *erhöhen* das *Brustkrebsrisiko*, während eine Entfernung der Eierstöcke vor dem 35. Lebensjahr oder ein Einsetzen der Menopause vor dem 45. Lebensjahr das Risiko mindern.

3.2.1.11 Familiäre Belastung

Anerkannt als Riskofaktor ist auch eine familiäre Belastung durch Brustkrebs. Allerdings sind alle diese anerkannten Risikofaktoren nur mit einem geringen Risikoanstieg verbunden. Das größte Risiko haben genetisch vorbelastete Frauen. Sie erkranken etwa 4–6 mal häufiger als nicht belastete.

Wie schwierig und widersprüchlich das Konzept der Risikofaktoren ist, beweist eine Studie des Engländers Kalache, der 1993 herausfand, daß das Alter bei der letzten Schwangerschaft einen stärker schützenden Effekt vor Brustkrebs hat als das Alter bei der ersten Schwangerschaft.

3.2.1.12 Schwangerschaft

So ist es durchaus vorstellbar, daß Schwangerschaft zwei gegensätzliche Einflüsse auf den Brustkrebs hat: Einen *schützenden Effekt* für die gesunde Brust durch Induktion der Differenzierung der Stammzellen und somit weniger Angriffsfläche für die Karzinogenese und einen *nachteiligen Effekt* durch Beschleunigung des Wachstums noch verborgener Krebszellen (Miller, 1993).

3.2.1.13 Die »Pille«

Auch die Benutzung *oraler Kontrazeptiva* scheint das Brustkrebsrisiko leicht zu erhöhen, ebenso die Anwendung von *Östrogen-Zusätzen* (Hormonersatz) nach dem Wechsel. Interessant ist das Ergebnis einer schwedischen Statistiker-Studie: Dort fand man heraus, daß die Überlebensraten von Patientinnen mit prämenopausalem Brustkrebs, die mit dem Gebrauch von oralen Kontrazeptiva vor ihrem 20. Lebensjahr begannen, signifikant niedriger waren als bei Frauen, die nie die »Pille« benutzten oder erst spät damit begannen (Anticancer Res., 1988).

3.2.1.14 Stillen

Stillen scheint das Risiko für Brustkrebs etwas zu verringern. Eine großangelegte Fall-Kontroll-Studie mit 5 878 Brustkrebspatientinnen und 8 216 Kontrollpersonen in den USA ergab, daß Frauen vor der Menopause, die gestillt haben, ein geringeres Risiko haben als Frauen, die nicht stillten (Newcomb et al., 1994). Eine andere Studie aus Großbritannien ergab, daß das Risiko mit zunehmender Stillzeit abnahm (Chilvers, U.K.,1993).

3.2.1.15 Intrauterine Faktoren

Auch intrauterine Faktoren werden mit Brustkrebs in Verbindung gebracht: A. Ekbom von der Universität Uppsala fand heraus, daß die Nachkommen von Frauen, die während der Schwangerschaft an Eklampsie bzw. Präeklampsie litten (ein Krankheitsbild mit Krämpfen, Hochdruckkrisen mit z. T. Bewußtseinsverlust, Ödemen und Eiweißkörpern im Urin) seltener an Brustkrebs erkranken als errechnet. Bei dieser Krankheit ist der Spiegel von Östrogen bei der Schwangeren sehr niedrig.

Wenn eine veränderte hormonelle Situation im Uterus für Brustkrebs prädisponiert, müßte man Anomalien in anderen Strukturen, die ebenfalls hormonell beeinflußt werden, erwarten, z. B. im Zentralnervensystem. Mit dieser Vorstellung gelang es schwedischen Forschern, bei Frauen mit Brustkrebs signifikant häufiger als erwartet eine cerebrale Asymmetrie zu finden: Normalerweise ist der linke Okzipitallappen etwas größer und reicht weiter nach hinten. Bei diesen Patientinnen war es umgekehrt (Sandson, 1992). Die Hypothese, daß Brustkrebs bereits im Uterus entsteht, wurde zum erstenmal von Trichopoulos 1990 öffentlich vertreten.

Nach C. Lauritzen (1989) kann zur Zeit nicht exakt abgeschätzt werden, inwieweit Umweltgifte das Risiko der Brustkrebserkrankung erhöhen; er hält es aber für möglich, daß bald begründete Empfehlungen für Frauen zur Herabsetzung des Brustkrebsrisikos gegeben werden können.

3.2.1.16 Schädigende Umwelteinflüsse

A. Östrogene in der Umwelt

Interessant ist die Tatsache, daß unsere Umwelt immer stärker von Östrogenen durchsetzt ist: Soja als größte Quelle von sogenannten Phyto-Östrogenen erfreut sich als Fleischersatz zunehmender Beliebtheit. Synthetisches Östrogen (Pille) gelangt via Abwässer ins Grundwasser, der Verbrauch von östrogenhaltigen Molkereiprodukten hat ebenfalls enorm zugenommen.

Aus Plastikbehältnissen entweicht das synthetische Östrogen Bisphenol-A (BPA) und bei vielen Schadstoffen, z. B. PCB's, Organochlorverbindungen (in Pestiziden), Heptachlor, Atrazin, polyzyklischen Kohlenwasserstoffen (PAH) sowie Verbrennungsrückständen wird eine östrogene Wirkung beobachtet.

Dabei ist anzunehmen, daß sehr viele chemische Substanzen östrogen wirken, ohne daß man es bis jetzt weiß: Es gibt sozusagen überraschende Orte östrogener Aktivität (Krishnan, 1993). Beispielhaft sei nur an den häufigen Plastikzusatz *Nonylphenol* verwiesen, bei dem erst 1991 eine östrogene Wirkung gefunden wurde, oder an die Freisetzung von Bisphenol-A aus Labor-Plastikkolben bei der Reinigung. Die Ansicht, »die Menschen lebten jetzt in einer Umwelt die man als einen richtigen **Östrogen-See** bezeichnen könnte, ist keine Außenseitermeinung (Sharpe et Skakkebaek, 1993; Focus, 1994; Science News, 1993).

Östrogene wirken zwar nicht direkt gentoxisch bzw. mutagen, durch ihre wachstumsfördernde Wirkung auf das Brustgewebe verkürzen sie aber die Periode, die zur Reparatur von alltäglichen Genschäden von jeder Zelle benötigt wird und erhöhen damit die Wahrscheinlichkeit, daß ein Schaden in der Erbsubstanz nicht mehr repariert werden kann und eine erste entartete Krebszelle entsteht. John A. McLachlan (1993) vom National Institute of Environmental Health Sciences in North Carolina, USA, geht sogar soweit, eine chronische Exposition auch gegenüber schwachen Umweltöstrogenen als Risikofaktor für Brustkrebs zu bezeichnen. Generell ist die von den amerikanischen Forschern Henderson und Pike zum erstenmal veröffentlichte These, wonach viele Menstruationszyklen den Brustkrebs fördern, immer noch gültig.

So wird zum Beispiel angenommen, daß junge adipöse Frauen öfter anovulatorische Phasen haben und deshalb eher geschützt sind.

B. Radioaktive Strahlung

Auch radioaktive Strahlung wird zu den Risikofaktoren für Brustkrebs gezählt. Schon 1965 berichtete der Kanadier Mackenzie über Brustkrebsfälle 15–20 Jahre, in 4 von 40 Fällen sogar über 20 Jahre nachdem die Patientinnen wegen einer Lungentuberkulose mehrfach, z. T. 200 mal in 4 Jahren durchleuchtet wurden (Br.J. Cancer, 1965, siehe auch: Radiat. Res., 1991, Cancer Res., 1989)

Seitdem wurde über erhöhte Brustkrebsraten in folgenden Zusammenhängen berichtet:

- nach Bestrahlung akuter Brustentzündung post partum (J.Nat.Cancer I., 1977; J.Nat.Cancer I., 1986)
- bei Überlebenden der Atombombenabwürfe in Hiroshima und Nagasaki (J.Nat.Cancer Inst, 1977; Radiat. Res., 1987)
- nach niedrig-dosierter Kopfhautbestrahlung von Kindern mit Tinea capitis, einer Pilzerkrankung (Lancet, 1989)
- nach Bestrahlung der Brust für verschiedene, nicht bösartige Erkrankungen (Fibroadenomatose, akute und chronische Brustentzündung und Brusthypertrophie) (Cancer, 1977)
- nach Bestrahlung einer vergrößerten Thymusdrüse in der Kindheit (New Engl. J. Med., 1989).
- nach Strahlenbehandlung bei Morbus Hodgkin (J.Nat.Cancer Inst., 1993).

Die meisten dieser Forschungsarbeiten zeigen ein erhöhtes Risiko für Brustkrebs zumeist für junge Frauen, d. h. zum Zeitpunkt der Bestrahlung unter 40 Jahren.

Interessant ist, daß die Latenzzeit bis zum Auftreten des Krebses häufig 15 Jahre und mehr dauerte, d. h. das Risiko stieg 15 Jahre nach der Behandlung dramatisch an (J.Nat.Cancer Inst., 1977; J. Nat. Cancer Inst., 1993).

Bei jungen Frauen ist das Brustgewebe offensichtlich für die schädlichen Strahlen sehr empfänglich, was sich bei Überlebenden der Atombombenabwürfe ebenso zeigt wie bei klinischen Studien. Allerdings zeigt ein Vergleich von Frauen, die zwischen 1920 und 1950 in Schweden wegen gutartiger Brusterkrankungen (Fibroadenomatose, chronische und akute Brustentzündung) bestrahlt wurden mit Frauen, die nicht bestrahlt wurden, daß auch Frauen, die zum Zeitpunkt der Behandlung älter als 40 Jahre waren, einem statistisch signifikant erhöhten Risiko für Brustkrebs unterliegen (Mattsson et al., 1993).

Daneben gibt es deutliche Hinweise, daß das Risiko linear mit der applizierten Strahlendosis ansteigt. Da prinzipiell jede Strahlendosis krebsauslösend sein kann, ist diese Beobachtung durchaus nachvollziehbar.

3.2.1.17 Mammographie

Vor dem Hintergrund dieser Zusammenhänge muß auch die Diskussion um den Nutzen von Mammographie-Untersuchungen gesehen werden. Unstrittig ist, daß die Mammographie die Sterblichkeit an Brustkrebs um mindestens 25 % gesenkt hat. Verschiedene amerikanische Gesellschaften, u. a. die amerikanische Gesellschaft für Krebs (Cancer society), und die amerikanische Radiologie-Gesellschaft (American College of Radiology) empfehlen eine jährliche Mammographie-Untersuchung für alle Frauen über 50, und im 1–2 Jahresabstand auch für Frauen zwischen 40 und 50 Jahren.

- Andere, z. B. die U.S Preventive Services Task Force, empfehlen erst ab 50 Jahren Mammographien. Gerade die Vorsorgemammographie bei Frauen unter 50 ist heftig umstritten.

Während Ingrid Schreer von der Uni-Klinik Hamburg die Empfehlung aus der Deutschen Mammographie-Studie, Frauen ab dem 40. Lebensjahr jährlich mammographisch zu untersuchen, aufrechterhält (Gynäkologe 1994), kommt der Wuppertaler Radiologe Gerhard Schneider zu dem Schluß, daß unterhalb vom 45. Lebensjahr von der Mammographie Abstand genommen werden sollte, da »hierbei das Risiko den Nutzen zu überwiegen scheint« (Schneider, G., 1993).

- Tatsächlich ist wissenschaftlich ein Nutzen eines jährlichen Mammographie-Screenings bei Frauen unter 50 Jahren nicht bewiesen, wie eine Analyse der größten 8 klinischen, zufallsverteilten Studien ergeben hat (JNatCancerInst 1993;85:1619–21 <editorial>).

Zu überlegen ist auch, daß mehrere negative Ergebnisse Frauen zu der Einstellung verführen könnten, daß sie nie Brustkrebs erleiden und deshalb weiteren Untersuchungen fernbleiben (Harris, JNatCancerInst 1993;85:1795).

Zu einem überraschenden Schluß kommt eine Studie des Pathologen Willem den Otter: Er vertritt den Standpunkt, daß es günstiger sei, genetisch vorbelastete Frauen, d. h. Risikopatientinnen von der Mammographie auszuschließen, da die Bestrahlung von Patienten mit einem vererbten Krebsgen (z. B. Retinoblastom) extrem karzinogen wirke: Der Prozeß der Krebsentstehung werde um eine Stufe verkürzt. Diese Frauen sollten vielmehr ab dem 20. Lebensjahr jährlich mit **Palpation** und **Sonographie** untersucht werden. Diese überschaubare Patientinnen-Gruppe trage das größte Risiko eines strahleninduzierten Brustkrebses (Anticancer Res., 1993).

Aus umweltmedizinschen Gesichtspunkten ist eine Indikation zur strahlenbelastenden Mammographie-Untersuchung sehr streng zu stellen. Andererseits muß berücksichtigt werden, daß gerade der Brustkrebs bei jungen Frauen überaus schnell wachsen kann und in den letzten Jahren die Apparate besser und sicherer geworden sind.

3.2.1.18 Rauchen

Zusammenhänge wurden auch zwischen der Brustkrebsmortalität und dem Verkauf von Zigaretten in den USA gefunden. Widersprüchlich sind die Ergebnisse von Studien, die einerseits einen protektiven Effekt (De Waard et al., 1988), andererseits einen krebsauslösenden Effekt fanden (Horton, 1992; Lemon, 1992). Auch das amerikanische Gesundheitsministerium will sich nicht festlegen.

3.2.1.19 Elektromagnetische Felder

In letzter Zeit wird auch über Elektromagnetische Felder und Brustkrebs berichtet: Elektromagnetische Felder und Nachtlicht hemmen die Melatonin-Ausscheidung aus der Hypophyse, Melatonin wiederum hemmt das Wachstum von Brustkrebszellen in Ratten, außerdem gibt es Beobachtungen in der Arbeitsmedizin an exponiertem Personal (Stevens, 1987; Matanoski, 1991). Melatonin scheint auch dahingehend krebsunterdrückend zu wirken, daß es den Gehalt natürlicher Antioxidantien in Brustkrebszellen erhöht.

»Elektrische Energie ist beinahe das Kennzeichen für die Industrialisierung schlechthin, mit künstlichem Licht in der Nacht und einer Bandbreite elektromagnetischer Wellen im Haushalt, durch Mikrowellen und Radios; vor 100 Jahren gab es das in unserer Umwelt noch nicht,« so Richard Stevens vom Pacific Northwest Laboratory in Richland, USA (Science News, 1993).

3.2.1.20 Pestizide

Zunehmend werden auch Umweltgifte wie Pestizide für die Entstehung des Mamma-Ca. verantwortlich gemacht: Besorgniserregend ist, daß die Gesamtzahl an Krebs-Neuerkrankungen weiter zunimmt. Verglichen mit den Jahrgängen 1873–82 haben Frauen der Jahrgänge 1950–59 in Schweden ein doppelt so hohes Krebsrisiko, Männer sogar ein dreifach erhöhtes (Adami et al., 1993). Die Autoren der Veröffentlichung folgern daraus, daß »immer mehr Menschen krebsauslösenden Einflüssen ausgesetzt sind.«

Brustkrebspatientinnen zeigen zu einem großen Prozentsatz eine positive, virusspezifische T-Zell-vermittelte Immunantwort diesem Virus gegenüber, was bedeutet, daß sie mit diesem Virus bereits früher konfrontiert wurden (Eur.Cytokine Netw., 1993).

1980 berichtete Dusich über statistisch hochsignifikante Brustkrebsraten in St. Louis Park, nahe bei Minneapolis. Dort wurden erhöhte Spiegel krebserregender polyzyklischer aromatischer Kohlenwasserstoffe (Pyren, Fluoranthen, Anthracen, Naphthacen u. a.) in mehreren städtischen

Brunnenanlagen gefunden, die von einer nahen Fabrik stammten. In Rattenversuchen zeigte sich, daß ein Bestandteil, 3-Methylcholanthren brustkrebsauslösend wirkt (Minn. Medicine 1980).

Bereits 1968 fand Radomski eine Beziehung zwischen erhöhten Pestizidkonzentrationen im Fettgewebe bei Patienten mit portaler Zirrhose, Krebs und Hochdruck. Den ersten Zusammenhang zwischen Pestiziden und Brustkrebs fand Wassermann 1976: Er fand eine erhöhte Konzentration von Organochlor-Verbindungen im extrahierten Fett von Brustkrebsgewebe verglichen mit benachbartem normalen Gewebe und eine erhöhte Metabolisierungsrate von DDT zu DDE in Tumorgewebe. Dieser Zusammenhang wurde von weiteren Studien, die auffälligerweise erst in den letzten 4 Jahren veröffentlicht wurden, unterstützt: Helene Mussalo-Rauhaama von der Universität Helsinki verglich den Schadstoffgehalt im Brustgewebe von 44 Brustkrebspatientinnen mit dem von 33 gesunden Frauen. Nach kritischer statistischer Aufarbeitung zeigte sich, daß β-HCH (Hexachlorocyclohexan) signifikant in der Krebsgruppe erhöht war und das Risiko bei Personen mit mehr 0,1 mg/kg Fett β-HCH im Brustfett 10,51 betrug.

Frank Falck (Universität Michigan) fand beim Vergleich der Brustfettgewebe 20 erkrankter zu 20 nicht erkrankten Patientinnen 50–60 % höhere Konzentrationen von PCBs und DDE/DDT. Die letzte Studie hat am meisten Aufsehen erregt: Mary Wolff von der Universität Mt. Sinai / N.Y. fand im Blut von 58 Patientinnen, bei denen 1–6 Monate nach Blutabnahme ein Mamma-Ca. diagnostiziert wurde 35 % mehr DDE (statistisch signifikant) und 17 % mehr PCBs. Die Kontrollgruppe bestand aus 171 gesunden Patientinnen. Auch aufgrund dieser Studie gab der amerikanische Kongreß nun eine Untersuchung über hohe Brustkrebsraten auf Long Island in Auftrag. Die Studie führte zu mehreren Korrespondenzen, abgedruckt im Journal of the National Cancer Institute Bethesda, USA, u. a. von Vertretern der Pflanzenschutzmittelindustrie (DOW Chemicals).

Auch eigene Untersuchungen (Schulte-Uebbing, Zahn et al., 1989–1994), die im Rahmen einer Doktorarbeit von A. Spechter ausgewertet wurden, zeigen den Einfluß von Umweltschadstoffen auf das Mamma-Karzinom. Ziel der klinischen Untersuchung im Rahmen der routinemäßigen Ursachenabklärung war die Prüfung, ob die Ergebnisse von US-Studien, bei denen die Schadstoffbelastung im Gewebe oder Blut von Brustkrebspatientinnen signifikant höher war als bei solchen mit gutartigen Brustveränderungen, auch im exponierten Patientengut einer landwirtschaftlich intensivst genutzten Region (Gäuboden) anzutreffen sind. Die Ergebnisse erhärten den Verdacht, daß neben bisher anerkannten Risikofaktoren beim Brustkrebs auch Umweltchemikalien und speziell Pestizide eine Rolle bei der Entstehung von Brustkrebs spielen.

Im obigen Zeitraum wurden Brust-Gewebeproben von Patientinnen mit gutartigen und karzinomatösen Brustveränderungen entnommen. Die Patientinnen wurden einer Fallgruppe (Karzinome) und einer Kontrollgruppe (gutartige Brusttumore) zugeteilt. Die bisher im Labor analysierten Proben entstammen vergleichbaren Altersgruppen. Dabei ergab sich ein eindeutiger Trend zu einer höheren HCB-Belastung bei den Karzinompatientinnen, wobei eine weitere statistische Absicherung noch erfolgen muß. Bei der Kontrollgruppe fiel eine Patientin mit einer enormen (über 10fachen β-HCH-, DDE- und DDT-Belastung) auf. Diese war wegen eines Fibroadenoms operiert worden. Die Umweltanamnese ergab eine massive Belastung am Wohn- und Arbeitsplatz.

Inzwischen werden Zusammenhänge zwischen Pestiziden und Mamma-Karzinom-Entstehung zunehmend in der deutschsprachigen Literatur beschrieben, bspw. die jüngste Veröffentlichung von Maass: »Korrelationen zwischen Pestizidrückständen im Blut und Brustkrebsrisiko können angenommen werden.« (Gynäkologe 1994;27:3–6). Als möglicher Mechanismus der Kanzerogenese wird die östrogene und damit tumorwachstumsfördernde Wirkung von Schadstoffen wie DDT angesehen.

Auch polyzyklischen aromatischen Kohlenwasserstoffen wie Benzo(a)-pyren und heterozyklischen aromatischen Aminen wird eine Rolle bei der Entstehung von Brustkrebs zugesprochen (El-Bayoumy, Chem. Research in Toxicology 1992; 5/5: 585–90). Sie entstehen v. a. bei Verbrennungsprozessen und werden v. a. über die Nahrung, durch Zigarettenrauch, in der Stadtluft etc. vom Menschen aufgenommen. Sie sind als kanzerogen, d. h. krebsauslösend anerkannt.

3.2.1.21 Diagnostik

Die einfachste Untersuchung ist das genaue Betrachten und Abtasten der Brust. Am bekanntesten ist die Mammographie, eine spezielle Röntgenuntersuchung der Brust, die erst bei Frauen ab dem 30. Lebensjahr eingesetzt werden soll. Aus umweltmedizinischer Sicht sollte bei allen Risikopatientinnen neben einem endokrinologischen Screening auch ein Umwelt-Schadstoff-Screening durchgeführt werden. Alle endokrinologischen Risikofaktoren, die evtl. zum Mammakarzinom beitragen, können prinzipiell auch durch Umweltschadstoffe verursacht und/oder verstärkt werden: Schwermetalle, Pestizide und Organochlorverbindungen sammeln sich in den Eierstöcken, in Hypophse und Hypothalamus, aber auch in der Nebennierenrinde, und sorgen dort für hormonelle Unruhe: Die Produktion falscher Östrogene kann erhöht sein.

3.2.1.22 Holzschutzmittel

In jedem Fall sollte man die Konzentration von **PCB, HCH, DDT** und dessen Abbauprodukt **DDE** in Blut, Urin, ggf. auch in der Eierstocksflüssigkeit und im Mamma-Punktat bestimmen.

3.2.1.23 Schwermetalle

Es ist nach Möglichkeit auch auf Schwermetalle wie Blei, Cadmium und Quecksilber zu untersuchen: **Kaugummi-, DMPS-Test** und **Allergietests** bieten sich an. Dabei ist zu bedenken, daß sich Schwermetalle, die im wesentlichen aus der Nahrung und der Umwelt stammen, bei Störungen der Ausscheidung (Leber, Niere, Darm) in verschiedenen Organdepots ablagern. Die *Haupt-Depots* sind dabei neben dem *Brustdrüsengewebe* das *ZNS* (= Zentralnervensystem), aber auch *Knochen, Pankreas, Nieren* und *Leber.*

3.2.1.24 Ganzheitliche Therapieansätze

Die Behandlung des Mamma-Karzinoms hängt von Alter, Allgemeinzustand der Frau und vor allem vom Stadium und der Histologie des Tumors ab. In jedem Fall sollte aus umweltmedizinischer Sicht zusätzlich zu Operation, Strahlen-, Chemo- und/oder Hormontherapie eine **immunstimulierende Therapie** mit **gezielter Entgiftung** und **Ausleitung** der Umweltschadstoffe durchgeführt werden (siehe »Therapie«).

3.2.2 Krebserkrankungen bei Kindern

Die folgende Tabelle zeigt für den Zeitraum von 1980 bis 1984, daß bei deutschen Kindern die Krebserkrankungen angestiegen sind.

Jahr	Zahl der Meldungen	Anzahl pro Million	
		Meldedatum	Diagnosedatum
1980	1023	84	91
1981	1059	102	98
1982	1032	110	99
1983	1096	114	110
1984	1008	112	105

Tab. 35 Krebshäufigkeit bei Kindern
Krebserkrankungen bei Kindern steigen an. Sowohl die Tabelle nach dem Meldedatum wie auch die Tabelle nach dem Diagnosedatum verzeichnet eine Zunahme (Institut für Medizinische Statistik und Dokumentation).

3.2.3 Lungen-Krebs

Mortalitätsstudien in Westdeutschland haben gezeigt, daß in Industrieregionen Bronchialkarzinome gehäuft auftreten, z. B. in Nordrhein-Westfalen, in Teilen von Rheinland-Pfalz und des Saarlandes, in Berlin und in Hamburg. Aus den 5 Krebsregistern in Westdeutschland ergibt sich, daß in allen Regionen bei Männern eine zehnfach höhere Sterberate auftritt als bei Frauen. In den letzten Jahren wurde jedoch eine zunehmende Angleichung der Sterberaten beider Geschlechter festgestellt. In den USA nimmt man an, daß 80–90 % der Lungenkrebsfälle bei Männern und 30–60 % bei Frauen durch das Rauchen verursacht sind. In verrauchten Räumen weisen Nichtraucher bis zu 5 % des Nikotins von aktiven Rauchern auf. Die mengenmäßige Exposition des Passivrauchers gegenüber den flüchtigen Stoffen ist in stark verrauchten Räumen etwa gleich groß wie bei Aktivrauchern. Eine Krebsgefährdung beim Passivraucher muß grundsätzlich angenommen werden. In den USA nimmt man an, daß 15 % der Bronchialkarzinome bei Männern und 5 % bei Frauen beruflich bedingt sind. Insbesondere der Kontakt mit Chromatstaub, Nickel, Pestiziden, Arsen, Dichlormethylaether und Asbest gilt als gefährlich. Auch Arbeiter in der Gummiindustrie, in Eisengießereien und in Kokereien sind höheren Risiken ausgesetzt. Wenn zusätzlich geraucht wird, kommt es oft zu einer überadditiven Wirkung der Schadstoffe.

I. J. Selikoff et al. (1980) untersuchte 582 Männer, die zwischen 1941 und 1945 begonnen hatten, in einer Asbestmanufaktur zu arbeiten. Nach jeweils 20 Jahren wurden die Rauchgewohnheiten, das Alter und ggf. die Todesursache ermittelt. Man konnte feststellen, daß etwa 50 % der Todesfälle auf die Asbestexposition allein, etwa 15 % auf das Zigarettenrauchen und 5 % auf die Kombination von Asbest und Zigaretten zurückzuführen war. Die asbestexponierten Raucher hatten gegenüber den nicht exponierten ein etwa sechsfach erhöhtes Lungenkrebssterberisiko, gegenüber Nichtrauchern ohne Asbestbelastung sogar ein 80faches Risiko.

Das Vitamin A und z. T auch das Vitamin C weisen eine protektive Funktion auf. Untersuchungen haben ergeben, daß das Lungenkrebsrisiko 1,3–2,1 mal höher war bei Vitamin A-armer Ernährung.

In den USA nimmt man an, daß das reale Risiko der Luftverunreinigung nur bei wenigen Prozenten liegt; in den stark belasteten Gebieten Europas dagegen können 5–10 % der Bronchialkarzinome auf Luftverunreinigungen zurückgeführt werden.

Man geht davon aus, daß 10 % der Lungenkarzinome bei Nichtrauchern und 2,5 % bei Rauchern in Deutschland möglicherweise durch Radon und seine Zerfallsprodukte verursacht werden. Insbesondere Arbeiter in Uranminen, anderen Bergwerken und z. T. auch in Innenräumen sind gefährdet.

3.2.4 Gastrointestinale Karzinome

Für Männer und Frauen aller Altersklassen in fast allen Tumorregisterregionen in Deutschland ist eine Tendenz zu abnehmender Sterblichkeit am Krebs der Verdauungsorgane angegeben worden; nur im Saarland zeigt sich für ältere Männer und jüngere Frauen noch ein Anstieg der Sterblichkeit. Die häufigsten und klinisch wichtigsten Tumoren im Verdauungskanal sind die *epithelialen Malignome* von *Oesophagus* und *Magen* sowie *Colon* und *Rektum*.

3.2.4.1 Oesophagus-Karzinom

Am Oesophaguskarzinom sterben in Deutschland jährlich ca. 2 000 Menschen. 7 % der gastrointestinalen Karzinome betreffen in Europa den Oesophagus. In China kommt dem Oesophaguskarzinom eine größere Bedeutung zu durch erhöhte Aufnahme von Nahrungsaflatoxinen, im Iran durch das Kauen von Betelnüssen und den Genuß von heißem Tee. Die wichtigsten exogenen Risikofaktoren sind Alkoholgenuß und Rauchen. Achalasiepatienten haben ein 7fach erhöhtes Oesophagus-Karzinomrisiko. Es gibt epidemiologische Hinweise, daß exogene Noxen – z. B. Nitrosamine – zur Entstehung des Oesophaguskarzinoms beitragen können.

3.2.4.2 Magen-Karzinom

Das Magenkarzinom weist in Deutschland eine Erkrankungshäufigkeit von 30/100 000 Einwohner, in Japan 102/100 000 Einwohner und in den USA 12/100 000 Einwohner auf. In allen westlichen Industriestaaten nimmt die Anzahl der Magenkrebserkrankungen in geringem Ausmaß ständig ab. Männer erkranken etwas häufiger als Frauen. Die Ätiologie ist ungeklärt.

Folgende **endogene Faktoren** gelten als **prädisponierend**: Familiäre Häufung, Blutgruppe A, bestimmte Berufsgruppen – z. B. Bergarbeiter, niedriger sozio-ökonomischer Status – z. B. Industriearbeiter, Magenpolypen und Ulcera ventriculi.

In Dänemark kommt das Magenkarzinom bei ungelernten Arbeitern viermal häufiger vor als bei gelernten Facharbeitern. Internationale Trinkwasserstudien haben ergeben, daß Spurenelemente wie Silikate und Asbest keine pathogenetische Rolle bei der Magenkrebsentstehung spielen. Der Nitratgehalt des Wassers wird jedoch als bedeutsam für die Pathogenese dieses Karzinoms angesehen. Der möglicherweise schädigende Einfluß von Alkohol, Nikotin, Nitrosaminen, Aflatoxinen, mit Talkum gepudertem Reis, Pilzmetaboliten, Düngemittelbestandteilen, vom Fett- und Salzgehalt der Speisen wird in der Literatur kontrovers diskutiert. Die hohe Magenkrebsrate in Japan wird z. T. mit der »Talkum-Hypothese« erklärt: In Japan verarbeitet man im Gegensatz zu den USA und anderen Ländern den Reis mit Talkum, der immer etwas Asbest enthält. Beim Reiswaschen und auch in Magenbiopsien von Patienten konnte zwar kein Asbest nachgewiesen werden, wohl aber Talkumpartikel.

3.2.4.3 Colon- und Rektum-Karzinome

Die Colon- und Rektumkarzinome haben sich in den letzten 30 Jahren verdoppelt. Der Hauptanstieg erfolgte beim **Colonkarzinom**. Die USA weisen mit 16/100 000 Einwohnern die höchste Colonkarzinomsterblichkeit in der Welt auf, dann folgt Europa, Australien und Neuseeland; selten tritt das Colonkarzinom in Südamerika und Afrika auf. Es scheint in den Ländern der Erde häufig zu sein, wo das Magenkarzinom selten ist. Man geht davon aus, daß beim Colon- und Rektumkarzinom Umwelteinflüsse eine große Bedeutung haben, insbesondere ernährungsabhängige Faktoren. 1990 wurde in Boston in einer prospektiven Studie mit 90 000 amerikanischen Frauen festgestellt, daß Rind-, Schweine- und Lammfleisch die Entstehung eines Colonkarzinoms fördern, Fisch, Hühnerfleisch und Gemüse dagegen mindern. Die »Faserhypothese« besagt, daß ein hoher Prozentsatz an Rohfasern und damit an Ballaststoffen in der Nahrung aufgrund deren hoher Wasserbindungskapazität zu höherem Stuhlgewicht und Stuhlvolumen führt. Fettreiche Ernährung fördert die Ausschüttung von Gallensäuren in den Darm; es wird diskutiert, daß Gallensäuren als Tumorpromotoren wirken.

3.2.5 Leberkarzinome

In den letzten Jahren wurde aus vielen Ländern eine massive Zunahme primärer Leberkarzinome gemeldet. Allerdings hat die heute sehr viel exaktere Diagnostik einen großen Einfluß auf die Zunahme der Zahlen. Aus den Tumorregistern in Deutschland ergibt sich, daß Männer etwa doppelt so häufig vom Leberkrebs betroffen sind wie Frauen. Die zuverlässigsten Sterberaten zu primären Lebertumoren kommen aufgrund hoher Obduktionsraten aus Hamburg. Eine Zunahme der Tumorhäufigkeit kann dort nicht festgestellt werden. Die Inzidenzraten aus Hamburg und aus dem Saarland zeigen eine eher abnehmende Tendenz.

Wesentliche Risikofaktoren sind: *Umweltschadstoffe, Alkoholkonsum, Hepatitis-B-Infektionen.*

In Dänemark wurde zwischen 1943 und 1985 eine Verfünffachung der Leberkrebs-Inzidenz festgestellt. Die jährliche Erkrankungsrate an primärem Leberkrebs erhöhte sich von 1,6 auf zuletzt 5,5 – bezogen auf 100 000 Dänen. Dieser starke Anstieg beruht aber auch darauf, daß die histologische Diagnostik expandierte; während die Rate der primär erkannten Tumoren stieg, ging die Rate der unspezifizierten Tumoren zurück. Berücksichtigt man diesen statistischen Effekt, dann betrug die tatsächliche Zunahme für Leberkrebs nicht 224 %, sondern 36 %.

In der Literatur wird von einigen Autoren die Ansicht vertreten, daß die Tumor-Promotion in der Leber reversibel ist. Diese Hypothese stützt sich aber ausschließlich auf Experimente am Haut-Modell. Es ist fraglich, ob die experimentellen Ergebnisse von der Haut auf die Leber übertragen werden können; man muß berücksichtigen, daß die differenzierten Zellen in der Haut nur eine kurze Lebensdauer haben, die Leberzellen hingegen eine Lebensdauer von mehreren hundert Tagen aufweisen. Bisher gibt es keine epidemiologischen Studien über Personen, die zunächst gegenüber lebertumor-initiierenden und dann gegenüber lebertumor-promovierenden Substanzen exponiert waren.

Es wurde aber beobachtet, daß *Kontrazeptiva* einen Einfluß auf eine erhöhte Lebertumor-Inzidenz haben. Auch bei *anabolen Steroiden* wurde eine deutlich erhöhte Tumor-Inzidenz in der Leber festgestellt. Generell man muß annehmen, daß das karzinogene Potential chemischer Substanzen eine erhebliche tumorpromovierende Wirkung aufweist. Viele Tumorpromotoren zeigen eine Organotropie. Ein negatives Ergebnis an einem bestimmten Organ – z. B. an der Leber – erlaubt nicht den Ausschluß einer krebsfördernden Wirkung an einem beliebig anderen Organ.

4. Umweltkrankheiten nach Fachgebieten

4.1 Umweltbedingte augenheilkundliche Erkrankungen

- Chronische schadstoffbedingte Konjunktivitis
- Chronische schadstoffbedingte Sehstörungen

4.2 Umweltbedingte dermatologische Erkrankungen

4.2.1 Allergische Dermatosen

Krankheiten aus dem allergischen Formenkreis gelten heute als die häufigsten und am meisten verbreiteten gesundheitlichen Störungen, die durch schädliche Umwelteinwirkungen hervorgerufen werden.

Die Inzidenz der Ekzeme betrug in Deutschland 1946 5,1 % und stieg bis 1970 auf 12,2 % an; vor allem Luftschadstoffe und geänderte häusliche Lebensgewohnheiten werden für diesen Anstieg mitverantwortlich gemacht. Eine Umfrage des Tübinger Wickert-Institutes ergab 1983, daß 17,7 Millionen Bundesbürger an einer allergischen Erkrankung leiden (Riedel, 1990). Schätzungen haben 1987 sogar ergeben, daß etwa 25 Millionen Bundesbürger – z. T. erheblich – an der Volkskrankheit Allergie leiden (Schlumberger, 1987). Als Hauptursachen müssen oftmals bestimmte und ständig zunehmende Umweltsubstanzen angesehen werden, auf die der menschliche Organismus überempfindlich reagiert.

4.2.1.1 Pollinose

Nach H. Behrendt (1990) bestehen komplexe Interaktionen zwischen Allergenen und Schadstoffen in der Luft. Pollen-Partikel können nicht nur als Träger von Allergenen, sondern auch von Schadstoffen dienen, z. B. von Schwermetallen, organischen Verbindungen und Schwefel. In den letzten Jahren wurde ein Anstieg der Pollen-Konzentration in der Luft gemessen, möglicherweise eine Auswirkung des Treibhaus-Effekts. Durch elektronenmikroskopische Untersuchungen konnte gezeigt werden, daß in Gebieten mit hoher Luftverschmutzung Schmutzpartikel an der Oberfläche der Pollenkörner agglomerieren. Extrakte der Schadstoffe können die Pollen-Morphologie und das Profil der Allergen-Proteine verändern. Dies kann zu einer veränderten Allergenität der Pollen führen.

Die Veranlagung, eine allergische Disposition zu entwickeln, ist genetisch festgelegt. Von einem Gen ist z. B. bekannt, daß es die immunologische Antwort von IgE unspezifisch reguliert (Riedel, 1990). Empirische Untersuchungen haben ergeben, daß sich bei allergischen Erkrankungen beider Eltern in etwa 60 % auch beim Kind eine Allergie manifestiert, bei erhöhtem Nabelschnur-IgE sogar zu 100 %. Eine notwendige Voraussetzung für die Entstehung einer Allergie ist die Allergenexposition. Von entscheidender Bedeutung ist der Zeitraum, in dem die Allergenexposition auftritt.

Das frühe Säuglingsalter ist hierbei eine sehr vulnerable Phase; Bjorksten et al. stellten fest, daß die Geburt eines Kindes zwei Monate vor der Pollensaison das Risiko, an einer *Pollinose* zu erkranken, verdoppelt.

Ebenso begünstigt z. B. der Katzenkontakt in den ersten sechs Lebensmonaten das spätere Auftreten einer *Katzenhaarallergie*. Neben dem Zeitraum kommt auch der Dichte der Allergenexposition große Bedeutung zu. Man hat erkannt, daß die Inzidenz der *Heuschnupfenerkrankung* bis zum 20. Lebensjahr abhängig ist von der Pollenflugintensität im ersten Lebensjahr. Zusätzlich zur genetischen Disposition und zur notwendigen Allergenexposition müssen insbesondere bei der Entstehung allergischer Atemwegserkrankungen auch andere Manifestationsfaktoren genannt werden, vor allem Virusinfektionen, frühkindliche Infekte und durch Zigarettenrauch und Luftschadstoffe bedingte Umweltbelastungen.

Zur Abschätzung der Bedeutung des Einflußfaktors Umwelt bei der Entstehung allergischer Erkrankungen helfen Zwillingsuntersuchungen weiter. 1971 untersuchten Lubs et al. 7 000 Zwillingspaare in Schweden und stellten fest, daß mehr als 50 % der eineiigen Zwillinge eine diskordante Entwicklung hinsichtlich allergischer Atemwegserkrankungen aufweist. Der große Einfluß des Faktors Umwelt kommt in diesen Zwillingsstudien deutlich zum Ausdruck.

Prognostik

Als Prognoseparameter werden häufig die Immunglobuline **IgE** und **IgA** verwendet.

4.2.1.2 Kontakturtikaria

Eine Urtikaria ist ein monomorphes Exanthem aus Quaddeln; auch die Bezeichnung »Nesselsucht« wird häufig gebraucht. Die Kontakturtikaria wird durch einen exogenen Kontakt mit einem urtikariogenen Stoff hervorgerufen und ist auf den Einwirkungsort des Stoffes begrenzt.

Ursachen für die Entstehung einer Kontakturtikaria sind:

- Toxische Noxen: Brennesseln, Gifthärchen von Raupen, Feuerquallen, Seeanemonen, Insektengifte, Milbengifte ...
- Tierische Allergene: Bienengift, Wespengift, Tierhaare ...
- Pflanzliche Allergene: Pollen, Zitrusfrüchte ...
- Nahrungsmittel: Kartoffel, Spargel, Zwiebel, Fischmehl ...

> Normalerweise bleibt die körperliche Reaktion auf diese Noxen auf die Kontaktstelle der Einwirkung beschränkt. Bei vorbestehender Sensibilisierung des Patienten können aber auch *Angioödeme* oder sogar *Asthmaanfälle* auftreten.

4.2.1.3 Angioödem (Quincke)

Das Angioödem nach QUINCKE wird auch als »angioneurotisches Ödem« bezeichnet. Im subkutanen Gewebe tritt eine begrenzte unförmige Schwellung der Haut – ein Ödem – auf, das sich relativ rasch zurückbildet. Diese Krankheit gehört zur Gruppe der allergischen Sofortreaktionen vom Typ I nach COOMBS und GELL.

Die Ätiologie ist noch nicht genau bekannt. Man nimmt an, daß vor allem eiweißhaltige Lebensmittel, Nahrungsmittelzusatzstoffe und Inhalationsallergene für die Entstehung der Krankheit verantwortlich sind.

> In der Regel treten nur geringe Hauterscheinungen auf, ein Juckreiz besteht normalerweise nicht. Manchmal kommt es aber auch zu Appetitlosigkeit, Verdauungsstörungen und innerer Unruhe.

4.2.1.4 Chronisch toxisches Kontaktekzem

Das chronisch toxische Kontaktekzem wird auch als nichtallergisches bzw. toxisch-degeneratives Ekzem bezeichnet. Die Entstehung des Ekzems beruht auf der wiederholten Einwirkung von Kontaktnoxen über längere Zeiträume in einer geringen Konzentration. Das relativ häufig vorkommende Ekzem betrifft meist Hausfrauen, Bauarbeiter und Reinigungspersonal, und zwar vor allem den Bereich des *Handrückens* und die *Extremitäten.* Das chronisch toxische Kontaktekzem wird begünstigt durch besonders trockene Haut und tritt sehr unterschiedlich in Erscheinung, z. B. durch *Rötung, Schwellung, Bläschen, Krusten* u. a.

Häufige Kontaktnoxen:

- Wasser: Duschen, Baden und Schwimmen, Händewaschen in kalkhaltigem Wasser
- Detergenzien: Seifen, Syndets, flüssige Waschmittel ...
- Lösungen: alkalische, saure ...
- Lösungsmittel: Alkohol, Benzol, Toluol, Aceton, Benzin, Tetrachlorkohlenstoff ...
- Strahlen: UV-Strahlen ...

4.2.1.5 Intertriginöses Ekzem

Als Sonderform des chronisch toxischen Ekzems kennt man das intertriginöse Ekzem, das vor allem die intertriginösen Bereiche betrifft. *Schweißretention, Wärme* und *häufiges Reiben* begünstigen dieses Ekzem in seiner Entstehung.

4.2.1.6 Atopisches Ekzem

Das atopische Ekzem wird auch als »Neurodermitis atopica« bezeichnet. Es wirken immunologische und nichtimmunologische Faktoren zusammen, die wissenschaftlich noch nicht vollständig geklärt sind. Diese chronische Erkrankung ruft einen starken Juckreiz hervor und ist gekennzeichnet durch Verkrustungen, pruriginöse Papeln, Knötchen und Lichenifikation. Die Ätiologie ist noch unbekannt.

4.2.1.7 Berufsekzeme

Viele Berufstätige kommen täglich mit Arbeitsstoffen in Berührung, die im Laufe der Jahre chronisch toxische oder chronisch allergische Kontaktekzeme bedingen können.

Etwa 20 % aller entschädigungspflichtigen Berufserkrankungen sind Berufsekzeme. Ekzeme bei Maurern werden häufig durch das im *Zement* enthaltene *Kaliumdichromat* verursacht.

4.2.2 Neurodermitis atopica

Die Neurodermitis atopica ist eine chronische bzw. chronisch-rezidivierende entzündliche Hauterkrankung, die als Leitsymptom einen *quälenden Juckreiz* vor allem *in der Nacht* aufweist.

Das morphologische Bild und der zeitliche Verlauf der Erkrankung ist sehr unterschiedlich; oft kommen allergische Erkrankungen vom Soforttyp I nach Coombs und Gell – wie **allergische Rhinitis** und **allergisches Asthma** – gleichzeitig vor.

Als polygen erbliche Dispositionskrankheit beginnt sie meist im frühen Kindesalter mit *Juckreiz, Rötung, Schuppung, Nässen* und *Krustenbildung,* vor allem im Bereich der Wangen (Milchschorf). Nach dem 2. Lebensjahr ist das klinische Bild dem der Erwachsenen ähnlich: Gesicht, Hals, Nacken, Brust, Schulter und Gelenkbeugen sind häufige Lokalisationen. Neben der erblichen Prädisposition sind zur Entstehung der Neurodermitis vor allem **umweltbedingte Realisationsfaktoren** notwendig:

- Inhalationsallergene: Hausstaub, Pollen, Tierhaare
- Nahrungsmittelallergene: Milcheiweiß, Obst, Ei, Fisch
- Konservierungsstoffe.

Die Pathogenese der Neurodermitis muß multifaktoriell betrachtet werden. Folgende **Parameter** sind zu berücksichtigen:

- Allergenexposition
- Klimatische Verhältnisse
- Hautirritationen
- Persönlichkeitsstruktur
- Psychische Verhaltensmuster
- Immun-Status (zellulär, humoral)
- Neurovegetatives System.

In Deutschland leiden etwa 1,25 Millionen Menschen an Neurodermitis; von 1960–1986 stieg bei Kindern die Prävalenzrate von etwa 4 % auf etwa 11 % an. Dieser deutliche Anstieg wird vor allem auf schädliche Umweltfaktoren zurückgeführt.

▶ Charakteristisch ist ein phasenhafter Krankheitsverlauf.

4.3 Umweltbedingte Frauenkrankheiten

4.3.1 Übersicht

Viele Frauenerkrankungen werden durch Umwelteinflüsse verursacht oder zumindest mitverursacht. Nicht nur alte und kranke Frauen, sondern auch zunehmend junge Frauen, Schwangere und Wöchnerinnen sind betroffen. Besonders schlimm ist die Entwicklung auf dem Gebiet der weiblichen Krebserkrankungen. Immer mehr jüngere Frauen erkranken an Brustkrebs. Seit 1970 hat sich die Inzidenz (= Anzahl der registrierten Brustkrebsfälle) bei Frauen im Alter unter fünfzig Jahren mehr als verdoppelt. Dies ist besonders bedenklich, zumal wir heute aus mehreren Studien wissen, daß zwischen Entstehung und Entdeckung von Brustkrebs etwa ein Zeitraum von zehn bis zwanzig Jahren liegt. Man weiß aufgrund neuester Untersuchungen, daß sich das Brustkrebs-

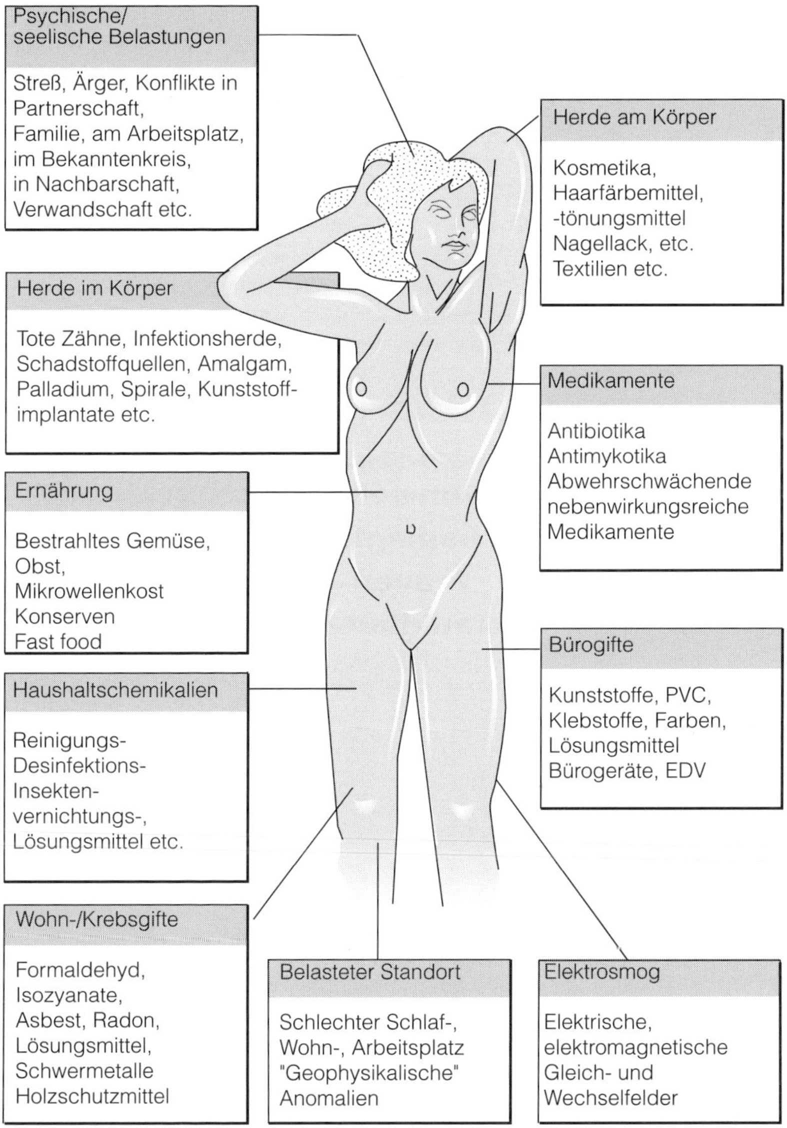

Abb. 5: Frau und Umwelt. Seelische, psychische und körperliche Belastungen, denen die heutige Frau durch die belebte und unbelebte Umwelt ausgesetzt ist. (Aus: Schulte-Uebbing, C.: »Umweltbedingte Frauenkrankheiten« Sonntag Verlag 1995)

Die folgende Abbildung zeigt das breite Spektrum der Frauenkrankheiten, die durch Umwelteinflüsse verursacht (oder zumindest mitverursacht) werden können:

Abb. 6: Frau und Umwelt. Umweltbedingte Frauenkrankheiten (Aus: SCHULTE-UEBBING, C.: »Umweltbedingte Frauenkrankheiten«, Sonntag Verlag 1995)

Gewebe durch eine deutlich höhere Schadstoffkonzentration von normalem Brustdrüsengewebe unterscheidet. Aber auch die Entstehung von Gebärmutterhalskrebs wird in jüngster Zeit mit Umwelteinflüssen in

Verbindung gebracht, die durch Veränderung des Scheiden- und Gebärmutterhals-Milieus das Wachstum bestimmter (sogenannter HPV-) Viren fördern, die wiederum zu einem Vorstadium des Gebärmutterhalskrebses führen können.

Auch diskutiert man heute zunehmend Umwelteinflüsse als Ursachen von weit verbreiteten Frauenleiden wie chronischem Fluor vaginalis, Dysmenorrhoe, chronisch wiederkehrende Candida-Infektionen und endokrine Dysregulationen.

Sogar bei der in den letzten Jahren stark zunehmenden Endometriose und bei den weit verbreiteten Gebärmuttermyomen sind möglicherweise Umweltschadstoffe ursächlich beteiligt, indem sie über Störeinflüsse der hormonellen Regelkreise das Wachstum dieser gutartigen Geschwülste begünstigen.

Besonders schwer treffen Umweltschadstoffe viele Ehepaare, denen dadurch ihr Kinderwunsch versagt bleibt. Etwa jedes fünfte bis siebte Ehepaar ist heute ungewollt kinderlos. Entweder kommt es durch verschiedene Schädigungsmechanismen zu gar keiner Schwangerschaft (primäre Sterilität) oder zu gestörten Schwangerschaftsverläufen, die dann nicht selten mit Abgängen oder Totgeburten enden.

Die folgenden zwei Abbildungen geben eine Übersicht über die seelischen, psychischen und körperlichen Belastungen, denen die heutige Frau durch die belebte und unbelebte Umwelt ausgesetzt ist und welche gynäkologischen und geburtshilflichen Erkrankungen mit Umweltfaktoren kausal in Verbindung gebracht werden müssen.

4.3.2 Gestörter Zyklus

Jede zweite Frau leidet mehr als einmal in ihrem Leben mehr oder weniger stark unter Zyklusstörungen und/oder Menstruationsbeschwerden. Nur in etwa 10–15 % aller Fälle sind organische Störungen als Grund für einen gestörten Zyklus auszumachen; über 40 % (in der Literatur bis zu 70 %) werden als idiopathisch bezeichnet. Für die Quantifizierung des Einflußfaktors Umwelt gibt es bisher noch keine genauen Angaben. Wissenschaftlich erwiesen als Ursachen für Zyklusstörungen sind inzwischen Umweltschadstoffe wie Schwermetalle, chlorierte Kohlenwasserstoffe und Pestizide. Heute geht man davon aus, daß viele Zyklusstörungen durch ein gestörtes Immunsystem verursacht sind.

Der Einfluß von *Blei, Cadmium* und *Quecksilber* auf die Endokrinologie des Menschen ist bisher kaum berücksichtigt worden. Erste Erfahrungen mit dem Chelatbildner DMPS, der im Körper deponierte Schwermetalle mobilisiert, sprechen für Zusammenhänge zwischen Schwermetallbelastungen und Zyklusgeschehen, speziell zwischen Zyklusstörungen und erhöhten Schwermetallwerten. Nach eigenen Untersuchungen sind viele Frauen mit Zyklusstörungen zum Teil erheblich quecksilberbelastet. Das Schwermetall stammt hauptsächlich von Amalgamfüllungen, aber auch zum Teil aus der Nahrung (Meeresfisch, Innereien: Leber, Nieren etc.), aus dem beruflichen Bereich (Thermometer: Krankenschwestern und Ärztinnen, Laborchemikalien: MTA, CTA, Quecksilberbatterien: Industriearbeiterinnen, Pestizide: Gärtnerinnen, Haarsprays: Friseusen) und aus dem Freizeitbereich (quecksilberhaltige Farben, Lacke, Sprays etc.).

Neuere Untersuchungen haben ergeben, daß auch Frauen, die neben oder in Industriezonen oder in der Nähe von Verbrennungsanlagen arbeiten oder wohnen, über Verbrennungsprozesse (u. a. von Kohle, Heizöl und Müll) kontinuierlich mit Quecksilber belastet werden. Tagtäglich werden so quecksilberhaltige Abgase eingeatmet, und es kann zu kontinuierlichen Schädigungen des Nerven-, Immun- und Hormonsystems kommen: Zittern, Nervosität, Verhaltensstörungen, Migräne, Depressionen etc. sind neben den Zyklusstörungen häufige Begleiterscheinungen.

Ein besonderes Problem sind insbesondere quecksilberhaltige Saatbeizmittel, Herbizide und Fungizide, die in der Landwirtschaft, in Gärtnereien und vor allem in vielen Hobbygärten über Boden, Luft und Wasser in den Körper gelangen: Gärtnerinnen, Bäuerinnen, landwirtschaftliche Arbeiterinnen und Angestellte sind nicht selten belastet. Vom belasteten Boden gelangt das Quecksilber auch über Flüsse und Seen in die Wassertiere. Bei einem Fischverzehr von 1 kg/Woche wird die Quecksilberaufnahme auf 0,5 mg/Woche geschätzt (DFG-Bericht).

- ▶ Nach einer WHO-Empfehlung sollte eine wöchentliche Höchstmenge von 0,12 mg nicht überschritten werden.

Besonders betroffen sind Zahnärztinnen und deren Helferinnen. Hier wurden im Gehirn zehnfach höhere Quecksilberkonzentrationen festgestellt als bei Patienten, die Amalgamfüllungen hatten. Eigene Untersuchungen ergaben, daß Patientinnen mit Amalgamfüllungen überdurchschnittlich häufig Zyklusstörungen haben können. Diese Untersuchungen werden durch GERHARD et al. bestätigt.

4.3.3 Amenorrhoe

Durch Umweltschadstoffe kann es auch dazu kommen, daß der Hormonhaushalt so gestört ist, daß die Regelblutung teilweise oder ganz ausbleibt. Über verschiedenste psychoneuroendokrinologische Mechanismen kommt es zu Störungen der Hypophysenfunktion und vor allem des Regelkreises zwischen Ovarien, Hypophyse und Hypothalamus. Bei Frauen mit Amenorrhoe muß eine exakte Umweltanamnese, eine gezielte Untersuchung, Schadstoffanalytik und -ausleitung durchgeführt werden. So besteht die Möglichkeit, die Amenorrhoe zu beseitigen und das Endokrinium wieder zu stabilisieren.

Sind Umweltgifte beteiligt, die nicht nur das Hormonsystem stören, sondern darüber hinaus auch krebsrerregend und narkotisierend wirken können, muß ein Screening (= eine Suche) nach möglicherweise schon vorhandenen Tumoren oder deren Vorstufen erfolgen. Insbesondere wenn **Benzol, Xylol, Toluol** oder **Methylenchlorid** beteiligt sind, die darüber hinaus bei Langzeitexposition auch Krämpfe und psychische Störungen bewirken können, ist dies erforderlich.

Falls Substanzen gefunden wurden, die auch im Verdacht stehen, Gehirn, Leber oder Nieren zu schädigen, wie zum Beispiel Trichlorethan, Trichlorethylen oder ähnliche Verbindungen, sind die entsprechenden Organe und Organsysteme ebenfalls exakt durchzuuntersuchen. Therapeutisch können neben den einschlägigen toxikologisch wirksamen schulmedizinischen Verfahren und müssen auch zusätzlich *entgiftende* und *ausleitende Alternativverfahren* eingesetzt werden.

4.3.4 Menometrorrhagien

Viele Zwischen- und/oder Schmierblutungen, vor allem aber auch Menometrorrhagien, haben ihre Ursache in Umweltschadstoffen, die entweder direkt (z. B. Leberschädigung, gestörte Produktion von Gerinnungsfaktoren) oder indirekt (z. B. über Störungen der hormonellen Regelkreise, des seelischen Gleichgewichts, des Immunsystems etc.) wirken. Eigene Untersuchungen (1990–1994) haben gezeigt, daß Frauen mit therapieresistenten Menometrorrhagien überdurchschnittlich stark mit Umwelt-Schadstoffen belastet waren. Im Schleim des Gebärmutterhalses wiesen sie teilweise extrem hohe Konzentrationen an chlorierten Kohlenwasserstoffen in Form von **DDT, HCH (Lindan)** und **PCB** auf.

4.3.5 Prämenstruelles Syndrom (PMS)

Auch beim sogenannten »PMS« (= Prämenstruellen Syndrom) handelt es sich sehr oft um eine überempfindliche Reaktion auf umweltschadstoffbedingte Verschiebungen im Sexualhormon-Haushalt. Neuere Publikationen deuten darauf hin, daß das PMS sehr häufig durch solche Umweltschadstoffe verursacht wird, die die natürliche Gestagensynthese oder die Wirkung der Gestagene an deren Rezeptoren blockieren. Auch eigene Untersuchungen haben ergeben, daß vor allem die Schwermetalle Blei, Quecksilber und Kupfer, aber auch PCB (= Polychlorierte Biphenyle), PCP (= Pentachlorphenol) und Pyrethroide häufig über Störung und Schädigung des Immun- und Hormonsystems zum PMS führen können. Schon lange ist bekannt, daß die oben genannten Umweltschadstoffe sowohl die Produktion des Follikelhormones als auch die Östrogensynthese aus den Vorstufen stimulieren und somit zur beim PMS beobachteten Stimulation der Gebärmutterschleimhaut vor dem Eisprung führen können. Darüber hinaus können diese Schadstoffe sowohl zur Ausbildung der sekundären Geschlechtsmerkmale der Frau als auch zu einer Follikelhormonüberproduktion oder Hyperöstrogenaemie beitragen. Dafür kann es zwei Erklärungen geben. Die übermäßige Ausschüttung kann auf einem schadstoffbedingten »Irrtum« des FSH (follikelstimulierendes Hormon) beruhen, das von der Hypophyse gebildet wird, oder es kann die Folge eines schadstoffbedingten Gestagenmangels sein.

4.3.6 Dysmenorrhoe

Aus der modernen Psychoneuroendokrinologie sowie aus der Psychosomatischen Gynäkologie weiß man, daß solche hormonellen Störungen, wie sie im Zusammenhang mit der Dysmenorrhoe auftreten, sehr oft durch psychische Ursachen ausgelöst oder verstärkt werden können, deren Gründe sehr vielfältig sein können. Aufgrund eigener Untersuchungen zu Dysmenorrhoe und Umweltschadstoffen muß davon ausgegangen werden, daß insbesondere von Frauen mit nachgewiesenen Schwermetall- und Holzschutzmittelbelastungen überdurchschnittlich häufig Dysmenorrhoe als ein Kardinalsymptom angegeben wird. Sehr oft lassen sich dann zusätzlich auch anamnestisch die oben erwähnten Konflikte erfragen.

4.3.7 Dyspareunie

Umweltschadstoffe können auch indirekt zur sogenannten Dyspareunie führen, zu Schmerzen beim Geschlechtsverkehr. Durch Milieuveränderung kann es zu Trockenheit der Scheide oder der Schamlippen kommen. Viele Schadstoffe sind auch für aufsteigende Entzündung mitverantwortlich. Über ein Wundsein der Scheide kommt es zum Schmerz beim Verkehr. Auch Entzündungen der Eileiter oder der Eierstöcke, gefolgt von Entzündungen oder Verlagerungen der Gebärmutter können dadurch mitverursacht sein. Schmerzen und hormonelle Verschiebungen durch Umweltschadstoffe können sekundär auch zu gestörtem Sexualverhalten führen: Verkrampfungen der Scheidenmuskulatur durch unbewußte Angst vor dem Geschlechtsverkehr, die dann nicht selten zu Belastungen der Partnerschaft führen können.

4.3.8 Gynäkologische Infektionen, Fluor vaginalis

Jede zweite bis dritte Frau hat ein bis zweimal pro Jahr eine mehr oder weniger starke »Unterleibsentzündung«. Sehr häufig ist eine Harnröhren- und/oder Harnblasenentzündung mit beteiligt. Dabei sind Umweltfaktoren, vor allem Schadstoffe in der Wohn-, Arbeits- und Freizeitumgebung, aber auch in der Nahrung, ursächlich stark beteiligt.

4.3.9 Zystitis

Eine Schlüsselfunktion für die Entstehung von Harnwegs-Infektionen hat sowohl die Umwelt, als auch das Milieu. Hält man sich längere Zeit in einem geschlossenen Raum auf, der zu wenig belüftet ist und möglicherweise mit Schwermetallen, Lösungs- oder Holzschutzmitteln, Formaldehyd, Isozyanaten oder anderen Umweltschadstoffen belastet ist, so kann es sein, daß sich dies langfristig, unter anderem über die daraus resultierenden Stoffwechselbelastungen einschließlich schlechterer Atmungs- und Ausscheidungsbedingungen, auf den Harn-pH auswirkt. Eine Person, die sich Tag für Tag, Woche für Woche, Jahr für Jahr mehrere Stunden in einem schadstoffbelasteten geschlossenen Raum aufhält, hat möglicherweise dauerhaft einen zu niedrigen Harn-pH-Wert von etwa 5 oder niedriger. Im Freien kann sich dieser Wert, – vorausgesetzt, hier sind die Umweltbelastungen geringer – wieder allmählich auf Werte um 7 normalisieren. Bedauerlicherweise haben wir heute gerade in Großstädten, aber auch in Kleinstädten, die Situation, daß hier die Außenluft teilweise noch schadstoffbelasteter ist, als die Innenluft.

4.3.10 Vulvitis, Kolpitis

Entzündungen im Bereich der Vulva und Vagina sind sehr häufig. Leichtere Kolpitiden (= Entzündungen der Scheide) können auch bei der gesunden, abwehrstarken Frau mehrmals jährlich vorkommen.

Solange die Frau gesund ist und eine stabile Abwehr hat, stimmt auch das Milieu von Vulva und Vagina, und der Organismus wird gut mit dieser leichten Entzündung fertig. So kommt es, daß eine gesunde Frau kaum etwas davon bemerkt. Ist allerdings, beispielsweise durch Umweltschadstoffe, schlechte einseitige Ernährung oder vor allem auch durch abwehrschwächende Medikamente (insbesondere Antibiotika, Antimykotika, Kortison-Präparate etc.) der Organismus angegriffen,

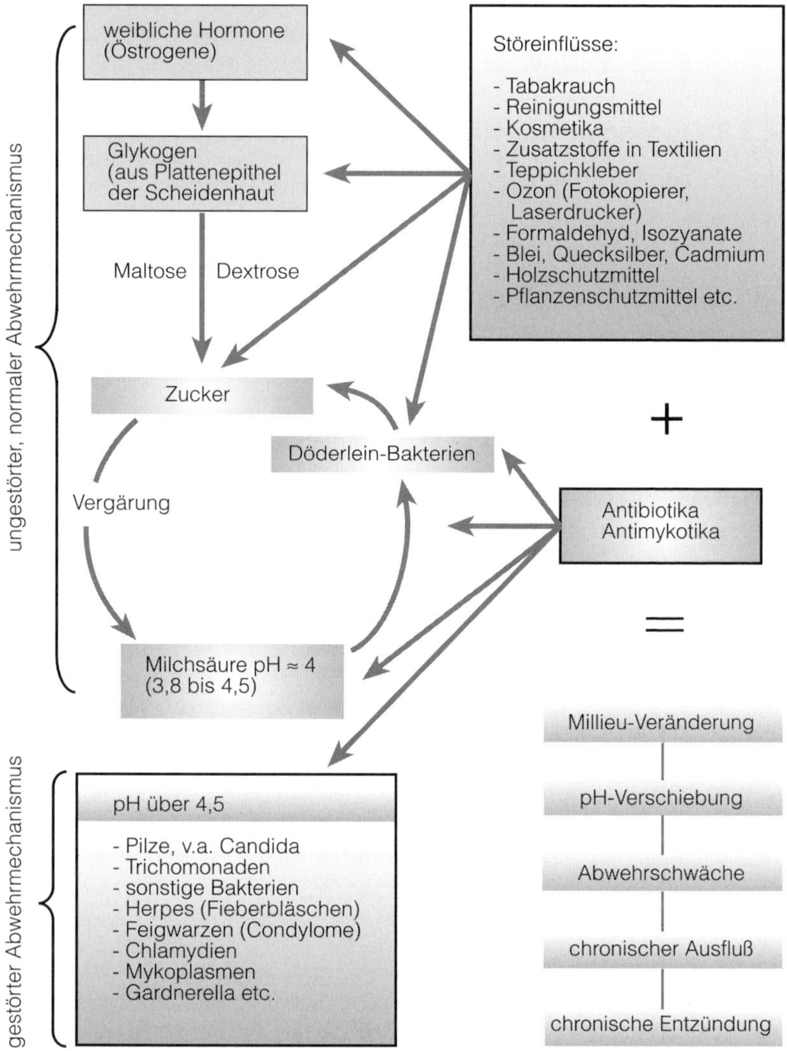

Abb. 7: Der natürliche Abwehrmechanismus der Scheide wird durch Umweltschadstoffe gestört. (Aus: SCHULTE-UEBBING, C.: »Umweltbedingte Frauenkrankheiten«, Sonntag Verlag 1995)

kommt es zu immer wiederkehrenden Entzündungen im Bereich der Vulva und Vagina. Hier spricht man dann von einer *chronisch rezidivierenden* Vulvitis und/oder Kolpitis.

4.3.11 Fluor vaginalis

Eines der häufigsten Frauenleiden ist der chronische Ausfluß. Millionen von Frauen leiden darunter. Aufgrund der steigenden Umweltbelastungen ist die Tendenz steigend. Dennoch ist der Fluor auch heute noch oft ein Tabu in der Öffentlichkeit. Die Frau von heute ist tagtäglich rund um die Uhr verschiedensten Umwelt-Schadstoffen ausgesetzt: Zuhause, am Arbeitsplatz, im Freizeitbereich. In Nahrung, Kosmetika, Kleidung. Die häufigsten Erreger von Brennen und/oder Juckreiz in der Vagina oder Vulva, Candida albicans, Trichomonaden, unspezifische Bakterien, Herpesviren, Chlamydien, Mykoplasmen, Hämophilius oder Corynebacterium, Hämolysierende Streptokokken der Gruppe B, Gonokokken und Trypanosomen können sich nur dann vermehren, wenn das Milieu gestört ist. Daher muß die ganzheitliche Fluor-Therapie darauf abzielen, die eigentlichen Störungen des Milieus zu finden und zu beseitigen. Die Vagina kann nicht als isoliertes Organ, sondern sie muß als ein Teil des gesamten Organismus gesehen werden. Der Körper und alles, was in der Umwelt geschieht (körperlich und seelisch), kann einen Einfluß auf ihre Gesundheit haben: Andere Erkrankungen, unausgewogene Ernährung, Schlafmangel, Blutarmut, Einnahme von Medikamenten (z. B. Antibiotika), Kortikosteroide oder hormonelle Antikonzeptiva), gesundheitsschädliche »Hygiene«, wie die Verwendung von Vaginalsprays oder zu häufiges Schaumbaden sowie Streß.

Umweltschadstoffe tragen unter anderem durch Verschiebung des pH-Wertes (= Säuregrades) der Scheide zu einer Milieu-Veränderung bei, die dann über verminderte Selbstreinigungs-Fähigkeit und gestörte Abwehrfunktion zur Vermehrung pathogener Keime zu chronischem Ausfluß führen kann. Dadurch ist Tür und Tor für aufsteigende Entzündungen mit allen Folgen geöffnet: Die Bakterien besiedeln nicht nur die Scheide, sondern wandern durch den Muttermund in die Gebärmutterhöhle und von dort entlang der Eileiter bis in die Bauchhöhle. Es kann zu akuten und chronischen Gebärmutter- und Eileiterentzündungen kommen, die nicht selten zu lebensbedrohlichen hochakuten Bauchfellentzündungen führen können. Gefürchtete Folge der Eileiterentzündung ist der *Eileiterverschluß* mit *unerfülltem Kinderwunsch.*

Ein gesundes Scheidenmilieu ist die Grundvoraussetzung für den natürlichen Selbstreinigungs- und Abwehrmechanismus der Scheide. Ist das Scheidenmilieu gestört, kommt es zu *übelriechendem Ausfluß,* zu *Juckreiz, Brennen* und *massiven Schmerzen.*

Bei eigenen Untersuchungen konnten wir bei Frauen mit chronisch rezidivierendem Fluor und mit chronisch rezidivierenden Vulvitiden und Kolpitiden im Vaginal- und vor allem im Zervikalsekret sehr oft relativ hohe, gelegentlich sogar extrem hohe Konzentrationen an chlorierten Kohlenwasserstoffen in Form von DDT, HCH (Lindan) und PCB messen. Werte von 30 bis über 120 Mikrogramm Lindan pro Liter Zervikalsekret waren keine Seltenheit.

4.3.11.1 Fluor durch Innenraumgifte

Tagtäglich schildern Patientinnen, die im Büro tätig sind, daß vorwiegend nachmittags und abends, insbesondere nach vielen Stunden am Computer oder Fotokopierer, ein äußerst unangenehmes und schmerzhaftes Brennen in der Scheide beginnt, das dann zunehmend mit einem starken Jucken einhergeht. Sie haben häufig einen immer wiederkehrenden, mitunter sehr starken Ausfluß und waren schon oft wegen eines Scheidenpilzes in Behandlung. Diese Frauen sind in den allermeisten Fällen umweltkrank: Oft durch **Ozon.** Es wird heute in den meisten Büros aus Fotokopierer und Laserdrucker freigesetzt und entsteht, wenn die Trommel im Kopierer oder Drucker mit bis zu zehntausend Volt aufgeladen wird.

In vielen modernen Wohn- und Arbeitsgebäuden kann es zu gefährlichen Ausdünstungen der Baumaterialien und Inneneinrichtungen kommen. Schon bei Raumtemperatur ist die Luft angereichert mit leichtflüchtigen Schadstoffen: Aus den Wänden (Isoliermaterialien, Flammschutzmittel), Wandmaterialien (Tapeten, Farben, Kunststoffbeschichtungen), Böden (Biozide in Teppichböden, Lösungsmittel von Klebern, Restmonomere aus Kunststoffbelägen), Bildschirmgeräten (Restmonomere, Flammschutzmittel) etc. treten giftige, hautreizende Substanzen aus: So kommt es nicht selten zu *chronischen Reizungen* der *Augen-* und *Nasenschleimhäute* und natürlich auch und insbesondere des äußeren und inneren *Genitales.* Durch Innenraum-Gifte kann die fatale Wirkung des Ozons am äußeren Genitale noch wesentlich verstärkt werden: Formaldehyd, Isozyanate, Lösungsmittel aus Teppichklebern und vieles mehr können die Wirkung vervielfachen.

Eine besondere Bedeutung haben in diesem Zusammenhang auch die vielen Reinigungs- und Desinfektionsmittel, die in Haushalt und am Arbeitsplatz immer und überall angewendet werden. Sie verursachen häufig *Schleimhautreizungen* und sind sehr oft eine wichtige (Teil-) Ursache von chronischem Ausfluß. Durch eine genaue Befragung mit anschließender gezielter Analytik einschließlich Spezialanalyse des Scheiden- und Zervikalsekretes können in der umweltmedizinischen Frauenarztpraxis die genauen Ursachen festgestellt und dann gezielt beseitigt werden.

4.3.12 Spezielle gynäkologische Infekte

Sehr häufig sind **Soor-Kolpitiden. Candida albicans** ist ein umweltmedizinisch äußerst bedeutsamer Pilz. Ausnahmslos alle Patientinnen mit einem geschwächten Immunsystem sind anfällig gegenüber diesem Erreger. Es ist schon lange bekannt, daß Patientinnen mit Krankheiten, die mit Hefe zusammenhängen, in der Anamnese eine wiederholte Einnahme von *Antibiotika, orale Empfängnisverhütungsmittel* und *Kortikosteroide* aufweisen. Durch entsprechende Schadstoffe und abwehrbelastende Medikamente wird prinzipiell immer die Ansiedlung von Candida albicans im Verdauungstrakt und in der Vagina gefördert. Auch Trichomonaden vermehren sich leichter in einem durch Umweltschadstoffe gestörten Milieu.

Kondylome, die in jüngster Zeit ursächlich mit Viren in Verbindung gebracht werden, die auch beim Zervix-Karzinom als mögliche Erreger diskutiert werden, wachsen vor allem dann, wenn das ökologische Gleichgewicht im Organismus gestört ist. Nach Erfahrungen des Autors sind Kondylome oft von einer Candida-Infektion im Gastrointestinaltrakt begleitet. Wenn das Vulva- und Vaginalmilieu durch Umweltschadstoffe gestört ist, können sich die Kondylome relativ rasch ausbreiten.

Oft sind **Chlamydien** bei chronischen therapieresistenten Vulvitiden und Kolpitiden beteiligt. Sie wachsen vor allem dann, wenn das ökologische Gleichgewicht im Organismus gestört ist.

Wenn das Vaginalmilieu nicht optimal ist, vermehren sie sich relativ rasch in der Scheide und können sich vor allem auch in den tiefer gelegenen Teilen der Vagina und um den Gebärmutterhals herum ausbreiten. Bei Patientinnen mit Chlamydien im Vaginalabstrich finden sich überdurchschnittlich häufig chlorierte Kohlenwasserstoffe. Eigene Untersuchungen zeigten, daß insbesondere **DDT, HCH** (Lindan) und **PCB** im Vaginalsekret von Patientinnen mit rezidivierenden Chlamydieninfektionen gefunden wurden.

Auch **Herpesinfektionen** treten vor allem bei Patientinnen mit einem geschwächten Abwehrsystem auf. Herpesviren vermehren sich besonders gut, wenn das ökologische Gleichgewicht im Organismus gestört ist. Meist ist eine Herpesinfektion begleitet von einer Candida-Infektion des Gastrointestinaltraktes, oft sogar von einer sogenannten System-Candidose, bei der Candida albicans über den ganzen Organismus ausgebreitet ist. Ebenso, wie viele systemischen Krankheiten auf den Hefepilz **Candida albicans** zurückgeführt werden können, scheint dies auch auf Herpesviren zuzutreffen. Heute vermutet man bereits, daß

Herpes beinahe jedes Organ betreffen kann. Patientinnen, die häufig Antibiotikagaben erhalten haben, leiden nicht nur überdurchschnittlich häufig an massiven therapieresistenten Verdauungsstörungen. Sie haben auch meist einen immer wiederkehrenden therapieresistenten Herpes. Mehrjährige Erfahrungen in einer Frauenklinik mit umweltmedizinischen Schwerpunkten bestätigen, daß die meisten Patientinnen mit Herpes eine massive Intoleranz gegenüber einer Vielzahl von Chemikalien haben.

▶ Eine langhaltige Besserung des teilweise sehr schweren Herpes trat oft erst nach einer gezielten Entgiftungs- und Ausleitungstherapie, begleitet von einer ganzheitlichen Darmsanierung einschließlich Symbioselenkung im Sinne einer klassischen Anti-Candida-Therapie auf.

4.3.13 Sterilität

4.3.13.1 Begriffserklärung, Ursachen

Entsprechend der Definition der WHO spricht man dann von Unfruchtbarkeit der Frau, wenn diese bei regelmäßigem Verkehr nach einem Jahr ohne Verhütung kein Kind empfangen hat; in Deutschland wird meist erst nach 2 Jahren der Begriff Sterilität gebraucht. Statistisch zeigt sich, daß die Kinderlosigkeit in 30 % der Fälle beim Mann ihre Ursache hat, in 40 % bei der Frau und in den restlichen 30 % bei beiden Partnern. Sicherlich sind seelische Störungen sehr häufig für die Unfruchtbarkeit mitverantwortlich, wobei Streß und psychische Belastungen dabei eine große Rolle spielen können. Die heute und in Zukunft bedeutendsten Ursachen, nämlich die endokrinen und vor allem immunologischen Störungen durch Umweltschadstoffe, werden allerdings in der bisherigen Routine-Diagnostik noch viel zu wenig beachtet. Eigene Untersuchungen zeigen, daß Sterilitätspatientinnen (und auch deren Partner), bei denen nachweislich auch gleichzeitig eine Chemikalien- und/ oder Nahrungsmittel-Überempfindlichkeit vorliegt, oft ungewöhnlich niedrige IgA-Werte aufweisen. Nur selten ist ein einziger Umweltschadstoff dominant. In den meisten Fällen kommt es zu einem gleichzeitigen Zusammenwirken mehrerer Faktoren, welche sich in ihrer Wirkung nicht nur addieren, sondern potenzieren.

4.3.13.2 Die verhängnisvolle Kettenreaktion

Durch Umweltschadstoffe kann eine verhängnisvolle Kettenreaktion ausgelöst werden. Sie kann vom unerfüllten Kinderwunsch bis zum schwer umweltgeschädigten Kind gehen.

Schwermetalle, Holzschutzmittel, Pestizide, Dioxine, Furane, diverse Organochlorverbindungen und viele noch nicht näher untersuchte Substanzen können Auslöser für diese Kettenreaktion sein, die sich dann von der sogenannten primären Sterilität (= Unfruchtbarkeit von Anfang an) über die sekundäre Sterilität (= später auftretende Unfruchtbarkeit) über die sogenannte Infertilität (= Unfähigkeit, ein Kind bis zur Geburt auszutragen), über Früh- und Spätaborte (= Abgänge) gestörte Früh- und Spätschwangerschaft, Fehlbildungen, pathologische (= nicht normal verlaufende) Geburtsverläufe, mißgebildete Kinder, plötzlichen Kindstod (englisch »SIDS« = sudden infant death syndrome) bis zu späteren Erkrankungen des Neugeborenen (z. B. Allergien, Pseudokrupp, Asthma bronchiale, Nahrungsmittelallergien etc.) erstrecken und auswirken kann.

Die geringe Erfolgsrate der Reagenzglasbefruchtung brachte die Reproduktionsmediziner auf die Idee zu untersuchen, ob die Schadstoffe, die seit Jahren in Tierarten und in der Muttermilch zu beobachten sind, die Eibläschenflüssigkeit (Follikelflüssigkeit) der Frauen erreicht haben. Reproduktionsorgane sind meist lipophil, das heißt reich an Fetten. Hier können sich Umweltgifte hervorragend ablagern und anreichern. In Follikelflüssigkeiten (= Eibläschenflüssigkeiten) steriler Frauen, die sich nach vielen erfolglosen Versuchen mit herkömmlichen Therapiemethoden schließlich ihren Kinderwunsch mit Hilfe der Reagenzglasbefruchtung erfüllen wollten, waren eine Reihe von Umweltschadstoffen in hoher Konzentration nachweisbar. Unter anderem auch die Agrargifte DDT und HCH (Lindan), aber auch Schwermetalle und weitere Organochlorverbindungen.

Auch **Nikotin** und **Kondensat, Benzpyrene, Formaldehyd** und viele weitere Komponenten des Zigarettenrauches schädigen die Reproduktionsorgane. Wenn Frauen beispielsweise rauchen, haben sie 10–20mal mehr Nikotin in der Gebärmutterschleimhaut als im Blut. Vor kurzem wurde nachgewiesen, daß alle oben genannten Tabakschadstoffe bis in die Keimzellen vordringen und dort zu endokrinen und immunologischen Schäden führen können. Kommen dann noch weitere Genußgifte hinzu, so kann sich die Wirkung potenzieren (= vervielfachen).

Beispielsweise ist von **Koffein** bekannt, daß es die Wirkung von Tabakschadstoffen verstärken kann. Rauchen ist eine Hauptursache der Unfruchtbarkeit.

- So ist die Empfängnisfähigkeit von Raucherinnen pro Zyklus um etwa ein Drittel geringer als die der Nichtraucherinnen. Verantwortlich dafür sind wahrscheinlich der bei rauchenden Frauen erniedrigte Östrogenspiegel, der auch vorzeitiges Altern verursacht,

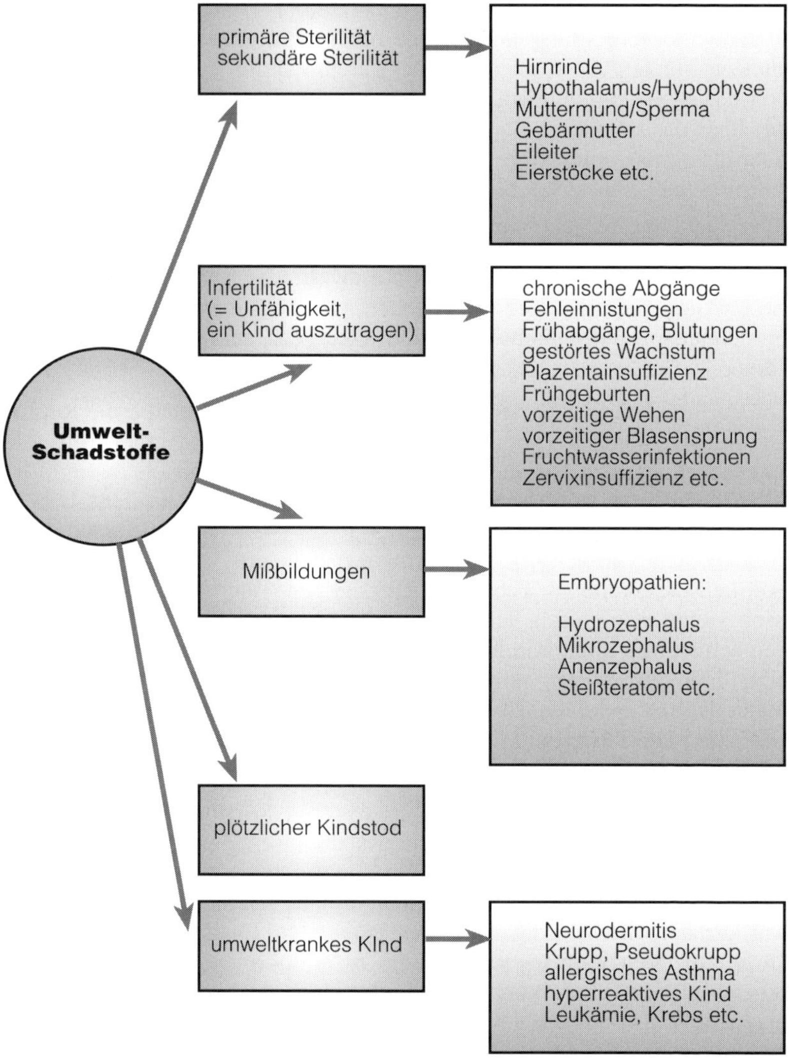

Abb. 8: Die verhängnisvolle Kettenreaktion, ausgelöst durch Umweltschadstoffe: Vom unerfüllten Kinderwunsch bis zum schwer umweltgeschädigten Kind. (Aus: SCHULTE-UEBBING, »Umweltbedingte Frauenkrankheiten«, Sonntag Verlag 1995).

und Veränderungen im Zervixschleim, infolgedessen die Beweglichkeit der Spermien verringert ist. Rauchende Frauen mit Kinderwunsch müssen also durchschnittlich dreimal länger als Nichtraucherinnen auf den Eintritt einer Schwangerschaft warten.

Auch verkürzt sich die Zeit der Fortpflanzungsfähigkeit: Raucherinnen erreichen nämlich die Wechseljahre durchschnittlich drei bis vier Jahre früher als Nichraucherinnen.

Einen ganz entscheidenden Einfluß auf die Fertilität hat Quecksilber aus **Amalgamfüllungen.** In der Sterilitätssprechstunde des Autors waren Patientinnen mit maximalen Ausscheidungs-Werten von mehr als 500 mg/g Kreatinin ausnahmslos steril. Eine spontane Schwangerschaft war erst nach Amalgamsanierung und Entgiftung möglich. Darüber hinaus können die Beobachtungen von Gerhard und Mitarbeitern vom Autor bestätigt werden:

- Fast alle Patientinnen, die eine maximale Ausscheidung von 500 bis 36 000 mg/g Kreatinin nach 2 Stunden (etwa 5 % von 700 Tests) hatten, hatten schwere Zyklusstörungen.

4.3.13.3 Andrologische Sterilität

Aufgrund verschiedener Umwelteinflüsse wird weltweit bei fertilen Männern eine deutliche Verringerung der Spermatozoenzahlen festgestellt, oft bis zu 80 %. Dabei scheint die männliche Fertilität besonders durch *Nikotinabusus, Schwermetalle, Herbizide, Pestizide* und *chlorierte Kohlenwasserstoffe* beeinträchtigt zu werden, wobei einige der Substanzen direkt in das intratubuläre Hodenkompartiment eingreifen und zu einer Bremsung bzw. Schädigung der Spermatogenese oder zu einer Beeinflussung der Sertolizellfunktion führen.

Intratubulär angreifende chemische Verbindungen sind Alkylantien, Tetrachlorkohlenstoff, DDT und ionisierende Strahlen.

Chemische Produkte aus Umwelt und Beruf mit negativem Einfluß auf die männliche Fertilität sind *Nahrungsmittelzusätze* und *Kontaminationen* (Zyklamat, Diäthylstilböstrol, Nitrofuran, Aflatoxine, Gossypol), *Fungizide, Nematozide, Fumigantia, Sterilantien* (DBCP, Äthylendibromid), *Herbizide* (Dioxine), *Insektizide* (Dichlordiphenyltrichloräthan [DDT], Lindan, Dieldrin, Kepone, Carbaryl, Schwefelkohlenstoff), *Rodentizide* (Fluorazetat), *Feuerschutzmittel* (Tris, polybromierte Biphenyle), *Wärmeaustauscher* (polychlorierte Biphenyle), *Kunststoffprodukte* (Phthalatester, Vinylchloride), *Lösungsmittel* (Benzol, Toluol, Glykoläther, Tetrachlorkohlenstoff, Epichlorhydrin), *Desinfektionsmittel* (Borax, Borsäure), *Inhalationsnarkotika* (Halothan,

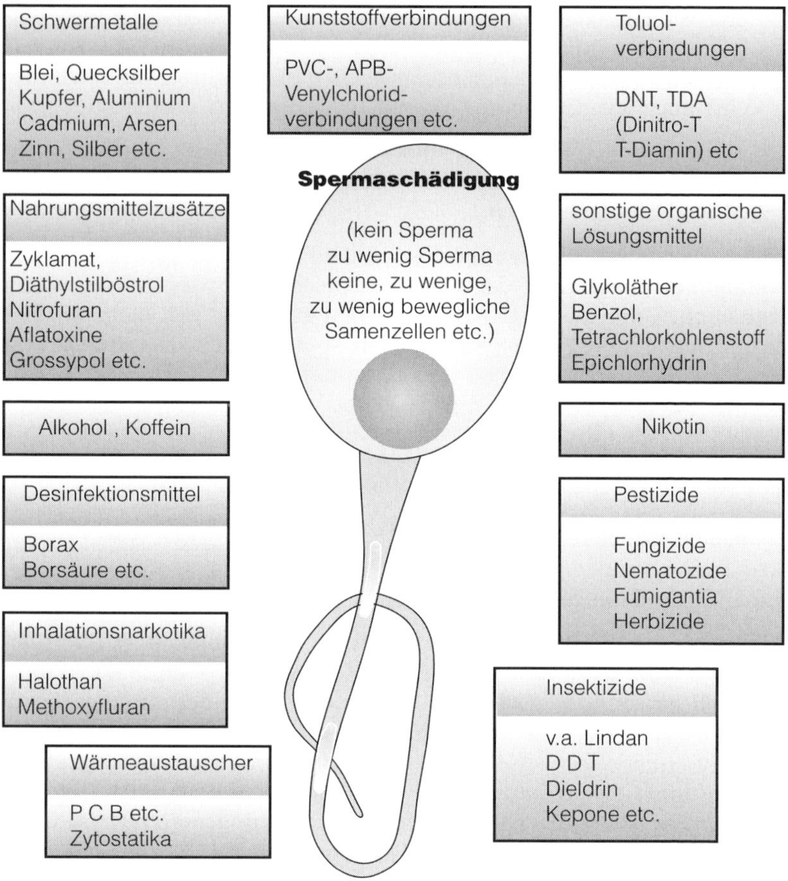

Abb. 9: Umweltschadstoffe schädigen das Sperma. (Aus: SCHULTE-UEBBING: »Umweltbedingte Frauenkrankheiten«. Sonntag Verlag 1995).

Methoxyfluran), *Metalle* und *Spurenelemente* (Blei und andere Schwelofenemissionen, Quecksilber, Cadmium). Die obige Abbildung zeigt das Spektrum der Umweltschadstoffe, die nachweislich die Spermien schädigen.

4.3.14 Gestörte Schwangerschaft

Schwermetalle, Holzschutzmittel, Pestizide, Dioxine, Furane, diverse Organochlorverbindungen und viele noch nicht näher untersuchte Substanzen können Auslöser für die sogenannte Infertilität (= Unfähigkeit, ein Kind bis zur Geburt auszutragen) sein. Früh- und Spätaborte (= Abgänge), gestörte Früh- und Spätschwangerschaft, Fehlbildungen und pathologische (= nicht normal verlaufende) Geburtsverläufe können dadurch verursacht sein. Auch mißgebildete Kinder und der sogenannte plötzliche Kindstod (englisch »SIDS« = sudden infant death syndrome) lassen sich Umweltschadstoffen zuschreiben. Darüber hinaus können auch noch spätere Erkrankungen des Neugeborenen (z. B. Allergien, Pseudokrupp, Asthma bronchiale, Nahrungsmittelallergien etc.) direkte oder indirekte Folgen von Schadstoffbelastungen der Mutter vor und während Schwangerschaft und Stillzeit sein.

4.3.15 Gestörte Nidation

Umweltbelastungen und Schadstoffe sind für die immer öfter auftretenden Störungen in den jüngsten Embryonalstadien verantwortlich. Man schätzt, daß viele Schwangerschaften an einer durch Umweltschadstoffe pathologischen Nidation in der Gebärmutter scheitern. Nach neuesten Hochrechnungen muß man annehmen, daß allein in Deutschland heute bereits mehr Embryos und Foeten an Umweltvergiftungen sterben (etwa Hunderttausend pro Jahr) als durch Abtreibung (etwa Fünfundachtzigtausend pro Jahr).

4.3.16 Extrauteringravidität

Eine sehr häufige und sehr gefürchtete – nicht selten auch durch Umweltschadstoffe mitverursachte – Erkrankung ist die sogenannte Extrauteringravidität. Man weiß, daß es sogenannte prädisponierende Faktoren für eine Eileiterschwangerschaft gibt. Aus umweltmedizinischer Sicht werden alle diese Faktoren letztlich durch Umweltschadstoffe verursacht oder zumindest mitverursacht: In dreißig Prozent der EUG's sind schon frühere Aborte und EUG's vorausgegangen. In etwa einem Viertel ist eine Adnexitis vorausgegangen (die meist durch Umweltschadstoffe mitverursacht oder zumindest begünstigt wurde). In etwa einem Fünftel ist eine Sterilitätsbehandlung vorausgegangen (wobei die Sterilität meist umweltschadstoffbedingt war). Man weiß auch, daß Spiralen-Trägerinnen ein acht- bis zehnfach erhöhtes Risiko für eine EUG haben, wobei das Kupfer der Spirale dabei als subtoxisch wirkendes Schwermetall wirken könnte.

4.3.17 Habituelle Aborte

Unter sogenannten »habituellen Aborten« versteht man drei oder mehr aufeinanderfolgende Fehlgeburten. Die Ursache ist häufig mütterlicherseits, wobei Umweltschadstoffe eine große Rolle spielen. In etwa vierzig Prozent der Fälle ist die Ursache kindlicherseits (ca. 40 % Molen), wobei auch hier Umweltschadstoffe als eigentliche Ursache diskutiert werden. Bei eigenen Untersuchungen konnten wir bei Frauen mit habituellen Aborten und mit Frühgeburten, die häufig in der Schwangerschaft, bevor es zu den Frühgeburtsbestrebungen kam, an chronisch rezidivierendem *Fluor* und chronisch rezidivierenden *Vulvitiden* und *Kolpitiden* litten, teilweise sehr hohe, gelegentlich sogar extrem hohe Konzentrationen an chlorierten Kohlenwasserstoffen in Form von DDT, HCH (Lindan) und PCB messen. Werte von 30 bis über 120 Mikrogramm Lindan pro Liter Zervikalsekret waren keine Seltenheit.

Weltweit geht man heute davon aus, daß Umweltbelastungen und Schadstoffe für einen großen Teil der Störungen in der Frühgravidität und für Schäden früher Embryonalentwicklungsstadien verantwortlich sind. Eine sichere Ursache, die inzwischen gut untersucht ist, ist das *Rauchen.* Folgen des Nikotinmißbrauches können sein: Zu *geringes Geburtsgewicht der Babys, spontane Fehlgeburten, Erbschäden* und sogar ein *erhöhtes Krebsrisiko* des Kindes.

Deshalb sollten Frauen und deren Partner vor der Konzeption auf Alkohol und Rauchen verzichten. Männer mit verminderter Zeugungsfähigkeit sollten sich 90 Tage vor der geplanten Zeugung von Chemikalien und Strahlungen fernhalten und in dieser Zeit entgiftet und ausgeleitet werden. Dann können sich möglicherweise die Spermien regenerieren. Bei Rauchern kommt es auch ohne Fehlgeburt häufig zu Komplikationen. So werden die Babys von Raucherinnen oft zu früh geboren. Sie haben dann nicht nur ein deutliches Untergewicht von 150 bis 200 g gegenüber neugeborenen Kindern von Nichtraucherinnen, sie sind auch wesentlich weniger widerstandsfähig.

4.3.18 Embryopathien

Erkrankungen der Embryonalzeit, die mit oder ohne Fehlbildungen einhergehen, werden als Embryopathien bezeichnet. Von den Schadstoffen am besten untersucht sind Alkohol und Nikotin.

Die **Alkoholembryopathie** führt zu intrauterinem und postnatalem Minderwuchs, Mikrozephalie, Untergewicht, geistige Retardierung, typische kranofaziale Dysmorphie, Muskelhypotonie, Hyperexzitabilität.

Die **Nikotinembryopathie** führt zu Minderung des Geburtsgewichtes, erhöhter perinataler Sterblichkeit.

Nicht nur in der Frühschwangerschaft, sondern in allen Schwangerschaftsphasen wird der Embryo bzw. Fetus durch Schadstoffe geschädigt. In einem Grundlagenforschungsprojekt wird zur Zeit untersucht, welche Auswirkungen Umweltschadstoffe und giftige Genußmittel auf die jüngsten Embryonalstadien haben. Bisher zeigte sich, daß die meisten Schadstoffe auf den jungen Embryo nicht nur singulär, sondern additiv wirken; bei der Verbindung Koffein und Zytostatika kommt es z. B. zu einer Potenzierung der Schäden (überadditive Potenzierung der Schäden). Sehr gefährlich sind auch die Stoffe, die die Kompensations- und Repairmechanismen schädigen, über die die jungen Embryonen bereits verfügen.

Viele Schadstoffe werden nicht ausgeschieden, sondern akkumulieren im menschlichen Organismus. Bei jungen Anästhesistinnen wurden erhöhte Abortraten festgestellt; viele Anästhetika akkumulieren im menschlichen Organismus. Bei Krankenschwestern, die mit Zytostatika arbeiteten, kann es allein durch das Einatmen kleinster Mengen zu einer höheren Fehlgeburtenrate kommen. In einer indischen Studie wurden bei Patientinnen mit einem Abort oder einer Frühgeburt signifikant höhere Pestizidbelastungen des Blutes, der Placenta und des fetalen Gewebes im Vergleich zu Patientinnen mit normaler Schwangerschaftsdauer festgestellt.

Sowohl Dioxine als auch die mit ihnen in ihrem Wirkungsbild weitgehend übereinstimmenden PCBs sind placentagängig. Damit ist es gestationstoxikologisch bedeutsam, daß bereits im Mutterleib eine Vorschädigung möglich ist, wobei nicht notwendig eine Schädigung verbunden sein muß. Allerdings konnten in Tierexperimenten wiederholt embryotoxische Effekte, besonders an Rhesusaffen, ausgelöst werden. Die Schädigungen zeigten sich in einigen Fällen durch eine leichte Erhöhung der Fehlbildungsrate. Auch Veränderungen in der Immunabwehr konnten beobachtet werden. Bei Rhesusaffen und auch beim Menschen wird das gegenüber anderen Spezies erhöhte Risiko teilweise auf die längere Halbwertzeit im Körper zurückgeführt.

Während der Schwangerschaft steigen die PCB-Plasmawerte graduell an. Ab dem 4. Stilltag erfolgt eine Erhöhung der Konzentration im Milchfett gegenüber der im Plasma. Nach ca. 5 Monaten erreicht der Plasmaspiegel der stillenden Mutter den Bereich einer Kontrollgruppe aus dem Bevölkerungsdurchschnitt.

In der Mißbildungsätiologie werden *endogene* und *exogene* Kausalfaktoren unterschieden. Letztere sind oft Umwelteinflüsse, die über die schützenden Hüllen Uterus, Placenta und Amnionflüssigkeit hinweg direkt auf den Embryo einwirken können. Nur 10 % aller Mißbildungen sind ausschließlich auf endogene, weitere 10 % auf ausschließlich exogene Faktoren zurückzuführen. Die überwiegende Zahl menschlicher Mißbildungen (80 %) hängt von endogenen und exogenen Faktoren gemeinsam ab. Neben den epidemisch auftretenden Teratogenen, bedingt durch Medikamente, z. B. Contergan, müssen auch die ständig einwirkenden Teratogene aus der Umwelt berücksichtigt werden. Viele Umweltschadstoffe, die beim Erwachsenen kanzerogene Eigenschaften aufweisen, wirken in der Embryonalentwicklung teratogen.

- **Thalidomid** führt zu Phokomelie, Anormalitäten der Ohren, Zähne, Augen und innerer Organe.
- **Tetrazykline** führen zu Zahnschmelzdefekten.
- **Valproinsäure** führt zu Spina bifida, Gesichtsanomalien, Entwicklungsstörung.
- **Diäthylöstradiol** führt zu transplazentarer Karzinogenese des Zervixkarzinoms.
- Vorsicht wird auch beim Umgang mit Arzneimitteln angeraten, insbesondere wenn es sich um chemische Präparate handelt.

Blei kann zur sogenannten **Blei-Embryopathie** führen. Pränatale Strahlenbelastung kann zu Abgang, Totgeburt, Fehlbildungen, erhöhte Frühgeburtlichkeit, Mikrozephalie, Minderwuchs, cerebrale Entwicklungsstörungen, Immunschwäche, Kanzerogenese, erhöhte perinatale Mortalität, Epilepsie, Verhaltensssstörungen, Chromosomenaberrationen, und neuropsychologischen Auffälligkeiten führen.

- **Polychlorierte Biphenyle-PCB-Embryopathie** führt zu Minderwuchs, Untergewicht, Abnormitäten der Gingiva, Haut, Nägel, Zähne und Lunge und zu einer generalisierten Störung des ektodermalen Gewebes.

In Japan trat in der Minamata-Bucht in den Jahren 1957 bis 1961 eine chronische Vergiftung mit alkylierten Quecksilberverbindungen auf, die sich bei den Schwangeren vorwiegend als progrediente Degeneration

des ZNS manifestierte. Sie wurde dann als Minamata-Krankheit beschrieben. Bei den Schwangeren kam es zu Ataxie und Tremor, Dysarthrie und Ertaubung, bei den Neugeborenen, die im Embryonalstadium geschädigt worden waren, traten Taubstummheit, progrediente Einschränkung des Gesichtsfeldes, Asomnie, Hypersalivation und Anfälle von generalisierten Myoklonien auf. Heute weiß man, daß die sogenannte **Quecksilberembryopathie** zu Mikrozephalie, Spastik (CP) und menatalen Defiziten führen kann.

4.3.19 Fetopathien

Es muß davon ausgegangen werden, daß analog zu den umweltbedingten Embryopathien auch eine Reihe fetaler Fehlbildungen durch Umweltschadstoffe entstehen können. Die Häufigkeit fetaler Fehlbildungen liegt bei 3,5 %, wobei nach Schätzungen von Toxikologen mindestens die Hälfte durch Umweltschadstoffe verursacht wird. Danach sind die umweltbedingten Fetopathien in Ländern niedriger Säuglingssterblichkeit die häufigste perinatale Todesursache.

4.3.20 Frühgeburten

Alle Faktoren, die zum Risiko einer Frühgeburt beitragen können, werden durch Umweltschadstoffe (mit-)verursacht: *Vorzeitiger Blasensprung* (ca. 32 %), *vorzeitige Wehen* (ca. 19 %), *Hypertensive Schwangerschaftserkrankung* (ca. 16 %), *Fehlbildungen* (ca. 10 %) und *Blutungen* (ca. 6 %).

Sowohl der vorzeitige Blasensprung als auch vorzeitige Wehen werden meist durch vorausgehende aufsteigende Infektionen ausgelöst. Häufigste Ursachen der Frühgeburt sind die *Zervixinsuffizienz* und/oder *vorzeitige Wehen,* wobei diese wiederum sehr oft durch Umweltschadstoffe verursacht sein können. Man weiß, daß es bestimmte Risikofaktoren für Zervixinsuffizienz und vorzeitige Wehen gibt. Dazu gehören: Sozioökonomische Faktoren (niedrige soziale Schicht, mütterliches Alter unter 18 bzw. über 35 Jahren, alleinstehende Frauen).

Auch Frauen, die schon Früh- oder Totgeburten hatten, oder die bereits mehr als 2 Totgeburten hatten, können betroffen sein. Dasselbe gilt für sogenannte schwangerschaftsbedingte Faktoren: Bei Mehrlingsschwangerschaften und Placenta praevia ist das Risiko auch erhöht. Inzwischen weiß man, daß beispielsweise auch ein pathologischer Placentasitz (z. B. Placenta praevia) oft die Folge einer Infektion in der Gebärmutter (Endo-Myometritis) sein kann, welche wiederum durch Umweltschadstoffe begünstigt wird.

4.3.21 Vorzeitiger Blasensprung

In etwa 17 % aller Schwangerschaften kommt es zum vorzeitigen Blasensprung mit Fruchtwasserabgang vor Beginn der Eröffnungswehen. In ca. 30 % der Fälle liegt das Geburtsgewicht dann unter 2500 g oder es besteht eine Schwangerschaft vor der 37. SSW. Die Ursachen des vorzeitigen Blasensprunges sind noch nicht eindeutig geklärt. Sehr häufig sind ursächlich Umweltschadstoffe beteiligt, die über eine Störung des Vulva- und Vaginalmilieus zu aufsteigenden Infektionen führen. Eigene Untersuchungen ergaben, daß die meisten Frauen mit vorzeitigem Blasensprung vorher an chronisch rezidivierendem Fluor, an chronisch rezidivierenden Vulvitiden und Kolpitiden gelitten hatten. Die meisten hatten hohe, gelegentlich sogar extrem hohe Konzentrationen an chlorierten Kohlenwasserstoffen in Form von **DDT, HCH** (Lindan) und **PCB** im Zervikalsekret.

4.3.22 Intrauterine Wachstumsretardierung

Nicht selten gibt es bei Müttern, die mit Schwermetallen, Holzschutzmitteln, Lösungsmitteln und Pestiziden belastet sind, sogenannte umweltbedingte intrauterine Wachstumsretardierungen. Die Wirkungen der Umweltschadstoffe können durch folgende Faktoren noch verstärkt werden:

- Bei hoher Multiparität
- bei Mehrlingsschwangerschaften
- Fehlbildungen
- Chromosomenaberrationen
- Stoffwechselerkrankungen
- und bei durch Umweltschadstoffe begünstigten bakteriellen oder viralen Infektionen (Röteln, Zytomegalie, Zoster).

Das gefürchtete Hauptrisiko der umweltbedingten intrauterinen Wachstumsretardierungen ist die *intrauterine Hypoxie sub partu* (typische KO).

4.3.23 Plazentainsuffizienz

Bei langandauernder Plazentainsuffizienz durch Umweltschadstoffe kann es auch gehäuft zum intrauterinen Fruchttod kommen. Nicht selten ist das Neugeborene massiv durch *Hypoglykämie* und *Hypothermie* gefährdet. Da die chronische Plazentainsuffizienz sehr häufig eine (Teil-)folge einer Dekompensation der Mutter wegen Umweltschadstoffen ist, neigt sie ohne Entgiftungs- und Ausleitungsbehandlung zum

Rezidiv. Übrigens kann auch die Hypoxie während der Geburt eine indirekte Folge von Umweltschadstoffen sein.

4.3.24 HELLP-Syndrom

In der geburtshilflichen Literatur häufen sich in den letzten Jahren die Publikationen über das sogenannte HELLP-Syndrom. Hierbei handelt es sich um eine hoch akute Erkrankung gegen Ende der Schwangerschaft, die das Leben von Mutter und Kind gefährden kann. Während Diagnostik und Therapie, klinische Symptomatik, Verlauf und Prognose inzwischen gut bekannt sind, rätseln derzeit alle Experten über die Ursachen. Eine eigene Vierjahresstudie (1989 bis 1993) über mögliche Ursachen des HELLP-Syndroms ergab, daß Schwermetalle und Organochlorverbindungen sicherlich ursächlich beteiligt sind.

> Das HELLP-Syndrom ist eine Mikroangiopathie mit primärer Lebermanifestation und sekundärem Multiorganversagen. Triggerquelle ist die Gravidität, Triggerorgan die Leber, mögliche Trigger können Umweltschadstoffe wie **Blei, Quecksilber, Kupfer, Aluminium,** aber auch **PCP, DDT, HCP, PCB** sein.

4.3.25 Umweltbedingte vorzeitige Wechseljahre

In letzter Zeit haben immer mehr Frauen relativ früh, teilweise bereits mit 40 Jahren, Wechselbeschwerden. Dies liegt sehr häufig an den zunehmenden Umweltschadstoffen. Die Abbildung 9 zeigt Mechanismen, wie Umweltschadstoffe zu Wechselbeschwerden führen können.

Immer mehr Schwermetalle, Pestizide und Organochlorverbindungen sammeln sich in den Eierstöcken, in Hypophyse und Hypothalamus, aber auch in der Nebennierenrinde, und sorgen dort für hormonelle Unruhe: Die Östrogenproduktion kann gestört sein, die Androgenproduktion kann vermehrt sein. Dadurch kann es zum vorzeitigen Wechsel mit allen Beschwerden kommen. Eigene Untersuchungen zeigen (Schulte-Uebbing, Zahn et al., 1989–1994), daß in den Eierstöcken von Frauen, die vorzeitig in den Wechsel kamen, teilweise beträchtliche Schadstoffbelastungen nachweisbar waren. Dabei handelte es sich um Agrargifte wie **DDT** und **HCH,** um das DDT-Abbauprodukt **DDE** und vor allem auch um Polychlorierte Biphenyle **(PCBs).** Bei Frauen, die vorzeitig in den Wechsel kamen, ist oft eine herausragend hohe Konzentration von PCB, HCH, DDT und dessen Abbauprodukt DDE in der

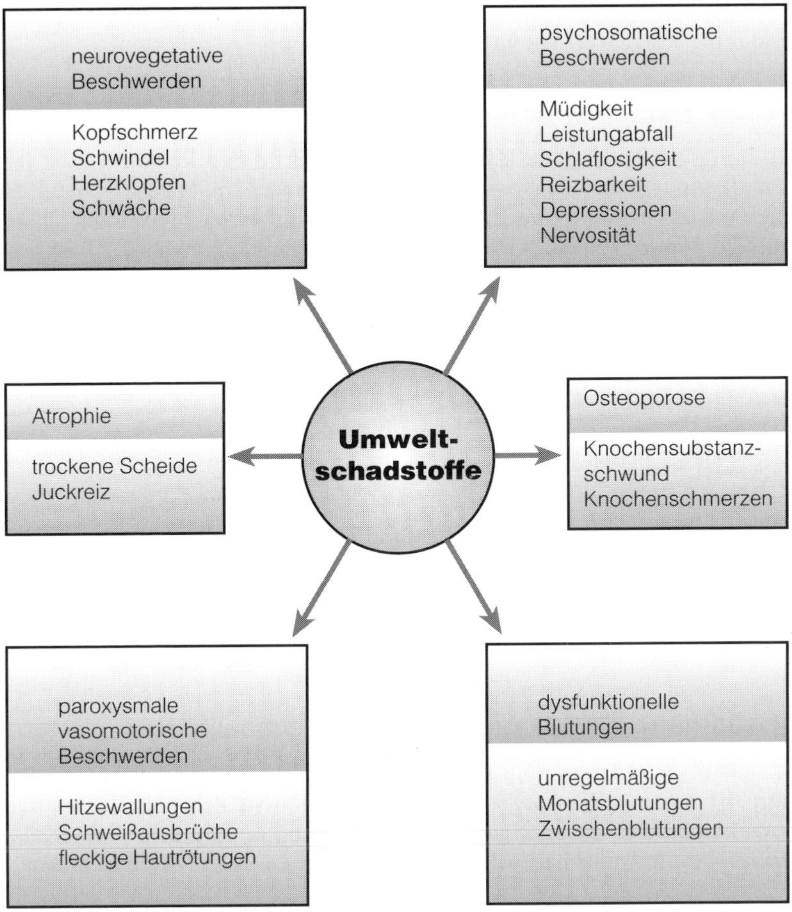

Abb. 10: Vorzeitiger Wechsel durch Umweltschadstoffe. Mechanismen, die zu Wechselbeschwerden führen können. (Aus: SCHULTE-UEBBING, C.: »Umweltbedingte Frauenkrankheiten«. Sonntag Verlag 1995).

Eierstocksflüssigkeit meßbar. Auch **Pentachlorphenol** kann zu einem vorzeitigen Klimakterium beitragen. Bei einigen Patientinnen brachte eine Wohnungssanierung nach einigen Monaten Besserung. Die Blutwerte normalisierten sich teilweise wieder, die Wechselbeschwerden wurden weniger.

Ob Schwermetalle wie Blei, Cadmium und Quecksilber vorzeitige Wechseljahre auslösen können, ist bisher kaum untersucht worden. Erste eigene Erfahrungen mit dem Chelatbildner Dimercaptopropionsulfonsäure (DMPS), der im Körper deponierte Schwermetalle mobilisiert, sprechen für Zusammenhänge zwischen Schwermetallbelastungen und vorzeitigen Wechselbeschwerden. Höchstwahrscheinlich kann auch durch Amalgamfüllungen ein vorzeitiger Wechsel ausgelöst werden. Durch seine Kumulation im Skelettsystem kann es auch möglicherweise zur Osteoporose und zu Depressionen beitragen.

4.3.26 Mamma-Zysten, Mastopathie

Aufgrund neuester Untersuchungen können Umweltschadstoffe eine mögliche (Teil-)Ursache benigner Mamma-Zysten sein. In eigenen Untersuchungen fanden wir (Schulte-Uebbing, Zahn et al., 1989–1994) in der Flüssigkeit von Brustzysten sehr hohe Schadstoffbelastungen: Die Agrargifte **DDT** und **HCH** konnten ebenso nachgewiesen werden wie große Mengen des DDT-Abbauproduktes **DDE** sowie hohe Dosen der polychlorierten Biphenyle (PCBs). Es scheinen auch Zusammenhänge zwischen den Schadstoffgehalten in Mamma-Zysten und in der Follikelflüssigkeit von Frauen mit PCO-Syndrom zu bestehen, wobei insbesondere die ländliche Bevölkerung davon betroffen zu sein scheint.

Heute ist es eine traurige Tatsache, daß gerade in Gartenbau und Landwirtschaft Unmengen an Insektiziden, Herbiziden und Fungiziden zur Anwendung kommen. Die Pestizide werden nicht nur direkt von der Landbevölkerung über Luft und Wasser, sondern auch indirekt von der Stadt- und Landbevölkerung über die Nahrungskette aufgenommen. Auch kann es sehr häufig durch Umweltschadstoffe zur Mastopathie kommen. Eigene Untersuchungen ergaben, daß in mastopathischem Brustdrüsengewebe nicht selten Polychlorierte Biphenyle, Pentachlorphenol, DDT, DDE sowie die Schwermetalle Quecksilber, Aluminium, Blei und Kupfer angereichert nachweisbar waren. Generell scheint bei der Mastopathie zu gelten, daß vor allem solche Umweltschadstoffe, die östrogene Nebeneffekte besitzen und an den Östrogenrezeptoren stören, einen relativen Östrogenüberschuß bei gleichzeitigem relativem Progesteronmangel bewirken. Dadurch kommt es dann zu sogenannten Fibrosierungen, intraduktalen Epithelprolilferationen, Gangektasien und Zystenbildungen.

4.3.27 Uterus myomatosus

Man muß heute davon ausgehen, daß viele endokrin wirkende Umweltschadstoffe die Entstehung von Myomen auslösen und/oder fördern. Bei Frauen mit Myomen ist relativ oft die Wechselbeziehung zwischen der Umwelt und dem inneren Körpermilieu gestört. Dies hat dann meist zur Folge, daß die natürliche Balance zwischen Immunsystem, Endokrinem System und Zentralem Nervensystem gestört ist. Auch sogenannte Stressoren können möglicherweise bei der Entstehung von Myomen eine Rolle spielen. Eigene Untersuchungen bestätigten mehrfach die Angaben in der Literatur, daß Patientinnen mit sehr großen Myomen mit Schadstoff belastet sind, wobei nur selten ein einziger Umweltschadstoff dominant ist. In den meisten Fällen kommt es zu einem gleichzeitigen Zusammenwirken mehrerer Faktoren, welche sich in ihrer Wirkung nicht nur addieren, sondern potenzieren.

Gerade bei der Untersuchung der Myomentstehung ist der Einfluß von **Blei, Cadmium** und **Quecksilber** bisher kaum berücksichtigt worden. Erste Erfahrungen mit dem Chelatbildner Dimercaptopropionsulfonsäure (DMPS), der im Körper deponierte Schwermetalle mobilisiert, sprechen für Zusammenhänge zwischen Schwermetallbelastungen und der Entstehung von Myomen. Nach eigenen Untersuchungen sind viele Frauen mit Uterus myomatosus zum Teil erheblich quecksilberbelastet.

Das Schwermetall stammt hauptsächlich von Amalgamfüllungen im Mund, aber auch zum Teil aus der Nahrung (Meeresfisch, Innereien: Leber, Nieren etc.), aus dem beruflichen Bereich (Thermometer: Krankenschwestern und Ärztinnen, Laborchemikalien: MTA, CTA, Quecksilberbatterien: Industriearbeiterinnen, Schädlingsbekämpfungsmittel: Gärtnerinnen, Haarsprays: Friseusen) und aus dem Freizeitbereich (quecksilberhaltige Farben, Lacke, Sprays etc.). Von Myomen und auch malignen Uterustumoren scheinen auch Zahnärztinnen und deren Helferinnen besonders betroffen zu sein.

Eigene Untersuchungen ergaben, daß Patientinnen mit Amalgamfüllungen überdurchschnittlich häufig Myome haben können. Diese Untersuchungen werden durch GERHARD et al. bestätigt.

4.3.28 Ovarialtumoren

Millionen von Frauen haben sogenannte »chronisch rezidivierende Ovarialzysten«, auf deutsch: »immer wieder auftretende Zysten an den Eierstöcken«. Viele lassen sich zunächst endokrinologisch behandeln (mit künstlichen Hormonen), die meisten davon müssen sich jedoch nach mehrfach vergeblich durchgeführten Hormontherapien dann doch operativen Eingriffen unterziehen: Bauchspiegelungen werden durchgeführt und dabei die Zyste(n) entfernt. Falls keine andere Möglichkeit besteht, muß leider der ganze Eierstock entfernt werden. Falls dringender Kinderwunsch besteht, ist dies dann sehr bitter, zumal dann sehr oft nach einem halben Jahr im Ultraschall wieder eine oder mehrere Zysten erkennbar sind, die dann wieder per Bauchspiegelung »behandelt« werden.

4.3.29 PCO-Syndrom

Ein Sonderfall solcher häufig auftretender Eierstockzysten ist das sogenannte »PCO-Syndrom«, das »Syndrom der Polycystischen Ovarien«. Bisher gibt es eine Reihe von Hypothesen, wie dieses PCO-Syndrom entsteht, aber noch keine exakte Erklärung.

Eigene Untersuchungen zeigen einen hohen Anteil von Insektiziden in der Follikelflüssigkeit von Frauen mit PCO-Syndrom. Genauere Recherchen ergaben, daß insbesondere die ländliche Bevölkerung davon betroffen ist. Vor allem bei Frauen mit idiopathischer Sterilität sind herausragend hohe Konzentrationen von PCB, HCH, DDT und dessen Abbauprodukt DDE in der Follikelflüssigkeit vorhanden. Mißt man in der Hormon- und Sterilitätssprechstunde die Bleiausscheidung im Urin vor und nach Mobilisation mit dem Chelatbildner Dimercaptopropionsulfonsäure (DMPS, siehe Diagnostik), ist in etwa 10 % der Fälle die Bleiausscheidung deutlich erhöht. In einer Heidelberger Pilotstudie wurde die Schwermetallausscheidung nach DMPS überprüft und bei 165 Patientinnen in Beziehung zu klinischen Variablen gesetzt (u. a. Beruf, Alter, Erkrankungen, Allergien, Medikamente, Rauchen, Alkohol, Amalgam etc.). Hier bestand eine signifikante positive Korrelation mit der Körpermasse.

Anhand von zahlreichen Tierversuchen konnte bereits gezeigt werden, daß Schwermetalle zu Ovarialzysten führen können. Bei weiblichen Ratten, die mit Blei in unterschiedlichen Dosen belastet wurden, trat ein persistierender Östrus auf, es entwickelten sich Ovarialzysten, die Zahl der Corpora lutea ging zurück, eine Amenorrhoe trat ein.

Endokrine Einflüsse durch Blei sind mehrfach nachgewiesen worden: Ratten wurde im Trinkwasser in unterschiedlichen Dosen Blei zugeführt. Nach 30 Tagen warden die Bleikonzentrationen gegenüber einer Kontrollgruppe im Knochen auf das Zweihundertfache angestiegen, im Gehirn auf das mehr als Vierzigfache, in den Hoden und Ovarien um das Zweifache. Bereits bei noch tolerablen Bleidosen waren die LH- und die Prolaktinspiegel im Serum signifikant erniedrigt, so daß ein direkter

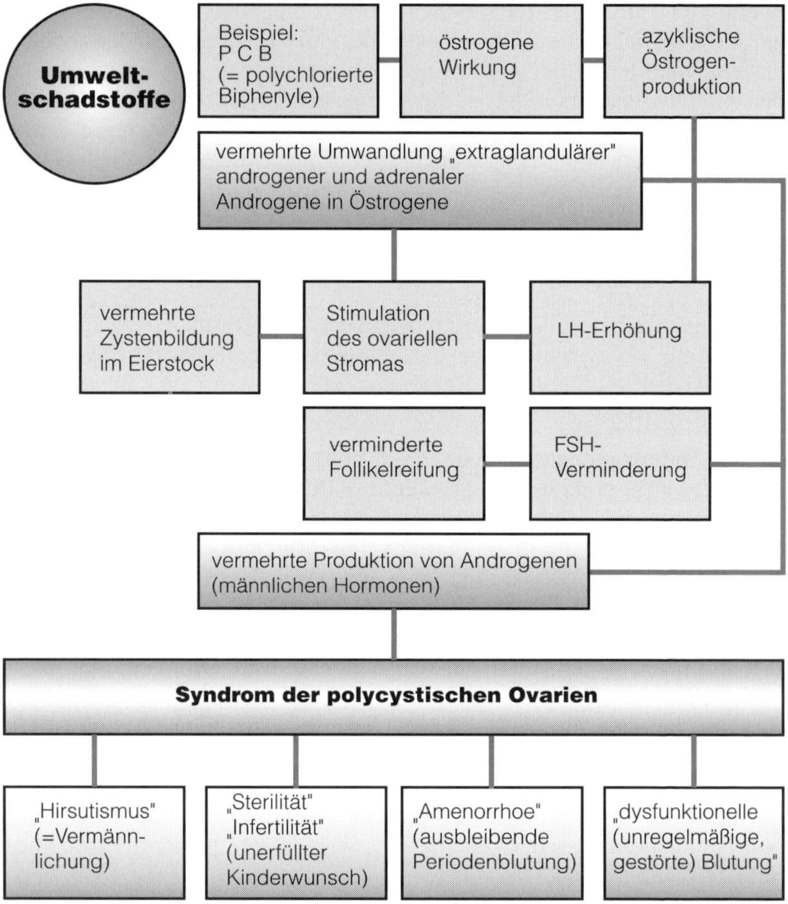

Abb. 11: Immer wiederkehrende Eierstockzysten (= chronisch rezidivierende Ovarialzysten) durch Umweltschadstoffe am Beispiel der Polychlorierten Biphenyle (PCB). Der Einfluß von PCB auf den Androgen-Stoffwechsel. Entstehung des sogenannten »PCO-Syndroms« (Syndrom der Polycystischen Ovarien) durch Polychlorierte Biphenyle. (Aus: SCHULTE-UEBBING, C.: »Umweltbedingte Frauenkrankheiten«. Sonntag Verlag 1995).

toxischer Effekt von Blei auf die Hypothalamus-/Hypophysenachse angenommen wurde.

Auch Cadmium wurde wiederholt in Eierstockszysten nachgewiesen. Durch Cadmiumzufuhr bei gleichzeitiger mangelhafter Ernährung wurde die Fertilität von weiblichen Mäusen um 45 % gesenkt. Entsprechende Cadmiumbelastungen waren in der Eierstockflüssigkeit nachweisbar.

In einer Heidelberger Untersuchung an über 500 Frauen mit Kinderwunsch, deren Cadmiumausscheidung vor und nach Belastung mit DMPS gemessen wurde, war nicht selten eine Cadmiumbelastung nachweisbar, wobei die Cadmiumkonzentrationen bei Frauen in technischen und Heilberufen signifikant höher lagen als in den übrigen Berufsgruppen.

Von besonderer Bedeutung für die Entstehung der Polycystischen Ovarien sind die **Polychlorierten Biphenyle (PCB).** Aufgrund neuerer Untersuchungen, unter anderem von GERHARD et al. und TINNEBERG et al. wissen wir, daß PCB's eine östrogene Wirkung haben, das heißt ähnlich wirken wie natürliche weibliche Hormone. Eigene Untersuchungen zeigen, daß Polycystische Ovarien häufig PCB-haltig sind. Teilweise sind sie sogar stark PCB-belastet. Nicht selten wurden Werte von 2–3 Mikrogramm/ml Follikelflüssigkeit (= 2 bis 3 Promille) gefunden.

Abbildung 11 zeigt am Beispiel der Polychlorierten Biphenyle (PCB), wie es durch Umweltschadstoffen zu chronisch rezidivierenden Ovarialzysten kommen kann.

Dabei muß man sich die Störungs-Mechanismen in etwa so vorstellen: PCB's wirken wie Östrogene. Sie besetzen die Östrogenrezeptoren (wahrscheinlich eine sogenannte »kompetitive Hemmung«) und bringen dann die natürlichen Steuerungsmechanismen durcheinander. Es kommt nicht zu der normalen Rückkoppelung mit Hypophyse und Hypothalamus, sondern zu einer pathologischen LH-Erhöhung und FSH-Verminderung bei gleichzeitiger vermehrter Umwandlung sogenannter »extraglandulärer Androgene« und »adrenaler Androgene« in Östrogene. Durch die umweltschadstoffbedingte LH-Erhöhung wird das ovarielle Stroma stimuliert und es kommt zu einer vermehrten Zystenbildung im Eierstock. Die Zysten persistieren und wachsen kontinuierlich, bis sie Beschwerden machen und dann palpatorisch und/oder sonographisch diagnostiziert werden. Durch die gleichzeitige pathologische FSH-Verminderung kommt es zu einer verminderten Follikelproduktion. Gleichzeitig steigt die Produktion von Androgenen: Die Ausbildung von polycystischen Ovarien ist nun vorprogrammiert. Die Frauen fallen auf durch ihren ausgeprägten Hirsutismus (= Vermännlichung), kommen in die Praxis wegen ihres unerfüllten Kinderwunsches, wegen der unerklärlichen Amenorrhoe (= Ausbleiben der Regelblutung) oder wegen störender, unregelmäßiger Blutungen, die häufig schmerzhaft sind und auch von Zwischen- und Schmierblutungen begleitet werden.

Aufgrund eigener langjähriger Erfahrungen kann Amalgam zu massiven immunologischen und vor allem endokrinen Störungen der Hypophysen-Ovar-Achse bzw. der Hypophysen-Hypothalamus-Achse führen. Die gemessenen Quecksilberbelastungen in der Hypophyse von Amalgambelasteten sind so hoch, daß damit die bei Amalgampatientinnen immer wieder beobachteten immunologischen und vor allem endokrinen Störungen der Hypophysen-Ovar-Achse beziehungsweise der Hypophysen-Hypothalamus-Achse erklärt werden können. Dies belegt auch eine Untersuchung, bei der 81 Frauen, die in Zahnarztpraxen arbeiteten, signifikant höhere Methylquecksilberkonzentrationen in Scham- und Haupthaarproben aufwiesen als Frauen, die dieser Belastung nicht ausgesetzt waren. Erstere hatten signifikant häufiger Zyklusstörungen und Aborte.

Ein Frauenarzt, der die kausalen Zusammenhänge nicht kennt, wird normalerweise die Endokrinologie abklären, wenn er sonographisch chronisch rezidivierende Zysten feststellt. Nach mehreren erfolglosen Hormontherapien wird er operativ tätig werden. Doch auch mehrere Bauchspiegelungen können die eigentliche Ursache, die Schadstoffe, nicht beseitigen. Hierzu ist ein ganzheitliches Diagnostik- und Therapieschema notwendig. Mehr dazu in: Schulte-Uebbing: »Umweltbedingte Frauenkrankheiten«, Sonntag Verlag, Stuttgart 1995.

4.3.30 Endometriose

Die Endometriose ist eine gynäkologische Erkrankung, für die die Schulmedizin trotz umfangreicher Forschung bisher keine befriedigende Erklärung hat. Epidemiologische Studien zeigen, daß die Endometriose in Mitteleuropa und in den USA zunimmt. Viele Frauen mit Endometriose hatten vorher Kontakte mit entsprechenden Kontaktallergenen. Allergien der Haut, insbesondere an den Händen, im Gesicht und am Dekolleté sind häufig. Frauen mit Endometriose scheinen auch überdurchschnittlich häufig zu Sonnenallergien zu neigen, wobei die Zusammenhänge noch nicht geklärt sind. Eigene Untersuchungen an Patientinnen mit Endometriose ergaben, daß viele Frauen mit ausgeprägter Endometriose äußerst umweltschadstoffbelastet waren. Bei etwa fünfzig Patientinnen wurden deren Endometriosezysten intraoperativ punktiert und die Punktate zur Schadstoffanalytik ins Speziallabor geschickt.

Im Laufe mehrerer Doktorarbeiten wurden mögliche Zusammenhänge zwischen Endometriosen und Schadstoffen ausgewertet. Es ergaben sich eindeutige Zusammenhänge zwischen erhöhten PCB-, DDT- und HCH-Gehalten und ausgeprägten Endometriosen. Bei Frauen, die tagtäglich mit Chemikalien zu tun haben, können diese Schadstoffe nicht nur das gesamte Hormonsystem schädigen, sondern auch die seelische und psychische Balance und vor allem das Immunsystem schwächen. Neueste immunologische Untersuchungen zeigen, daß gerade bei der Endometriose das Immunsystem regional stark gestört ist. Von vielen Farben, Klebern und Kunststoffen, Büro- und Haushaltsgiften, Kosmetika und Nahrungsmittelgiften ist inzwischen bekannt, daß sie das Immunsystem schädigen können.

Als äußerst wahrscheinlich darf ein Zusammenhang zwischen der ausgedehnten Endometriose und einer vorherigen langjährigen Exposition gegenüber bestimmten **Klebstoff-Spezialmischungen** aus Benzin, Toluol, Xylol, Methylchlorid, Essigester, Ketonen, Aceton und Alkoholen gelten. In fast jeder Wohnung und in den meisten Büros sind **Teppichböden** mit entsprechenden Klebern verlegt. **Plastische Kunststoffe,** angereichert mit kanzerogenen Weichmachern und Schwermetallen wie Blei, Kadmium, Zink, Titan, müssen diesbezüglich als direkte und indirekte Störfaktoren endokriner und immunologischer Regelkreise angesehen werden.

Viele Frauen mit Endometriose haben auch alle klassischen Symptome einer chronischen **Lösungsmittelvergiftung:** *Benommenheit, Kopfschmerz, Schwindel, narkotische Erscheinungen,* alles Hinweise auf nicht Störeinflüsse des zentralen Nervensystems (und damit verbunden des endokrinen Systems) durch Umweltschadstoffe. Tagtäglich arbeiten Frauen in Industrie- und Handwerksbetrieben mit endokrin wirksamen Schadstoffen: Methyl- oder Ethylacetat-Ester, Methyl-Ethyl-Ketone reizen zunächst die Schleimhäute von Augen, Mund, Rachen, Magen, machen im Laufe der Monate und Jahre müde, aggressiv und gereizt. Dadurch wird das seelische und psychische Gleichgewicht gestört und es kommt zu endokrinen Störungen, häufig auch zu Endometriose.

> Viele Umweltgifte, die das Hormonsystem storen, sind darüber hinaus auch krebserregend und narkotisierend: **Benzol, Xylol** und **Toluol** verursachen Krämpfe und psychische Störungen, Benzol, Toluol und **Methylenchlorid** sind **krebsverdächtig, Trichlorethan** und **Trichlorethylen** schädigen *Gehirn, Leber, Nieren.*

4.4 Umweltbedingte Hals-Nasen-Ohren-erkrankungen

4.4.1 Heufieber, Zedern-Pollinosis

Das Heufieber ist eine allergische Rhinopathie, die auf einer Überempfindlichkeit gegenüber verschiedenen Eiweißkomponenten von bestimmten Pollenarten beruht, die während der Gras- und Baumblüte mit der Atemluft aufgenommen werden. Die Pollen wirken in der Nasenschleimhaut als Allergene. Es treten Niesattacken mit wäßriger Sekretion, Juckreiz, Verlegung der Nase, Konjunktivitis und gelegentlich auch Asthmaanfälle auf. Bei schwerem Krankheitsverlauf kommt es zu fieberhaften Allgemeinreaktionen.

Wie sich Veränderungen der Umwelt auf die Inzidenz allergischer Erkrankungen auswirken können, zeigte T. MIYAMOTO (1990) am Beispiel Japans: Heuschnupfen war in Japan vor dem 2. Weltkrieg eine extrem seltene Erkrankung, sie ist jetzt aber sehr häufig. Die häufigste allergische Erkrankung ist die Zedern-Pollinose. Sie wurde 1964 erstmals beschrieben; 1974 waren 3,8 %, 1990 über 10 % der Bevölkerung erkrankt. Dieser starke Anstieg verlief gleichzeitig mit einer vermehrten Zulassung von Dieselfahrzeugen in Japan. Epidemiologen stellten fest, daß neben einer befahrenen Straße die Pollinose-Inzidenz mit 13,2 % am höchsten lag, bei wenigen Bäumen mit 1,7 % am niedrigsten. Wenn jedoch eine baumarme Region unter lebhaftem Autoverkehr stand, stieg die Inzidenz auf 9,6 % als deutlicher Beweis für den Einfluß der Luftverschmutzung durch Autoabgase. MIYAMOTO et al. (1988) untersuchten dieses Phänomen im Tierexperiment und fanden, daß bei Ratten, die Zedernpollen inhalierten, kein signifikanter Anstieg des spezifischen IgE zu verzeichnen war. Wenn jedoch die Pollen zusammen mit Dieselabgaspartikeln inhaliert wurden, kam es zu einem deutlichen Anstieg des spezifischen IgE als Ausdruck einer Pollensensibilisierung (RIEDEL, 1990).

4.4.2 Allergische Rhinitis

Die allergische Rhinitis wird auch als Rhinopathia vasomotorica allergica bezeichnet. Man unterscheidet eine **perenniale Rhinitis** (nicht jahreszeitlich begrenzt) von einer **saisonalen Rhinitis,** die besonders im Frühjahr und Sommer auftritt und umgangssprachlich *»Heuschnupfen«* genannt wird.

Am Beispiel des Heuschnupfens kann man eindrucksvoll die Zunahme der allergischen Erkrankungen aufzeigen, weil es seit über 100 Jahren eine klare klinische Definition dafür gibt. REHSTEINER ermittelte 1926 eine Heuschnupfen-Prävalenzrate von 0,28 %. Schon damals waren die Werte in der Stadtbevölkerung mit 1,2 % höher als auf dem Lande (0,13 %). VARONIER fand im Stadtgebiet von Genf 1968–1981 einen Anstieg der Heuschnupfen-Prävalenz von 4,4 % auf 6,1 % im Kindesalter. In Zürich wurde von 1958 bis 1986 eine Verdoppelung der Zahlen von 4,8 % auf 10,0 % beobachtet.

Nach D. BERDEL sollte bei allergischer Rhinitis mit behinderter Nasenatmung in jedem Fall eine strenge Allergenkarenz eingehalten werden. Eine spezifische Immuntherapie wird heute nur noch bei Pollenallergikern empfohlen. Im Zentrum der therapeutischen Maßnahmen steht der Einsatz von Antihistaminika und von Kortikosteroiden. Wenn Kinder zusätzlich an Asthma leiden, müssen auch flankierende Maßnahmen wie Klimatherapie, physikalische Behandlungen und Psychotherapie durchgeführt werden.

4.4.3 Schimmelpilz-Rhinitis

Die Schimmelpilzallergie gehört zur Gruppe der allergischen Sofortreaktionen vom Typ I nach COOMBS und GELL. Die Schimmelpilzallergie weist alle Heuschnupfensymptome auf, aber vor allem im Winter, einer für Heuschnupfen atypischen Jahreszeit. Sie wird verursacht durch Schimmelpilzallergene oder von Sporen dieser Organismen, die als lebende Schwebeteilchen einen wesentlichen Bestandteil des Aeroplanktons bilden. Die ersten Frosttage im Jahr sind besonders kritisch. Ideale Brutstätten für Schimmelpilze sind feuchte und holzverschalte Räume. Faulendes Obst dient den Pilzen als Lebensgrundlage.

Die Schimmelpilzallergie kann zu einer **Rhinitis allergica,** zu einer **allergischen Konjunktivitis** und zu einem **Asthma bronchiale** führen. Die Diagnostik einer Schimmelpilzallergie stellt ein großes Problem dar:

1. Die Allergenextrakte müssen für die Testung standardisiert sein.
2. Die Artenpalette der Pilze ist sehr groß.
3. Der Patient reagiert nicht auf den Pilz allergisch, sondern auf die Stoffe, die der Pilz absondert.
4. Das Sensibilisierungsspektrum bei verschiedenen Patienten ist sehr variabel.

Therapeutisch ist die Allergenkarenz und die Gabe von Antihistaminika zu empfehlen. Die Allergenkarenz kann aber nicht immer durchgeführt werden, weil selbst bei günstigen Umweltbedingungen bereits Staub ausreicht, um den Pilzen ein Substrat für ihr Wachstum zu liefern.

Von großer Bedeutung ist der Umweltfaktor *Feuchtigkeit.* Danach teilt man Pilze in 3 Klassen ein:

- Xerophile Pilze: 55–65 % relative Luftfeuchtigkeit
- Mesophile Pilze: 65–85 % relative Luftfeuchtigkeit
- Hydrophile Pilze: 80–98 % relative Luftfeuchtigkeit

Holzfreie Baumaterialien bieten den Pilzen nur wenig Angriffsfläche. Wenn bauliche Veränderungen, Feuchtigkeitsentzug und ausreichende Luftzirkulation zu keiner Verbesserung der Krankheitssymptome führen, bleibt oft nur der Umzug.

4.5 Umweltbedingte internistische Erkrankungen

4.5.1 Übersicht

Viele Umweltschadstoffe und -einflüsse bewirken Internistische Erkrankungen, die dann oft nicht erkannt werden. Viele Symptome sind sehr unspezifisch, was dann die umweltmedizinische Differentialdiagnostik sehr erschweren kann. Typische Symptome, die vermuten lassen, daß bei Ihnen eine umweltbedingte internistische Erkrankung vorliegt, sind:

- ▶ Abgeschlagenheit
- ▶ extreme Müdigkeit
- ▶ Antriebslosigkeit
- ▶ Muskel- und Rückenverspannungen
- ▶ Gelenksteifigkeit (v. a. beim morgendlichen Aufstehen)
- ▶ Vergeßlichkeit
- ▶ Anzeichen vorzeitigen Alterns
- ▶ Depressionen (ohne äußere Belastungen)
- ▶ Angstzustände
- ▶ verminderte Vitalität
- ▶ Schlafstörungen
- ▶ Wetterfühligkeit
- ▶ verklebte Augen
- ▶ Herzrasen oder -stolpern.

Sonstige häufige umweltschadstoffbedingte Beschwerden:

- Belegte Zunge
- trockene Schleimhäute
- Störungen der Geschmacksempfindung
- rauhe Kehle
- verstopfte Nase
- Ohrgeräusche

- trockene Gesichtshaut
- Kopfhautjucken
- Schuppen
- Störungen der Geruchsempfindung
- häufiges Räuspern
- Aufstoßen
- Bedürfnis, an die frische Luft zu gehen
- Atembeschwerden
- unablässiger Hustenreiz
- zähflüssiger Auswurf (ohne akute Erkältung)
- oberflächliche Atmung
- Unfähigkeit zu tiefem Luftholen
- Infektanfälligkeit mit häufiger Bronchitis
- leichte Fieberschübe.

4.5.2 Allergien und Unverträglichkeiten

Heute leidet bereits etwa jeder dritte bis vierte von uns an Allergien, jeder zweite hat eine oder mehrere sogenannte »Unverträglichkeiten« von Nahrungsmitteln oder Umweltschadstoffen.

Etwa zehn bis fünfzehn Prozent der Bevölkerung leiden heute an *Heuschnupfen,* vor zwanzig Jahren waren es noch etwa ein bis zwei Prozent. Bis zu fünfzehn Prozent der Großstadtkinder leiden unter *Bronchialasthma,* etwa genauso viele Kinder haben immer wieder sogenannte *Ekzeme* (= Hautausschläge), die durch Umweltgifte verursacht oder mitverursacht sind.

Immer wieder wird darüber diskutiert, ob denn überhaupt Umweltschadstoffe die Ursache für solche Allergien sein können. Daß dies so ist, zeigt folgendes kurze Beispiel: Es ist eine Tatsache, daß die Allergien gegenüber Pollen, Milben, Haustieren und Schimmelpilzen rapide zugenommen haben. Heute weiß man, daß dies mit einer Störung des Immunsystems einhergeht. Die Zahl der Pollen, Milben, Haustiere und Schimmelpilze hat aber nicht zugenommen, sondern eher abgenommen. Auch das immer wieder für solche Allergien verantwortlich gemachte Zigarettenrauchen hat nicht zugenommen, sondern eher abgenommen. Was aber in erheblichem Umfang produziert und in die Umwelt abgegeben wurde und wird, sind die Umweltschadstoffe.

Jährlich lagern sich dreißigtausend Tonnen Chemikalien, meist Stäube und kleinste Partikel (= Teilchen) aus Abgasen auf unseren mitteleuropäischen Äckern an der Oberfläche der Pollen, Milben und Schimmelpilze beziehungsweise auf Fell und Haaren der Haustiere an. So kommt es zu einer sogenannten Potenzierung (= Mehrfachverstärkung) der allergenen Wirkung.

4.5.2.1 Warum steigen die Allergien an ?

Eine eindeutige einzelne Ursache ist nicht zu finden. Aber exakt innerhalb dieses Zeitraumes, in dem die oben genannten Krankheiten zugenommen haben, hat sich die Belastung mit Pflanzen- und Holzschutzmitteln, mit sogenannten Organochlorverbindungen, insbesondere mit Dioxinen und Furanen, aber auch mit Schwermetallen vervielfacht. So kommt es, daß die Dioxin- und Furanwerte, die man aus Blut- oder Fettgewebsproben ermittelt, vor allem auch in der Muttermilch, oft weit über den Richtwerten liegen. Tagtäglich belasten zwanzig bis fünfzig völlig neuartige chemische Verbindungen zusätzlich unsere Umwelt (Luft, Boden, Wasser), die dann über die Nahrungskette zu hochgiftigen Nervengiften werden.

Pestizide, Hormone, schwer abbaubare Organochlorverbindungen und vieles mehr belasten unser Trinkwasser. Viele Brunnen dürfen nur noch mit Ausnahmegenehmigungen betrieben werden, weil sie so nitratverseucht sind. Dazu kommt erschwerend, daß unsere Nahrung inzwischen weitgehend »industriell kaputtgemacht« ist. Jeder Bundesbürger nimmt pro Jahr mit der Nahrung sechs bis acht Pfund reine Chemie zu sich. Viele Erkrankungen werden durch Umwelteinflüsse verursacht oder zumindest mitverursacht. Insbesondere alte und kranke Menschen, aber auch zunehmend Kinder und Säuglinge sind betroffen. Die folgende Tabelle zeigt kurz und knapp wichtige Zusammenhänge:

Warum nehmen die Allergien zu?

Exakte ursächliche Zusammenhänge sind nicht nachweisbar.

- ▶ Aber beispielsweise ist die Nahrung häufig industriell »kaputtgemacht«:
  - Jeder Bundesbürger nimmt pro Jahr mit der Nahrung sechs bis acht Pfund reine Chemikalien zu sich.
  - Das »Tägliche Brot« besteht aus Stabilisatoren, Bindemitteln, künstlichen Enzymen, Geschmacksverstärkern, Konservierungsmitteln etc.
  - Unser Obst und Gemüse ist bestrahlt und gentechnisch verändert (z. B. Tomaten, die weder echte Sonne noch echte Erde gesehen haben).
  - Getreide, Obst und Gemüse sind pestizidbelastet: Tausende von Tonnen hochgiftiger Nervengifte in Nahrungskette.

- Getreide, Obst und Gemüse sind blei- und cadmiumbelastet, z. B. von klärschlammgedüngten Böden.
- Tagtäglich entstehen zwanzig bis fünfzig völlig neuartige chemische Verbindungen, die dann früher oder später die Umwelt (Luft, Boden, Wasser) belasten:
- Besonders dramatisch ist die Nitratbelastung in Boden, Grund- und Trinkwasser.
- Extrem hoch sind Dioxin- und Furanwerte in menschlichen Körpersäften, vor allem in Körperfetten (Muttermilch) weit über den zulässigen Höchstwerten.

Tab. 36: Zunahme von Allergien. Es lassen sich beliebig weitere Beispiele nennen.

4.5.2.2 Nahrungsmittel-Allergien

Nahrungsmittel-Allergien gehören meist zur Gruppe der Erkrankungen vom sogenannten **Sofort-Typ I.** Häufig werden sie durch nicht bearbeitete Nahrungsmittel bzw. durch deren natürliche Bestandteile hervorgerufen, vor allem im frühen Kindesalter. Seit langem bekannt sind Allergien gegen *Milch, Ei, Fisch, Schalentiere, rohes Gemüse, Mehle* u. a.; daneben kommen auch Allergien auf *Nahrungsmittelzusatzstoffe,* z. B. Farbstoffe und Konservierungsstoffe, vor.

Die Diagnostik ist schwierig; dazu gehören Anamnese, Eliminationsdiäten, Provokationstests und Antikörperbestimmungen. In der Regel treten an der Haut oder an den Atemwegen allergische Erscheinungen in Form von Nesselsucht bzw. Asthma auf; seltener werden Durchfälle im Bereich des Magen-Darm-Traktes beobachtet. Wenn man zwei oder mehr der nachfolgenden **Symptome** feststellt, ist eine Nahrungsmittelallergie sehr wahrscheinlich:

- Chronische Müdigkeit, bei der Schlafen nicht hilft
- Über- oder Untergewicht oder starke Körpergewichtsschwankungen
- Ödeme im Gesicht (dunkle Ringe unter den Augen), an den Händen, an den Fußgelenken und im Unterleib (Gefühl des »Aufgeblähtseins«)
- Herzklopfen (Tachykardie), besonders nach dem Essen
- Übermäßiges Schwitzen, auch ohne körperliche Anstrengung.

4.5.2.3 Allergien und Unverträglichkeiten

Nahrungsmittel-Allergien müssen von Nahrungsmittel-Unverträglichkeiten unterschieden werden, die sich als Durchfall nach Genuß eines bestimmten Nahrungsmittels äußern, ohne daß immunologisch eine Allergie nachgewiesen werden kann.

Potentielle Allergene sind:	
Lebensmittelzusatzstoffe	Antioxidationsmittel, Antimikrobielle Mittel, Säureregulatoren, Konservierungsstoffe, Farbstoffe, Aromastoffe, Geschmacksverstärker, Süßstoffe, Geliermittel, Verdickungsmittel, Stabilisatoren, Emulgatoren
Pestizidrückstände	Düngemittel, Schädlingsbekämpfungsmittel, Pilzbekämpfungsmittel, Unkrautbekämpfungsmittel
Inhalierte Stoffe	Tabak, Sprays: Haar-, Haut-, Schuh-, Insektensprays, Medikamentensprays (Schnupfen, Asthma), Stoffe von Putzereien, Färbereien, Gerbereien, Industrielle Abgase, KFZ-Abgase, Müllverbrennungsabgase
Kontaktstoffe	Duftstoffe (Parfums, Cremes), Deodorants (Schweiß, Intimbereich), Bräunungs-, Bleichmittel, Wasch-, Spül-, Putzmittel, Desinfektionsmittel (Jod, Merfen)
Arzneimittel	chemisch-synthetische

4.5.2.4 Allergien bei Kindern

Schon bei Neugeborenen sind immunologische Defekte nachweisbar, die die allergische Diathese oder Erkrankung andeuten, mit denen die Kinder später konfrontiert werden.

Schadstoffbelastung der Muttermilch

Die Muttermilch ist durch die weltweite intensive Verwendung von chemischen Produkten mit einem hohen Schadstoffpotential belastet und induziert die in ihr gespeicherten Gifte in den jungen Körper in einer Entwicklungsphase, die mit der intrauterinen Entwicklung als die empfindlichste des Lebens gelten muß. Unter Vorsorgeaspekten sind für die wichtigsten Gifte und Schadstoffe Höchstmengen festgelegt worden. Sie betreffen Belastungen der Nahrungsmittel, des Wassers, der Luft und der Bedarfsgegenstände, ausgelöst durch Emissionen technischer Anlagen und Verfahren und durch Verwendung von Pflanzenschutzmitteln in der Landwirtschaft. Von den örtlichen Untersuchungsämtern für das Gesundheitswesen werden Rückstandsuntersuchungen der Frauenmilch erstellt, die die Gehalte an Organochlorpestiziden und polychlorierten Biphenylen ausweisen und sie den zulässigen Höchstmengen für Konsummilch gegenüberstellen. Die giftigste Umweltschadstoffgruppe, die der Dioxine und Furane, deren Gehalte in der Muttermilch vom BGA als besorgniserregend beurteilt werden, ist in der amtlichen Analyse nicht enthalten, vermutlich weil die Arbeiten zu aufwendig und die Kosten zu hoch sind. Die Gesetze und Verordnungen konnten jedoch nicht verhindern, daß die Belastung des menschlichen konnten jedoch nicht verhindern, daß die Belastung des menschlichen Körpers und speziell der Muttermilch immer stärker zugenommen hat. So wird von einigen Autoren bereits empfohlen, auf das Stillen von Säuglingen teilweise oder ganz zu verzichten. Dadurch kommt es zu einer großen Verunsicherung in der Bevölkerung. Teilweise lassen beunruhigte Frauen auf eigene Kosten umfangreiche Muttermilchuntersuchungen durchführen.

4.5.2.5 Alternative Allergie-Therapie

- Physikalische Therapie
  - Atemtherapie, Inhalationen
  - Hydrotherapie nach Kneipp
  - Heilbäder
  - Sauna
  - Haltungsgymnastik
- Homöopathie
- Ernährungs-Phytotherapie
- Symbioselenkung
- Akupunktur, Akupressur
- Reflexzonenmassage (nach W. H. Fitzgerald 1872–1942)
- Elektrostimulation (Elektroakupunktur nach Weller 1977)
- Bioresonanztherapie (nach Morell)
- Enzymtherapie
- Milchpeptide (nach Prof. Gauri)
- Yoga (chinesische Selbstregulation und Selbstkontrolle)
- Wushu (chinesische Bewegungskunst), z. B. Tai Chi Chu, Tsi Gong
- Psychotherapie
- Eigenbluttherapie
- Frischzellentherapie
- Ozontherapie
- Fiebertherapie.

Vermeiden von Wohngiften

- in Möbeln, Betten, Matratzen, Schlafzimmerteppichen
- Klimaanlage
- Feuchtigkeit > 70 %
- Farben, Lacke, Lasuren
- Stromleitungen: Radio, Nachttischlampe, Telefon
- Lärm (TV, Kühlschrank, Wasserboiler, Elektroheizung)
- Reinigung-Putz-Desinfektionsmittel.

4.5.2.6 Hypo-Allergisierungs-Therapie nach HILDEGARD

Basisdiät	Dinkel und Kastanien
Aderlaß	
Schröpfen	
Heilfasten	Mit gleichzeitiger Entgiftung
Ausleitung	Über Leber, Lunge, Nieren, Haut
Immuntherapie	Mit Wermut, Gundelrebe, Eberwurz, Quendel, Wasserlinse
Bei Weizenallergie	Dinkel-Basis-Diät mit Kastanien, Quendel, Rote Rüben
Für gute Verdauung	Bertram, Flohsamen
Gegen Juckreiz	Mohnsamenkörner, Apfelschnitze, Fenchel, Dill, Andorn
Gegen aufgesprungene Haut	Rosenöl, 1 %ige Mischung in Olivenöl
Gegen Asthma bronchiale	Basis-Diät mit Dinkel, Psychotherapie nach HILDEGARD, Ziegenmilch, Hirschzungenelixier
Gegen Heuschnupfen	Basis-Diät mit Dinkel, Hirschzungenelixier, Jaspis-Nasenolive.

4.5.2.7 Allergisches Asthma bronchiale

Das allergische Asthma gehört zu den häufigsten chronischen Erkrankungen, zum Teil auch schon im Kindesalter. Die Zunahme in der Häufigkeit und in der Schwere des allergischen Asthmas ist heute erwiesen. Ebenso ist die Situation beim Erwachsenen-Asthma, dessen Inzidenz 1955 0,5–1,2 %, 1987 2–5 % betrug – ein Anstieg auf das drei- bis vierfache.

VAN NIEKERK et al. stellten fest, daß die Prävalenz des Asthma bronchiale in industrialisierten Ballungsgebieten etwa 20mal höher ist als auf dem Land; so wurde die bronchiale Hyperreaktivität bei Kindern im Xhosa-Stamm in Afrika untersucht und eine Prävalenz von 0,14 % im Grasland Transkei gegenüber 3,27 % in Guguletho, einem Vorort von Cape Town, gefunden. Diese Zahlen zeigen den Einfluß der Industrialisierung und des Wandels der traditionellen Lebensführung hin zu einem an die Zivilisation angepaßtem Lebensstil auf.

Als eine mögliche Ursache für den teilweise exponentiellen Anstieg allergischer Reaktionen, auch des allergischen Asthmas in unserer Bevölkerung, werden auch *Emissionen aus Automobilen* angesehen. In Schadstoff-Tiermodellen konnte gezeigt werden, daß die kurzfristige

Exposition gegenüber Luftschadstoffen – insbes. SO_2, NO_2 und O_3 – eine inhalative Sensibilisierung mit einem Allergen wesentlich erleichtert. Bei Untersuchungen von RIEDEL, 1990 ergaben sich im Tiermodell positive Reaktionen bei spezifischer bronchialer Provokation nach Exposition mit verschiedenen Konzentrationen von SO_2, NO_2 und O_3, gefolgt von inhalativer Sensibilisierung.

Meist tritt eine Entzündung des Respirationstraktes und eine Permeabilitätserhöhung der Schleimhaut auf. Inhalierte Antigene gelangen auf diesem Wege leicht an immunkompetente Zellen und lösen eine immunologische Reaktion im Sinne einer Sensibilisierung aus. Eine andere Theorie besagt, daß die Luftschadstoffe allein für die veränderte immunologische Reaktionsweise des Organismus verantwortlich sind und somit bei natürlicher Allergenexposition eine Sensibilisierung begünstigen.

Nach H. BEHRENDT (1990) bestehen komplexe Interaktionen zwischen Allergenen und Schadstoffen in der Luft. Pollen-Partikel können nicht nur als Träger von Allergenen, sondern auch von Schadstoffen dienen, z. B. von Schwermetallen, organischen Verbindungen und Schwefel. In den letzten Jahren wurde ein Anstieg der Pollen-Konzentration in der Luft gemessen, möglicherweise eine Auswirkung des Treibhaus-Effekts. Durch elektronenmikroskopische Untersuchungen konnte gezeigt werden, daß in Gebieten mit hoher Luftverschmutzung Schmutzpartikel an der Oberfläche der Pollenkörner agglomerieren. Extrakte der Schadstoffe können die Pollen-Morphologie und das Profil der Allergen-Proteine verändern. Dies kann zu einer veränderten Allergenität der Pollen führen.

Risikofaktoren für tödliche Asthma-Attacken

In den USA starben 1985 etwa 5 000 Menschen an einem Asthma-Anfall. Die Todesrate steigt weiterhin an. Anerkannte **Risikofaktoren** für tödliche Asthma-Attacken sind:
- Starke bronchiale Hyperreaktivität
- Zu schnelles Absetzen oder falscher Einsatz von Kortikosteroiden
- Unterschätzung der Krankheit durch den Hausarzt
- Psychisches Befinden des Patienten
- Alter des Patienten.

Bei lebensbedrohlichen Asthma-Attacken, die wiederholt auftreten können, kommt es zu einer Atmungsinsuffizienz bis hin zu Asphyxie. Auch in Deutschland konnte trotz intensiver ambulanter und stationärer Behandlung die Letalität asthmatischer Erkrankungen bisher nicht gesenkt werden.

Zusätzlich zur bronchospastischen Sofortreaktion vom Typ I nach Coombs und Gell tritt eine entzündliche Spätreaktion nach einigen Stunden auf, die bei vielen asthmatischen Patienten eine Hyperreagibilität bewirkt. Ziel der Asthmadiagnostik sollte der genaue Krankheits- und Ursachennachweis sein.

4.5.2.8 Krupp-Syndrome

Man unterscheidet den *»echten«* Krupp infolge Diphtherie vom *»falschen«* Krupp bzw. Pseudokrupp bei Grippe, Masern, Smog u. a. Das Krupp-Syndrom ist charakterisiert durch heiseren, bellenden Husten, Fieber und zunehmende Atemnot. Ursache der Erkrankung ist eine Entzündung und Schwellung der Kehlkopfschleimhaut und der Stimmbänder und eine starke Verschleimung der Trachea.

- ▶ Neben Heiserkeit, Husten und Aphronie tritt ein inspiratorischer Stridor auf; wenn sich die Membranen ablösen, kann ein plötzlicher Erstickungstod die Folge sein.

4.5.2.9 Pseudokrupp

Unter dem Pseudokrupp versteht man eine akute Schleimhautschwellung im Larynx- und oberen Trachealbereich bei Kindern mit plötzlicher Atemnot und krampfhaftem Husten. Ursachen nach herrschender Lehrmeinung sind Viren und Bakterien. Neue wissenschaftliche Arbeiten belegen, daß auch Schwefeldioxid, Staub und möglicherweise auch Stickoxide und Ozon als Auslöser betrachtet werden müssen. Nach Bender steigt die Anzahl der Pseudokrupp-Fälle mit der Schadstoffbelastung an. Untersuchungen nach H. Hoffmeister et al. zeigen jedoch, daß Atemwegserkrankungen bei Kindern seit über 30 Jahren rückläufig sind; der Anteil an Pseudokrupp im Vorschulalter beträgt dabei nur 5–10 %. Der Häufigkeitsgipfel des Pseudokrupp hinsichtlich der Jahreszeit liegt im Herbst. Der Altersgipfel liegt im zweiten Lebensjahr. Die Mitte der 80er Jahre durchgeführten Pseudokrupp-Studien ergaben, daß etwa bei der Hälfte der betroffenen Kinder die Erkrankung mehrfach auftrat. Jungen sind häufiger betroffen als Mädchen, vor allem, wenn eine familiäre Neigung zu Atemwegserkrankungen besteht.

Untersuchungen über mögliche Zusammenhänge zwischen Erkrankungen von Kindern an Pseudokrupp und spastischer (obstruktiver) Bronchitis und Schadstoffbelastungen (Haupt, 1984) ergaben, daß Kinder gehäuft an Pseudokrupp und spastischer Bronchitis erkrankten, wenn kurzfristig die Staub- und/oder Schwefeldioxidbelastung anstieg (I_2 bedeutet Kurzzeitwert in mg/m^3 Luft bzw. bei Staub g/m^2/Tag).

4.5.3 Ernährungsbedingte Umwelterkrankungen

4.5.3.1 Nahrungsmittel-Allergien

Nahrungsmittel-Allergien gehören meist zur Gruppe der Erkrankungen vom **Sofort-Typ I** nach COOMBS und GELL. Häufig werden sie durch nicht bearbeitete Nahrungsmittel bzw. durch deren natürliche Bestandteile hervorgerufen, vor allem im frühen Kindesalter. Seit langem bekannt sind Allergien gegen Milch, Ei, Fisch, Schalentiere, rohes Gemüse, Mehle u. a.; daneben kommen auch Allergien auf Nahrungsmittelzusatzstoffe, z. B. Farbstoffe und Konservierungsstoffe, vor.

Die Diagnostik ist schwierig; dazu gehören Anamnese, Eliminationsdiäten, Provokationstests und Antikörperbestimmungen. In der Regel treten an der Haut oder an den Atemwegen allergische Erscheinungen in Form von Nesselsucht bzw. Asthma auf; seltener werden Durchfälle im Bereich des Magen-Darm-Traktes beobachtet. Wenn man zwei oder mehr der nachfolgenden **Symptome** feststellt, ist eine Nahrungsmittelallergie sehr wahrscheinlich (CALATIN, 1988):

- Chronische Müdigkeit, bei der Schlafen nicht hilft
- Über- oder Untergewicht oder starke Körpergewichtsschwankungen
- Ödeme im Gesicht (dunkle Ringe unter den Augen), an den Händen, an den Fußgelenken und im Unterleib (Gefühl des »Aufgeblähtseins«)
- Herzklopfen (Tachykardie), besonders nach dem Essen
- Übermäßiges Schwitzen, auch ohne körperliche Anstrengung.

4.5.4 Umweltbeeinflußte psychosomatische Erkrankungen

4.5.4.1 Adipositas

Unter Adipositas versteht man eine übermäßige Vermehrung oder Bildung von *Fettgewebe;* häufig betroffen sind berufsbedingt Köche, Gastwirte, Hausfrauen u. a. Ursachen für die Entstehung einer Adipositas sind z. B. Mangel an Bewegung (zu häufiges Autofahren), Unzufriedenheit, Mangel an Zuwendung, Mißerfolgserlebnisse (Kummerspeck). Die Therapieerfolge sind meist nicht befriedigend, weil die Krankheit oft Folge einer Suchthaltung ist. Der behandelnde Arzt sollte feststellen, ob eine endokrinologische Störung oder eine Stoffwechselerkrankung vorliegt. Ein **Therapieprogramm** sollte folgende Punkte beinhalten:

- ▶ Beseitigung schädlicher Umwelteinflüsse (psychosoziales Umfeld)
- ▶ Reduzierung der Kalorienaufnahme
- ▶ Patientenunterweisung für gesunde Ernährung
- ▶ Selbsthilfegruppen
- ▶ Verhaltens- und Psychotherapie.

4.5.4.2 Anorexia nervosa

Anorexia nervosa ist eine *Magersucht,* die meist Mädchen während der Pubertät betrifft; das Hineinwachsen in die Geschlechtsreife wird abgelehnt. Die Patienten wehren sich gegen Nahrungsaufnahme, oder sie essen zu viel, um es wieder zu erbrechen. Trotz des Untergewichts sind sie körperlich sehr aktiv und streben nach Autonomie. Die Ursachen der Krankheit sind oft in frühester Kindheit zu suchen in einem gestörten psychosozialen Umfeld (z. B. Mutter-Kind-Beziehung).

Die Behandlung der Anorexia nervosa erfordert vor allem meist stationäre Aufnahme, Verhaltenstherapie und Familientherapie. Dennoch ist die Prognose nicht günstig. Die Mortalität liegt bei etwa 10 %, zur Chronifizierung kommt es bei ca. 40 % der Patienten.

4.5.4.3 Das »Anspannungs-Erschöpfungs-Syndrom (AES)« (Tension-Fatigue-Syndrom)

Patienten mit Umwelterkrankungen zeigen einen typischen Symptomenkomplex, der als Anspannungs-Erschöpfungs-Syndrom bezeichnet werden kann und im Erscheinungsbild der psychiatrischen Diagnose Neurasthenie sehr ähnlich ist (Goodwin et al., 1979).

Umweltmedizinische Untersuchungen haben gezeigt, daß die große Zunahme der verschiedenen Chemikalien in unserer Umwelt ein Hauptgrund für den deutlichen Anstieg vor allem auch psychischer Störungen ist. Man hat erkannt, daß psychosozialer Streß unter anderem die zelluläre Immunität des menschlichen Organismus beeinträchtigen kann.

4.6 Umweltbedingte Kinder-Erkrankungen

Bereits in der Pränatalmedizin sowie in der Neonatologie sind umweltmedizinische Zusammenhänge entscheidend. In diesem Zusammenhang sei auf das Buch »Schulte-Uebbing, C.: Umweltbedingte Frauenkrankheiten, Sonntag Verlag, Stuttgart, 1995« verwiesen.

Schon bei Neugeborenen sind oft umweltschadstoffbedingte immunologische Defekte nachweisbar, die zu Unverträglichkeitsreaktionen und/oder zur allergischen Diathese beitragen können. Viele dieser Schadstoffe gingen diaplazentar von der Mutter auf Embryo bzw. Fetus über und werden dann während des Stillens über die Muttermilch transferiert.

4.6.1 Embryopathien

Erkrankungen der Embryonalzeit, die mit oder ohne Fehlbildungen einhergehen, werden als Embryopathien bezeichnet. Von den Schadstoffen am besten untersucht sind **Alkohol** und **Nikotin.** Die *Alkoholembryopathie* führt zu intrauterinem und postnatalem Minderwuchs, Mikrozephalie, Untergewicht, geistige Retardierung, typische kranofaziale Dysmorphie, Muskelhypotonie, Hyperexzitabilität. Die *Nikotinembryopathie* führt zu Minderung des Geburtsgewichtes, erhöhter perinataler Sterblichkeit.

Nicht nur in der Frühschwangerschaft, sondern in allen Schwangerschaftsphasen wird der Embryo bzw. Fetus durch Schadstoffe geschädigt. In einem Grundlagenforschungsprojekt wird zur Zeit untersucht, welche Auswirkungen Umweltschadstoffe und giftige Genußmittel auf die jüngsten Embryonalstadien haben. Bisher zeigte sich, daß die meisten Schadstoffe auf den jungen Embryo nicht nur singulär, sondern additiv wirken; bei der Verbindung **Koffein** und **Zytostatika** kommt es z. B. zu einer **Potenzierung** der Schäden (überadditive Embryotoxizität). Sehr gefährlich sind auch die Stoffe, die die Kompensations- und Repairmechanismen schädigen, über die die jungen Embryonen bereits verfügen.

Viele Schadstoffe werden nicht ausgeschieden, sondern akkumulieren im menschlichen Organismus. Bei jungen Anästhesistinnen wurden erhöhte Abortraten festgestellt; viele Anästhetika akkumulieren im menschlichen Organismus. Bei Krankenschwestern, die mit Zytostatika arbeiteten, kann es allein durch das Einatmen kleinster Mengen zu einer höheren Fehlgeburtenrate kommen. In einer indischen Studie wurden bei Patientinnen mit einem Abort oder einer Frühgeburt signifikant höhere Pestizidbelastungen des Blutes, der Placenta und des fetalen Gewebes im Vergleich zu Patientinnen mit normaler Schwangerschaftsdauer festgestellt.

Sowohl Dioxine als auch die mit ihnen in ihrem Wirkungsbild weitgehend übereinstimmenden PCBs sind placentagängig. Damit ist es gestationstoxikologisch bedeutsam, daß bereits im Mutterleib eine Vorschädigung möglich ist, wobei nicht notwendig eine Schädigung verbunden sein muß. Allerdings konnten in Tierexperimenten wiederholt embryotoxische Effekte, besonders an Rhesusaffen, ausgelöst werden. Die Schädigungen zeigten sich in einigen Fällen durch eine leichte Erhöhung der Fehlbildungsrate. Auch Veränderungen in der Immunabwehr konnten beobachtet werden. Bei Rhesusaffen und auch beim Menschen wird das gegenüber anderen Spezies erhöhte Risiko teilweise auf die längere Halbwertzeit im Körper zurückgeführt.

Während der Schwangerschaft steigen die PCB-Plasmawerte graduell an. Ab dem 4. Stilltag erfolgt eine Erhöhung der Konzentration im Milchfett gegenüber der im Plasma. Nach ca. 5 Monaten erreicht der Plasmaspiegel der stillenden Mutter den Bereich einer Kontrollgruppe aus dem Bevölkerungsdurchschnitt.

In der Mißbildungsätiologie werden *endogene* und *exogene Kausalfaktoren* unterschieden. Letztere sind oft Umwelteinflüsse, die über die schützenden Hüllen Uterus, Placenta und Amnionflüssigkeit hinweg direkt auf den Embryo einwirken können. Nur 10 % aller Mißbildungen sind ausschließlich auf endogene, weitere 10 % auf ausschließlich exogene Faktoren zurückzuführen. Die überwiegende Zahl menschlicher Mißbildungen (80 %) hängt von endogenen und exogenen Faktoren gemeinsam ab.

Neben den epidemisch auftretenden **Teratogenen,** bedingt durch Medikamente, z. B. Contergan, müssen auch die ständig einwirkenden Teratogene aus der Umwelt berücksichtigt werden. Viele Umweltschadstoffe, die beim Erwachsenen kanzerogene Eigenschaften aufweisen, wirken in der Embryonalentwicklung teratogen. **Thalidomid** führt zu Phokomelie, Anormalitäten der Ohren, Zähne, Augen und innerer Organe. Tetrazykline führen zu Zahnschmelzdefekten. **Valproinsäure** führt zu Spina bifida, Gesichtsanomalien, Entwicklungsstörung. **Diäthylöstradiol** führt zu transplazentarer Karzinogenese des Zervixkarzinoms. Vorsicht wird auch beim Umgang mit Arzneimitteln angeraten, insbesondere wenn es sich um chemische Präparate handelt.

Blei kann zur sogenannten Blei-Embryopathie führen. **Pränatale Strahlenbelastung** kann zu Abgang, Totgeburt, Fehlbildungen, erhöhte Frühgeburtlichkeit, Mikrozephalie, Minderwuchs, cerebrale Entwicklungsstörungen, Immunschwäche, Kanzerogenese, erhöhte perinatale Mortalität, Epilepsie, Verhaltensstörungen, Chromosomenaberrationen und neuropsychologischen Auffälligkeiten führen.

Polychlorierte Biphenyle-**PCB-Embryopathie** führt zu Minderwuchs, Untergewicht, Abnormitäten der Gingiva, Haut, Nägel, Zähne und Lunge und zu einer generalisierten Störung des ektodermalen Gewebes. In Japan trat in der Minamata-Bucht in den Jahren 1957 bis 1961 eine chronische Vergiftung mit alkylierten Quecksilberverbindungen auf, die sich bei den Schwangeren vorwiegend als progrediente Degeneration des ZNS manifestierte. Sie wurde dann als Minamata-Krankheit beschrieben. Bei den Schwangeren kam es zu Ataxie und Tremor, Dysarthrie und Ertaubung, bei den Neugeborenen, die im Embryonalstadium geschädigt worden waren, traten Taubstummheit, progrediente Einschränkung des Gesichtsfeldes, Asomnie, Hypersalivation und Anfälle von generalisierten Myoklonien auf. Heute weiß man, daß die sogenannte **Quecksilberembryopathie** zu Mikrozephalie, Spastik (CP) und menatalen Defiziten führen kann.

4.6.2 Fetopathien

Es muß davon ausgegangen werden, daß analog zu den umweltbedingten Emryopathien auch eine Reihe fetaler Fehlbildungen durch Umweltschadstoffe entstehen können. Die Häufigkeit fetaler Fehlbildungen liegt bei 3,5 %, wobei nach Schätzungen von Toxikologen mindestens die Hälfte durch Umweltschadstoffe verursacht wird. Danach sind die umweltbedingten Fetopathien in Ländern niedriger Säuglingssterblichkeit die häufigste perinatale Todesursache.

4.6.3 Schadstoffbelastung der Muttermilch

Die Muttermilch ist durch die weltweite intensive Verwendung von chemischen Produkten mit einem hohen Schadstoffpotential belastet und induziert die in ihr gespeicherten Gifte in den jungen Körper in einer Entwicklungsphase, die mit der intrauterinen Entwicklung als die empfindlichste des Lebens gelten muß.

Unter Vorsorgeaspekten sind für die wichtigsten Gifte und Schadstoffe Höchstmengen festgelegt worden. Sie betreffen Belastungen der Nahrungsmittel, des Wassers, der Luft und der Bedarfsgegenstände, ausgelöst durch Emissionen technischer Anlagen und Verfahren und durch Verwendung von Pflanzenschutzmitteln in der Landwirtschaft. Von den örtlichen Untersuchungsämtern für das Gesundheitswesen werden Rückstandsuntersuchungen der Frauenmilch erstellt, die die Gehalte an Organochlorpestiziden und polychlorierten Biphenylen ausweisen und sie den zulässigen Höchstmengen für Konsummilch gegenüberstellen.

Die giftigste Umweltschadstoffgruppe, die der **Dioxine** und **Furane,** deren Gehalte in der Muttermilch vom BGA als besorgniserregend beurteilt werden, ist in der amtlichen Analyse nicht enthalten, vermutlich weil die Arbeiten zu aufwendig und die Kosten zu hoch sind. Die Gesetze und Verordnungen konnten jedoch nicht verhindern, daß die Belastung des menschlichen Körpers und speziell der Muttermilch immer stärker zugenommen hat. So wird von einigen Autoren bereits empfohlen, auf das Stillen von Säuglingen teilweise oder ganz zu verzichten. Dadurch kommt es zu einer großen Verunsicherung in der Bevölkerung. Teilweise lassen beunruhigte Frauen auf eigene Kosten umfangreiche Muttermilchuntersuchungen durchführen.

4.6.3.1 Dioxinbelastung des Säuglings

Ein Säugling von 5 kg KG und einer Stillmenge von 800 ml/d nimmt 445 pg TCDD-Äquivalente bei einem Fettgehalt der Milch von 3 % auf, d. h. 89 pg TCDD-Äquivalente/kg KG/d (H. Beck, 1990). Er überschreitet damit den Vorsorgegrenzwert um das 90fache. Wenn auch der tolerable Wert für eine lebenslange Aufnahme definiert ist, und damit auf den Säugling mit seiner zeitlich begrenzt erhöhten Aufnahmemenge nicht unmittelbar anwendbar ist, so muß andererseits doch berücksichtigt werden, daß ein Neugeborenes mit seinen noch in der Entwicklung befindlichen Organen als wesentlich empfindlicher gegenüber den Ultragiften eingestuft werden muß als ein Erwachsener.

Beck kommt zu folgendem Ergebnis: Unter dem Aspekt der gesundheitlichen Vorsorge ist diese Dioxinaufnahme als bedenklich anzusehen. Maßnahmen zur Verringerung der Dioxinbelastung sind daher dringend erforderlich. Das BGA weist aber auf die zeitlich begrenzte Überdosierung beim Säugling hin und betont, daß bisher kein Beleg dafür vorliegt, daß Gesundheitsschäden bei Säuglingen durch Dioxine in der Muttermilch eingetreten seien. Es sei daher kein Anlaß gegeben, eine Einschränkung des Stillens zu empfehlen.

Der Sachstandsbericht »Dioxine und Furane« des UBA vom März 1990 empfiehlt dagegen in Übereinstimmung mit der WHO unter Abwägung von Vor- und Nachteilen des Stillens bei der gegebenen Schadstoffbelastung der Muttermilch das Stillen nur in den ersten Lebensmonaten. Die Feststellungen beruhen auf der Äquivalenzziffernermittlung des BGA. Zu einer erheblich höheren Risikoeinschätzung gelangt man, wenn das 2,3,4,7,8-Pentachlordibenzofuran, statt wie bisher vom BGA mit einem Faktor von 0,1, mit der EPA-Bewertung von 0,5 in die Rechnung eingeht. Dann wird dieses Isomer zum beherrschenden Faktor bei der Errechnung der Belastung durch Dioxine und Furane in Nahrungsmitteln. Das UBA läßt in neuester Zeit eine Annäherung an die EPA-Bewertung erkennen (BGA, 1990). Eine noch höhere Einstufung der Toxizität der Dioxine und auch der mit ihnen technisch verunreinigten PCBs könnte sich aus der Erkenntnis ableiten, daß das OCDD stärker giftig wirkt als früher angenommen. Nach Beck ist der mittlere Gehalt in Humanmilch mit 391 pg/g Fett weitaus am höchsten von allen Isomeren (H. Beck, 1990).

R. Knebusch (1990) hat für alternative Ernährung eines Säuglings mit Muttermilch und Kuhmilch, auch bei zeitlichem Wechsel (erst Muttermilch, dann Kuhmilch), die Belastungen mit Dioxinen und Furanen, denen ein Säugling im ersten Lebensjahr ausgesetzt ist, errechnet. Knebusch geht von der EPA-Bewertung des 2,3,4,7,8-PCDFs mit dem

Faktor 0,5 aus. Weiterhin legt er die durchschnittlichen Dioxinkonzentrationen von Berliner Kuhmilch zugrunde, die unter den vorliegenden ortsbezogenen Befunden einen Mittelplatz einnehmen. Bei reiner Muttermilchernährung errechnet sich eine Gesamtaufnahme von 351 820 pg Dioxin-Äquivalenten im ersten Lebensjahr (Knebusch, 1990). Bei den von Knebusch angegebenen Durchschnittsgewichten pro Tag und pro Monat errechnet sich ein mittleres Gewicht des Säuglings von 6,9 kg in dieser Zeit und damit die auf ein 1 kg KG bezogene Aufnahmemenge von 142 pg Dioxin-Äquivalenten/d. Bei reiner Kuhmilchernährung sinkt die Dioxin- und Furanaufnahme auf 7 pg/kg KG/d. Beide Ernährungsarten differieren um den Faktor 20.

Soll der Stillkontakt zwischen Mutter und Kind wenigstens in den ersten 14 Tagen ermöglicht werden, so leitet sich dafür aus den Zahlen eine Aufnahmelast von 9 pg/kg KG/d ab, d. h. das 1,3fache gegenüber Kuhmilch. Auf die unterschiedlichen Dioxinbelastungen der Milch verschiedener Standorte wurde hingewiesen. Es konnte bei Kuhmilch eine Schwankung bis zum Faktor 15 gegenüber dem niedrigsten Wert ermittelt werden. Es ist gestationstoxikologisch bedeutsam, daß bereits im Mutterleib eine Vorschädigung möglich ist, denn sowohl Dioxine als auch die mit ihnen in ihrem Wirkungsbild weitgehend übereinstimmenden PCBs sind placentagängig.

Damit muß nicht notwendig eine Schädigung verbunden sein, in Tierexperimenten konnten aber wiederholt embryotoxische Effekte, besonders an Rhesusaffen, ausgelöst werden. Die Schädigungen zeigten sich in einigen Fällen durch eine leichte Erhöhung der Fehlbildungsrate (Bowman et al. 1987). Auch Veränderungen in der Immunabwehr konnten beobachtet werden (Hong et al. 1987). Bei Rhesusaffen und auch beim Menschen wird das gegenüber anderen Spezies erhöhte Risiko teilweise auf die längere Halbwertzeit im Körper zurückgeführt (G. Matthiaschk und R. Roll, 1983).

4.6.4 Die Dioxinbelastung

4.6.4.1 Kleinkinder – besonders gefährdet

Wie stark gerade Kleinkinder durch eine erhöhte Dioxinbelastung gesundheitlich beeinträchtigt werden können, läßt sich aus der »Kindergartenstudie« entnehmen, die der Hamburger Senat jetzt veröffentlicht hat.

In Hamburger Kindergärten waren PCP-haltige Holzschutzmittel verwendet worden, die Dioxine und Furane enthielten. Diese gelangten über die Raumluft und die Atmung in den Blutkreislauf. Kopfschmerzen, Appetitlosigkeit und Brechreiz waren die Hauptsymptome. Bei den Kindern in Hamburger Kindergärten, die sich in PCP-behandelten Räumen aufhielten, lag die tägliche Aufnahmemenge an PCDD-Äquivalenten bei oder geringfügig über dem von der Gesundheitsbehörde empfohlenen Toleranzwert von 0,5 pg/m^3 Raumluft.

Die Belastungen haben zwar noch keine sichtbaren Gesundheitsstörungen hervorgerufen, die giftigen Bestandteile der Holzschutzmittel führten in jeweils unterschiedlicher Weise zu Änderungen an 34 von 43 Laborwerten des Blutes (Verminderung der Erythrozyten, erhöhter Blutzucker, Änderung in der Zusammensetzung der Leukozyten-Populationen, ...). Bei 27 Laborwerten lassen sich biologisch sinnvolle Aussagen machen, die sich mit den Ergebnissen aus vorangehenden Studien dekken. Nur bei einem Drittel der belasteten Kinder konnte keine Veränderung in der Immunabwehr, im Fettstoffwechsel und im Schilddrüsenhaushalt gefunden werden. 11 Laborwerte waren 1 Jahr nach dem Austritt der Kinder aus dem Kindergarten noch verändert.

Die aufgenommene kumulierte Dosis (die Körperlast, zu bestimmen als PCDD/PCDF-Gehalt im Blut oder Fettgewebe) als auch die biologisch am Zielorgan aktive Dosis, die fast nie bestimmt werden kann, stehen meist weder untereinander noch in Bezug zur Exposition in einem linearen Zusammenhang. Die aufgenommene Dosis, die z. B. im Fettgewebe zu finden ist, sagt nichts über die Belastung der Atemwege aus. Die leicht fettlöslichen Luftschadstoffe wie PCP, Dioxine und Furane tragen nur vergleichsweise wenig zur Gesamtbelastung des Körpers bei. Hauptquellen der Aufnahme sind die Fette aus der Nahrung. Es ist jedoch ein Trugschluß, daß diese Gewichtung auch eine Gewichtung in der Wirkung beinhaltet.

4.6.4.2 Dioxinanreicherung im Fettgewebe

So sind Schadstoffe, die an Fett gebunden sind, biologisch als weniger aktiv anzusehen als freie Moleküle. Die Beurteilung muß auch die möglichen Zielorgane der Schadstoffe berücksichtigen. Hinsichtlich allergischer Erkrankungen oder Veränderungen von Immunglobulinen der Klasse A sagt die Körperlast an Dioxinen nichts über den Angriffsort an der Oberfläche der Schleimhäute und der Haut aus. Auch Krebserkrankungen der Bronchien müssen in keinem Zusammenhang mit der Gesamtbelastung an PCDD/PCDF im Körperfett stehen, da auch hier lokale Einwirkungen der Atemluft – wie beim Zigarettenrauch – vorliegen können.

Insofern ist die Bestimmung des Dioxingehalts im Körperfett genauso ein Trugschluß wie die noch vor kurzem geltende Annahme, Chlorakne sei ein Indikator für Dioxinbelastung.

4.6.4.3 Phasen der Schadstoffanreicherung

Die folgende Abbildung zeigt, daß man zwischen verschiedenen Stadien der Schadstoffwirkung unterscheiden muß:

Expositions- und Aufnahmeart
z. B. inhalativ, oral, dermal

Expositionsdauer
Sekunden, Stunden, Tage, Wochen, Jahre

Dosis
Aufgenommene Dosis
Schwellendosis
Biologisch aktive Dosis

Frühe Reaktionen
seelisch, psychisch, körperlich

Veränderte Funktionen

Klinische Erkrankungen
reversibel, z. B. Chlorakne
irreversibel

Abb. 12: Schadensstrecke von Belastung zu Krankheit: Stadien der Schadstoffwirkung (Nach »Hamburger Kindergartenstudie«, 1990)

Ab einer **»biologisch aktiven« Dosis** kommt es zu biologischen Früheffekten, die veränderte Funktionen zur Folge haben. Erst im Anschluß daran manifestieren sich klinische Erkrankungen.

4.6.4.4 Zum Begriff »Dioxinvergiftung«

Ein anerkanntes Krankheitsbild »Dioxinvergiftung« gibt es nicht. Meist tritt eine Schwächung des Immunsystems auf, und andere Krankheiten werden in ihrer Entstehung gefördert. Beim Seveso-Unfall 1976 trat zwar bei vielen Betroffenen Chlorakne auf, was aber langfristig nicht zum Tode führte. Bei den mit Dioxinen kontaminierten Kindern wurde eine 2,4fach erhöhte Sterblichkeit festgestellt; die Kinder starben vor allem an Leukämie. Auch bei den 150 Arbeitern der Chemiefirma H. C. Boehringer, die 1954 nach einem Unfall an Chlorakne erkrankt waren, lag die Todesursache Krebs 6 % höher als im Bundesdurchschnitt. Entsprechend der amerikanischen Umweltbehörde EPA gibt es keine Untergrenze oder Unbedenklichkeit gegenüber den Dioxinen (Kosinski, 1991).

4.6.4.5 Toxizität der Dioxin-Isomere

Es gibt bei den Dioxinen und Furanen 210 Isomere mit stark voneinander abweichender Giftigkeit. Macht man – wie in der Kindergartenstudie – nur statistische Aussagen über Kollektive, so können die spezifischen Wirkungen der beteiligten Stoffe jedoch nicht genau angegeben werden. Aus dem oben gesagten ergibt sich eine methodische Problematik mit folgenden Tatbeständen:

- Die sehr starken Unterschiede der Giftigkeit im Isomerenspektrum der Dioxine und Furane im Vergleich zum 2,3,7,8-TCDD bestimmen einen Bereich der Giftigkeit von 10^{-1} bis 10^{-6} (Bröker et al.,1985).
- Die Anreicherung dieser Stoffe im Fettgewebe kann in homöopathischer Verdünnung bis in den Femtogramm-Bereich hinunter nachgewiesen werden. Damit ist das Problem der Nachweisbarkeit der Stoffe und ihrer Wirkungen gegeben (Beck, 1990).
- Dioxine und Furane sind ubiquitär in der Umwelt vorhanden und gelangen auf verschiedenen Wegen in den menschlichen Organismus: über die Nahrung zu 95 %, über die Atemluft zu weniger als 5 %.

Es ergeben sich folgende Konsequenzen für die Beurteilung der Kindergartenstudie: Es ergibt sich, daß für die Dioxin-Belastung der Kinder der Hamburger Kindergartenstudie mit Sicherheit mehrere Eintragspfade verantwortlich waren (Pleß et al.,1990). Mit Sicherheit müssen zusätzlich die Eßgewohnheiten und die Wohnverhältnisse mitberücksichtigt werden. Eine weitere Problematik ergab sich dadurch, daß die Kinder einem – in der Sprache der Elektronik – »Hintergrundrauschen« ausgesetzt waren, d. h. einer Summe zusätzlicher, primär nicht näher definierter Einflußgrößen, aus der alle restlichen Eintragsquellen herausgefiltert werden mußten.

4.6.5 PCB in der Muttermilch

Nach der oralen Aufnahme bzw. pulmonalen Resorption werden die PCBs, entsprechend auch die anderen Stoffe, nach der Fettspaltung mit der Darmlymphe in den Kreislauf geschleust bzw. in den Alveolargefäßen an Plasmalipide gebunden. Es folgt eine Ablagerung in Depotlipiden bzw. ein Einbau in das Fett bei der aktuellen denovo-Synthese während der Laktation. Dadurch ergibt sich eine Kontamination der Frauenmilch mit den Schadstoffen. Während der Schwangerschaft steigen die PCB-Plasmawerte graduell an. Ab dem 4. Stilltag erfolgt eine Erhöhung der Konzentration im Milchfett gegenüber der im Plasma. Nach ca. 5 Monaten erreicht der Plasmaspiegel der stillenden Mutter den Bereich einer Kontrollgruppe aus dem Bevölkerungsdurchschnitt. Der Plasma-PCB-Gehalt steigt nach der Geburt bei den gestillten Kindern deutlich an, um nach ca. 3 Monaten den Blutgehalt der Mutter an PCB zu übertreffen (W. Heeschen und A. Blüthgen, 1983).

4.6.5.1 Konsequenzen für Mutter und Kind

Die Vor- und Nachteile des Stillens sind im wesentlichen unter dem Einfluß der folgenden Faktoren abzuwägen:

1. Direkte gesundheitliche Schäden durch die Schadstoffbelastung der Muttermilch (bisher am Menschen nicht genau bekannt)
2. Indirekte Schäden wie Immunsuppression aus den Schadstoffen der Muttermilch, aber auch aus der Wirkung von Ersatzstoffen (Kuhmilch u. a.)
3. Schutzfaktoren der Muttermilch (Aufnahme von Immunglobulinen durch die noch unentwickelten Darmepithelien des Säuglings) und optimale Ernährung des Säuglings mit Muttermilch.
4. Psychophysischer Kontakt zwischen Mutter und Kind beim Stillen.

▶ Ein unumgänglicher Kompromiß könnte darin bestehen, nur in den ersten 4 Monaten zu stillen.

Danach verlieren die unter Nr. 3 und 4 genannten Faktoren an Bedeutung, während die Schadstoffaufnahme zwar auch rückläufig, aber immer noch auf hohem Niveau bleiben würde. In jedem Falle sollten Untersuchungen der Muttermilch auf Schadstoffgehalte durchgeführt werden. Ärzte sollten stets darauf hinweisen, daß eine Nahrung, die arm an tierischen Fetten ist, die mütterlichen Fettdepots von Schadstoffen entlastet und damit den Schadstoffeintrag in die Muttermilch deutlich reduziert.

Die bisherigen Ausführungen beziehen sich nur auf einen engen Ausschnitt aus der Gesamtbelastung der Muttermilch mit Schadstoffen. Auf weitere wichtige Belastungen aus der Umwelt wurde bei der Erörterung einzelner Schadstoffe bereits hingewiesen. Der Synergismus der in ihrer chemischen Struktur und in ihrem Wirkprofil teilweise verwandten, teilweise aber auch sehr unterschiedlichen Stoffe ist weitgehend unerforscht und wird auch, wegen der Komplexität der Wechselwirkungen, bis auf weiteres unbekannt bleiben.

> Die **Erhöhung des Nabelschnur-IgE** ist ein **wichtiger Marker.** Wahn et al. erkannten, daß ein Nabelschnur-IgE-Wert von mehr als 0,9 kU/l zur Folge hat, daß das betroffene Kind mit 80 % Wahrscheinlichkeit bis zum 7. Lebensjahr eine Atopie entwikkeln wird. Erhöhte Nabelschnur-IgE-Werte werden heute bereits bei 11–12 % aller Neugeborenen gefunden.

Renz et al. fanden, daß auch der Nachweis von sekretorischem IgA im Speichel bei Neugeborenen gegenüber A-Casein als prognostischer Parameter verwendet werden kann. Als wesentlicher Risikofaktor bei der Entwicklung einer Allergie ist das passive Rauchen erkannt worden. Mütterliches Rauchen in der Gravidität führt zu einem etwa dreifach erhöhten Nabelschnur-IgE-Wert. Nach Magnusson ist die Wahrscheinlichkeit, dann an einer allergischen Manifestation innerhalb der ersten 18 Monate zu erkranken, um den Faktor 4 erhöht (Riedel, 1990). Martinez et al. erkannten, daß die Häufigkeit von positiven Hauttestergebnissen bei Kindern positiv korreliert mit der Anzahl der Zigaretten, die täglich zu Hause von den Eltern geraucht werden.

▶ Epidemiologische Studien belegen den hohen Einfluß des passiven Rauchens bei der Asthma-Entstehung.

Gortmaker et al. stellten fest, daß 18–34 % des Asthmas in den USA durch mütterliches Rauchen bedingt ist. Neben dem Risikofaktor Rauchen kommt aber auch der Außenluftverschmutzung große Bedeutung zu. In umfangreichen epidemiologischen Studien in Schweden und in Israel konnte in SO_2-belasteten Gegenden eine erhöhte Prävalenz von allergischen Erkrankungen nachgewiesen werden.

André et al. fanden, daß die Prävalenz von Pollenasthma bei 4,4 % in SO_2-belasteten Gebieten gegenüber 2,5 % in SO_2-reinen Gebieten liegt. Ähnliche Unterschiede können auch bei der Häufigkeit von Ekzemen und der allergischen Rhinitis in Abhängigkeit von der Umweltbelastung festgestellt werden.

4.6.6 Plötzlicher Kindstod (Sudden infant death syndrome, SIDS)

Nach einigen Autoren stellt der plötzliche Kindstod für Kinder vom 2.–4. Lebensjahr die häufigste Todesursache dar. Die Ätiologie ist trotz intensiver Untersuchungen noch immer unklar; eine möglicherweise entscheidende Mitverantwortlichkeit von schädlichen Umweltfaktoren kann nicht ausgeschlossen werden. Bisher haben Untersuchungen ergeben, daß bei Kindern in Bauchlage der plötzliche Kindstod gehäuft auftritt; Geschwister von betroffenen Kindern sind sehr gefährdet.

RÖSSEL (1983) untersuchte Zusammenhänge zwischen chemischen Schadstoffbelastungen in Berlin und dem Auftreten des plötzlichen Kindstodes in Berlin für den Zeitraum zwischen 1977 und 1981. Die Stadtteile mit dem höchsten Luftverschmutzungsgrad hatten auch die höchste SIDS-Rate. Nach neuesten Untersuchungen muß man davon ausgehen, daß Umweltschadstoffe eine große ursächliche Rolle spielen. Vor allem Schwermetalle und Abgase, Rußpartikel, Benzolverbindungen, Dioxine, Furane, Organochlorverbindungen und verschiedene Lösungsmittel müssen in diesem Zusammenhang genannt werden. In diesem Zusammenhang sei auf das Buch »SCHULTE-UEBBING, C.: Umweltbedingte Frauenkrankheiten, Sonntag Verlag, Stuttgart, 1995« verwiesen.

4.6.7 Allergien bei Kindern

Schon bei Neugeborenen sind immunologische Defekte nachweisbar, die die allergische Diathese oder Erkrankung andeuten, mit denen die Kinder später konfrontiert werden. Die Erhöhung des Nabelschnur-IgE ist ein wichtiger Marker. WAHN et al. erkannten, daß ein Nabelschnur-IgE-Wert von mehr als 0,9 kU/l zur Folge hat, daß das betroffene Kind mit 80 % Wahrscheinlichkeit bis zum 7. Lebensjahr eine Atopie entwikkeln wird. Erhöhte Nabelschnur-IgE-Werte werden heute bereits bei 11–12 % aller Neugeborenen gefunden. RENZ et al. fanden, daß auch der Nachweis von sekretorischem IgA im Speichel bei Neugeborenen gegenüber A-Casein als prognostischer Parameter verwendet werden kann. Als wesentlicher Risikofaktor bei der Entwicklung einer Allergie ist das passive Rauchen erkannt worden. Mütterliches Rauchen in der Gravidität führt zu einem etwa dreifach erhöhten Nabelschnur-IgE-Wert. Nach MAGNUSSON ist die Wahrscheinlichkeit, dann an einer allergischen Manifestation innerhalb der ersten 18 Monate zu erkranken, um den

Faktor 4 erhöht (RIEDEL, 1990). MARTINEZ et al. erkannten, daß die Häufigkeit von positiven Hauttestergebnissen bei Kindern positiv korreliert mit der Anzahl der Zigaretten, die täglich zu Hause von den Eltern geraucht werden.

Epidemiologische Studien belegen den hohen Einfluß des passiven Rauchens bei der Asthma-Entstehung. GORTMAKER et al. stellten fest, daß 18–34 % des Asthmas in den USA durch mütterliches Rauchen bedingt ist. Neben dem **Risikofaktor Rauchen** kommt aber auch der **Außenluftverschmutzung** große Bedeutung zu. In umfangreichen epidemiologischen Studien in Schweden und in Israel konnte in SO_2-belasteten Gegenden eine erhöhte Prävalenz von allergischen Erkrankungen nachgewiesen werden.

ANDRÉ et al. fanden, daß die Prävalenz von Pollenasthma bei 4,4 % in SO_2-belasteten Gebieten gegenüber 2,5 % in SO_2-reinen Gebieten liegt. Ähnliche Unterschiede können auch bei der Häufigkeit von Ekzemen und der allergischen Rhinitis in Abhängigkeit von der Umweltbelastung festgestellt werden.

4.6.7.1 Allergisches Asthma

Das allergische Asthma gehört zu den häufigsten chronischen Erkrankungen, zum Teil auch schon im Kindesalter. Die Zunahme in der Häufigkeit und in der Schwere des allergischen Asthmas ist heute erwiesen. VAN NIEKERK et al. stellten fest, daß die Prävalenz des Asthma bronchiale in industrialisierten Ballungsgebieten etwa 20mal höher ist als auf dem Land; so wurde die bronchiale Hyperreaktivität bei Kindern im Xhosa-Stamm in Afrika untersucht und eine Prävalenz von 0,14 % im Grasland Transkei gegenüber 3,27 % in Guguletho, einem Vorort von Kapstadt, gefunden. Diese Zahlen zeigen den Einfluß der Industrialisierung und des Wandels der traditionellen Lebensführung hin zu einem an die Zivilisation angepaßten Lebensstil auf.

Als eine mögliche Ursache für den teilweise exponentiellen Anstieg allergischer Reaktionen, auch des allergischen Asthmas in unserer Bevölkerung, werden auch **Emissionen aus Automobilen** angesehen. In Schadstoff-Tiermodellen konnte gezeigt werden, daß die kurzfristige Exposition gegenüber Luftschadstoffen – insbes. SO_2, NO_2 und O_3 – eine inhalative Sensibilisierung mit einem Allergen wesentlich erleichtert. Bei Untersuchungen von RIEDEL, 1990, ergaben sich im Tiermodell positive Reaktionen bei spezifischer bronchialer Provokation nach Exposition mit verschiedenen Konzentrationen von SO_2, NO_2 und O_3, gefolgt von inhalativer Sensibilisierung.

Meist tritt eine Entzündung des Respirationstraktes und eine Permeabilitätserhöhung der Schleimhaut auf. Inhalierte Antigene gelangen so an immunkompetente Zellen und lösen eine immunologische Reaktion im Sinne einer Sensibilisierung aus. Eine andere Theorie besagt, daß die Luftschadstoffe allein für die veränderte immunologische Reaktionsweise des Organismus verantwortlich sind und somit bei natürlicher Allergenexposition eine Sensibilisierung begünstigen.

Nach H. BEHRENDT (1990) bestehen komplexe Interaktionen zwischen Allergenen und Schadstoffen in der Luft. Pollen-Partikel können sowohl als Träger von Allergenen, als auch von Schadstoffen dienen, z. B. von Schwermetallen, organischen Verbindungen und Schwefel. In den letzten Jahren wurde ein Anstieg der Pollen-Konzentration in der Luft gemessen, möglicherweise als Folge des Treibhaus-Effekts. Elektronenmikroskopische Untersuchungen zeigten auf, daß in Gebieten mit hoher Luftverschmutzung Schmutzpartikel an der Oberfläche der Pollenkörner agglomerieren. Extrakte der Schadstoffe können die Pollen-Morphologie und das Profil der Allergen-Proteine verändern. Dies kann zu einer veränderten Allergenität der Pollen führen.

4.6.7.2 Krupp-Syndrome

Man unterscheidet den »echten« Krupp infolge Diphtherie vom »falschen« Krupp bzw. Pseudokrupp bei Grippe, Masern, Smog u. a. Das Krupp-Syndrom ist charakterisiert durch heiseren, bellenden Husten, Fieber und zunehmende Atemnot. Ursache der Erkrankung ist eine Entzündung und Schwellung der Kehlkopfschleimhaut und der Stimmbänder und eine starke Verschleimung der Trachea.

Neben *Heiserkeit, Husten* und *Aphronie* tritt ein *inspiratorischer Stridor* auf; lösen sich die Membranen ab, kann ein plötzlicher Erstickungstod eintreten.

4.6.7.3 Pseudokrupp

> Unter Pseudokrupp versteht man eine akute Schleimhautschwellung im Larynx- und oberen Trachealbereich bei Kindern mit plötzlicher Atemnot und krampfhaftem Husten. Ursachen nach herrschender Lehrmeinung sind Viren und Bakterien. Neue wissenschaftliche Arbeiten belegen, daß auch Schwefeldioxid, Staub sowie Stickoxide und Ozon als Auslöser betrachtet werden müssen.

Nach BENDER steigt die Anzahl der Pseudokrupp-Fälle mit der Schadstoffbelastung an. Untersuchungen nach H. HOFFMEISTER et al. zeigen jedoch, daß Atemwegserkrankungen bei Kindern seit über 30 Jahren rückläufig sind; der Anteil an Pseudokrupp im Vorschulalter beträgt dabei nur 5–10 %. Der Häufigkeitsgipfel des Pseudokrupp hinsichtlich der Jahreszeit liegt im Herbst. Der Altersgipfel liegt im zweiten Lebensjahr. Die Mitte der 80er Jahre durchgeführten Pseudokrupp-Studien ergaben, daß etwa bei der Hälfte der betroffenen Kinder die Erkrankung mehrfach auftrat. Jungen sind häufiger betroffen als Mädchen, vor allem, wenn eine familiäre Neigung zu Atemwegserkrankungen besteht.

Untersuchungen über mögliche Zusammenhänge zwischen Erkrankungen von Kindern an Pseudokrupp und spastischer (obstruktiver) Bronchitis und Schadstoffbelastungen (HAUPT, 1984) ergaben, daß Kinder gehäuft an Pseudokrupp und spastischer Bronchitis erkrankten, wenn kurzfristig die Staub- und/oder Schwefeldioxidbelastung anstieg (I_2 bedeutet Kurzzeitwert in mg/m^3 Luft bzw. bei Staub g/m^2/Tag).

4.6.7.4 Kontakturtikaria

Eine Urtikaria ist ein monomorphes Exanthem aus Quaddeln; auch die Bezeichnung **Nesselsucht** wird häufig gebraucht. Die Kontakturtikaria wird durch einen exogenen Kontakt mit einem urtikariogenen Stoff hervorgerufen und ist auf den Einwirkungsort des Stoffes begrenzt.

Ursachen für die Entstehung einer Kontakturtikaria sind:

- Toxische Noxen: Brennesseln, Gifthärchen von Raupen, Feuerquallen, Seeanemonen, Insektengifte, Milbengifte, ...
- Tierische Allergene: Bienengift, Wespengift, Tierhaare, ...
- Pflanzliche Allergene: Pollen, Zitrusfrüchte, ...
- Nahrungsmittel: Kartoffel, Spargel, Zwiebel, Fischmehl, ...

Normalerweise bleibt die körperliche Reaktion auf diese Noxen auf die Kontaktstelle der Einwirkung beschränkt. Bei vorbestehender Sensibilisierung des Patienten können aber auch Angioödeme oder sogar Asthmaanfälle auftreten.

4.6.7.5 Angioödem (Quincke)

Das Angioödem nach QUINCKE wird auch als angioneurotisches Ödem bezeichnet. Im subkutanen Gewebe tritt eine begrenzte unförmige Schwellung der Haut – ein Ödem – auf, das sich relativ rasch zurückbildet. Diese Krankheit gehört zur Gruppe der allergischen Sofortreaktionen vom Typ I nach COOMBS und GELL.

Die Ätiologie ist noch nicht genau bekannt. Man nimmt an, daß vor allem eiweißhaltige Lebensmittel, Nahrungsmittelzusatzstoffe und Inhalationsallergene für die Entstehung der Krankheit verantwortlich sind.

In der Regel treten *nur geringe Hauterscheinungen* auf, ein Juckreiz besteht normalerweise nicht. Manchmal kommt es aber auch zu Appetitlosigkeit, Verdauungsstörungen und innerer Unruhe.

4.6.7.6 Chronisch toxisches Kontaktekzem

Das chronisch toxische Kontaktekzem wird auch als nichtallergisches bzw. *toxisch-degeneratives Ekzem* bezeichnet. Die Entstehung des Ekzems beruht auf der wiederholten Einwirkung von Kontaktnoxen über längere Zeiträume in einer geringen Konzentration. Das relativ häufig vorkommende Ekzem betrifft meist *Hausfrauen, Bauarbeiter* und *Reinigungspersonal,* und zwar vor allem den Bereich des *Handrückens* und der *Extremitäten.*

Das chronisch toxische Kontaktekzem wird begünstigt durch besonders trockene Haut und tritt sehr unterschiedlich in Erscheinung, z. B. durch Rötung, Schwellung, Bläschen, Krusten u. a.

Häufige Kontaktnoxen:
- Wasser: Duschen, Baden und Schwimmen, Händewaschen in kalkhaltigem Wasser
- Detergenzien: Seifen, Syndets, flüssige Waschmittel, ...
- Lösungen: alkalische, saure, ...
- Lösungsmittel: Alkohol, Benzol, Toluol, Aceton, Benzin, Tetrachlorkohlenstoff, ...
- Strahlen: UV-Strahlen, ...

4.6.7.7 Intertriginöses Ekzem

Als Sonderform des chronisch toxischen Ekzems kennt man das intertriginöse Ekzem, das vor allem die intertriginösen Bereiche betrifft. *Schweißretention, Wärme* und *häufiges Reiben* begünstigen dieses Ekzem in seiner Entstehung.

4.6.7.8 Atopisches Ekzem

Das atopische Ekzem wird auch als Neurodermitis atopica bezeichnet. Es wirken immunologische und nichtimmunologische Faktoren zusammen, die wissenschaftlich noch nicht vollständig geklärt sind. Diese chronische Erkrankung ruft einen *starken Juckreiz* hervor und ist gekennzeichnet durch *Verkrustungen,* pruriginöse *Papeln, Knötchen* und *Lichenifikation.* Die Ätiologie ist noch unbekannt.

4.6.7.9 Neurodermitis atopica

Die Neurodermitis atopica ist eine chronische bzw. chronisch-rezidivierende entzündliche Hauterkrankung, die als Leitsymptom einen *quälenden Juckreiz* vor allem *in der Nacht* aufweist.

Das morphologische Bild und der zeitliche Verlauf der Erkrankung ist sehr unterschiedlich; oft kommen allergische Erkrankungen vom Soforttyp I nach COOMBS und GELL – wie allergische Rhinitis und allergisches Asthma – gleichzeitig vor. Als polygen erbliche Dispositionskrankheit beginnt sie meist im frühen Kindesalter mit *Juckreiz, Rötung, Schuppung, Nässen* und *Krustenbildung,* vor allem im *Bereich der Wangen* (Milchschorf). Nach dem 2. Lebensjahr ist das klinische Bild dem der Erwachsenen ähnlich: *Gesicht, Hals Nacken, Brust, Schulter* und *Gelenkbeugen* sind häufige Lokalisationen. Neben der erblichen Prädisposition sind zur Entstehung der Neurodermitis vor allem umweltbedingte Realisationsfaktoren notwendig:
- Inhalationsallergene: Hausstaub, Pollen, Tierhaare
- Nahrungsmittelallergene: Milcheiweiß, Obst, Ei, Fisch
- Konservierungsstoffe.

Die Pathogenese der Neurodermitis muß multifaktoriell betrachtet werden. Folgende **Parameter** müssen berücksichtigt werden:

- ▶ Allergenexposition
- ▶ Klimatische Verhältnisse
- ▶ Hautirritationen
- ▶ Persönlichkeitsstruktur
- ▶ Psychische Verhaltensmuster
- ▶ Immun-Status (zellulär, humoral)
- ▶ Neurovegetatives System.

> In Deutschland leiden etwa 1,25 Millionen Menschen an Neurodermitis; von 1960–1986 stieg bei Kindern die Prävalenzrate von etwa 4 % auf etwa 11 % an. Dieser deutliche Anstieg wird vor allem auf schädliche Umweltfaktoren zurückgeführt. Charakteristisch ist ein phasenhafter Krankheitsverlauf.

4.6.8 Prophylaxe umweltbedingter Kinderkrankheiten

PVC-Vermeidung im Kinderzimmer
Kunststoff-Spielsachen sind in diesem Sinne unbegreiflich. Spielzeug aus Kunststoff birgt die Gefahr einer schleichenden, unsichtbaren körperlichen Schädigung.

Die Kunststoffe erhalten erst durch Additive, z. B. Weichmacher, ihre spezifische Struktur. Die Weichmacher dünsten allmählich aus dem Spielzeug aus. Sie sind bis zu 50 % in Kunststoffen enthalten. Z. B. durch Trikresylphosphate, die als Weichmacher immer noch Verwendung finden, haben sich zahlreiche Massenvergiftungen ereignet. Dieses Additiv wird u. a. zur Herstellung von PVC (Igelit) verwendet.

Natürliche Werkstoffe ermöglichen das Einfühlen in einen natürlichen Prozeß: Beschaffen, Gestalten, Verwenden als Symbol, Beseitigen. Jeder Mangel an derartigen Erfahrungen schränkt die Entwicklung der Intelligenz und damit die Fähigkeit zum Denken ein.

4.7 Umweltbedingte neurologisch-psychiatrische Erkrankungen

4.7.1 Übersicht

Die Frage, ob das ZNS bei Überempfindlichkeiten gegenüber Nahrungsmitteln und Umweltschadstoffen abnorm reagiert, wird z. Z. wissenschaftlich diskutiert; bisher weiß man, daß zwischen dem ZNS und dem Immunsystem Interaktionen bestehen und daß das Immunsystem auf schädliche Umwelteinwirkungen empfindlich reagiert. Umweltmedizinische Untersuchungen haben ergeben, daß Patienten mit Umwelterkrankungen signifikant häufiger neuropsychiatrische Symptome aufweisen (Hall, 1976).

4.7.2 Neurotoxische Wirkung von Umweltschadstoffen

Bei der Verdauung von Nahrungsmitteln gelangen Hormone in die Blutbahn, die nach dem Passieren der Blut-Hirn-Schranke unmittelbar auf das Gehirn einwirken und das menschliche Verhalten beeinflussen können. Man hat festgestellt, daß Umweltschadstoffe in Nahrungsmitteln – insbesondere Schwermetalle und Pestizide – auf das ZNS und das periphere Nervensystem direkt toxisch wirken (Damstra, 1978). Wenn Nahrungsmittel Immunkomplexe induzieren, können sie die Funktion der Blut-Hirn-Schranke schwer schädigen, so daß Verhaltensabnormitäten auftreten können (Harbeck et al., 1979).

4.7.3 Neurophysiologische Studien

Neurophysiologische Untersuchungen lassen vermuten, daß mittels des olfaktorisch-limbischen Systems Nahrungsmittel und deren chemische Verunreinigungen deutliche Veränderungen des menschlichen Verhaltens auslösen können. Häufig werden beeinträchtigt:

- Eßverhalten
- Trinken
- Lernen
- Motorische Aktivität
- Gemütslage
- Gedächtnis.

4.7.4 Klassische Konditionierung

Es gibt Patienten, die bereits beim Anblick einer Pestizidpackung schwere neurophysiologische Symptome zeigen. In diesem Zusammenhang wird die Hypothese der klassischen Konditionierung bei Umweltkrankheiten diskutiert (Runow, 1986). Auch die Suppression des Immunsystems durch klassische Konditionierung konnte beobachtet werden.

4.7.5 Symptommuster

Umweltbedingte körperliche oder psychische Krankheiten weisen nach Randolph (1978) ein typisches Verlaufsmuster auf. Dabei kommt es zu »Anregungs- und Entzugsphasen«, die während einer akuten Reaktion auf schädliche Umweltreize auftreten, die Stunden, aber auch mehrere Tage dauern kann.

4.7.6.1 Das »Tension-Fatigue-Syndrom« (Anspannungs-Erschöpfungs-Syndrom)

Patienten mit Umwelterkrankungen zeigen einen typischen Symptomenkomplex, der als Anspannungs-Erschöpfungs-Syndrom bezeichnet werden kann und im Erscheinungsbild der psychiatrisehen Diagnose »Neurasthenie« sehr ähnlich ist (Goodwin et al., 1979).

Umweltmedizinische Untersuchungen haben gezeigt, daß die große Zunahme der verschiedenen Chemikalien in unserer Umwelt ein Hauptgrund für den deutlichen Anstieg vor allem auch psychischer Störungen ist. Man hat erkannt, daß psychosozialer Streß unter anderem die zelluläre Immunität des menschlichen Organismus beeinträchtigen kann.

4.7.6.2 Hirnschäden durch organische Lösungsmittel

Viele Wissenschaftler nehmen heute an, daß organische Lösungsmittel die Entstehung neurotischer Störungen bis hin zu schweren hirnorganischen Defekten entscheidend fördern können. Im Extremfall kann dies bei betroffenen Patienten sogar zur Demenz führen.

Die Zeitschrift »Psychiatrische Praxis« 1/1991 stellte als Beispiel eine 51jährige Patientin vor, die 11 Jahre in einem Raum eines Kopier- und Druckereibetriebes arbeitete.

In der Psychiatrischen Klinik des Max-Planck-Instituts für Psychiatrie (München) wurde bei ihr die Diagnose »Beginnendes lösungsmittelbedingtes dementielles Syndrom und depressive Störungen« gestellt. Nach Angabe der Patientin traten die größten Beschwerden fast immer am Freitag auf, der Wochentag, an dem die Kopier- und Druckmaschinen mit einem Gemisch aus Benzol, Toluol, Xylol und Äthylbenzol gesäubert wurden.

An diesem Fallbeispiel wird deutlich, wie schwer es ist, umweltmedizinische Symptome eindeutig auf die Wirkung von Industriechemikalien – in diesem Beispiel organische Lösungsmittel – zurückzuführen.

4.8 Umweltbedingte urologische Erkrankungen

4.8.1 Andrologische Sterilität

Aufgrund verschiedener Umwelteinflüsse wird weltweit bei fertilen Männern eine deutliche Verringerung der Spermatozoenzahlen festgestellt, oft bis zu 80 %. Dabei scheint die männliche Fertilität besonders durch *Nikotinabusus, Schwermetalle, Herbizide, Pestizide* und *chlorierte Kohlenwasserstoffe* beeinträchtigt zu werden, wobei einige der Substanzen direkt in das intratubuläre Hodenkompartiment eingreifen und zu einer Bremsung bzw. Schädigung der Spermatogenese oder zu einer Beeinflussung der Sertolizellfunktion führen. Intratubulär angreifende chemische Verbindungen sind Alkylantien, Tetrachlorkohlenstoff, DDT und ionisierende Strahlen.

Chemische Produkte aus Umwelt und Beruf mit negativem Einfluß auf die männliche Fertilität sind **Nahrungsmittelzusätze** und **Kontaminationen** (Zyklamat, Diäthylstilböstrol, Nitrofuran, Aflatoxine, Gossypol), **Fungizide, Nematozide, Fumigantia, Sterilantien** (DBCP, Äthylendibromid), **Herbizide** (Dioxine), **Insektizide** (Dichlordiphenyltrichloräthan (DDT), **Lindan, Dieldrin** (Kepone, Carbaryl, Schwefelkohlenstoff), **Rodentizide** (Fluorazetat), **Feuerschutzmittel** (Tris, polybromierte Biphenyle), **Wärmeaustauscher** (polychlorierte Biphenyle), **Kunststoffprodukte** (Phthalatester, Vinylchloride), **Lösungsmittel** (Benzol, Toluol, Glykoläther, Tetrachlorkohlenstoff, Epichlorhydrin), **Desinfektionsmittel** (Borax, Borsäure), **Inhalationsnarkotika** (Halothan, Methoxyfluran), **Metalle** und **Spurenelemente** (Blei und andere Schwelofenemissionen, Quecksilber, Cadmium).

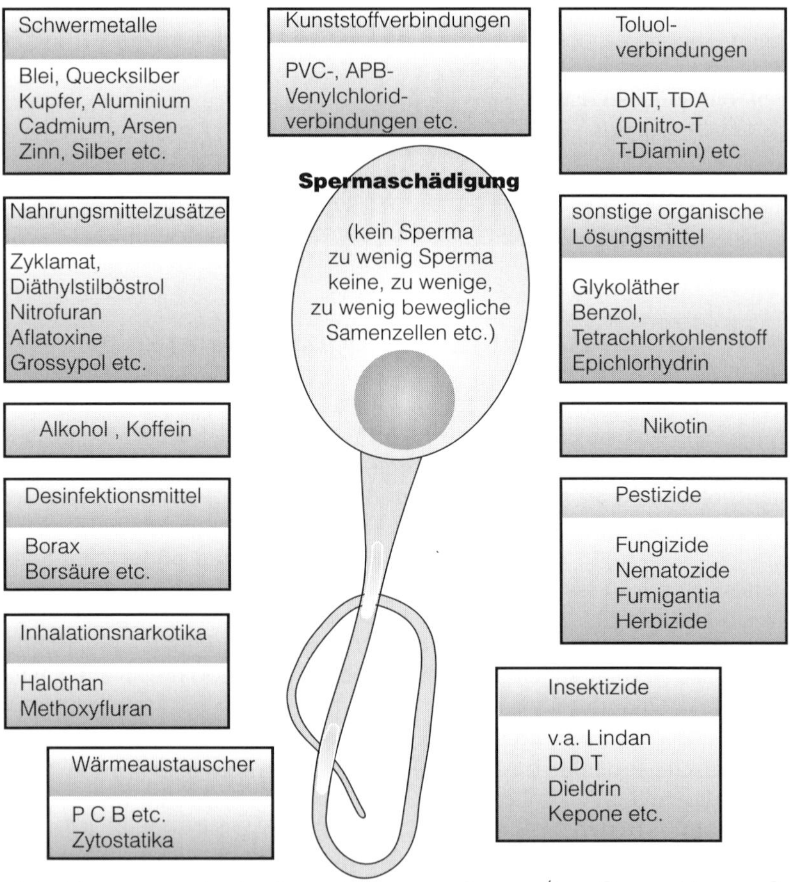

Abb. 13: Umweltschadstoffe schädigen das Sperma (Aus: SCHULTE-UEBBING, C.: »Umweltbedingte Frauenkrankheiten«, Sonntag Verlag 1995).

4.9 Literaturverzeichnis zu Kapitel 4

Abel, U., J. Misfeld: Ergebnisse der Epidemiologie des Lungenkrebses, UBA, Berlin 1986

Andre, siehe *Krause,* 1991

Appel, K. E., Hildebrandt, A. G.: Tumorpromotoren, MMV, München 6/1985

Basler, A., et al.: Erbgutverändernde Gefahrstoffe, MMV München 1987

Beck, H.: Dioxine in Lebensmitteln, in: Bundesgesundheitsblatt, Ausgabe 3, 1990

Beck, H.: Schwerflüchtige Organohalogenverbindungen im Menschen, in: VDI-Berichte, Nr. 745, 1989

Behrbohm, P.: Über allergische Krankheiten durch DDT und HCH, in: Allergie und Asthma, Band 8, Heft 43, 1962

Behrendt, H.: Allergotoxikologie: Einfluß von Umweltschadstoffen auf allergische Reaktionen, in: Umwelthygiene, Nr. 19, 1987

Behrendt, H.: 3. Internationales Symposium »New Trends in Allergy« 1990

Beier, H. M.: Umweltbelastungen als Störungen der Frühgravidität und als Abortursache, in Gynäkologie, Nr. 21, 1988

Bencard, F.: Allergologischer Leitfaden, 1990

Birnbaum, L.S., et al.: siehe *Krause,* 1991

Bjorksten et al.: siehe *Krause,* 1991

BGA, Tumorpromotoren, Symposium, Bundesgesundheitsamt, Berlin 1985

BGA, Symposium Dioxine und Furane, Karlsruhe 1/1990

Bowman et al.: Chronic dietary intake of 2,3,7,8-TCDD at 5 and 25 ppt in the monkey: TCDD kinetics and dose-effect estimate of reproductive toxicity, 7th Intern. Dioxin Symposium, Las Vegas 1987

Braun-Falco, O., Plewig, G., Wolff, H. H.: Dermatologie und Venerologie, 3. Auflage, Springer, Berlin-Heidelberg-New York-Tokyo 1984

Bundesgesundheitsblatt 3, PCDD- und PCDF-Gehalte in Humanmilch von 74 Proben aus der Bundesrepublik Deutschland. Bundesgesundheitsamt, Berlin 1990

Calatin, A.: Zeitkrankheit Nahrungsmittelallergie, München 1988

Campbell et al.: siehe *Krause,* 1991

Cumbrowski, J., et al.: Die Kadmiumbelastung des Menschen in verschiedenen Gebieten der DDR unter ausgewählten Gesichtspunkten. Jena 1979

Cumbrowski, J.: Cadmiumbelastung des Menschen aus kommunalhygienischer Sicht, Zbl. Pharm. 121, Nr. 6, 1982, S. 547–556

Damstra, T.: Environmental chemicals and nervous system dysfunction, In: Yale J. Biol. Med., Nr. 51, 1978

Denison et al.: Inducible receptor-dependent protein-DNA interactions at a dioxin-responsive transcriptional enhancer, Proc. Natl. Acad. Sci. (USA) 1990

Doll, R., R. Peto: Mortality in relation to smoking. 20 years observations on male british doctors, British Medical Journal, 4, 1976

Dulbecco, R.: Biologie der Krebserkrankung, Umschau, 80, 1980

Eckrich 1990, siehe *Krause,* 1991

Festinger, L.: A theory of cognitive dissonance, Stanford Univ. Press, Stanford USA 1957

Fischer, B.: Umweltbelastungen und Fortpflanzung, Reproduktionsbiologische und embryotoxikologische Aspekte, In: Wissenschaft, Umwelt, Nr. 2, 1987

Forth, W., Henschler, D., Rummel, W.: Pharmakologie und Toxikologie, 4. Auflage, Wissenschaftsverlag, Mannheim-Wien-Zürich 1983

Friedl, H. P.: Epidemiologie der Krebskrankheit und Umweltsituation. in: Oesterr. Z. Onkologie 4, Nr. 2–3, 1977

Friedrichsen, H.-P.: Wohn- und Umweltkrankheiten. in: Gesünder Wohnen, Heft 11, 1990

Gerhard et al., pers. Mitteilungen, 1991

Goodwin, D.W., Guze, B.: Psychiatric Diagnosis. 2. Aufl., Oxford University Press, New York 1979

Gortmaker et al., siehe *Krause,* 1991

Graul, E. H.: Umwelt und Krebsentstehung. in: Therapiewoche, Nr. 26/6, 1976

Grefe, C., Kalberlah, F.: Sexualökologie, Unfruchtbar, in: Natur, Nr. 6, 1989

Gross, R., et al.: Lehrbuch der Inneren Medizin. 5. Auflage, F. K. Schattauer, Stuttgart-New York, 1977

Hall, K.: Allergy of the nervous system, a review, in: Ann. Allergy, Nr. 36, 1976

Harbeck R. J. et al.: Cerebrospinal fluid and the choroid plexus during acute immune complex disease, In: Clin. Immunol. Immunopathol., Nr. 13, 1979

Haupt, 1984, in: *Dost, B.:* Ein Land erstickt, München 1988

Heberer, G.: Gastrointestinale Tumoren, Tumorzentrum München, 1. Auflage, 1987

Hecker, E.: Aktuelle Probleme der Krebsentstehung, Zur Krebsforschung 78, 1972

Heeschen, W., Blüthgen, A.: Das besondere Problem der Frauenmilch, in: BGA-Schriften, 4/83, Polychlorierte Biphenyle

Hepp, H.: Persönliche Mitteilungen, 1990

Hoffman, S. A., Shucard, D. W., Harbeck, R. J., et al.: Chronic immune complex disease: behavioral and immunological correlates, in: J. Neuropathol. Exp. Neurol., Nr. 37, 1978

Hoffmeister, H.: Bevölkerungsbezogene Krebsregister in der Bundesrepublik Deutschland, MMV, München 1987

Hong et al.: Immune abnormalities associated with chronic TCDD exposure in rhesus, 7th Intern. Dioxin Symposium, Las Vegas 1987

Iarc, IARC Monographs on the Evaluation of the carcinogeneic Risk of Chemicals to Humans, Volumes 1–31, Lyon, France 1972–1983

Institut für Medizinische Statistik und Dokumentation, Mainz 1986

Karmaus, in: *Krause, J.:* Umweltmedizinische Aspekte in Klinik und Praxis. Dissertation, Ludwig-Maximilians-Universität München, im Druck 1991

Knebusch, R.: Dioxin in der Muttermilch, in: Arzt und Umwelt, Ausgabe 3, 1990

Krause, J., Umweltmedizinische Aspekte in Klinik und Praxis, Dissertation, Ludwig-Maximilians-Universität München, im Druck 1991

Krause, W.: Wirkung von Medikamenten und Umweltgiften auf die menschliche Spermatogenese, in: Dermatosen in Beruf und Umwelt, Nr. 6, 1983

Kuliskaukas et al.: siehe *Krause,* 1991

Lauritzen, C.: Pille und Brustkrebs: offene Fragen, in: Ärztliche Praxis, Nr. 26, 30.03 1991

Lorenz, H., Neumeier, G.: Polychlorierte Biphenyle (PCB), BGA-Schriften, MMV, München 1983

Lotz, K.E.: Willst du gesund wohnen?, Biberach/ Riß 1975

Lubs, siehe *Krause,* 1991

Ludewig, R., Lohs, K.: Akute Vergiftungen, 6. Auflage, Gustav Fischer, Stuttgart-New York 1981

Lutzenberger, J, zitiert aus *Grefe, C., Kalberlah, F.:* Sexualökologie, Unfruchtbar, in: Natur, Nr. 6, 1989

Magnussen, siehe *Krause,* 1991

*Martinez et al., s*iehe *Krause,* 1991

Matthiaschk, G., Roll, R.: Toxikologie und gesundheitliche Bewertung der ermittelten Zufuhr von PCB, in: BGA-Schriften, 4/1983, Polychlorierte Biphenyle

Meerkamp van Embden, I. C.: Krebs und Umwelt, in: Chemie und Fortschritt, Nr. 2, 1980

Meister, 1984, aus: Dost, B., Ein Land erstickt (s.d.)

Miyamoto, T.: 3. Internationales Symposium »New Trends in Allergy« 1990

Miyamoto, T.: Allergy and changing environments – industrial/urban pollution. XII. International Congress of Allergology and Clinical Immunology, Montreux, 16.10.88–21.10.88

Münchener Gesellschaft für Geo- und Baubiologie e. V.: Handbuch der Geo- und Baubiologie, 2. Auflage, Unterhaching 1985

Naujoks-Heinrich, S., Dölle, W.: Die Epidemiologie der häufigsten Tumoren des Verdauungskanals, in: Der Internist, Springer, Heft 1, Januar 1982

Neumann, H.-G.: Die Rolle der Promotion bei der Einwirkung krebserzeugender Stoffe, in: BGA-Schriften, 6/85, Tumorpromotoren

Ohlsen et al., siehe *Krause,* 1991

Peterson, M. L., Rommo, N., House, D., et al.: In vitro responsiveness of lymphocytes to phytohemmagglutinin, in: Arch. Environ. Health, Nr. 33, 1978

Plotnikoff, N. P.: The central nervous system control of the immune system, Encephalins: antitumor activities, Annual Meeting of the American College of Neuropsychopharmacology, San Diego 1981

Prescott-Clarke, P.: Public Attitudes towards the Acceptability of Risks, Social and Community Planning Research, Suroly-Research-Centre Publication, London, März 1982, S. 592

Psychiatrische Praxis, Nr. 1, 1991

Randolf, T. G.: Specific adaptation, Annals of Allergy, 40: 333- 45, 1978

Rea, W. J., Bell, I. R., Suits, C. W., et al.: Food and chemical susceptibility after environmental chemical overexposure: case histories, in: Ann. Allergy, Nr. 40, 1978

Rehsteiner, siehe *Krause,* 1991

Renz, siehe *Krause,* 1991

Riedel, F.: Pädiatrische Ökologie: Wegbereiter für allergische Atemwegserkrankungen, in: Sozialpädiatrie, Nr. 12, 1990

Ring, J.: 3. Internationales Symposium »New Trends in Allergy« 1990

Roedigier, B. et al.: Der Einfluß von Umweltschadstoffen auf die Funktion menschlicher Spermatozoen in vitro, In: Fortschritte der Fertilitätsforschung, Grosse, Nr. 16

Rössel, 1983: Auftreten des plötzlichen Kindestodes in Berlin 1977–1981, aus: *Dost, B.,* Ein Land erstickt, München 1988

Rose, W.-D.: Krebsgifte, Mosaik, München 1987

Rosskamp, E.: Umwelt und Krebs, in: Schriftenreihe des Vereins für Wasser-, Boden- und Lufthygiene, Nr. 63 und Nr. 65, 1985

Ruediger, H. W.: Krebsentstehung – Erbfaktoren und Umwelteinflüsse, in: Schnipkoweit, H., Umweltschäden, Gesundheitsschäden, Sponholtz, Hameln 1985

Runow, K.-D.: Klinische Ökologie, Hippokrates, Stuttgart 1986

Saxena, M. C. et al.: Organochlorine Pesticides in specimens from women undergoing spontanious abortion, premature or full term delivery, In: Journal Annal Tox. Nr. 5, 1981

Schaller, A.: Geburtsmedizinische Teratologie, Urban und Schwarzenberg, München, Berlin, Wien 1975

Scheilke, Chr.: Ein Kind wird nicht erst Mensch – es ist schon einer, in: Protokolldienst Nr. 14, Evangelische Akademie Bad Boll 1989

Schildberg, F. W., Kiffner, E.: Interdisziplinäre Therapie des Mammakarzinoms, perimed, Erlangen 1985

Schirren et al., siehe *Krause,* 1991

Schlipköter, H.-W.: Unbekannte Krankheitsbilder durch Schadstoffbelastung, in: DÄB, Nr. 86, Heft 42, 1989

Schlumberger, D.: Rätselkrankheit Allergie, in: Der Praktische Arzt, Nr. 11, 1987

Schmincke, E.: PVC, Polyäthylen, Polystyrol ... Spielzeug, das es in sich hat, in: Protokolldienst Nr. 14, Evangelische Akademie Bad Boll 1989

Schützenberger, A. A.: Den Lebenswillen stärken – den Krebs besiegen, Kösel, München 1989

Schulte-Hermann, R.: Untersuchungen zur Tumorpromotion an mutmaßlichen Tumorvorstadien in der Leber, in: BGA-Schriften, 6/1985, Tumorpromotoren

Schulte-Uebbing, C.: Wie schädlich sind Dioxine? Zeitschrift Bessere Umwelt, München 1/1991

Schulte-Uebbing, C.: Müssen wir alle zum Sondermüll? Zeitschrift Bessere Umwelt, München 1/1991

Schulte-Uebbing, C.: Wie schädlich sind Dioxine? Zeitschrift Bessere Umwelt, München 1/1991

Schulte-Uebbing, C.: Krankenhaus, Pflege und Umwelt, Vortrag, Symposium Pflege und Umwelt, Berufsfachschule für Krankenpflege, Klinikum Augustinum, München 2/1991

Schulte-Uebbing, C. (gemeinsam mit *E. R. Weissenbacher* et al.): Infektions-Statistik der Universitäts-Frauenklinik München Großhadern, München 2/89 bis 8/90

Schulte-Uebbing, C. (gemeinsam mit *E. R. Weissenbacher* et al.): Arbeitsgruppe »HIV-Infektionen/AIDS in der Gynäkologie und Geburtshilfe«, 5/89 bis 8/90

Schulte-Uebbing, C. (gemeinsam mit *Penning, W., Dietrich, J.* et al.): Referate zur Balneotherapie und Physikalische Therapie umweltbedingter gynäkologischer Erkrankungen, 1988 und 1989

Schulte-Uebbing, C.: (gemeinsam mit *Penning, W., Dietrich, J.* et al.), Vorträge zur Balneotherapie umweltbedingter Krankheiten, Kongresse zur Gynäkologischen Balneotherapie, Bad Aachen, Bad Brückenau, Bad Lüneburg, Bad Waldsee 1988, 1989

Schulte-Uebbing, C.: (gemeinsam mit *E. Kuss* et al.), Untersuchungen zur Biochemie, Morphologie und Toxikologie der Placenta, 1. Universitätsfrauenklinik, München 1985–1988

Schulte-Uebbing, C.: Human Placental Glutathione-S-Transferase: Interactions with Steroids, Biol. Chem. Hoppe-Seyler, Vol. 369, pp 23–28, January 1988, gemeinsam mit *Dibbelt, L.* und *Kuss, E.*, 1. Universitäts-Frauenklinik München

Schulte-Uebbing, C.: Inhibition of Human Placental Glutathione-S-Transferase by Steroids, in Zeitschrift: »Placenta«, 1/1987

Schulte-Uebbing, C.: Vortrag/Placentakongreß Aachen 1986: »Steroids as Inhibitors of Human Placental Glutathione-S-Transferase«

Schulte-Uebbing, C., et al.: Toxikologische Untersuchungen zum Nikotinabusus, Organisch-Chemisches Institut der Technischen Universität München, Prof. Dr. *M. Strell,* 1976

Senatskommission zur Prüfung gesundheitsschädlicher Arbeitsstoffe, Mengen der wichtigsten bisher nachgewiesenen oder stark verdächtigen Kanzerogene im Haupt- und Nebenstromrauch einer Zigarette, Weinheim 1986

Solomon, G. F., Amkraut, A. A.: Psychoneuroendocrinological effects on the immune response, in: Ann. Rev. Microbiol., Nr. 35, 1981

Somogyi, A., Weise, W., Großklaus, D.: Gesundheit und Umwelt 90, 2. Auflage, MMV, München 1990

Stachel, B. et al.: Toxische Umweltchemikalien im menschlichen Sperma, Analysemethode und Fallstudien, in: Andrologia, Nr. 21, 3, 1989

Steffens, J.: Potenz- und Fertilitätsstörungen, In: DÄB, Nr. 17, 1991

Stickl, H.: Die Umwelt des Kindes und seine Immunität, in: der Kinderarzt, Nr. 12, 1990

Tretter, F.: Grundprobleme des Begriffs Umwelt, in: Natur- und Ganzheitsmedizin, Schattauer, Heft 7, 1989

Tretter, F.: Ansätze zu einer ökologischen Medizin, in: DÄB, 1986, Nr. 17

Tretter, F.: Systemwissenschaft in der Medizin, in: DÄB, 1989, Nr. 43

Tretter, F.: Umwelt und Gesundheit – Perspektiven einer ökologischen Medizin, in: Lernen von der Umwelt – Lernen für die Umwelt, edition sigma, Berlin 1988

Valentin, H. et al.: Arbeitsmedizin, Band 2, Thieme, Stuttgart 1985

Van der Ven, H., siehe *Krause,* 1991

Varonier, siehe *Krause,* 1991

Vester, F.: Neuland des Denkens, DVA, Stuttgart 1980

Wahn, siehe *Krause,* 1991

Ward, A. M.: Evidence of an immune complex disorder in vinyl chloride workers, in: Proc. Roy. Soc. Med., Nr. 69, 1976

Wassermann, O.: Unser Trinkwasser, in: Ärztliche Praxis, Nr. 13, 1991

Waterhouse et al., in: *Borneff, J.:* Hygiene, Thieme, Stuttgart 1986

Whorton et al, siehe *Krause,* 1990

Wichmann, H. E., et al.: Zur Genese des Lungenkarzinoms, Umweltmedizinische Aspekte in der Epidemiologie des Bronchialkarzinoms, in: Rheinisches Ärzteblatt 41, Nr. 14, 1987

Wiedemann und *Langmann,* siehe *Krause,* 1991

Zahn, V.: Umweltmedizinische Aspekte in der Schwangerschafts- und Geburtsmedizin, in: Med-Report, Nr. 19, Nov. 1990

Zahn, V.: Umweltmedizinische Vortragsreihe, München, Berlin 1989, 1990, 1991

Zahn, V.: Umwelt-, Abfall-, Wertstoff-Fibeln, München und Straubing 1989, 1990, 1991

Zahn, V., Schulte-Uebbing, C.: Vorlesung Umweltmedizin, Ludwig-Maximilians-Universität München, Wintersemester 1990/91, Sommersemester 1991, Wintersemester 1991/92

Zahn, V. und *Schulte-Uebbing, C.:* Ethische Aspekte der Umweltmedizin, München und Straubing 1991 (im Druck)

Zahn, V. und *Schulte-Uebbing, C.:* Die Verantwortung des Arztes gegenüber unserer Umwelt, München und Straubing 1991, (im Druck)

Zahn, V., Jungbauer, R., Schulte-Uebbing, C.: Umweltfibel für Zahnarztpraxis und Klinik, München und Straubing, 1990, 1991

Zahn, V., Schulte-Uebbing, C.: Umweltmedizinische Aspekte in Gynäkologie und Geburtshilfe, Vorlesung Ludwig-Maximilians-Universität München, Wintersemester 1990/91, Sommersemester 1991, Wintersemester 1991/92

IV.

Diagnostik umweltbedingter Krankheiten

1. Grundlagen der umweltmedizinischen Diagnostik

Gerade bei der Diagnostik umweltbedingter Erkrankungen sind Kenntnisse von umweltmedizinischen Zusammenhängen, von allgemeinen und speziellen toxikologischen Mechanismen unerläßlich.

1.1 Problematik beim Nachweis von Umweltgiften

Leider spiegeln Schadstoffwerte in Blut und Urin meist nur eine momentane Situation wider. Oft kann es im akuten Stadium trotz eines meßbaren Absinkens der Giftwerte im Giftmilieu zunächst zu einer Erhöhung der Blutwerte kommen und anschließend mit einem Anstieg von Organkomplikationen zu einem Absinken der Blutwerte (BATMAN).

Die Kenntnis des Giftes, der Einwirkzeit und der Wirksymptome inklusive Vorschäden und Begleiterkrankungen bestimmen die Schwere einer Vergiftung. Das rechtzeitige Ausschalten der äußeren Wirkkonzentration bewirkt eine deutliche Reduktion der Vergiftungssymptome einer Umweltvergiftung.

1.2 Bewertungsfehler

Leider werden oft schwerwiegende Fehler bei der Bewertung umweltmedizinischer Zusammenhänge gemacht. Solche Fehler, die häufig vorkommen, sind:

- Verwechslung zwischen akut und chronisch
- Vergessen oder Nichtberücksichtigen der Latenzzeit
- Vergessen oder Nichtberücksichtigen der Vor- und Begleitschäden
- Vergessen oder Nichtberücksichtigen der Interaktionen ähnlich wirkender Langzeitgifte
- Vergessen oder Nichtberücksichtigen der extremen Empfindlichkeit von Kindern und alten Menschen
- Vergessen oder Nichtberücksichtigen der unterschiedlichen genetischen Abbaumechanismen
- Verwechslung mit anderen Organschäden durch Nichtbeachten der Anamnese
- Giftauskunft durch den Täter statt durch Unbeteiligte
- Psychotherapie statt Kausaltherapie.

1.3 Problematik sogenannter Grenzwerte

Wenn Grenzwerte richtig festgesetzt sind, dürfen körperfremde Giftstoffe weder im Organismus von Arbeitenden noch von Kindern und Rentnern nachweisbar sein. Während bei einer akuten Vergiftung zunächst die Aufnahme- und Ausscheidungsorgane geschädigt werden, werden bei einer chronischen Vergiftung zunächst die Speicherorgane geschädigt. Nach einer Schädigung des Immunsystems können Gifte über eine Schädigung des Nervensystems zum Tod führen. In Organen gespeicherte Gifte können auch noch weiter wirken.

1.4 Vergiftungs- Sicherheitsgrade

Man unterscheidet in der Toxikologie sogenannte Vergiftungs-Sicherheitsgrade:

0	→	sicher keine Vergiftung
1	→	Hinweis auf ein Gift
2	→	Hinweise auf ein Gift und Aufnahme oder Wirkung
3	→	Konkreter Hinweis auf ein Gift, Aufnahme und Wirkung
4	→	Beweis eines Giftes und drei Hinweise
5	→	Zwei Beweise und drei Hinweise
6	→	Vergiftung einfach gesichert (drei Beweise)
7	→	Vergiftung nachgewiesen und Aufnahme oder typischer Verlauf
8	→	Vergiftung, Aufnahme und typischer Verlauf nachgewiesen
9	→	Vergiftung doppelt unabhängig gesichert
10	→	Vergiftung methodisch gesichert, Ausschluß anderer Noxen.

Der exakte kausale Nachweis einer Vergiftung ist meist sehr schwierig. Beweisend für eine chronische Vergiftung ist nur ein direkter Nachweis einer dauerhaften Aufnahme von Schadstoffen, von denen bekannt ist, daß sie ab einer gewissen Dosis zu entsprechenden Vergiftungen führen können. Erschwerend für den Nachweis ist meist eine Latenzzeit bis zum Eintritt einer Organfunktionsverschlechterung.

Da viele Umweltschadstoffe sehr lange persistieren, können dadurch verursachte Umweltvergiftungen bei der Obduktion nachweisbar sein. Beispielsweise fand man im Gehirn von toten Zahnärzten mehr als tausendfach höhere Quecksilberkonzentrationen als im Blut. Dies dürfte eine direkte Folge der jahrelangen Amalgamexposition sein. Streß oder Infekte bewirken eine Entleerung der Giftspeicher mit entsprechenden Vergiftungssymptomen.

Selbst wenn die Wirkkonzentration von außen auf Null abgesunken ist, können irreversible Schäden auftreten. Eine chronische Vergiftung kann man ideal an der Leiche feststellen. Zu Lebzeiten kann dies bedeutend schwieriger sein. Hier bringen (im günstigsten Fall) sogenannte *Mobilisationstests* Aufschluß über die tatsächlich vorhandenen Organentspeicherungen.

Während man unter Belastung nur eine Giftaufnahme in einen gesunden Organismus ohne Vergiftungssymptome versteht, ist eine Vergiftung auch durch eine Organschädigung gekennzeichnet. Die Giftaufnahme von Speichergiften ist stets der Vergiftungsbeginn. Interaktionen können dabei zu allen Immun- und Nervengiften wie Insektiziden, Lösungsmittel und Schwermetallen bestehen. Zink-Spurenelementmangel kann eine Vergiftung fördern. Streß und Nahrungsmittel (Kaffee) können Gifte aus den Speichern freisetzen und zu Verschlechterungsphasen führen.

▷ Kinder haben wegen ihrer Lebensgewohnheiten, wie Spiele am Teppich, ihres größeren Luftumsatzes (Grundumsatz) und fehlender Leberentgiftung wesentlich höhere Giftkonzentrationen als Erwachsene.

Frauen können beispielsweise wegen ihrer meist längeren Verweilzeit in der Wohnung unter Umständen einer höheren Giftkonzentrationen von Wohngiften ausgesetzt sein als Männer. Sehr Schlanke haben möglicherweise wegen ihrer geringeren Fettverteilungsmöglichkeit höhere Giftwerte im Blut als Dicke, wobei die tatsächlichen Gesamtgiftkonzentrationen bei Dicken häufig höher liegen können.

Es gibt bei keiner ernsten Vergiftung ein Krankheitszeichen, das es nur bei einer Vergiftung gäbe: Der Arsenvergiftete stirbt meist an den Folgen massiven Durchfalls, der Knollenblätterpilz-Vergiftete verblutet, der Alkoholvergiftete erstickt, der Kettenraucher stirbt meist an seiner Auszehrung im Lungenkrebs.

Somit wird eine chronische Vergiftung meist erst nach Ablauf der Latenzzeit feststellbar. Nach Ablauf der Latenzzeit ist, beispielsweise beim Ausbruch einer malignen Erkrankung, selbst bei sofortiger Expositionsvermeidung gegenüber den entsprechenden Schadstoffen oft keine Heilung, sondern nur noch eine Hinauszögerung der vorprogrammierten Verschlechterung möglich. Je eher und intensiver diese Expositionsvermeidung erfolgt, desto deutlicher ist der Gesundungseffekt.

1.5 Diagnostik psychischer Faktoren

Umweltkranke Patienten sind häufig über die bestehenden Schadstoffbelastungen hinaus zusätzlich mit psychosozialem Streß konfrontiert, z. B. Arbeitsplatzwechsel, Prüfungen oder ungelöste familiäre oder partnerschaftliche Konflikte, die z. T. auch unbewußter Natur sein können. Diese können den Ausbruch bzw. die Aufrechterhaltung einer umweltbedingten Erkrankung bewirken.

Hier gilt es mit dem Patienten gemeinsam die psychischen Stressoren zu eruieren und Wege zu deren Vermeidung zu erarbeiten. Zudem führt eine lang andauernde allergische Erkrankung häufig zu Veränderungen von Lebensgewohnheiten, wie z. B. frühzeitige Invalidität, Ernährungsumstellung, Kontaktverluste, was beim Betroffenen verschiedene Ängste (z. B. *Versagens-* und *Leistungsängste)* bewirken kann.

1.6 Analyse von Umwelt-Ängsten

Die Erkrankung kann eine Einschränkung der Leistungsfähigkeit zur Folge haben, was schließlich in der Frage gipfelt: »Was bin ich überhaupt noch wert?«, woraus sich auch suizidale Gedanken ergeben können. Auch die Rolle der Erkrankten innerhalb der Familie verschiebt sich möglicherweise in Richtung Pfleger-/Kranken-Konstellation, was zunehmend zum Verlust der Selbständigkeit und Unabhängigkeit führen kann, bzw. eine Ablösung von der Familie erschwert oder verhindert.

Die Angstsymptomatik kann zusätzlich durch klassische Konditionierungsprozesse verstärkt werden. Hierdurch kann die Anzahl der allergieauslösenden Substanzen ausgeweitet werden und der Patient begegnet folglich immer mehr Substanzen ängstlich. So kann eine Patientin mit einer asthmaauslösenden Rosenallergie Asthma bekommen, wenn sie nur eine Papierrose sieht oder sich eine Rose vorstellt. Menschen, die in einer bestimmten Situation eine allergische Reaktion bekommen, haben eine erhöhte Bereitschaft, in einer ähnlichen Situation wieder die gleichen oder ähnliche Symptome zu zeigen. Aber auch operante Konditionierungsprozesse können hier eine wesentliche Rolle spielen, z. B. kann die Erfahrung, daß Zuwendung sicher ist, wenn die Symptome auftreten, zur Stabilisierung der Erkrankung führen.

Ein wesentlicher Teil der psychodiagnostischen Arbeit besteht folglich im gezielten Erkennen einer möglicherweise bestehenden Angstsymptomatik. An erster Stelle steht dabei das Erkennen der angstauslösenden Faktoren. Da deren Wurzeln weit zurückliegen können, ist es notwendig, die Entwicklungsgeschichte des Patienten in der Anamnese genau zu erheben, um so möglicherweise frühere Konflikte, die die heutigen Symptome mitbestimmen können, zu eruieren.

1.7 Prophylaxe umweltbedingter Erkrankungen

Die beste Therapie ist die Prophylaxe. Dazu gehört eine umfassende Information und Aufklärung über umweltmedizinische Zusammenhänge einschließlich einer guten umweltmedizinischen Beratung. Dazu gehört auch selbstverständlich, daß in Klinik und Praxis aktiv Umweltschutz betrieben wird. Umweltschutz ist Prophylaxe umweltbedingter Erkrankungen.

Information und Aufklärung
Seit acht Semestern hält der Autor gemeinsam mit Professor ZAHN an der Ludwig-Maximilians-Universität München die Vorlesung »Umweltmedizin«.

Darüber hinaus finden in der Frauenarztpraxis des Autors regelmäßig Seminare und Vorträge zu folgenden umweltmedizinischen Themen statt; die interessierten Kollegen als Anregung empfohlen werden können:

- **Gesunde Lebensweise:**
  Arbeit, Freizeitgestaltung
  Gesunde Ernährung, Stillen, Kleidung
  Gesundes Bauen und Wohnen
- **Grundlagen der Umweltmedizin, aktuelle Daten über:**
  Wasch-, Reinigungs-, Desinfektionsmittel
  Pestizide, Dioxine, Furane, Schwermetalle
  Radioaktive Strahlung, Mikrowellen
- **Sexualität und Psyche:**
  Verantwortungsvolle Partnerschaft
  Natürliche Empfängnisregelung
- **Immunsystem und Psyche:**
  Immunstimulierung
  Positives Denken
- **Weiterführende Informationen:**
  Adressen, Literatur, Veranstaltungshinweise
  Kontakte zu Verbänden, Selbsthilfegruppen

Ein umweltmedizinisch orientierter Arzt stellt zunächst anhand eines ganzheitlichen umfassenden Gespräches mit dem Patienten fest, ob gegebenenfalls eine umweltbedingte Erkrankung vorliegt beziehungsweise ob die Prädisposition zu einer umweltbedingten Krankheit vorliegen könnte.

Anhand des U M W E L T – Tests sowie eines speziellen umweltmedizinischen Fragebogens kann schnell und effektiv abgeschätzt werden, ob Umweltbelastungen vorliegen oder nicht.

1.8 Der »U M W E L T – Test«

Ein Test zur Abschätzung des individuellen Risikos gegenüber Umweltbelastungen.

Punkte	0	1	2
U »UMFELD« (soziales U., Konflikte, Streß)	starke Konflikte, viel Streß	mäßig viel Konflikte, wenig Streß	wenig Konflikte, kaum Streß
M »MAHLZEITEN« (Ernährung)	schadstoffbelastet	schadstoffbehaftet	schadstoffarm
W »WOHNUNG« (Zuhause)	schadstoffbelastet	schadstoffbehaftet	schadstoffarm
E »ERWERB« (Arbeitsplatz)	schadstoffbelastet	schadstoffbehaftet	schadstoffarm
L »LEISTUNGSFÄHIGKEIT« (Vitalität)	kränklich, müde, träge, schwach	nicht sehr ausdauernd, mäßig aktiv	vital, aktiv ausdauernd belastbar
T »TYPUS« (Verhalten, Psyche)	aggressiv, depressiv, cholerisch	gelegentlich unausgeglichen, reizbar	innerlich ausgeglichen, stabil

Auswertung:

Summe	0–4	5–8	9–12
Umweltbelastung	stark belastet	mäßig belastet	gering belastet
Therapeutische Konsequenz	absolute Behandlungs-Indikation	relative Behandlungs-Indikation	keine Behandlungs-Indikation

Wie bereits im Abschnitt »Grundlagen der Umweltmedizin« erwähnt, trägt der »U M W E L T – Test« den von der Psychoimmunologie gefundenen Zusammenhängen Rechnung. Der »U M W E L T – Test« hat sich inzwischen in der Praxis sehr bewährt. Er ist sehr gut geeignet, um schnell und effektiv die Belastung von Patienten gegenüber Umwelteinflüssen abschätzen zu können.

Nach einer umfassenden Umweltanamnese und einem ausführlichen Gespräch mit dem Patienten fällt die Auswertung des U M W E L T – Tests nicht schwer. Anhand der Gesamtpunktzahl zeigt sich, ob ein Patient **stark** (0–4 Punkte), **mäßig** (5–8 Punkte) oder **gering** (9–12 Punkte) belastet ist. Starke Umweltbelastung ist eine absolute, mäßige Belastung eine relative Behandlungsindikation.

Erst nach der Auswertung des U M W E L T – Tests sollte mit einer gezielten Labordiagnostik und weiterführenden Untersuchungen begonnen werden, um schließlich nach erfolgreicher Diagnosestellung gemeinsam mit der Patientin ein individuelles Therapiekonzept zu entwikkeln und zu realisieren.

In der Praxis des Autors gehört der »U M W E L T – Test« inzwischen zur Routine. Bei jedem Patienten kann dadurch schnell und effektiv die umweltmedizinische Gesamtsituation abgeschätzt werden. Gegebenenfalls wird nun mit gezielten weiterführenden Untersuchungen zur Abklärung der Erkrankung begonnen.

1.9 Diagnostisches Spektrum

Eine umweltmedizinisch orientierte Praxis sollte immer eng mit anderen Fachabteilungen, Gesundheitsämtern, Umweltbehörden, Umweltlaboratorien und -Instituten zusammenarbeiten, um das notwendige breite Spektrum an Untersuchungen anbieten zu können.

Falls sich bei der umweltmedizinischen Beratung der begründete Verdacht ergibt, daß ein umweltbedingtes Leiden vorliegt, wird den Patienten angeboten, die zur exakten Abklärung notwendigen Untersuchungen und die entsprechende Behandlung ambulant durchführen zu lassen.

Der Autor empfiehlt den Kollegen das nachfolgende **diagnostische Spektrum** seiner Frauenarztpraxis:

• Allgemeine Sprechstunde und Beratung Schwangeren-Vorsorge, Sonographie, Dopplersonographie
• Spezial-Sprechstunden Zyklus-/ Hormon-Sprechstunde Sprechstunde »Wechseljahre« Kinderwunsch-Sprechstunde Schmerz-Sprechstunde Fluor-/ Candida-Sprechstunde Endometriose-Sprechstunde Mamma-Sprechstunde Dysplasie-Sprechstunde Onkologie-Sprechstunde
• Onkologische Diagnostik • Ambulante und stationäre operative Gynäkologie • Diagnostik mittels Klassischer Homöopathie • Diagnostik mittels Traditioneller chinesischer Akupunktur • Diagnostik nach HILDEGARD VON BINGEN • EAV-Diagnostik (Elektroakupunktur nach VOLL)
• Labor- Diagnostik Umweltmedizinisches Schwangeren-Screening Umweltmedizinisches Abstrichprogramm Umweltmedizinisches Darm-Screening Umweltmedizinisches Allergie-Screening
• Umweltmedizinisches Hormon-Screening Sterilitäts-Screening Amenorrhoe-Screening PMS-Screening Endometriose-Screening Klimakterium-Screening Postmenopausen-Screening
• Umweltmedizinische Spezialuntersuchungen Screening Immunsystem I Screening Immunsystem II Umweltschadstoffe Screening I Umweltschadstoffe Screening II Schwermetalle Holzschutzmittel Lösungsmittel Pestizide Formaldehyd-Test Amalgam-Screening: Kaugummi-, DMPS-Test Amalgam-Allergietest Haaranalyse, gesamt Raucher-Profil etc.

Tab. 37: Diagnostisches Spektrum für eine Frauenarztpraxis

1.9.2 Allgemeine Schadstoff-Untersuchungen

Es hat sich in der Praxis des Autors gezeigt, daß eine Zusammenarbeit mit **Baubiologen,** die bei Bedarf vor Ort gezielte Schadstoffmessungen durchführen können, sehr sinnvoll ist.

Sinnvoll können je nach Fragestellung Untersuchungen von *Staub, Wasser, Boden, Luft, Lebensmitteln* und diversen verdächtigen Materalien wie *Teppichböden, Wandverkleidungen, Tapeten, Lacken, Farben, Kunststoffen* etc. sein.

1.9.3 Probennahme

Bei der Entnahme der Proben geht man folgendermaßen vor:

- **Staub:** Eine Woche gesonderten Staubsaugerbeutel für den zu prüfenden Raum benutzen. Diesen Raum nicht lüften. Nicht die Stellen saugen, wo die Schadstoffquelle vermutet wird; das würde die Ergebnisse verzerren. Staubsaugerbeutel samt Inhalt einschicken.
- **Wasser:** Vor Entnahme der Probe das Wasser zwei Minuten lang mit vollem Strahl laufen lassen. Danach in ein sauberes Glasgefäß (etwa ein 200 ml großes Medizinalglas) füllen.
- **Boden:** Mit einer Schaufel werden Proben bis in eine Tiefe von maximal 20 cm entnommen. Man zieht an verschiedenen Stellen der verdächtigen Bodenfläche mindestens drei Proben (zusammen ca. 300 g), vermischt sie miteinander und schickt sie in einer Plastiktüte ein.
- **Luft:** PCP, Lindan, Formaldehyd und andere Luftverunreinigungen müssen vor Ort mit Spezialgeräten gemessen werden.
- **Andere Materialien:** Ein etwa 10 x 10 cm großes Stück des verdächtigen Materials wird in Alufolie gewickelt und eingeschickt (außer bei Aluminiumbestimmungen). Nicht in Zeitungspapier oder Plastiktüten, weil das die Werte verfälschen kann.
- **Lebensmittel:** Feste Proben dicht abschließend mit Alufolie umwickeln; Flüssigkeiten in ein Medizinalglas abfüllen.

Speziallabors, die solche Analysen durchführen, findet man beispielsweise im Alternativen Branchenbuch, Altop Verlag, München, das jedes Jahr neu aufgelegt wird.

Eine Liste von entsprechenden Labors kann gegebenenfalls auch über die Praxis des Autors bezogen werden.

1.9.4 Umweltmedizinische Testmethoden

Die umfassende umweltmedizinische Diagnostik stützt sich unter anderem auf folgende Testmethoden:

- UMWELT-Test (nach Schulte-Uebbing und Zahn 1990)
- DMPS-Test
- Kaugummi-Test
- Paraffin-Test
- Spermidin-Test
- Neopterin-Test
- Haar-Analyse
- SDT-Test (Serial-Dilution-Titration-Test)
- Antigenexpositions-Test
- Challenge Test
- PN-Test (Provokations-Neutralisations-Test)
- Zytotoxischer Blut-Test (in vitro) etc.

2. Spezielle Umweltmedizinische Tests von A bis Z

2.1 Der Aluminium-Ausscheidungs-Test

Um eine Aluminiumvergiftung festzustellen, bestimmt man in der umweltmedizinischen Praxis die Aluminiumausscheidung im 24-Stunden-Urin nach EDTA-Infusion.

2.2 Der »Asthma«-Allergie-Test

- Die **wahrscheinlichsten Auslöser** von Allergien, die sich als Asthma äußern, sind:
- Alle Schimmelpilze
- Hausstaub
- Hausstaubmilben
- Inhalata (Wolle, Tierhaare, Federn, Bestandteile von Schaf und Kaninchen
- Alle Pollen je nach Saison
- Weizen
- Mais
- Ei
- Milch
- Rind
- Schwein
- Kartoffel
- Orange
- Kaffee
- Tomate
- Hefe
- Schokolade
- Tabakrauch
- Äthanol
- Abgase.

Die **wahrscheinlichsten Auslöser** von Allergien mit schwersten Sofortreaktionen, sind:
- Ei
- Milch
- Weizen
- Erdnuß
- Soja

- Huhn
- Fisch
- Nüsse
- Schalentiere
- Schokolade
- Cola
- Tomate
- Gewürze
- Beeren
- Orangen.

2.3 Bioelektronische Funktionsdiagnose (BFD)

Grundlage dieser Diagnoseform ist die Akupunkturlehre der alten Chinesen. Bei diesem Untersuchungsverfahren wird die Hautspannung an verschiedenen Akupunkturpunkten der Finger- und Zehenspitzen gemessen. Jede Veränderung zum Normalwert gibt Hinweise auf mögliche Krankheitszustände beim Patienten. Bei Verminderung der elektrischen Spannung besteht so zum Beispiel die Gefahr von degenerativen Erkrankungen, eine erhöhte Spannung dagegen gibt Hinweise auf Reize oder Entzündungen.

Ziel der daraus resultierenden Therapie ist es dann, die normale Spannung an den Akupunkturpunkten wiederherzustellen. Dadurch kommt die Energie ins Gleichgewicht, was eine Voraussetzung für die Heilung ist. Auch dieser Test zeigt Hinweise auf Krankheiten, oftmals schon lange bevor das Krankheitsstadium überhaupt erreicht ist. Das liegt einfach daran, daß vielen organischen Erkrankungen zunächst einmal Störungen des Energieflusses vorausgehen. Eine dauerhafte energetische Störung zieht dann zwangsläufig aber auch später organische Störungen nach sich. Ich vergleiche dies immer gerne mit einem Wackelkontakt in einer elektrischen Leitung, der irgendwann doch einmal zum Kurzschluß führt.

2.4 Der »Bronchitis«-Allergie-Test

Die wahrscheinlichsten Auslöser von Allergien, die sich als Bronchitis äußern, sind:

- Alle Schimmelpilze
- Hausstaub
- Hausstaubmilben
- Inhalata (Wolle, Tierhaare, Federn, Bestandteile von Schaf und Kaninchen)

- Alle Pollen je nach Saison
- Weizen
- Mais
- Ei
- Milch
- Rind
- Schwein
- Kartoffel
- Orange
- Kaffee
- Tomate
- Hefe
- Schokolade
- Tabakrauch
- Äthanol
- Abgase.

2.5 Der Challenge-Test

Unter Challenge-Test versteht man das gezielte Meiden von Nahrungsmitteln und Chemikalien mit anschließender Antigenexposition. Die Patientin meidet das vermutlich allergene Nahrungsmittel vier bis fünf Tage lang. Danach nimmt sie das betreffende Nahrungsmittel (und nur dieses!) in reiner Form zu sich. Treten ein bis zwei Stunden, nachdem das verdächtige Nahrungsmittel gegessen worden ist, heftige Symptome auf, so ist der Patient dagegen überempfindlich. Die Reaktion kann auch bis zu 24 Stunden später einsetzen.

Die Menge der aufgenommenen Nahrung, die Resorptionsrate wie auch die chemischen Eigenschaften der getesteten Substanzen beeinflussen das Auftreten und die Art der Symptome. Mahlzeiten mit hohem Fettgehalt werden langsamer im Darm resorbiert und führen zu einem verzögerten Einsetzen von Symptomen.

Der Eßtest ist für den Patienten sehr einfach zu handhaben und deshalb vorteilhaft. Wiederholte Eßtests können als Maß für ein Wiedererlangen von Toleranz dienen. Diese Tests sind finanziell günstig und erfordern keine speziellen Testlösungen außer Proben der Nahrungsmittel, bei denen eine allergene Potenz vermutet wird. Chemikalien kann der Patient durch kurzes Riechen an einer Probe testen. Solche Chemikalien werden in einem geschlossenen Gefäß aufbewahrt. Diese Tests sollten in speziellen Testkammern durchgeführt werden.

Challenge-Tests (z. B. Eßtests) erfordern aktives Mitarbeiten des Patienten hinsichtlich der Erforschung und Interpretation seiner eigenen Diagnose. Der Arzt und der Ernährungswissenschaftler spielen hier nur die Rolle des Betreuers oder Lehrers.

Challenge-Tests haben dennoch gewisse *Nachteile.* Pro Tag können maximal drei oder vier Tests im Abstand von einigen Stunden gemacht werden und nur ein oder zwei Tests, wenn ein Nahrungsmittel zu Symptomen führt. Diese Tests bedeuten Streß für den Patienten, bei dem durch diese Methode schwere Symptome ausgelöst werden können.

Ferner ist es äußerst schwierig, Blindstudien bei Challenge-Tests durchzuführen, bei denen weder Patient noch Arzt die getestete Substanz kennen. In der Forschung wird das Problem gelöst, indem man dem Patienten einen Schlauch durch die Nase in den Magen legt und Testnahrung einführt oder mit Testnahrung gefüllte Gelatinekapseln gibt.

2.6 Der DMPS-Mobilisationstest

Der DMPS- Mobilisationstest dient dem Nachweis von Quecksilber und anderen toxischen Schwermetallen nach entsprechender Mobilisation im Urin. Dabei geht man folgendermaßen vor:

- Zunächst wird die Urinprobe I abgegeben: Urin I: 10–20 ml Spontanurin vor Gabe von DMPS (Dimaval R) zur Untersuchung auf Zink.
- Dann werden 3 mg DMPS (Dimaval R)/kg Körpergewicht langsam i. v. gespritzt oder 10 mg DMPS (Dimaval R)/kg Körpergewicht als Kapsel oral auf nüchternen Magen genommen.
- Die Patientin soll dann ca. 150 ml Tee, Wasser, Limonade u. ä. trinken.
- Etwa 30–45 Minuten nach DMPS i. v. bzw. 2 Stunden nach DMPS oral wird die Urinprobe II abgegeben: Urin II: 10–20 ml Spontanurin zur Untersuchung auf Kupfer und Quecksilber (bei Hochdruck evtl. zusätzlich Blei, bei Osteoporose evtl. zusätzlich Cadmium).

- ▶ Kontraindikation für den DMPS-Test ist eine eingeschränkte Nierenfunktion (Kreatinin im Serum größer als 2,5 mg/dl).

Nebenwirkungen:
Nach i. v.-Injektion von Dimaval kann es bei 1 % der Patienten zu flüchtigen Hautreaktionen kommen. Vegetativ sehr labile Patienten können einen Kollaps infolge Blutdruckabfall erleiden.

Beurteilung:

- ▶ *Urin I:* Zink unter 140 µg/g Kreatinin spricht für einen chronischen Zinkmangel.
- ▶ *Urin II:* Kupfer über 500 µg/g Kreatinin und Quecksilber über 50 µug/g Kreatinin sprechen für eine Quecksilberintoxikation durch Amalgam.
- ▶ Bei stark erhöhten Kupferwerten (über 2500 µg/g Kreatinin) und einer Quecksilberausscheidung von unter 50 µg/g Kreatinin ist ein erneuter DMPS-Test nach 4 Wochen zu erwägen, da die Quecksilberdepots wegen der höheren Affinität des DMPS zum Kupfer eventuell nicht ausreichend mobilisiert wurden.
- ▶ Hinweise zur Therapie finden sich bei DAUNDERER, M.: »Handbuch der Umweltgifte«, ecomed 1991.

2.7 Der Eliminierungs-Diät-Test

Bei der Diagnose von *Überempfindlichkeitsreaktion* kann man für einige Wochen ein bestimmtes Nahrungsmittel oder eine bestimmte Nahrungsfamilie aus dem Ernährungsplan der Patientin eliminieren und beobachten, ob sich die Symptome bessern. Bei Patienten, die sich die finanziell aufwendigen Injektionstests nicht leisten können oder deren Symptome nicht besonders akut sind, können mit der Eliminierungsdiät gute Erfolge erzielt werden.

2.8 Der »Formaldehyd-Belastungstest«

Bei Verdacht auf Formaldehyd-Intoxikation empfiehlt sich eine genaue Abklärung des Formaldehyd-Methanol-Stoffwechsels durch den sogenannten Formaldehyd-Belastungstest.

Darüber hinaus sollte man den **Immunstatus** ermitteln – mit folgenden Parametern:

- Quantitative Immunglobuline
- Lymphzystensubpopulationen
- Multi-Merieux-Test
- Folsäure
- Vitamin B 12
- Vitamin B 6
- Differentialblutbild
- Eiweißelektrophorese
- Leberenzyme, insbesondere GOT, GPT, Gamma GT,
- Alpha-Amylase
- Lipase
- Kreatinin.

Zusätzliche Untersuchungen können und sollen individuell je **nach Leitsymptomen** durchgeführt werden:

- Neurotoxische Störungen (meist zentral: Neurologe, Augenarzt, HNO; periphär: Neurologe)
- Pulmologisch: Lungenfunktionsstörungen
- Nephrologisch: Nierenerkrankung
- Endokronologisch: Allgemeine oder spezielle Störungen des hypothalamisch- hypophysären Regelkreises, der Schilddrüsen-, Nebenschliddrüsen-, Nebennieren- oder Gonadenfunktion.

2.9 Fußreflexzonen-Diagnose

Eine andere Möglichkeit ist die Fußreflexzonendiagnose, bei der an den Füßen des Patienten die Schmerzzonen ertastet werden. Die Lage dieser Schmerzzonen gibt dem Behandelnden dann wiederum Aufschluß über Erkrankungen der zu diesen Reflexzonen gehörenden Organe. Diese Art von Diagnose anhand von Reflexzonen läßt sich beliebig fortsetzen auf **Rückendiagnose, Brustdiagnose, Bauchdiagnose** usw. Sie erlaubt es einem naturheilkundlichen Behandler, alles zu verwerten, was er beim Patienten beobachten kann. Das gilt für die Körperhaltung ebenso wie für die Stellung der Wirbelsäule, für Muskelverspannungen oder -erschlaffungen, für Hautveränderungen, für die Körperbehaarung, für die Ausdünstung, die Beschaffenheit und den Geruch von Stuhl oder Urin usw. Im Laufe der Jahre entwickelt wohl jeder Behandler eine gewisse Intuition. Das heißt, daß verschüttete Instinkte wieder lebendig werden und er so Krankheiten bei seinen Patienten spürt, für die es noch gar keine vorzeigbaren diagnostischen Hinweise gibt.

2.10 Der Haar-Analyse-Test

Mit Haar-Mineral-Analysen kann man feststellen, ob ein Zuviel an toxischen Elementen oder erhöhte bzw. erniedrigte Mineralienverhältnisse im Organismus vorliegen.

WHO und Lancet bestätigten, daß die Haar-Mineralien-Analyse eine wichtige Methode zur Bestimmung toxischer wie auch lebenswichtiger Mineralien und Spurenelemente sein kann.

Haar ist ein Biopsiematerial, dessen Mineralgehalt konstant bleibt. Außerdem bestätigen Gewebeuntersuchungen, daß die Haare den Gehalt an Mineralien und Spurenelementen der Körperorgane widerspiegeln.

2.11 »Hals-Nasen-Ohren«-Allergie-Tests

Die wahrscheinlichsten Auslöser von Allergien, die sich in Hals-Nasen-Ohren-Beschwerden zeigen, sind:

- Alle Schimmelpilze
- Hausstaub
- Hausstaubmilben
- Milchprodukte
- Weizen
- Zitrusfrüchte
- Paraaminobenzoesäure (ein PHB-Ester)
- Autoabgase
- Äthanol (also Alkohol)
- Tabak.

2.12 Der »HLB-Bradford-Bluttest«

Der im amerikanischen Bradford-Research-Institut entwickelte HLB-Bluttest kümmert sich nicht um einzelne Organwerte, also Leber- oder Nierenwerte usw., sondern stellt die *allgemeine Stoffwechselbelastung* des Körpers fest. Er zeigt perfekt, wieviel Stoffwechselschlacken sich im Blut befinden, wo sie herkommen und wie sie am besten zu beseitigen sind. Auf diese Weise können sehr früh ernsthafte Störungen, wie zum Beispiel die Gefahr von rheumatischen Veränderungen, von Allergien, multipler Sklerose, Raucher-Belastungs-Symptomen, psychischem Streß, Entzündungen, Tuberkulose, Störungen der Drüsen, Blutarmut, Vitamin-C-Mangel oder gar Krebs entdeckt werden. Auch diese naturheilkundliche Untersuchungsmethode hat einen vorbeugenden Effekt, denn normalerweise zeigen sich Stoffwechselveränderungen lange schon, bevor die eigentliche Krankheit entstanden ist und die Patientin Beschwerden bekommt. Durch rechtzeitig eingeleitete Therapien kann dann wirkungsvoll verhindert werden, daß die Krankheit überhaupt entsteht. Anhand von regelmäßig durchgeführten HLB-Bluttests läßt sich dabei der Heilungsverlauf genau dokumentieren. Damit aber ist der HLB-Bluttest den normalen klinischen Labortests weit überlegen. Diese zeigen Veränderungen schließlich meistens erst dann an, wenn die Krankheit bereits ein fortgeschrittenes Stadium erreicht hat.

2.13 Der Immunstatus

Laboruntersuchungen, die gegebenenfalls durchgeführt werden können, um den Immunstatus zu verifizieren:

- Anzahl der T-Zellen
- Immunglobuline
- Gesamtkomplement (einschließlich C3 und C4)
- Immunkomplexe des IgG-Typs.
- Mediatoren und Polyamine: Histamin, Spermidin, Serotonin und Prostaglandine.

2.14 Der Inhalat-Allergie-Test, nicht saisonbedingt

Hierzu gehören vor allem Allergien auf Hausstaub, Federn und Haare, Schuppen, Speichel, Urin oder Kot von Haustieren. Die **typischen Symptome** sind *Schnupfen, Bindehautentzündung, Asthma.* Gelegentlich kommt es zu *Nesselausschlag* und auch zu *anaphylaktischen Schocks.*

2.15 Der Inhalat-Allergie-Test – saisonbedingt

Die meisten Inhalat-Allergien sind saisonbedingt. Auch mit der Nahrung können zusätzliche Allergene in den Körper gelangen. Bei Hausstaubempfindlichkeit sind oft die Milben das eigentliche Allergen. Unter den tierischen Allergenen verursachen Katzen- und Pferdehaare und -schuppen besonders häufig allergische Reaktionen. Sie können auch ohne direkten Kontakt starke Reaktionen auslösen. Oft ist der Betroffene auf anderem Wege, etwa durch mit dem Speichel oder Urin der Tiere verunreinigten Staub, dem Allergen begegnet. Auf solche Allergene reagiert häufig die Haut.

Die **Symptome** sind *Hautausschläge* oder *Nesselsucht* (akute oder chronische Urtikaria, angioneurotisches Ödem). Bei **Kindern** werden häufig Symptome wie *atopische Neurodermitis, Asthma, Schnupfen, zerebrale Probleme* wie Hyperaktivität, Verhaltensstörungen, Angstzustände und Depressionen beobachtet.

Wie schon erwähnt, treten Allergien auf Inhalate nur zu bestimmten Jahreszeiten auf, vor allem die Pollenallergien. Baumpollen befinden sich besonders im Frühjahr in der Luft, Gräserpollen von Spätfrühling bis Sommer, Kräuterpollen von Spätsommer bis Anfang Herbst. Allergien auf Insektenstiche fallen in der Regel mit dem Lebenszyklus der Tiere zusammen, Allergien auf Insektenteile können aber manchmal das ganze Jahr über andauern, wie im Falle der winzigen Hausstaubmilben, deren abgestorbene Reste immer wieder mit dem Staub aufgenommen werden. Schimmelpilze sind während des Sommers und während Perioden der Trockenheit weniger aktiv als in der feuchtkalten Jahreszeit. Andererseits kann gerade an trockenen Tagen die Luft stark mit ihnen belastet sein. Alle diese Stoffe werden mit der Luft aufgenommen (»inhaliert«), deshalb bezeichnet man sie als Inhalate.

Bei Schleimhautsymptomen wie Schnupfen, Asthma und Bindehautentzündungen ist immer zuerst an eine Allergie auf Inhalate zu denken. Allerdings können Inhalate auch gelegentlich Hautreizungen hervorrufen.

2.16 Injektionstests

Es gibt unter anderem folgende Injektions-Testverfahren:

- *Screening Lösung:* Die Menge bzw. Konzentration einer Testlösung, mit der eine Testreihe beginnt.
  Alle Testlösungen sollten etwa in einem Zehn-Minuten-Intervall verabreicht werden
- *Serial Dilution Titration* (SDT): Intradermale Injektionen von Testlösungen mit fortlaufend konzentrierter werdenden Lösungen. Getestet werden natürliche Inhalationsstoffe wie Pollen, Staub, Schimmelpilze.
  Bei der Bewertung ist nur das Wachstum der Quaddeln ausschlaggebend, nicht die Symptome des Patienten.
- *Provokations-* und *Neutralisationstest:* Auch hier werden intradermale Quaddeln gesetzt.
  Wenn ein Patient auf ein Nahrungsmittel oder eine chemische

Substanz sensitiv reagiert, wächst die gesetzte Quaddel innerhalb eines Zeitraumes von zehn Minuten um mindestens 2 mm. Ferner werden auch die Symptome des Patienten berücksichtigt.

- *Sublingualer Test:* Provokations- und Neutralisationstest, bei dem eine bestimmte Menge einer Testlösung (z. B. Nahrungsfarbstoffe, Hormone oder sonstige Chemikalien) direkt unter die Zunge getropft wird. Hierbei können nur die Veränderungen der Symptome beurteilt werden.

2.17 Insektizid-Analytik

Immer häufiger werden Schädigungen des Körpers – insbesondere des Immunsystems – durch Insektizide und Herbizide verursacht. Diese gelangen über die Nahrungskette oder direkt durch Einatmen in unseren Organismus. Dramatisch sind die *neurologischen* und *psychiatrischen Störungen,* die daraus resultieren. Ob nun die genannten Gifte als mögliche Krankheitsursache in Betracht kommen, läßt sich näher durch eine Blutanalyse abklären.

2.18 Die intragastrale Provokationstestung

Bei der intragastralen Provokationstestung kann man bei Patienten mit nachgewiesener Nahrungsmittelallergie (positive Anamnese, positiver Hauttest und/oder RAST), die beispielweise unter chronischer Urtikaria leiden, mittels Gastroskop eine bestimmte Menge des Allergenextrakts auf die Magenschleimhaut aufbringen, wobei diese Methode sicherlich nicht zur Routinediagnostik gedacht ist. Sie kann jedoch in zweifelhaften Fällen einer Nahrungsmittelallergie Wesentliches zur Diagnosestellung beitragen. Innerhalb weniger Minuten kommt es im Falle einer positiven Reaktion auf der Mukosa zu einer allergischen Reaktion vom Soforttyp. Die mikroskopische Untersuchung der provozierten Magenschleimhaut zeigt eine Mastzelldegranulation. Die Gewebshistaminkonzentration sinkt ab, während das Histamin im Serum ansteigt. Klinisch manifestiert sich die Provokation in Form von Ödemen, Erythemen, petechialen Blutungen, Urtikaria und Bronchospasmen.

2.19 Intrakutane Testverfahren

Wichtige intrakutane Testverfahren, bei denen Reaktionen auf Lösungen verschiedener Antigenextrakte getestet werden können, sind beispielsweise die sogenannte »Serial Dilution Titration« und die sogenannte »Provokations- und Neutralisationsmethode« (siehe diese).

2.20 Der Kaugummitest

Der Kaugummitest dient zur Erkennung eines toxischen Abriebs durch Amalgamfüllungen. Die Ausführung erfolgt so:

- ▶ Zwei Stunden vorher nichts essen, nur trinken lassen.
- ▶ Dann ca. 5 ml Speichel in Röhrchen »I« sammeln.
- ▶ Anschließend ca. 5–10 Minuten lang zuckerfreien Kaugummi auf den Amalgamfüllungen intensiv kauen. Während dieser Zeit den Speichel in Röhrchen »II« sammeln.
- ▶ Speichel I und II auf Quecksilber untersuchen lassen.

Beurteilung:

- ▶ Füllungen austauschen, wenn die Quecksilberkonzentration in Speichel II mehr als 5 µg/l höher ist als in Speichel I.

- ▶ Literatur: Daunderer, M.: Amalgam vergiftet den Speichel. Forum des Praktischen und Allgemein-Arztes (1990), Nr. 1

2.21 »Kopfschmerz«-Diagnostik

Falls Kopfschmerz ein Leitsymptom ist (Migräne, zerebrale und neurologische Störungen, Depression, Angst- und Erschöpfungszustände) sollte auf folgendes getestet werden:

- Schokolade
- Ei
- Milch
- Weintrauben
- Käse
- Weizen
- Tomate
- Hefe
- Kaffee
- Nüsse
- Bohnen
- Erbsen
- Zwiebeln
- Soja
- Schweinefleisch

- Hafer
- Rote Beete
- Diverse Inhalate: Schimmelpilze, Hausstaub, Hausstaubmilben, Katzen- und Hundehaare, Chemikalien.

2.22 Der »Multitest-Merieux«

Der Test dient zur Bestimmung des Status der zellvermittelten Immunität durch Messung der Reaktionen vom verzögerten Typ gegenüber 7 Antigenen.

- ▶ Die Anwendung des Teststempels erfolgt intracutan am Unterarm.
- ▶ Die Ablesung findet 48 Stunden später statt.
- ▶ Drei Gruppen von Patienten können dabei identifiziert werden: Anerge Patientinnen, hypoerge Patientinnen und Patientinnen mit normaler Immunantwort
- ▶ Genauere Informationen siehe Prospekt des Institutes Merieux, Paul-Ehrlich-Str. 1, Leimen, Tel. 06224/5940

Auswertungs-Kriterien des Multitest- Merieux:

Frauen:	
sicher pathologisch →	0 mm
Alarmwerte →	**kleiner 5 mm**
Normalwerte →	größer 5 mm
Männer:	
	sicher pathologisch →
0 mm	**Alarmwerte** →
kleiner 10 mm	Normalwerte →
größor 10 mm	

Zusätzlich empfohlene Parameter:
- Leukozyten
- Differential-Blutbild
- Immunglobuline, insbesondere IgA, IgG und IgM
- Lymphozystenpopulation
- Mikrogenstimulation.

2.23 Der »Nahrungsmittel-Allergie«-Test

Auf folgende Nahrungsmittel sollte getestet werden:

- Ei
- Milch
- Weizen
- Soja
- Geflügel
- Fisch
- Nüsse
- Schalentiere
- Muscheln
- Erdnüsse.

Auf folgende weitere Nahrungsmittel *kann zusätzlich getestet* werden:

- Beeren
- Tomaten
- Gewürze
- Orangen
- Zitronen
- Schokolade.

2.23.1 Nahrungsmittel-Allergie-Test auf Zusatzstoffe

Allergiker sollten auf jeden Fall versuchen, allergene Lebensmittelzusatzstoffe zu meiden. Im Zweifelsfall muß man zunächst die häufigsten Farbstoffe austesten:

E-Nummer	*chemische Bezeichnung*
E 100	Kurkumin***
E 102	Tartrazin**
E 104	Chinolingelb**
E 110	Gelborange S***
E 120	Echtes Karmin, Karminsäure, Chochenille**
E 122	Azorubin***
E 123	Amaranth***
E 124	Cochenillerot A (Ponceau 4 R)***
E 127	Erythrosin***
E 131	Patentblau V***
E 132	Indigotin I (Indogo-Karmin)***
E 142	Brillantsäuregrün**
E 150	Zuckerkulör***
E 151	Brillantschwarz BN**
E 153	Kohlenschwarz***
E 160 b	Bixin*
E 173	Aluminium* (nur für die Oberfläche von Lebensmitteln zugelassen)
E 174	Silber**
E 175	Gold

2.23.2 Nahrungsmittel-Allergie-Test: Konservierungsmittel

E 200	Sorbinsäure**
E 201	Natriumsorbat**
E 202	Kaliumsorbat**
E 203	Calziumsorbat**
E 210	Benzoesäure**
E 211	Natriumbenzoat**
E 212	Kaliumbenzoat**
E 213	Calciumbenzoat**
E 214	p-Hydroxibenzoesäureester**
E 215	Natriumsalz von 214**
E 216	p-Hydroxibenzoesäure-n-propylester**
E 217	Natriumsalz von 216**
E 218	p-Hydroxibenzoesäure-methylester**
E 219	Natriumsalz von 218**
E 220	Schwefeldioxid***
E 221	Natriumsulfid***
E 222	Natriumhydrogensulfit (Natriumbisulfit)***
E 223	Natriumdisulfit** (Natriumpyrosulfit oder Natriummetabisulfit)
E 224	Kaliumdisulfit** (Kaliumpyrosulfit oder Kaliummetabisulfit)
E 226	Calciumsulfit***
E 227	Calciumhydrogensulfit** (Calciumbisulfit)
E 230	Biphenyl** (Diphenyl)
E 231	Orthophenylphenol***
E 232	Natriumorthophenylphenolat***
E 233	Thiabendazol*
E 236	Ameisensäure***
E 237	Natriumformiat** (Natriumsalz von 236)
E 238	Calciumformiat** (Calciumsalz von 236)
E 249	Kaliumnitrit***
E 250	Natriumnitrit***
E 251	Kaliumnitrat** (Chilesalpeter)
E 252	Kaliumnitrat***
E 280	Propionsäure
E 281	Natriumpropionat*
E 282	Calciumpropionat*
E 283	Kaliumpropionat

2.23.3 Nahrungsmittel-Allergie-Test: Antioxidantien

Auf folgende Antioxidantien sollte man gegebenenfalls austesten:

E 310	Propylgallat***
E 311	Octylgallat***
E 312	Dodecylgallat***
E 320	Butylhydroxianisol** (BHA)
E 321	Butylhydroxitoluol** (BHT)
E 325	Natriumlactat*
E 326	Kaliumlactat*
E 327	Calciumlactat*

2.23.4 Nahrungsmittel-Allergie-Test: Stabilisatoren

Auf folgende Verdickungs-, Geliermittel und Stabilisatoren kann man austesten:

E 402	Kaliumalginat
E 403	Ammoniumalginat*
E 404	Calciumalginat
E 405	Prophylenglykolalginat*
E 420	Sorbit**
E 477	Prohylenglykolester von Fettsäuren*

2.24 Nahrungsmittel-Anschlußtest

Im sogenannten Nahrungsmittel-Anschlußtest, der sich den Nahrungsmittel-Grundtest und -Sekundärtest anschließt, werden alle Nahrungsmittel, die mehr als zweimal in der Woche gegessen worden sind, in der dritten Kategorie getestet. Jetzt werden auch Nahrungsmittel getestet, die der Patient oder die Ernährungsfachleute vorschlagen. Die verwendeten Allergenextrakte sollten in jedem Fall unkonserviert sein.

Dabei ist es wichtig zu wissen, daß die auf dem Markt erhältlichen Allergenextrakte als Konservierungsmittel häufig Phenol oder Glyzerin (immuntoxische Wirkung) enthalten. Da aber zahlreiche Patienten gegen diese Inhaltsstoffe allergisch sind (80–90 %) ist es erforderlich, daß die Patienten vor dem Test mit konservierten Testlösungen neutralisierende

Lösungen von Phenol und Glyzerin erhalten. Wenn möglich, sollten diese Inhaltsstoffe nicht verwendet werden.

2.25 Nahrungsmittel-Grundtest

Beim Nahrungsmittel-Grundtest werden zunächst alle Patienten auf folgende Nahrungsmittel getestet: *Weizen, Milch, Ei, Rüben- und Rohrzucker, Backhefe, Bierhefe, Hafer, Buchweizen, Backferment.* Im Anschluß an diese Testreihen folgt zur weiteren Fokussierung ein Gespräch mit dem Ernährungswissenschaftler oder dem Diätassistenten.

2.26 Nahrungsmittel-Sekundärtest

Im sogenannten Nahrungsmittel-Sekundärtest, der sich an den Grundtest anschließt, sind folgende Nahrungs- bzw. Genußmittel zu testen (wenn seitens der Ernährungsfachleute keine anderen oder zusätzlichen Anweisungen gegeben werden):

Schweinefleisch, Rindfleisch, Kartoffeln, Huhn, Soja, Zwiebel, Erdnüsse, Tomaten, Kaffee, Tee, Schokolade, Mais.

2.27 Der ND-Test (= Ermittlung der neutralisierenden Dosis ND)

Der umweltmedizinisch arbeitende Arzt begnügt sich nicht damit, herauszufinden, welche Substanzen eine positive Testreaktion erzeugen und somit als allergen einzustufen sind. Im Laufe der Testreihe soll eine Verdünnung des allergieauslösenden Stoffes gefunden werden, die die Symptome zum Abklingen bringen. Eine solche Lösung, die neutralisierende Dosis (ND), muß in jedem Falle individuell ermittelt werden. Jeder Patient erhält die beim Test herausgefundenen neutralisierenden Dosen in Form einer Mischlösung, die er sich nach Anweisung injiziert. Zusätzlich kann die Lösung gespritzt werden, wenn der Patient allergieauslösenden Stoffen ausgesetzt ist. Manche Patienten nehmen die ND vor jeder Mahlzeit, anderen genügen ein oder zwei Injektionen in der Woche.

Die ND ist in den meisten Fällen die stärkste der negativen Lösungen oder umgekehrt die tatsächlich negative Lösung, die schwächer als die erste absolut positive Lösung ist (the first negativ wheal dilution). In 75 % der Fälle bessern sich die Symptome der Patienten bei der neutralisierenden Dosis; bei 15 % erst bei der zweiten negativen Lösung; bei 5 % bei der dritten negativen Lösung; bei 2 % bei der vierten negativen Lösung. Die restlichen 3 % verteilen sich auf schwächere Verdünnungen. Wenn nun die Quaddel nicht wächst, die Symptome aber dennoch andauern, injiziert man alle zehn Minuten 0,05 ml der zuletzt verabreichten Lösung subkutan, bis die Symptome verschwinden. Insgesamt soll aber eine Menge von 0,25 ml nicht überschritten werden. Sollten trotz fünfmaliger Injektion von 0,05 ml Testlösung (also 0,25 ml) die Symptome nicht abklingen, wird mit 0,05 ml der nächsten Verdünnung (auch subkutan) gespritzt. Hier soll eine Gesamtmenge von 0,20 ml nicht überschritten werden.

2.28 Der Neopterin-Test

Ein neuer Immun- und Tumormaker ist Neopterin. Es handelt sich hierbei um eine fluoreszierende biochemische Substanz mit niedrigem Molekulargewicht. Von T-Lymphozyten freigesetztes Gamma-Interferon und andere Lymphokine führen zur Aktivierung von Makrophagen. Derart aktivierte Makrophagen sezernieren Neopterin.

▶ Die Bestimmung von Neopterin erfaßt all jene Erkrankungen, bei deren Abwehr oder Entstehung zelluläre Immunmechanismen eine Rolle spielen: Virusinfekte, intrazelluläre/parasitäre Erkrankungen, Autoimmunerkrankungen, Allergie Typ IV, Zöliakie und maligne Erkrankungen.

Je nach Immunstatus wird Neopterin in mehr oder weniger hoher Konzentration über die Niere ausgeschieden. Zum Ausschluß der Harnverdünnung wird Neopterin auf Kreatinin bezogen. In wesentlich geringeren Mengen findet man diesen Pteridin-Abkömmling auch im Serum.

Die oberen Toleranzwerte im Harn bewegen sich, abhängig von Geschlecht und Alter, zwischen 176 und 432 Mikromol Neopterin/mol Kreatinin, im Serum liegen sie bei etwa 17 ng/ml.

2.29 Der »Nesselsucht«-Allergie-Test

Die wahrscheinlichsten Auslöser von Allergien, deren Hauptsymptome akute Nesselsucht ist, sind:

- Fisch
- Schalentiere
- Alle Nüsse, v. a. Erdnüsse
- Ei
- Hafer
- Alle Schimmelpilze, Hausstaub und Hausstaubmilben.

2.30 Der »Neurodermitis«-Allergie-Test

Hat man das Hauptsymptom »Neurodermitis«, sollte man auf folgende Allergene testen:

- Milch
- Ei
- Weizen
- Fisch
- Kartoffeln
- Alle Schimmelpilze, Hausstaub und Hausstaubmilben
- Tierhaare und -schuppen.

2.31 Der »Paraffintest«

Der Paraffintest ist eine gute Methode zur Diagnostik und insbesondere auch zur Therapie bei akuten und chronischen Vergiftungen mit *fettlöslichen Giften.*

Mechanismus

Chronische Vergiftungen sind im Blut oder Urin nicht direkt nachweisbar. Alle fettlöslichen Gifte, die im menschlichen Nerven- bzw. Fettgewebe gespeichert werden, werden beim Fasten von der Leber abgebaut, über die Galle in den Darm ausgeschieden und aus den tieferen Darmabschnitten wieder resorbiert (enterohepatischer Kreislauf). Paraffinöl und Kohle binden einen Großteil dieser Substanzen und führen zu ihrer Ausscheidung über den Stuhl. Die Bindung an Kohle ist so intensiv, daß bisher eine Abtrennung zu Nachweiszwecken noch nicht möglich war, zu Nachweiszwecken muß daher Paraffinöl eingesetzt werden.

Durchführung des Paraffintests

> Zunächst täglich 3 x 1 Eßlöffel Paraffinöl trinken. Nach Eintritt des Paraffinölstuhls Nulldiät beginnen (drei Tage lang), Paraffinöl weiter nehmen. Vom ersten Stuhl und vom Stuhl des dritten Tages je ca. 5 ml entnehmen und in die Gefäße I und II asservieren.

Beispiel:

Mo	Di	Mi	Do	Fr	Sa	So
Paraffinöl →		Nulldiät →				(Paraffinöl)Kohle
	Paraffinstuhl		3. Stuhl			

Beim Versand sollte man unbedingt beide Gefäße kennzeichnen. Mit Überweisungsschein des Hausarztes bzw. Untersuchungsauftrag für die vermuteten Gifte an ein erfahrenes Laboratorium senden (siehe Laboratorien im Anhang). Differierende Konzentrationen beweisen die Giftspeicherung.

2.32 Der »PN-TEST« (Intradermaler Provokations- und Neutralisationstest)

Der Provokations-Neutralisationstest (PN-Test) ist heute eine sehr **umstrittene Methode,** die zu Diagnosen bei Überempfindlichkeiten eingesetzt wird.

Die Testlösung provoziert außer einem Wachstum der Quaddeln auch Symptome. Wie bei der serial dilution titration (SDT) benutzt man fortlaufende Verdünnungen im Verhältnis 1:5 von jeder Substanz. Jedoch ist die Screening-Dosis beim PN-Test höher (0,05 ml) und wird intradermal oder sublingual angewendet. Im Gegensatz zum SDT-Test wird beim PN-Test jeweils nur eine Substanz getestet. Ferner ist die Palette der Testlösungen größer. Hier werden außer Pollen, Staub und Schimmelpilzen auch Nahrungsmittel, Chemikalien, Medikamente und auch Hormone getestet.

Es ist zunächst das Ziel der Methode, Substanzen zu identifizieren, die beim Patienten Symptome auslösen. Zweitens soll die Verdünnung herausgefunden werden, die die Symptome zum Abklingen bringt (Neutralisationsdosis oder Therapiedosis). Nach den Erfahrungen der Klinischen Ökologen können verschiedene Verdünnungen der allgemeinen Substanz Symptome auslösen. Andere Verdünnungen der gleichen Substanz können leichte Versionen der charakteristischen Symptome des Patienten innerhalb von zehn Minuten zum Abklingen bringen.

Bei dieser Methode ist diejenige Lösung, die die Symptome zum Abklingen bringt, die neutralisierende Dosis (ND). Zu beobachten ist, daß eine stärkere wie auch eine schwächere Testlösung die Symptome wieder hervorrufen kann. Die Dosis-Antwort-Kurve im PN-Test ist meist nicht monoton, sondern eher biphasisch oder auch sinusförmig. Signifikante Präzedenzfälle der biologischen Phänomene einer nicht monotonen Dosis-Antwort-Kurve wurden dokumentiert, sind aber umstritten.

2.33 Der »Phenol-Belastungstest«

Phenol ist ein bedeutendes Umwelt-Antigen, das in der umweltmedizinischen Praxis relativ einfach getestet werden kann. Dieser Konservierungsstoff wird normalerweise als erstes getestet, da sehr viele Antigenlösungen mit sehr geringen Phenolmengen konserviert sind. Ist der Patient dagegen allergisch, müssen für die weiteren Tests aufwendig zubereitete Antigenlösungen ohne Konservierungsstoffe benutzt werden.

2.34 Pulsdiagnose

Nach Ansicht der Chinesen ist für die klassische Akupunktur die Pulsdiagnose eine wichtige Voraussetzung. Unsere heutigen Erkenntnisse aber zeigen, daß auch andere energetische Untersuchungsverfahren, z. B. die Kirlianfotografiediagnose oder auch die bioelektronische Funktionsdiagnose, gleiche Ergebnisse wie die Pulsdiagnose erbringen können. Trotzdem wird die Pulsdiagnose noch von vielen Therapeuten eingesetzt. Bei diesem Verfahren legt der Behandelnde seine Zeige-, Mittel- und Ringfinger auf den Handgelenkspuls des Patienten, zuerst an der linken, dann an der rechten Hand. An jeder Hand wird der Puls einmal fest und einmal lose gefaßt, und an jedem Finger ist dabei die Pulsstelle spürbar. Zu jedem Finger gehört ein bestimmter Meridian, und die Pulswelle an dieser Stelle gibt Auskunft über seine Energiefülle und Energieleere – ganz unabhängig davon, ob der Puls nun stark oder schwach zu fühlen ist. So werden an jedem Handgelenk sechs Meridiane getastet. Dadurch bekommt der Behandler einen genauen Überblick über den Energiezustand in allen zwölf Meridianen seiner Patienten.

Durch Nadelung entsprechender Akupunkturpunkte soll auch hier nun erreicht werden, den Energiezustand auszugleichen und ins Gleichgewicht zu bringen. Solange der Energiefluß gestört ist und das Energiegleichgewicht nicht erreicht werden konnte, kann jede Therapie nur eine vorübergehende Heilwirkung haben. Das erklärt vielleicht die immer wieder vorkommenden Therapieversager der Schulmedizin, die sich nur um Symptome und nicht um den ganzen Menschen und sein energetisches Gleichgewicht kümmert.

2.35 »Rheumatische Symptome«-Allergie-Test

Bei Allergien, die sich in rheumatischen Symptomen und Arthrose zeigen, sollte man folgende Allergene austesten:

- Alle Schimmelpilze
- Hausstaub und Hausstaubmilben
- Geflügel
- Schweine- und Rindfleisch
- Zucker
- Milch
- Kartoffeln
- Tomaten
- Paprikaschoten
- Auberginen
- Weizen.

2.36 Der »Schimmelpilz«-Allergie-Test

Besonders verdächtige Quellen für Schimmelpilze in der alltäglichen Umgebung sind: verdorbene Speisen, verschmutzte Polstermöbel, Mülleimer, feuchte Kellerräume, Badezimmer, Waschbecken, Spülen und Luftbefeuchter. Schimmelpilze finden sich auch häufig im Hausstaub oder hinter Tapeten.

Es folgt eine Liste der verschiedenen Schimmelpilzarten und ihrer bevorzugten Lebensräume:

- Alternaria – Pflanzenblätter, feuchte Wände, im Freien besonders an heißen trockenen Tagen in der Luft zu finden.
- Aspergillus – verfaulte Nahrungsmittel, organischer Abfall, Innenräume, feuchte Keller, Bettzeug.
- Aureobasidum – Blätter, Papier, Erde, Holz.
- Basidiomyzeten – sind in der Landwirtschaft verbreitet und können bei der Weizenverarbeitung Probleme machen.
- Fusarium – Erde, Komposthaufen, besonders bei feuchter Witterung.
- Helminthsporium – alle Pflanzen.
- Hormodendrum – verfaulende Pflanzen, Komposthaufen.
- Penicillium – Aspergillus.

- Rhizopus – Erde, Blätter, besonders in trockenen Gegenden, aber auch in feuchten Innenräumen.
- Rhizopus nigricans – Brot.

2.37 Der Serial-Dilution-Titration-Test (SDT-Test)

Unter SDT (= serial dilution titration) versteht man ein spezielles Screening mit fortlaufend konzentrierter werdenden Lösungen. Dieses Verfahren eignet sich für Provokationstests mit natürlichen Inhalationsstoffen wie Pollen, Staub und Schimmelpilze. Die SDT-Methode arbeitet sowohl für Diagnosezwecke wie auch zur Therapie mit Substanzen, gegen die der Patient überempfindlich ist, um diejenige Antigenverdünnung zu bestimmen, mit der die Behandlung allergischer Reaktionen begonnen wird.

Dabei kann man während eines Testabschnittes eine Reihe von fortschreitend konzentrierter werdenden Lösungen verwenden. Jede Dosis beträgt **0,01 ml Antigenlösung.** Nach intradermaler Injektion dieser Menge entsteht eine 4-mm-Quaddel. Die Testlösung, die zuerst eine Quaddelvergrößerung von 2 mm im Durchmesser innerhalb von zehn Minuten erzeugt, wird Endpunkt genannt. Die Therapie beginnt mit einer geringen Menge dieser Lösung.

Bei der SDT-Methode wird die *Hautreaktion* (also z. B. das Wachstum der Quaddel, Rötung usw.) beurteilt, *nicht die Symptome* des Patienten. Vor dem Test ist es hilfreich und oft unumgänglich zu wissen, ob spezifische Antikörper (IgE) gegen Inhalationsstoffe im Blut des Patienten vorkommen.

Die Screening-Dosis bei Inhalationsstoffen muß niedriger sein, wenn der Patient zur Zeit des Tests an Symptomen leidet (z. B. Heuschnupfen während der Pollenreife).

- ▶ Wenn die Screening-Lösungen innerhalb von zehn Minuten keine Quaddelvergrößerung bewirkten, kann man die übernächste stärkere Lösung testen.

- ▶ Wenn sich bei Patienten mit der SDT-Methode keine positiven Testergebnisse zeigen, obwohl er auf Grund der Anamnese auf Inhalationsstoffe Reaktionen hat, sollte mit der Provokations-Neutralisations-Methode weiter getestet werden. Wenn diese Methode positive Ergebnisse liefert, werden die übrigen Inhalationsstoffe ebenso getestet.

Folgende Zeichen einer positiven Testreaktion können auftreten:

- Wachstum der Quaddel um mehr als 2 mm im Durchmesser
- Blässe (papierweiß); oft mit rotem Randsaum
- Härte
- Wachstum über die Hautebene hinaus
- Umriß (dick, rund, scharf begrenzte Randzonen, pseudopodienähnliche Ausläufer).

Es wird der kleinste und der größte Durchmesser mit der Schablone gemessen und der Durchschnitt ermittelt.

2.38 Der Spermidin-Test

Die Spermidin-Messung im Vollblut ist ein zuverlässiger Test, um degenerierende und regenerierende Gewebe (insbesondere des Gastrointestinaltraktes) festzustellen. Spermidin ist das basische Amin, welches im Körper für die Synthese von Nukleoproteiden benötigt wird. Moleküle dieses spermidinhaltigen Amins liegen längs der Kanten der Doppelhelix des Nukleoproteids und neutralisieren die Phosphatgruppen, um ein korrektes Wachstum zu ermöglichen. Wenn Zellen oder Proteine im Körper zunehmen, steigt der Spermidinwert im Blut über den normalen Ruhewert von 0,9 mcg/ml an. Es gibt physiologische Ursachen, die den Spermidinwert steigen lassen. Dies sind: Schwangerschaft, Regenerierung der roten Blutkörperchen und Reparatur von Muskelzellen nach starker sportlicher Anstrengung.

Bei folgenden pathologischen Zuständen kann ein hoher Spermidinwert meßbar sein:

- Umweltschadstoff-Belastungen
- Subtoxische Vergiftung
- Chronische Darmerkrankung (z. B. Colitis ulcerosa)
- Wachsende Tumoren.

▶ Das bedeutet, daß der erhöhte Spermidinwert das erste Anzeichen eines Krebsgeschehens im Körper sein kann. Bei vielen Krebspatienten kann beobachtet werden, daß hohe Spermidinwerte auf einen normalen Wert zurückgingen, wenn die Einnahme von Vitamin C auf 10 und mehr Gramm pro Tag erhöht wurde.

Diese Änderung zeigte sich dann auch in anderen biochemischen Werten, z. B. dem während der Erkrankung hohen CEA-Wert (carcino-embryonales Antigen) und dem während einer Krebserkrankung ebenfalls hohen Magnesiumwert im Haar, die dann auf normale Werte fielen. Krankheitsbilder, bei denen der Spermidinwert im Blut niedrig ist, sind einige Arten von Gedächtnisverlust, z. B. bei Vergiftung mit Chlorkohlenwasserstoffen (Hexachlorophen), und Vitaminmangel, z. B. der Vitamin B6 Mangel bei Pyrrolurie. Pyrrolurie ist ein idiopathischer Mangel an Zink und Vitamin B6, der nach aller Erfahrung – bis jetzt wurden etwa 5000 Patienten mit dieser Krankheit behandelt – häufig zu Krebs führt, wenn er nicht rechtzeitig behandelt wird.

2.39 Der »zytotoxische Bluttest« (in vitro)

Der zytotoxische Bluttest basiert auf dem Prinzip, daß Extrakte von Nahrungsmitteln und Chemikalien, gegen die der Patient allergisch ist, eine sichtbare Schädigung bei weißen Blutzellen (z. B. Neutrophilen) erzeugen. Die Schädigung wird auf einer Skala von 0 bis 4 nach mikroskopischer Untersuchung eingestellt (graduiert).

Blacks ursprüngliches Konzept wurde später weiterentwickelt und verfügbar für zahlreiche klinische Untersuchungen. Zahlreiche Forscher führen Probleme bezüglich der Reproduzierbarkeit dieser Tests an. Die Technik kann durch vielfache Umstände gestört werden. Neuere Studien zeigen, daß diese Methode in der Tat zuverlässige Ergebnisse liefert. Andererseits existiert jedoch nicht der Beweis für die Gültigkeit der zytotoxischen Tests. Eine strenge Korrelation zwischen positiven Testergebnissen und korrespondierenden challange tests mit spezifischen Nahrungsmitteln konnte bis jetzt nicht bewiesen werden. Ein 4+-Ergebnis im zytotoxischen Test kann z. B. assoziiert sein mit nur einer milden klinischen Reaktion (geringer Ausschlag), wohingegen ein 1+-Ergebnis im zytotoxischen Test mit einer schweren Reaktion (Asthma) dennoch verbunden ist, wenn der Patient das betreffende Nahrungsmittel gegessen hat.

▷ Der zytotoxische Test hat sich bis heute nicht durchsetzen können.

Der Zeitpunkt, an dem sich eine Wiederholung empfiehlt, ist unklar. Die Behandlung, die aus den zytotoxischen Tests resultiert, beschränkt sich auf Meiden der betreffenden Nahrungsmittel; es gibt keine Anzeichen, wann oder ob überhaupt das betreffende Nahrungsmittel nach einer entsprechenden Rotationsdiät wieder gegessen werden kann.

Zuverlässige und gültige In-vitro-Tests nicht IgE-vermittelter Nahrungsmittel- und Chemikalienüberempfindlichkeiten wären für die Diagnostik sehr nützlich, sind jedoch zum heutigen Zeitpunkt nicht verfügbar. Die

Standard-RAST (Radioallergosorbent)-Tests, die in der klassischen Allergologie verwendet werden, sind sehr hilfreich bei Patienten mit IgE-vermittelten Allergien. Andere In-vitro-Tests, die darauf beruhen, daß es zur Lysis von Erythrozyten kommt, die möglicherweise durch IgG oder IgM vermittelt wird, befinden sich in der Entwicklung. Weitere In-vitro-Tests auf T-Zell-Funktionen nach der Injektion von Nahrungsmittelextrakten werden entwickelt, sind jedoch noch nicht für die klinische Routineanwendung verfügbar.

2.40 Weitere ganzheitliche Diagnoseverfahren

Neben den bis jetzt vorgestellten gängigsten Naturheilverfahren gibt es noch eine ganze Reihe an Methoden der Naturheilkunde, um zu einer Diagnose zu gelangen.

V.

Therapie umweltbedingter Krankheiten

1. Grundlagen

1.1 Ziele umweltmedizinisch orientierter Ganzheitstherapie

Der umweltmedizinisch orientierte Arzt bemüht sich um ein ganzheitliches Therapiekonzept, zu welchem neben einem breiten Spektrum schulmedizinischer Verfahren auch eine Reihe naturheilkundlicher Verfahren gehören.

Ziel der umweltmedizinisch orientierten Ganzheitstherapie sollte es sein, ein durch Umweltbelastungen verschobenes Gleichgewicht zwischen Körper, Seele und Geist wiederherzustellen.

Die folgenden sieben **»Goldenen Regeln«** zeigen, wie man dabei vorgehen kann:

1.	Erstellen einer ausführlichen exakten Umweltanamnese: Eine gute Anamnese ist zwei Drittel der Diagnose.
2.	Umfassende Durchuntersuchung: Intuition, Beobachtung, Perkussion, Auskultation vor Labor und High-Tech.
3.	Ganzheitliches individuelles Therapiekonzept: Expositionsvermeidung, harmonische Ernährung, starke Diurese, langsame Gewichtsabnahme (bei Übergewicht). Das Schlafzimmer ist die wichtigste »Regenerationszone«.
4.	»Die Seele der Therapie ist die Therapie der Seele« (Hl. HILDEGARD VON BINGEN). Einzel-, Gruppentherapie, Gebet, Meditation, Psychoanalyse und -therapie.
5.	Vorbeugung statt Heilung. Expositionsvermeidung: Schadstoffarme Arbeit, Nahrung (naturbelassen, keine Fabrikzucker, -fette, Auszugsmehle), Kleidung, Spielzeug, Reinigungs-, Toilettenartikel, Spielzeug. Bauen nach biologischen Kriterien.
6.	Die gesunde ganzheitliche Umwelt-Praxis als Vorbild: Gesunde Lage (z. B. in der Fußgängerzone, mit öffentlichen Verkehrsmitteln gut erreichbar, abgasfrei), baubiologisch gebaut, elektrosmogfrei gebaut, gesunder Anstrich, gesunde Möbel, kein Teppichboden oder Parkett (Cave: Lösungsmittelkleber, allergene Fasern, Parkett-Versiegelungs-Gifte). Rauchverbot. Aktiver Umweltschutz in der Praxis, ökologische Fortbildungen für Mitarbeiter und Patienten, ganzheitliche Öffentlichkeitsarbeit.
7.	Hilfe zur Selbsthilfe: Intensive Zusammenarbeit mit Selbsthilfegruppen.

1.2 Die vier Säulen der umweltmedizinischen Therapie

Die umweltmedizinische Ganzheitstherapie steht auf vier Säulen, die nicht nur den Körper stärken und entlasten *(Entgiftung, Ausleitung, Abwehrsteigerung)*, sondern insbesondere auch die Seele (das Gefühl) harmonisieren und den Geist *(Verstand, Intellekt, Wissen)* mit neuen Impulsen versehen.

Basierend auf dem Grundsatz, daß die Seele der Therapie die Therapie der Seele ist (Hl. HILDEGARD VON BINGEN), haben wir die Säulen »Seele« und »Geist« sogar vor die zwei Säulen »Körperentgiftung und -abwehr« gesetzt.

Da jeder Mensch ein einzigartiges Geschöpf mit ganz individuellen Beschwerden und einem charakteristischen Beschwerdebild ist, kann und darf es keine festen Therapieschemen geben. Wichtig ist die Einheit von Körper und Seele. Genauso individuell und charakteristisch wird gemeinsam mit dem Patienten die Therapie festgelegt und durchgeführt.

> Oberstes Ziel der Therapie ist die »Hilfe zur Selbsthilfe«. Es sollte besonders darauf geachtet werden, daß möglichst viele Therapiemaßnahmen auch zu Hause allein und ohne Hilfe durchgeführt werden können. Auch sollte der Kontakt zu Selbsthilfegruppen hergestellt oder empfohlen werden.

1.2.1 Die erste Säule: Harmonisierung der Seele

Neueste psychoonkologische Untersuchungen von SIMONTON et al. 1993 aus den USA bestätigen eine Aussage, die bereits von der Hl. HILDEGARD VON BINGEN vor fast tausend Jahren gemacht wurde, nämlich daß die Harmonisierung der Seele die wichtigste therapeutische Maßnahme bei der Bekämpfung der Krankheiten, insbesondere maligner Erkrankungen ist.

SIMONTON konnte nachweisen, daß durch eine seelische Stabilisierung auch leichter eine Steigerung der Abwehr und Verbesserung von Ausscheidungs- und Entgiftungsfunktionen zu erreichen ist. Diesen Effekt kann man sich auch in der ganzheitlichen Therapie umweltbedingter Erkrankungen zunutze machen. Einzel- und Gruppengespräche, Selbsterfahrungs-Seminare, tägliche Meditationsanleitungen, Kunsttherapie (insbesondere Musik- und Gestaltenstherapie), Einzel- und Gruppenan-

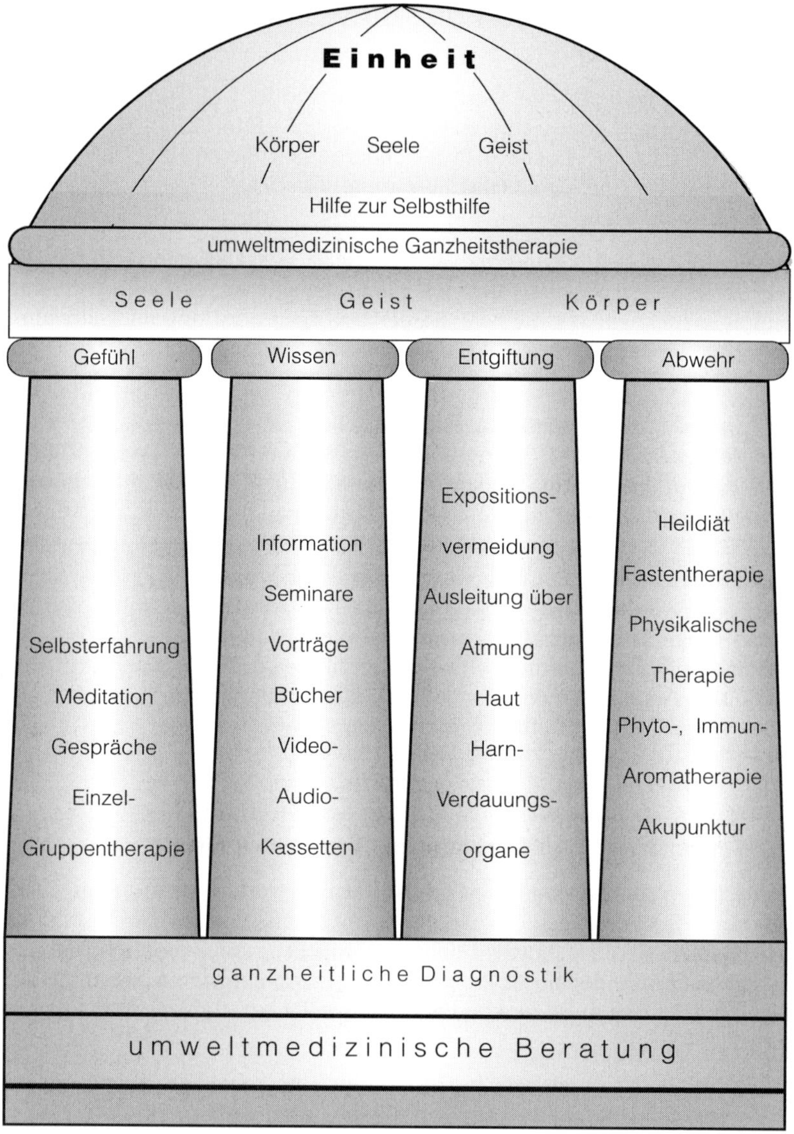

Abb. 14: Die vier Säulen der umweltmedizinischen Therapie. (Aus: C. SCHULTE-UEBBING »Umweltbedingte Frauenkrankheiten« S. 367; Sonntag, Stuttgart 1995)

leitung zum Gebet, zur Meditation, zu positivem Denken, Psychoanalyse und -therapie sowie der regelmäßige Gedankenaustausch in kleineren Gruppen in religiösen, weltanschaulichen und philosophischen Fragen eröffnen oft nicht nur den Patienten, sondern auch dem ganzheitlichen Arzt wertvolle seelische Dimensionen.

Die folgende Tabelle zeigt die wichtigsten Bestandteile der ersten Säule, welche sich auf die seelischen Dimensionen konzentrieren sollte:

• Einzelgespräche: Analyse der individuellen Situation Probleme, Konflikte, Sorgen, Ängste, Ziele
• Gruppengespräche und -seminare: Seminar »Die Kraft des Gebetes« Seminar »Krankheit als Sprache der Seele« Seminar »Krankheit als Weg« Seminar »Warum lebe ich?« Seminar »Einführung in die Meditation« Seminar »Yoga-Einführung« Seminar »Entspannungsübungen« Seminar »Einführung in die Kunsttherapie« Seminar »Aquarellmalen« Seminar »Einführung in die Gestaltenstherapie«

Tab. 37: Die erste Säule. Therapie der Seele durch Einzel- und Gruppengespräche.

Die folgenden Schwerpunkte sind nach Ansicht des Autors besonders wichtig, um seelische Dimensionen zu stabilisieren:

- Sich bewußt Zeit nehmen: Zum Nachdenken, Meditieren, Beten. Für Gespräche mit Freunden und guten Bekannten. Für Begegnungen mit Tiefgang.
- Positiv denken: Sich über jeden Tag freuen, an dem man gesund ist. Dem Schöpfer dafür danken.
- Sich die Seele »reinhalten«: Destruktive und negative Gedanken bewußt meiden. Sich die Zeit zu schade werden lassen für destruktive und negative Menschen und Angelegenheiten. Medien und Fernsehen nicht unkritisch konsumieren.
- Sich trotz vieler Enttäuschungen und Rückschläge dennoch den Glauben an das Gute bewahren.
- Ordnung in die eigenen Gedanken bringen, Affekte zähmen, sich die eigenen Gefühle bewußt machen
- Den Schlaf durch Wachsamkeit am Tag pflegen
- Maßvoll, aber bewußt leben: Auf höchsten Bequemlichkeitsstandard verzichten, Luxus einschränken, dennoch das Leben genießen.

- Sich freuen an den schönen Dingen des Lebens: An der Natur, an der Harmonie der Schöpfung.
- Den Lebensrhythmus ordnen, ohne sich total zu verplanen. Raum lassen für Spontanität.
- Sich gesund ernähren und für eine geregelte Funktion der Ausscheidungs- und Entgiftungsorgane sorgen.

1.2.2 Die zweite Säule: Neue Impulse für den Geist

Ein weiterer wichtiger Schwerpunkt in der umweltmedizinischen Praxis ist die *Beratung* und *Information* der Patienten über umweltmedizinische Zusammenhänge. Diese Beratung sollte nach Möglichkeit auch unter Einbeziehung der Partner erfolgen. In der Praxis des Autors werden in regelmäßigen Abständen Vorträge und Seminare durchgeführt, in denen umweltmedizinisches Basiswissen vermittelt wird. Schwerpunkte sind unter anderem allgemeine und spezielle Ernährungs- und Lebensberatung, Schadstoffvermeidung, Wissenswertes aus Baubiologie, Arbeits- und Wohnmedizin, Allergologie und vieles mehr.

Umweltschutz ist Medizin
Ein Hauptschwerpunkt der ganzheitlichen Praxis ist die Prävention umweltbedingter Erkrankungen. Sie ist der Schlüssel zur Gesundheit. Dazu gehört auch ein Umweltschutz-Konzept in der Praxis mit Schadstoff-Vermeidung und Recycling.

Die ganzheitliche Praxis
Die Praxis des Autors ist komplett nach baubiologischen Kriterien erstellt worden. Sie liegt im Zentrum von München direkt am Domplatz in der Fußgängerzone. Kein Autolärm, keine Abgase. Die Wände sind aus Ziegeln gemauert. Die Elektroleitungen sind nach baubiologischen Kriterien verlegt: Mit abgeschirmten Kabeln, die Beleuchtung ist elektrosmog-arm. Die Innenwände wurden mit Kreidekalk der Insel Rügen gestrichen. Keine Allergene. Der Fußboden ist aus Carrara-Marmor, lösungsmittelfrei verlegt. In der Praxis wird Müll vermieden, und es werden die Wertstoffe so weit wie möglich getrennt und recycelt.

1.2.3 Die dritte Säule: Entgiftung des Körpers

In der Praxis des Autors (wie in anderen umweltmedizinisch orientierten Praxen) lernen die Patienten, wie sie ihren Körper entgiften können. Das wichtigste neben der Entfernung von Schadstoff-Herden (Amalgamfüllungen) ist eine ganzheitliche vorwiegend vegetarische hypoallergene Diät:

Ganzheitliche Ernährung

- Frisches Obst und Gemüse vom biologisch-dynamischen Anbau, unbestrahlt und ungespritzt.
- Vollwertprodukte, schonend zubereitet (keine Mikrowellenkost)
- Meiden minderwertiger Fabrikzucker (Cola, Limonade, Schokolade, Süßigkeiten)
- Meiden minderwertiger Auszugsmehle (Brot, Semmeln, Gebäck aus Fertigbackmischungen)
- Meiden minderwertiger Fette
- Meiden minderwertiger Reis- und Nudelsorten
- Meiden minderwertiger chemischer Küchenzutaten (Gelatine, Fertigsoßen, Ketch-Up)
- Meiden minderwertiger sogenannter »Fast food«
- Meiden von Nikotin, Koffein, Alkohol und anderen Genußgiften.

Wichtige Entgiftungsverfahren

Weitere Verfahren zur Entgiftung je nach individuellen Bedürfnissen:

- Überprüfung von Schadstoffbelastungen durch Trinkwasser (evtl. Umkehrosmose)
- Überprüfung von Schadstoffbelastungen in Kleidung, Kosmetika (Duftstoffe, Desodorants)
- Überprüfung von Schadstoffbelastungen in Reinigungs- und Toilettenartikel, in Spielzeug im Kinderzimmer etc.

Wie schon erwähnt, ist die wichtigste und effektivste Entgiftung diejenige der Seele. Dazu gehört vor allem, daß man sich die Seele »reinhält«: Daß man destruktive und negative Gedanken bewußt meidet und sich die Zeit zu schade werden läßt für destruktive und negative Menschen und Angelegenheiten. Dazu gehört vor allem auch, daß man nicht unkritisch Medien wie Fernsehen, Rundfunk, Video und Zeitschriften konsumiert. Weitere Komponenten der dritten Säule sind alle wichtigen ganzheitlichen Verfahren, die der Entgiftung dienen können. Sie werden in der Praxis des Autors gemeinsam mit der Patientin individuell zusammengestellt und durchgeführt. Sie sind in der folgenden Tabelle zusammengefaßt:

- Entfernung von Schadstoff-Herden (z. B. Amalgam, Palladium, tote Zähne, Fremdkörper, z. B. Silikon)
- Entgiftung der Umwelt
- Entgiftung von Kleidung und Kosmetika
- Entgiftung der Wohn-, Arbeits-, Freizeitumgebung
- Ganzheitliche hypoallergene Diät (vorwiegend vegetarisch, unbestrahlt, ungespritzt, Vollwertkost, viel Obst und Gemüse)
- Meiden von »Küchengiften« und »Genußgiften«
- Mehrstufige Symbioselenkung, Entsäuerung, Heilfasten
- Physikalische Entgiftung (Sauna, Kneipp-Verfahren, Hyperthermie etc.)
- Chemische Entgiftung (Komplexbildner, Antioxidantien Paraffin-Entgiftung, Ölziehen etc.)
- Entgiftung durch Energieregulation (Klassische Akupunktur, E A V Neural-, Farbtherapie, -punktur, Energiezonenmassage, Magnetfeldtherapie)
- Mehrstufige Symbioselenkung (Nach genauer Analyse der Darmflora evtl. Substitution physiologischer Symbionten, bei Systemcandidose Zuckerkarenz)
- Kuren mit Rechtsmilchsäure
- Fastenkuren mit gleichzeitiger Entsäuerung: Alfalfa (Luzerne) oder Alkalipulver (Na/K-Bikiarbonat mit Laktose)
- Trinkkuren: Im Wechsel Bärentraubenblätter-, Salbei-, Thymian-, Brennesseltee; mindestens 2,5 Liter/ Tag.
- Zusätzlich gegebenenfalls demineralisiertes Wasser (1 Glas/Tag) und jeweils im Wechsel 1 Glas Goldrute-, Wacholder-, Spargel-, Schafgarbe-, Stiefmütterchen-, Holundertee.
- Antioxidative Therapie mit Vitamin C (2–3 g/Tag) und Vitamin E, Provitamin A (25–75 mg/Tag), Selen (200–300 Mikrogramm/Tag), Propolis (Bienenkorb-Extrakt), Glutathion.
- Ölziehen (kaltgepreßtes Sonnenblumen- oder Distelöl)
- Eventuell DMPS-Mobilisation
- Eventuell Gabe von Natriumthiosulfat, Glutathion
- Eventuell Paraffin-Entgiftung
- Eventuell partielles Obstfasten
- Eventuell Phytotherapie mit Mariendistel, Schöllkraut, Bärlapp, Alraune, Löwenzahn, Brennessel, Kamille, Artischocke
- Physikalische Therapie: Entgiftung über die Haut, Sauna, Schwitzkuren, Auflage von Heublumenpackungen
- Eventuell Kantharidenpflaster
- Eventuell zusätzlich individuelle homöopathische Entgiftung
- Eventuell zusätzlich energieregulierende Verfahren: Klassische Akupunktur, Elektroakupunktur nach Voll, Neuraltherapie, Farbtherapie, -punktur, Energiezonenmassage, Magnetfeldtherapie.

Tab. 38: Die dritte Säule: Entgiftung des Körpers. Die wichtigsten ganzheitlichen Verfahren zur Entgiftung und Ausleitung.

1.2.4 Die vierte Säule: Steigerung der Abwehr

Eine starke Abwehr ist kein Zustand, sondern ein Prozeß. Grundvoraussetzung ist eine kontinuierliche Entgiftung (siehe oben) und die Stabilisierung seelischer und geistiger Prozesse. Die folgende Tabelle zeigt alle wichtigen Verfahren, die sich zur allgemeinen und speziellen Abwehrsteigerung bewährt haben:

- Physikalische Therapie: Atemtherapie, Inhalationen, Hydrotherapie nach KNEIPP, heißkalte Wechselduschen, Armgüsse, Trockenbürsten
- Sauerstoff-Perlbäder
- Angereicherte Bäder, zum Beispiel abwechselnd mit Pinimenthol und Baldrian
- Sauna
- Massagen
- Haltungsgymnastik
- Eigenblut-Therapie
- Eigenblut-Therapie mit Immunstimulantien
- Farblicht-Therapie
- Frischzellen-Therapie
- Sauerstoff-Therapie
- Aderlaß-Therapie nach HILDEGARD VON BINGEN
- Schröpfen nach HILDEGARD VON BINGEN
- Ganzheitliche Darmsanierung mit Hydro-Colon-Therapie
- Symbioselenkung
- Fieber-Therapie
- Sauerstoff-Immunstimulation mit Thymusgesamtextrakt und Hyperthermie
- Phyto- Therapie, zum Beispiel mit Rote Beete-Konzentrat, Holunder, Kirsche, Preiselbeere, Brombeere, Rittersporn, Stiefmütterchen
- Thymusgesamtextrakt-Injektionen
- Mistelextrakte (Iscador, Helixor, Plenosol)
- Proteolytische Enzyme (Wobemugos)
- Vitamin A
- Vitamin C
- Reflexzonenmassage nach FITZGERALD
- Elektrostimulations-Therapie
- Bioresonanz-Therapie nach MORELL
- Enzym-Therapie
- Milchpeptid-Therapie.

Tab. 39: Verfahren, die sich zur allgemeinen und speziellen Abwehrsteigerung bewährt haben.

Oberstes Ziel der ganzheitlichen Therapie sollte immer die **»Hilfe zur Selbsthilfe«** sein. Viele Maßnahmen, die in der Praxis des Autors, bei

Vorträgen und Seminaren in Zusammenarbeit mit Selbsthilfegruppen erarbeitet wurden, können nach entsprechender Einarbeitung auch von der Patientin allein ohne Hilfe durchgeführt werden. Besonders wichtig ist es dem Autor, daß Kontakte zu Selbsthilfegruppen hergestellt und dann gepflegt werden.

2. Persönliche Umwelt ohne Schadstoffe – ein Therapiekonzept

2.1 Beseitigung von Schadstoffquellen

Die Baubiologen, meist speziell ausgebildete Architekten, Bauingenieure, Biologen oder Mediziner, weisen auf die Bedeutung von verschiedenen standortbedingten Einflüssen des Wohn-, Arbeits- und Freizeitbereiches für die Entstehung von Erkrankungen hin. Die folgende Tabelle zeigt mögliche Einflüsse des Wohn-, Arbeits- und Freizeitbereiches auf den Menschen.

2.2 Der gesunde Bauplatz

In der Städtebau-Planung ist eine Abkehr von bisherigen Fehlern nötig. Die ideale Stadt enthält strahlenförmig angeordnete Grünanlagen. Dadurch soll ein möglichst natürliches Klima geschaffen werden. Feuchtzonen (Seen und Teiche) dienen der Klima- und Luftverbesserung. Für gesundes Wohnen sind eine geeignete Wohnlage, ein guter Bauplatz und umweltfreundliches Baumaterial unbedingt notwendig. Eine geeignete Wohnlage ist abhängig von klimatischen, geologischen und infrastrukturellen Gegebenheiten. Sie sollte möglichst nebelfrei sein, unbeeinflußt von Industrie, Lärm und Luftschadstoffen und sich in einer natürlichen Umwelt befinden.

Von großer Bedeutung sind baubiologische Maßnahmen zur Lärmminderung. Durch lärmmindernde Bäume und Sträucher können lärmgestreßte Menschen geschützt werden. Das Ausmaß der Lärmminderung hängt von den Pflanzenarten, der Blattgröße und der Blattform ab. Große, ganzteilige Blätter reduzieren den Lärm besser als kleine, gelappte oder zusammengesetzte. Wenn die Blätter senkrecht zur Lärmrichtung stehen, lange am Baum bleiben und sehr dicht über den Baum verteilt sind, schützen sie am besten. Zur Lärmminderung haben sich die Laubbäume Linde, Bergahorn, Kastanie und Buche gut bewährt. Der in Städten typische Glashauseffekt durch verminderte Windgeschwindigkeit und verstärkte Böigkeit mit Anreicherung von Aerosolen wie SO_2, CO, CO_2, NO_x sollte vermieden werden.

Ein guter Bauplatz soll nach Angaben von Baubiologen folgende Eigenschaften haben:

- Standort abgas- und lärmarm (fern von Industrie, Schnellstraßen Flugplätzen etc.)
- Standort nicht chemisch belastet (keine Altlasten etc.)

- Natürliches, ungestörtes Strahlungsfeld, frei von Verwerfungen, Grundwasserströmen, geophysikalischen Anomalien, Reizzonen
- Untergrund trocken, entsprechend baugrundgeologischen Kriterien.

• **Gesunde Wohnanlage**	Abseits von Industriezentren Abseits von Hauptverkehrswegen Geringe Lärm-, Strahlungs- und Geruchsbelastung
• **Gesunder Bauplatz**	Frei von geophysikalischen Anomalien Frei von Grundwasserströmen
• **Gesunde Raumgestaltung**	Evtl. Berücksichtigung der Himmelsrichtungen Lärm- und strahlenschützende Architektur Ästhetisch-psychologische Raumplanung
• **Gesundes Baumaterial**	Holz, Lehm, Ziegel, Kalk, Stroh, Schilf, u. a. Bioglas, wenig Beton
• **Gesunde Wärme- und Schallisolation**	Teppiche, Fußböden, Gardinen (keine Synthetics) Tapeten und Wände aus Naturstoffen Schränke, Tische, Kommoden aus Naturholz Bettgestell und Matratze metallfrei, Bettzeug aus Naturstoffen
• **Gesunde Elektroinstallation**	Abschirmung und Verminderung elektrischer und magnetischer Felder Netzfreischalter Kein Elektrostreß am Schlafplatz
• **Gesunde Heizung**	Atemluft trocken, kühl, staubfrei und ohne Temperaturschichtung, keine Fußbodenheizung
• **Gesunde Beleuchtung**	Möglichst natürliches Licht Möglichst keine Leuchtstoffröhren (kein Flakkern oder Brummen) Keine elektrischen oder magnetischen Störfelder
• **Gesunder Anstrich**	Keine Giftquellen in der Wohnung (Spanplatten, Holzschutzmittel, Kunststoffteppiche, Kunststofftapeten ...)
• **Gesunde Wohnluft**	Optimale Lüftungsmöglichkeiten durch gesunde Baustoffe und Isolationsstoffe Gesundes Raumklima (Temperatur, Feuchtigkeit, ...)

Tab 40: Einflußfaktoren im Bereich des Wohn-, Arbeits- und Freizeitbereiches auf den Menschen: (Aus Handbuch der Geo- und Baubiologie, 1984).

2.3 Gesundes Baumaterial

Wichtige baubiologische Kriterien für die geeignete Auswahl von Baustoffen sind:

- Verhalten gegenüber Mikrowellenstrahlung
- Anteil radioaktiver Bestandteile
- Anteil chemischer Schadstoffe
- Verhalten gegenüber natürlichen und technischen Störfeldern
- Filterwirkung für chemische und physikalische Emissionen
- Biologische und medizinische Effekte
- Psychologische und mentale Effekte.

2.3.1 Neutrale und vegetabile Baustoffe

Im Laufe der Jahrhunderte vollzog sich ein Wandel nicht nur in der Architektur sondern auch in der Baustoffzusammensetzung.

Besonders im 20. Jahrhundert wurden die bisher verwendeten Natursteine, die *»neutralen Baustoffe«* (Kalkstein, Ziegel, Lehm u. a.) und die *»vegetabilen Baustoffe«* (Holz, Dachpappe, Schilfrohr-Einlagen u. a.) immer mehr zugunsten der *»Hartbaustoffe«* (Kies, Quarz, Glas, Hartboden- und Hartwandplatten, Armierungseisen, Stahlbeton usw.) verdrängt.

Die Hartbaustoffe haben einen Anteil am Gesamtbaustoffeinsatz von 70–90 % erlangt. Ihnen werden unter baubiologischen Aspekten ungünstige Eigenschaften zugeschrieben. Mit der allmählichen Abkehr von der Stahlbetonbauweise in Wohngegenden wird auch eine Auswahl biologisch geeigneterer Materialien möglich.

2.3.2 Mikrowellendurchlässigkeit

Der Baubiologe Prof. W. Lotz (1975) hat eine Ordnungsreihe für Baustoffe hinsichtlich ihrer Mikrowellendurchlässigkeit aufgestellt:

- Für **Baustoffe:** Holz → Ziegel → Gasbeton → Beton → Asbestzement
- Für **Isolationsstoffe:** Holzfaser → Kokosfaser → Kork → Steinwolle → Glaswolle → Schaumstoff
- Für **Bodenbeläge:** Holz → Linoleum → PVC
- Für **Dächer:** Holz → verzinktes Eisenblech → Kupfer → Aluminiumblech.

Wesentlich besser als ein Ziegeldach kann ein Holzdach mit Eisen- oder Kupferblechüberzug den Menschen vor technischen Mikrowellen schützen. In den Ordnungsreihen nach Lotz (1975) ist die Durchlässigkeit für die biologisch notwendigen Frequenzen im Kilo-, Mega- und im unteren Gigahertzbereich bis 3 GHz berücksichtigt.

2.4 Beseitigung von Elektrosmog

Am Beispiel der immer weiter verbreiteten Mobil-Telefone soll gezeigt werden, wie wichtig die Beseitigung von Elektrosmog sein kann.

2.4.1 Elektrosmog durch Mobiltelefone

Wenn Funkwellen auf ein Gewebe stoßen, erwärmen sie es – je mehr Energie sie mitbringen, desto stärker. Da das menschliche Innenauge Wärme nur schlecht ableiten kann und auf Überhitzung – auch um nur wenige Grad – sofort mit dem Absterben kleiner Gewebeteile reagiert, ist es am meisten gefährdet.

Wer sich heute ein neues Handy kauft, braucht sich zum Glück um seine Sehkraft keine Sorgen mehr zu machen: Mittlerweile haben Handtelefone nur noch maximal 2 Watt Sendeleistung und sind damit zu schwach, um das Auge thermisch zu schädigen.

Die Wärmestrahlung von tragbaren Mobiltelefonen (Portabels) mit bis zu 8 Watt und von festinstallierten Autotelefonen mit bis zu 20 Watt kommt da schon eher in Betracht. Prof. Dr. Werner Burkart, Leiter des Instituts für Strahlenhygiene am Bundesamt für Strahlenschutz, ist vorsichtig: »Elektromagnetische Strahlung wie bei Funkwellen hat sicher nicht dieselben Auswirkungen wie z. B. Radioaktivität. Im Sinne der Vorsorge sollte man aber, solange wir noch nichts Genaues wissen, die Belastung so klein wie möglich halten.«

2.4.2 Hilfe zur Selbsthilfe

- Lesen Sie die Bedienungsanleitung Ihres Mobiltelefons, um seine Sendeleistung herauszufinden. Die Strahlenschutzkommission des Bundesamtes für Strahlenschutz empfiehlt, je nach Leistung einen bestimmten **Mindestabstand von der Antenne** einzuhalten.
- Wenn Sie ein tragbares Mobiltelefon oder ein Handtelefon mit Hörerantenne haben: Benutzen Sie es **nicht im Auto!** Die Funkwellen werden von der Karosserie ins Wageninnere reflektiert, dadurch wird die Übertragungsqualität vermindert und die Strahlenbelastung erhöht. Außerdem kann die Auto-Elektronik gestört werden. Ein streikender elektrischer Fensterheber ist nicht so schlimm, aber auch Zündung und ABS können ausfallen, besonders

bei älteren Autos. Halten Sie lieber an und telefonieren Sie außerhalb des Autos.

- **Außenantennen** festinstallierter Autotelefone sollten so weit vom Fahrer entfernt wie möglich angebracht sein. Wenn Sie häufig Mitfahrer auf den hinteren Sitzen transportieren, ist auch eine Antenne auf dem Kofferraum oder auf der Heckscheibe nicht optimal. Viele Autohersteller geben Empfehlungen dafür, wo die Antenne montiert werden soll, damit sie Fahrer und Auto Elektronik nicht schadet und trotzdem ein guter Empfang gewährleistet ist.
- Um Störungen an der Auto-Elektronik auszuschließen, sollte man festeingebaute **Autotelefone nur vom Fachmann** installieren lassen. Er weiß, wo man die Kabel entlangführen und wie man sie abschirmen muß, damit der Motor nicht anfängt zu stottern, wenn der Fahrer telefoniert.
- Während Sie – selbstverständlich draußen! – telefonieren, stellen Sie am besten den Kasten eines tragbaren Mobiltelefons, an dem die Antenne befestigt ist, so **weit von sich** weg wie möglich.
- Wem das zu unbequem ist (es könnte ja auch mal regnen), der legt sich am besten ein **Kombi-Telefon** zu. Das ist ein tragbares Telefon, das man im Auto mit einem Griff an eine festeingebaute Außenantenne anschließen kann.
- Wenn Sie eine **Fensterklemmantenne** benutzen: Stecken Sie sie auf die Scheibe und schließen Sie dann das Wagenfenster. Legen Sie die Antenne nicht einfach ins Auto und telefonieren Sie nicht mit aufgesteckter Antenne, aber offenem Fenster. Die Antenne befindet sich sonst direkt neben Ihrem Kopf!
- Die Strahlenbelastung ist bei gleicher Sendeleistung und gleichem Abstand zum Körper größer, wenn eine **kurze Antenne** benutzt wird. Wenn Sie die Wahl zwischen einer kurzen und einer langen Antenne haben, ist meist die längere vorteilhafter.
- Wer einen **Herzschrittmacher** trägt, sollte lieber keine Handies benutzen und bei Portables mit bis zu 15 Watt Sendeleistung einen Mindestabstand von 30 Zentimetern (D-Netz) bzw. 1 Meter (C-Netz) einhalten.
- Natürlich würden Sie nie ein Mobiltelefon benutzen, das keine deutsche Postzulassung (C-Netz) bzw. eine europäische Zulassung nach CEPT-GSM (C-Netz) hat. Das ist auch besser so, denn viele andere Staaten sind bei den Strahlungs-Grenzwerten weit weniger pingelig.
- Telefonieren Sie **nicht während der Fahrt.** Nichts ist so gesundheitsgefährdend wie die fünf Sekunden vor dem Unfall, während der sie auf das Telefon-Display statt auf die Straße und den Verkehr geschaut haben.

2.5 Radioaktive Strahlenbelastung in Wohnungen

Eine Untersuchung der radioaktiven Strahlenbelastung in Wohnungen hinsichtlich Radium-226, Thorium-232 und Kalium-40 und deren Zerfallsprodukte hat ergeben, daß sich die Strahlenexposition in Wohnungen gegenüber der im Freien in Abhängigkeit vom verwendeten Baustoff deutlich ändert.

2.6 Holz als Baustoff

Holz – einer der gesündesten Baustoffe, die wir kennen – weist folgende *positive Eigenschaften* auf:

- Große Diffusionsfähigkeit
- Ausreichende Hygroskopizität (ausgeglichene Feuchtigkeit)
- Filterwirkung für toxische Stoffe
- Angenehmer Geruch
- Natürliche Luftionisation
- Keine Elektrostatik
- Elektrischer Halbleiter
- Geringe Radioaktivität
- Guter Schallschutz
- Positive Farbwirkung
- Oberflächenwärme
- Hohe Elastizität
- Vielfältige Form- und Verwendbarkeit
- Lange Haltbarkeit.

2.7 Elektroinstallation

Zu Hochspannungsquellen sollte nach baubiologischen Kriterien genügend Abstand gewahrt werden, elektrische Leitungen sollten zur Vermeidung biologisch ungünstiger Magnetfelder möglichst abgeschirmt werden.

2.8 Beleuchtung

Zur baubiologischen Inneneinrichtung gehören auch *Energiesparlampen.* Diese haben eine Reihe von Vorzügen:

- 80 % weniger Stromverbrauch
- Achtfache Lebensdauer
- 80 % weniger Wärmeentwicklung.

Beim Einkauf sollte zusätzlich auf folgendes geachtet werden:

- Schaltbar wie Glühlampen
- Flackerfreier Sofortstart, kein Elektrodenflimmern
- Warmes, ansprechendes, freundliches Licht
- Natürliche Farbwiedergabe.

2.9 Sonstige Anforderungen

- Gesunde Sanitär- und Heizungsinstallation
- Ökologische Energietechniken, Energiespartechniken
- Gesundes Raumklima, Luft, Lüftung: Die Luft in der Wohnung sollte frei von Schadstoffen sein, regelmäßig ausgetauscht werden und physiologisch klimatisiert sein.

2.10 Die gesunde Inneneinrichtung

Die Gestaltung gesunder Räume setzt atmungsaktive Raumflächen und eine familiengerechte Innenarchitektur voraus: *Biologische Farben* am Bau, im Raum, für Wand und Decke, für Fassaden, Holz, Metall u. a. Tapeten aus unbehandelten Holzfasern und Naturharzen (z. B. bestimmte Rauhfasertapeten) behindern das Diffusionsvermögen der Wände nicht, wenn der *Tapetenkleister aus natürlichem Leim,* z. B. Methylzellulose, besteht. Viele Kunstharztapeten auf Formaldehyd-Basis und synthetische Textiltapeten können keine Feuchtigkeit aufnehmen; es kommt zu einer Dampfsperre, zu Schimmelbildung und zu allergischen Erkrankungen.

Teppiche und Bodenbeläge sind heute meist aus Kunststoffen hergestellt. Die Rückseiten bestehen zu 80 % aus Styrol-Butadien-Latex – eine Schaumstoffmatte, die viele Weichmacher enthält. Weichmacher sind eine Nahrungsquelle für Mikroorganismen und dünsten in die Innenraumluft aus.

Die Teppichoberfläche, der Flor, besteht oft aus Kunststoff-Fasern, die z. T. mit Fungiziden u. a. behandelt sind. Ein Teppichboden aus unbehandelten tierischen oder pflanzlichen Fasern auf Juterückseite trägt zur Gesunderhaltung bei; auch unversiegelte Parkett- und Steinböden werden empfohlen. Daraus wird deutlich, daß die ideale Wohnung nach baubiologischen Kriterien von dem zur Zeit üblichen Haus- und Wohnungstyp deutlich abweicht. Leider kann eine Reihe von Bedingungen aus sozialen und gesellschaftlichen Gründen nicht oder nur unzureichend erfüllt werden.

3. Gesunde ganzheitliche Ernährung

3.1 Grundregeln

Hippokrates sagte: »Eure Nahrungsmittel sollen Eure Heilmittel sein und Eure Heilmittel sollen Eure Nahrungsmittel sein!«

Die Heilige Hildegard von Bingen, »Spezialistin« für gesunde, ganzheitliche Ernährung, hat unter anderem folgende Regeln aufgestellt:

- Rohe, halbgekochte, wie auch außergewöhnlich fette, saftlose oder trockene Speisen werden sehr schlecht verdaut.
- Man soll nie unregelmäßig und hastig essen, denn dadurch kann man leichter krank werden.
- Man soll im nüchternen Zustand aus Früchten und Mehl bereitete Speisen zu sich nehmen.
- Wichtig ist, vor Obst und Kräutern andere warme Speisen in geringer Menge gegessen zu haben.
- Die erste Mahlzeit ist so spät wie möglich am bekömmlichsten. Das heißt beispielsweise, daß das Frühstück mittags am besten vertragen wird.
- Nach dem Abendessen sollte man einen Spaziergang machen.

Hildegard wäre heute sicherlich Verfechterin einer kontrolliert biologisch dynamischen vollwertigen schadstoffarmen Ernährung.

Heute muß eine gesunde ganzheitliche Nahrung so weit wie irgend möglich **naturbelassen** sein, d. h. **konservierte Nahrungsmittel,** insbesondere chemisch haltbar gemachte Mikrowellenkost, Tiefkühlkost, Fertiggerichte, Fertigsuppen und ähnliches **sollten gemieden werden.** Was man auf dem Teller hat, soll in seinen einzelnen Bestandteilen als Naturprodukt erkennbar sein.
Aus ganzheitlicher Sicht sollte **Schweinefleisch** nach Möglichkeit **nicht** konsumiert werden, ebenso wenig Zucker, Milch, Nikotin. Kaffee und Alkohol bedürfen drastischer Einschränkungen. **Gemieden werden sollte entkoffeinierter Kaffee.** Er kann krebserregende Restprodukte aus dem Entkoffeinierungsprozeß enthalten, der ein rein chemisch gesteuerter Vorgang ist.
Gesunde, vitalstoffreiche **Vollwertkost** gibt eine gesunde und normale Bakterienbesiedlung im Darm, die wiederum zur Vorbeugung gegen Krebs sehr wichtig ist. Übermäßiger Fleisch- und Kohlehydratgenuß führt zu Fäulnis und Gärungsprozessen und begünstigt das Entstehen von Darmkrebs. Viel Frischkost, Sauermilch, Sahnejoghurt, Bioghurt, Sauerkraut und Leinsamenprodukte.

Lebensmittel müssen **schadstoffarm** sein: Nur aus kontrolliert biologischem Anbau oder ungespritzt aus dem Garten. Keine Konserven und Fertigprodukte.

3.2 Präferenzliste

Die folgende Tabelle gibt eine Übersicht über Lebensmittel, die heute bevorzugt werden sollten:

Getreide:
Vollwert-Getreide
vorwiegend Dinkel, Weizen
(kein Roggen, Hafer, Gerste)

Obst und Gemüse:
frisch, heimisch
biologisch-dynamisch
unbestrahlt, ungespritzt.
(kein Lauch, keine Linsen,
Erdbeeren, Heidelbeeren,
Pflaumen, Pfirsiche)

Fleisch:
wenig Fleisch,
nur vom Bio-Bauern
nur artgerecht gehalten
ohne Chemie (Hormone etc.)
(kein oder nur wenig Schweinefleisch)

Fisch:
vorwiegend Süßwasserfisch,
artgerecht gehalten
(kein Zuchtfisch, mit Chemie aufgezogen,
kein Meeresfisch,
quecksilber-, pestizidbelastet)

Getränke:
Wasser, Wein (ökologisch angebaut)
Fenchel-, Salbeitee
Dinkelkaffee,
unbehandelte Milch (keine H-Milch)
Bier (nach Reinheitsgebot)

Süßungsmittel:
Honig
kein minderwertiger Fabrikzucker

Tab. 41: Empfehlenswerte Lebensmittel

Aus umweltmedizinischer Sicht sollten die heutigen Nahrungsmittel möglichst direkt vom ökologisch arbeitenden Erzeuger, im Idealfall nur aus kontrolliert biologischem Anbau stammen.

3.3 Vermeiden von Fleisch

Generell sollte man Fleisch eher meiden. Vor allem dann, wenn man geschwächt, krank oder schwerkrank ist, kann Fleisch den Heilungsprozeß gefährden oder verhindern. So erwähnt beispielsweise bereits die Heilige HILDEGARD VON BINGEN Mechanismen der Tumorentstehung durch Fleischgenuß:

»... Wenn aber gesunde und kräftige Leute viel Fleisch und andere wohlschmeckende Sachen im Übermaß essen, neigen sie zur Geschwürsbildung ...«

- Tumorpatienten sollen Fleisch meiden, insbesondere fettes Fleisch und blutreiche Speisen, weil sie schwer verdaut werden, lange im Magen bleiben und dadurch schaden.
- Tierfleisch macht Menschenfleisch fettig. Nur gesunde, magere Leute sollen Fleisch oder etwas fette und blutreiche Speisen essen.

Vermeiden Sie tägliche Fleisch- und Wurstberge. Meiden Sie entsprechende Sonderangebote in Billig-Ladenketten, bei denen Sie weder Herkunftsort noch Qualität kennen. Sinnvoller ist es, statt dessen ein- oder zweimal in der Woche gezielt Fleisch und Wurst aus kontrollierter Aufzucht zu kaufen. Dieses natürliche Fleisch enthält dann kein Hormone, Tranquilizer, Antibiotika, Thyreostatika und Betarezeptoren-Blocker. Es ist zwar etwas teurer. Dafür entschädigen aber Geschmack und Qualität.

3.4 Meiden »Menschlicher Futtermittel«

Den meisten Nahrungsmitteln fehlen heute die sogenannten »Vitalstoffe«. Achten Sie darauf, daß Sie Lebensmittel einkaufen, in denen noch lebenswichtige Vitamine, Spurenelemente, Enzyme, Mineralien, ungesättigte Fettsäuren, ätherische Öle und Phytohormone enthalten sind. Diese sind lebendig und aktiv und verdienen den Namen »Lebensmittel«. Vermeiden Sie tote Nahrungsmittel, bei denen Vitalstoffe durch Konservierung und Erhitzung weitgehend zerstört wurden.

Vermeiden Sie nach Möglichkeit auch **gentechnologisch veränderte Nahrungsmittel.** Es ist nicht sicher auszuschließen, daß in dem veränderten Stoffwechsel von Pflanzen oder Mikroorganismen neue unbekannte Stoffwechselprodukte entstehen können, die schädlich für den Menschen sind. Niemand weiß z. B., ob und wie gentechnologisch veränderte Bakterien mit den Bakterien im menschlichen Körper reagieren.

Vermeiden Sie auch unbedingt **bestrahlte Lebensmittel,** bei denen ernährungsphysiologisch wichtige Inhaltsstoffe zerstört wurden (z. B. Vitamine, Eiweiß). Bestrahlte Lebensmittel können Radiolyseprodukte (Spaltprodukte) aus Eiweiß (o-Tyrosin, DNA-Veränderungen) und Fettsäuren enthalten. Außerdem können strahlenresistente Keime enthalten sein, da schädliche Keime z. T. erst bei extrem hohen, nützliche dagegen schon bei relativ niedrigen Strahlendosen abgetötet werden und die Möglichkeit der Resistenzbildung bei krankheitserregenden Keimen nie ganz ausgeschlossen werden kann.

Meiden Sie auch Zusatzstoffe, die jetzt im Rahmen der EG auch in Deutschland zugelassen werden. Viele neue Stoffe, die bisher bei uns verboten bzw. eingeschränkt waren (z. B. Propionsäure bei Brot, im Tierversuch kanzerogen; Tartrazin in Süßigkeiten und Limonaden, allergen) kommen auf unseren Markt.

► Für eine ausreichende Vitalstoffversorgung ist es wichtig, die Nahrung möglichst naturbelassen und frisch zu konsumieren und nicht nur »tote« Nahrung zu wählen. Ein erster Schritt in diese Richtung ist beispielsweise die Wahl eines guten, eines lebenden Öles. Öle und Fette sind lebensnotwendig für uns alle. Für das Funktionieren der Hochleistungszellen in Herz, Gehirn, Leber und Drüsen. Für Leistungskraft und Vitalität.

Unsere Zivilisationskost beinhaltet sehr viele »versteckte Fette«. Beispielsweise in Wurst und Fleisch, Fisch, aber auch in Brotaufstrichen oder Schokolade. Und das kann äußerst problematisch werden, wenn minderwertige Fette und Öle verarbeitet wurden. Viele hochgiftige Umweltschadstoffe sind »lipophil«, das heißt »fettliebend«. Sie werden bevorzugt von Ölen und Fetten aufgenommen, gebunden und gespeichert. Dazu gehören beispielsweise hochgiftige *Dioxine* und *Furane, Pflanzen-* und *Holzschutzmittel* wie Lindan, Pentachlorbenzol oder -phenol, Polychlorierte Biphenyle, aber auch *Schwermetalle* wie Blei, Quecksilber oder Kadmium.

3.5 Meiden »Falscher Fette«

Leider sind viele Fleisch- und Wurstsorten äußerst schadstoffbelastet: Aus vielen **Schinkensorten,** die man ans Licht hält, schillern einem im Fettgewebe gebundene Schwermetalle entgegen. Viele **Fische,** die im Mündungsgebiet schadstoffbelasteter Flüsse gefangen wurden, sind reich an sogenannten Organochlorverbindungen wie DDT, Hexachlorcyclohexan, polychlorierten Biphenylen und vielem mehr.

Da Fette und Öle Grundbestandteile unserer Lebensmittel sind, sollten sie sehr sorgfältig ausgewählt werden. Über die Qualität eines Fettes, das chemisch gesehen aus Glycerin und diversen Fettsäuren besteht, entscheidet, ob das Fett gesättigt oder ungesättigt, oder sogar mehrfach ungesättigt ist. Ein »gesättigtes« Fett, das keine weiteren Verbindungen mehr eingehen kann, ist ein reaktionsarmer toter Stoff.

▶ Im Gegensatz dazu sind die ungesättigten oder die mehrfach ungesättigten Fette reaktionsfreudige, aktive Stoffe, die noch andere Verbindungen eingehen können.

Solche ungesättigten Verbindungen braucht der Körper für das Funktionieren der Hochleistungszellen in Herz, Gehirn, Leber und Drüsen.

▶ Damit sich die Wirkung der ungesättigten Fettsäuren voll entfalten kann, ist es von großer Wichtigkeit, daß die Öle »kalt«, das heißt mechanisch gepreßt werden. Nur so ist eine schonende Verarbeitung garantiert. Öl aus erster Pressung ist das wertvollste.

Je öfter das Öl gepreßt wird, desto wertloser wird es. Daß dieses »lebendige« Öl nicht so lange haltbar ist wie die denaturierten Billigöle, die in sämtlichen Ladenketten in der Plastikflasche abgegeben werden, versteht sich von selbst. Diese Öle werden chemisch aus den ölhaltigen Pflanzen herausgelöst, danach werden sie gebleicht, desodoriert und später wieder eingefärbt, um optisch schön auszusehen. Daß es sich hierbei um »totes«, minderwertiges Öl handelt, bleibt dem Käufer verborgen. Mahlzeit! Durch Erhitzung treten ungesättigte Fettsäuren in einen gesättigten Zustand über. Künstliche Fette wie Margarinen (ausgenommen einige Reform-Margarinen) und raffinierte Öle beinhalten weder ungesättigte Fettsäuren noch fettlösliche Vitamine.

▶ Erhitzt man Fette über 250 °C, so können krebserregende Substanzen entstehen. Erhitzt man Fette über 170 °C, entstehen oft Stoffe, die negative Einflüsse auf die Leber ausüben können.

Übrigens besteht leider auch das meiste Fett in Wurst und Billig-Fleisch aus gesättigten, also toten Fettsäuren.

3.6 Rotationsdiät

Aufgrund einer abwechslungsreichen Rotationsdiät, die diagnostische, therapeutische und prophylaktische Hinweise bringt, können chronische Nahrungsmittelallergien behandelt werden.

Die Allergenwirkung eines Nahrungsmittels kann eine individuelle Antwort des Körpers auf das Nahrungsmittel sein, sie kann aber auch eine Antwort auf Abbauprodukte während der Verdauung, auf chemische Kontaminanten (Pestizide, Lebensmittelzusatzstoffe, Konservierungsmittel, Verpackungs- und Bedarfsgegenstände), auf mikrobielle Kontaminanten (Schimmelpilze, Hefen, Bakterien), auf die Zubereitungsart (Veränderung der Proteinstruktur durch z. B. Hitze-, Säuredenaturierung) und auf Komponenten einzelner Nahrungsmittel (z. B. Eiklar, Dotter) sein.

Die **Durchführung** einer gezielten Rotationsdiät kann und sollte ein Patient in Zusammenarbeit mit einem umweltmedizinisch versierten Arzt und einer Diätberaterin durchführen.

Bei einer abwechlsungsreichen Rotationsdiät sollte man ein Nahrungsmittel nur einmal innerhalb von vier Tagen verzehren. Die Rotation sollte nur innerhalb einer Nahrungsmittelfamilie erfolgen. Es sollte pro Mahlzeit eine Begrenzung auf zwei bis vier Nahrungsmittel erfolgen, wobei die Menge keiner Beschränkung unterliegen muß. Alle aus mehreren Nahrungsmitteln zusammengesetzten Produkte sollte man weglassen, vor allem industriell hergestellte Nahrungsmittel mit Zusätzen.

Nahrungsmittel aus organisch-biologischem oder biologisch-dynamischem Anbau sind prinzipiell vorzuziehen. Als Grundwürze sollte nur Meersalz verwendet werden.

Nach Möglichkeit sollte eine bestimmte, vorher gemeinsam festgelegte Reihenfolge der Rotation eingehalten werden. Nur so können gefürchtete kumulative Reaktionen vermieden werden.

Dasselbe Nahrungsmittel soll erst nach einer Pause von vier Tagen wieder verzehrt werden. Ein verwandtes Nahrungsmittel kann in einem Abstand von zwei Tagen danach gegessen werden. Besonders empfehlenswert sind frische, naturbelassene Nahrungsmittel, die gegebenenfalls schonend bearbeitet sein können. Empfehlenswert sind Lebensmittel, bei denen eine leichte, schonende Wärmebehandlung erfolgt ist. Nicht empfehlenswert, d. h. möglichst zu meiden, sind isolierte oder synthetisierte Substanzen und damit hergestellte Produkte.

Falls sich bei diesen kombinierten Testverfahren ein Nahrungsmittel als Allergen erweist, kann der Versuch unternommen werden, unter ärztlicher Aufsicht eine verträgliche Zubereitungsart des betreffenden Nahrungsmittels (z. B. roh, erhitzt, fermentiert, geschält) zu finden, sofern es sich um ein Grundnahrungsmittel handelt.
Falls ein Nahrungsmittel absolut nicht vertragen wird, muß es für mindestens drei Monate aus dem Ernährungsplan gestrichen werden, wobei essentielle Nährstoffe wie Vitamine und Mineralstoffe, Spurenelemente, Proteine und vor allem auch essentielle Fettsäuren ersetzt werden müssen.

3.7 Vermeidung von Allergenen

3.7.1 Meiden allergener Nahrung

Die beste Prophylaxe und Therapie von Nahrungsmittel-Unverträglichkeiten oder -Allergien ist das Vermeiden sogenannter potentiell unverträglicher oder allergener Nahrungsmittel.

Verursacher von Unverträglichkeits-Reaktionen oder allergischen Sofort- oder Spätreaktionen können sein:

- Minderwertige Fabrikzucker: Cola, Limonade, Schokolade, Süßigkeiten
- Minderwertige Auszugsmehle: Brot, Semmeln, Gebäck aus Fertigbackmischungen
- Minderwertige Auszugsöle
- Minderwertige Fabrikfette
- Minderwertige Reis- und Nudelsorten
- Chemische Küchenzutaten: Gelatine, Fertigsoßen, Ketchup, Konserviertes
- Sogenannte »Fast food«
- Genußgifte: Nikotin, Koffein, Alkohol
- Bestrahltes: Holland-Gemüse, Mikrowellen-Kost
- Pestizid-Belastetes: Gespritzes Obst und Gemüse
- Medikamenten-Belastetes: Schweine-, Kalb-, Rindfleisch mit Östrogenen, Thyreostatika, Anxiolytika
- Mit Inhumanität Belastetes: Truthähne und Hühner aus modernen Zuchtfabriken.

3.7.2 Meiden allergener Medikamente

Was bedeutet eine »hypoallergene Arzneimittelherstellung« für den Allergiker?

Dank der seit wenigen Jahren geforderten Volldeklaration der Zusammensetzung der Medikamente in der Roten Liste nehmen die Verordner wahr, daß sie ihrem Patienten mit jedem rezeptierten Präparat nicht nur die notwendige Substanz, sondern eine Fülle von Zusatzstoffen verabreichen. Zusatz- und Hilfsstoffe finden sich infolge ähnlicher Produktionstechniken in Tabletten, Filmtabletten, Dragees und Retardformen bis hin zur Kapsel, um nur die festen Darreichungsformen aufzuführen.

Wir müssen dringend unterscheiden lernen, welche Hilfs- und Zusatzstoffe bei der Verordnung aus galenischen und physiologischen Gründen notwendig und tolerabel sind, und auf welche Hilfs- und Zusatzstoffe wir verzichten können und müssen, um eine weitere Allergisierung der Patienten, zumindest von pharmazeutischer und damit auch ärztlicher Seite zu verhindern.

Auf folgende Hilfs- und Zusatzstoffe, die in der modernen pharmazeutischen Industrie nahezu ausnahmslos verwendet werden, ist bei chemisch Sensibilisierten mit größter Sorgfalt zu achten:

Konservierungsmittel

Sie kennen den Zusatz auf einer Arzneimittelpackung: »No added preservatives«. Das bedeutet, daß der Hersteller keine zusätzlichen Konservierungsmittel bei der Produktion verwendet hat, schließt aber nicht aus, **daß Rohstoffe, aus denen das Medikament besteht, bereits mit Konservierungsmitteln vorkonserviert wurden.** Dies kann insbesondere für Präparationen gelten, die fettlösliche Vitamine (A, D, E, K) enthalten. Wie uns Fa. H. LaRoche bestätigte, werden labile oder oxidationsempfindliche Substanzen nur unter Zusatz von Stabilisatoren (Butylhydroxyanisol, Butylhydroxytoluol) und Konservierungsmitteln (Natriumbenzoat, Sorbinsäure) längere Zeit gelagert. Am Beispiel von Vitamin A läßt sich dies exemplarisch aufzeigen. Fa. Hoffmann LaRoche produziert nahezu den weltweiten Bedarf an Vitamin A. Jeder größere und kleinere Produzent kauft dort ein.

Darüberhinaus werden Vitamine auch in flüssiger Form, z. B: als Emulsion auf dem Arzneimittelmarkt angeboten. Handelt es sich um O/W-Emulsionen, so ist ein Zusatz von Konservierungsmitteln (Parabene) in der äußeren Phase notwendig, um das Präparat in geöffnetem Zustand wenigstens kurze Zeit zu stabilisieren. Aber auch Aminosäurederivate wie das l-Carnitin werden in flüssiger Form, natürlich konserviert, verarbeitet.

Farbstoffe

Es ist nicht verständlich, warum Tabletten, Dragees oder Kapselhüllen mit allergisierenden Farbstoffzusätzen versetzt sein müssen. Betacaroten z. B. eignet sich als Farbstoff hierfür sehr gut.

Hilfsstoffe

Hilfsstoffe entspringen grundsätzlich produktionstechnischen Überlegungen. Eine Hochgeschwindigkeitspresse stellt an das Füllgut spezielle Anforderungen, die bei schwierig zu verpressenden Materialien (Mineralien, Spurenelementen) den Einsatz vieler Hilfsstoffe mit sich bringen. Tablettenproduktionszahlen von mehreren 100 000 Stück pro Stunde sind keine Seltenheit. Die großindustriellen Rohstofflieferanten sind auf diese Situation gut vorbereitet und kommen durch speziell aufbereitete Ausgangsmaterialien den Lohnherstellern entgegen. Die Rohstoffe werden auf Dextrose, Lactose oder div. modifizierte Cellulose aufgesprüht, um ihre Verarbeitung sicherzustellen. Natürliche Enzyme, wie Bromelain, Papain oder Pankreatin sind nur mit Milchzucker verschnitten erhältlich.

► **Hypoallergene Herstellung heißt Herstellung gegen den Trend.**

Folgende Produktionsschritte sind in der großtechnischen Industrie notwendig:

a) Coating mit wäßrigen Polymerdispersionen Latex oder Pseudolatex:

Lösliche Filme haben Schutzfunktionen oder werden aus ästhetischen Gründen aufgebracht. Als unlösliche Filmbildner werden Co-Polymere aus Methylacrylaten und Ethylzellulosen eingesetzt. Um sowohl Verarbeitungs- als auch Filmeigenschaften zu verbessern ist der Einsatz von Weichmachern und anderen Zusatzstoffen meist unumgänglich[1]. Jedem zu tablettierenden Granulatpulver müssen vor Beschickung des Fülltrichters an der Tablettiermaschine die Gleitmittel als Zuschläge zugemischt werden. Fließregulierend wirken z. B. Talcum, schmierend wirken Polyethylenglycole und die Metallseifen. Die Schmierwirkung der Metallseifen, auf die wir später noch eingehen werden, beruht auf einer lamellaren Kristallstruktur und auf der Fähigkeit, auf der Partikeloberfläche einen homogenen Film zu erzeugen, der als Formentrennmittel wirkt. Weitere Formentrennmittel sind in der Regel Talcum und Silikonölemulsionen[2].

b) Zusatz von Magnesiumstearat als Formentrennmittel:

Wegen seiner fließverbessernden Eigenschaften finden wir Magnesiumstearat heute in nahezu allen Dragee- und Tablettenformen, bzw. im Füllgut für Granulate. Einflüsse auf die Resorption wurden bisher von Industrie und Wissenschaft verneint. Bei neueren pharmazeutisch-technologischen Untersuchungen in Japan wurde die Mischdauer von Magnesiumstearat und Füllgut mit dem Lösungsverhalten verglichen und festgestellt, daß die Mischdauer sehr wohl einen entscheidenden Einfluß auf die Resorption von Arzneimitteln ausübt.

Bei gesunden Patienten spielt dies sicher keine große Rolle. Bei Patienten mit Resorptionsstörungen, diversen Nahrungsmittelunverträglichkeiten und gestörter Magen-Darm-Passage wird dies aber leichter zu einer Verminderung der aufgenommenen Substanzen führen.

Zusammenfassend ergeben sich vom pharmazeutischen Standpunkt aus folgende Kriterien für eine **»Hypoallergene Verordnung«:**

1.	**Da jede tablettierte oder dragierte Arzneiform Hilfsstoffe enthält, sollten Sie Kapselrezepturen bevorzugen.**
2.	**Verzichten Sie auf Vitamin A-haltige Multivitamine oder Monopräparate oder weichen Sie auf Provitamin A (= Betacaroten) aus.**
3.	**Entscheiden Sie sich für Hersteller, die eine Volldeklaration aller Stoffe zulassen.**
4.	**Vermeiden Sie Rezepturen mit Zuckerzusatz (Trockengranulate).**
5.	**Bevorzugen Sie ungefärbte Kapselrezepturen.**

3.8 Empfehlungen bei Allergien

3.8.1 Bei Schimmelpilz-Allergien

Schimmelpilze nisten oft im Wohnbereich in verschmutzten Polstermöbeln, vor allem in feuchten Kellerräumen, aber auch im Badezimmer, in Waschbecken, Spülen, Mülleimern, und insbesondere oft in Luftbefeuchtern. Schimmelpilze finden sich auch häufig im Hausstaub oder hinter Tapeten. Frei von Schimmelpilzen sind am ehesten trockene und relativ hoch gelegene Regionen. Auch in sehr kalten Gebieten sind sie nur wenig verbreitet.

3.8.2 Bei Allergien gegen Lebensmittelzusatzstoffe

Allergiker sollten auf jeden Fall versuchen, die im folgenden genannten Stoffe zu meiden:

Farbstoffe, Konservierungsmittel, Antioxidantien, Verdickungs-, Geliermittel und *Stabilisatoren.*

3.8.3 Bei allergischen Sofortreaktionen

Nahrungsmittel, die häufig allergische Sofortreaktionen auslösen können, sind zu meiden:

Ei, Milch, Weizen, Soja, Geflügel, Fisch, Nüsse, Schalentiere, Muscheln, Erdnüsse, gegebenenfalls auch *Beeren, Tomaten, Gewürze, Orangen, Zitronen* und *Schokolade.*

3.8.4 Bei Allergien mit Kopfschmerz

Bei Allergien mit Kopfschmerzen als Leitsymptom sollte gemieden werden:

Schokolade, Ei, Milch, Weintrauben, Käse, Weizen, Tomate, Hefe, Kaffee, Nüsse, Bohnen, Erbsen, Zwiebeln, Soja, Schweinefleisch, Hafer, Rote Beete.

3.8.5 Bei Inhalat-Allergien

Bei Allergien durch Inhalate sind zu meiden:

Schimmelpilze, Hausstaub, Hausstaubmilben, Katzen- und *Hundehaare* und diverse Chemikalien, die individuell ausgetestet werden sollten

3.8.6 Bei Asthma und/oder Bronchitis

Bei Asthma und/oder Bronchitis sind zu meiden:

Alle *Schimmelpilze, Hausstaub, Hausstaubmilben, Inhalata* (Wolle, Tierhaare, Federn, Bestandteile von Schaf und Kaninchen, alle Pollen je nach Saison), *Weizen, Mais, Ei, Milch, Rind-* und *Schweinefleisch, Kartoffeln, Orangen, Kaffee, Tomaten, Hefe, Schokolade, Tabakrauch, Äthanol, Abgase.*

Bei häufiger auftretenden Allergien mit schwersten Sofortreaktionen sind unbedingt zu meiden:

Ei, Milch, Weizen, Erdnuß, Soja, Huhn, Fisch, Nüsse, Schalentiere, Schokolade, Cola, Tomate, Gewürze, Beeren und *Orangen.*

3.8.7 Bei Neurodermitis

Bei Neurodermitis sind zu meiden:

Milch, Ei, Weizen, Fisch, Kartoffeln, alle *Schimmelpilze, Hausstaub* und *Hausstaubmilben, Tierhaare* und *-schuppen.*

3.8.8 Bei Nesselsucht

Bei akuter Nesselsucht sind zu meiden:

Fisch, Schalentiere, alle Nüsse, vor allem Erdnüsse, Ei, Hafer, alle *Schimmelpilze, Hausstaub* und *Hausstaubmilben.*

3.8.9 Bei Rheuma und Arthrose

Bei rheumatischen Symptomen und Arthrose sind zu meiden:

Alle *Schimmelpilze, Hausstaub* und *Hausstaubmilben, Geflügel, Schweine-* und *Rindfleisch, Zucker, Milch, Kartoffeln, Tomaten, Paprikaschoten, Auberginen* und *Weizen.*

3.8.10 Bei Allergien im Hals-Nasen-Ohren-Bereich

Bei Allergien im Hals-Nasen-Ohren-Beschwerden sind zu meiden:

Alle *Schimmelpilze, Hausstaub, Hausstaubmilben, Milchprodukte, Weizen, Zitrusfrüchte, Paraaminobenzoesäure* (ein PHB-Ester), *Autoabgase, Äthanol* (also Alkohol) und *Tabak.*

3.9 Der Dinkel als Basis-Therapeutikum der Umweltmedizin

Dinkel ist ein Haupt- und Basismittel bei der gesunden, schadstoffarmen, ausgewogenen Ernährung. Es ist ein ideales Immunstimulans und Basis-Therapeutikum in der Krebstherapie. Den Dinkel (»Spelz«) empfiehlt bereits die Heilige Hildegard von Bingen in der »Physica« folgendermaßen:

»... Der Dinkel ist das beste Getreide. Er ist warm und fett und kräftig. Er ist milder als andere Getreidearten. Er bereitet dem, der ihn ißt, rechtes Fleisch und rechtes Blut. Er macht frohen Sinn und Freude im Gemüt des Menschen. Und wie auch immer man Dinkel ißt, sei es im Brot, sei es in anderen Speisen, er ist gut und mild ...«

Dinkel ist das Basis-Therapeutikum in der Angewandten Umweltmedizin. Die Deckspelze schützt vor Umweltgiften: Vor Insektiziden, Herbiziden, Pestiziden. Sie stellt eine Schutzbarriere dar vor Radioaktivität. Dinkel ist reich an Thiozyanaten. Diese sind wichtig für die Abwehr gegenüber Allergenen, Toxinen, Kanzerogenen und vor allem zur allgemeinen Entgiftung des Körpers.

Im Vergleich zum Weizen ist Dinkel reicher an Kohlenhydraten und Mineralien, insbesondere Eisen und Phosphor. Dinkel hat auch mehr Vitamine, vor allem Vitamin B_6 (PP= Pyridoxalphosphat), Kalzium-Pantothenat, mehr Gesamtfettsäuren (insbesondere Oleinsäure) und am meisten Polyensäuren (insbesondere Linolsäure).

Zusammenfassung der Vorzüge des Dinkels:

Die Deckspelze schützt vor Umweltgiften: vor Insektiziden, Herbiziden, Pestiziden. Sie stellt eine Schutzbarriere dar vor Radioaktivität.
Dinkel ist reich an Thiozyanaten. Diese sind wichtig für die Abwehr gegenüber Allergenen, Toxinen, Kanzerogenen zur Entgiftung des Körpers
Im Vergleich zum Weizen ist Dinkel reicher an Kohlenhydraten und Mineralien, insbesondere Eisen und Phosphor.
Dinkel hat mehr Vitamine Vitamin B_6 (PP= Pyridoxalphosphat) Kalzium-Pantothenat, mehr Gesamtfettsäuren, (insbesondere Oleinsäure) und am meisten Polyensäuren, (insbesondere Linolsäure)

4. Bewährte und moderne Entgiftungsverfahren

4.1 Übersicht über die wichtigsten klassischen Entgiftungsmethoden

- Entgiftung über die Seele
- Entgiftung über den Darm: Diät, Fasten
- Entgiftung über die Leber
- Entgiftung über die Nieren
- Entgiftung über Haut und Schleimhäute
- Entgiftung über die Lunge
- Entgiftung über Milz und Lymphknoten
- Entgiftung über die Menstruation
- Sonstige.

Übersicht über die wichtigsten Ausleitungsverfahren nach HILDEGARD:

- Aderlaß
- Schröpfen
- Setzen von Brennkegeln
- Physikalische Therapie
- Akupunktur
- Bioresonanz.

4.2 Entgiftungs- und Ausleitungsverfahren von A bis Z

4.2.1 Abwehrsteigernde Therapien

Nach der Entgiftung des Körpers ist es nun wichtig, die Abwehrkräfte des Organismus zu steigern und die Körperfunktionen zu regenerieren. Dabei greift eins ins andere, denn alles, was die Abwehrkräfte steigert, dient auch gleichzeitig der Regeneration des Körpers. Und alles, was die Körperfunktionen wieder regenerieren hilft, steigert auch die Abwehrkräfte. Man weiß schon lange, daß eine gesunde körpereigene Abwehrkraft den Alterungsprozeß verlangsamt und damit auch die Degeneration, also den Zellabbau, bremst.

Eine gesunde Organfunktion und ein intakter Zellstoffwechsel werden aber auch immer auf natürliche Weise die Widerstandskräfte des Körpers mobilisieren und damit vor Krankheiten schützen. Dies ist Sinn und Zweck einer ausgewogenen naturheilkundlichen Ganzheitstherapie. Alle nachfolgend vorgestellten Naturheilmethoden haben sich zum Erreichen dieses Ziels hervorragend bewährt.

Hinweis:

> In der grundsätzlich schulmedizinisch orientierten Praxis des Autors werden die Verfahren:
> *Aderlaß, Bioresonanztherpie, Chiropraktik, Eigenbluttherapie, Energiezonenmassage, Farb-Akupunktur, Farbtherapie, Gegensensibilisierung, Homöopathie, Hydro-Colon-Therapie, Hyperthermiemethode, Hyposensibilisierung, Kinesiologie, Kreislauffußbäder nach* SCHIELE, *Magnetfeldtherapie, Meridianmassage, Nosodentherapie, Sauerstoff-HOT-Therapie, Thymus-Therapie, Traditionelle Chinesische Medizin* als Ergänzung und Erweiterung der schulmedizinischen Methoden eingesetzt. Dies insbesondere dort, wo die klassische Schulmedizin an ihre Grenzen stößt.

4.2.2 Der Aderlaß

Der Aderlaß war schon immer ein altbewährtes Verfahren zur Immunstimulation und Entgiftung. Medizinhistorisch beschrieben ist er bereits vor etwa dreitausend Jahren in der altjüdischen Medizin, vor zweitausendfünfhundert Jahren auch in der chinesischen Medizin sowie bei den alten Griechen und den alten Römern. Im Mittelalter war der Aderlaß weit verbreitet. Beispielsweise beschreibt GALEN die große Heilwirkung des Aderlasses und erwähnt die eigene Heilung an Malaria durch dieses Verfahren. Viele Jahrhunderte lang wurde der Aderlaß in Klöstern mit großem Erfolg durchgeführt, die sich der Kranken, Vergifteten und Gebrechlichen, der Schwachen und Tumorkranken annahmen.

Bereits vor fast tausend Jahren beschreibt die Heilige HILDEGARD VON BINGEN, die man heute als erste Umwelt-Ärztin bezeichnet, in ihrer medizinischen Schrift »Causae et Curae« (= Ursachen und Heilungen von Krankheiten) genau, wie und warum man einen Aderlaß machen soll. Man weiß heute übrigens, daß sie sich selbst durch regelmäßigen Aderlaß ihre Gesundheit bis ins hohe Alter von 80 Jahren erhielt. Nach HILDEGARD ist der regelmäßige Aderlaß ein wichtiger Bestandteil der aktiven Erhaltung der Gesundheit. Sie schreibt unter anderem, daß er »bei blutreichen Leuten« zur Erhaltung der Gesundheit unbedingt notwendig ist, wobei die Menge, die man bei gesunden Leuten dabei ausfließen lassen soll, so viel betragen darf, wie der Betreffende auf einen Zug Wasser trinken kann. Bei »schwachen Leuten« schränkt HILDEGARD diese Menge ein. Sie soll hier nur etwa einer Menge eines Eies entsprechen.

Nach jahrtausendealter Überlieferung bringt ein maßvoller Aderlaß immer Gesundheit, vor allem dann, wenn er – wegen der besonderen Zusammensetzung der Säfte – bei Vollmond bzw. bei abnehmendem Mond (bis sechs Tage nach Vollmond) durchgeführt wird. Dies ist kein Aberglaube, sondern angewandte jahrtausendelange Erfahrungsheilkunde. Beispielsweise hat die moderne Forstwissenschaft inzwischen auch nachgewiesen, daß es für die Holzqualität ganz entscheidend ist, zu welchen Mondphasen ein Baum gefällt und weiterverarbeitet wird. Auch zeigen modernste japanische Untersuchungen (YURAYAMA et al., Tokyo, 1993), daß die Produktion und Regenerationsfähigkeit unserer menschlichen Haare ebenfalls mondphasenabhängig ist. Nach diesen Studien spielt es eine entscheidende Rolle, zu welchem Zeitpunkt die Haare geschnitten werden.

► Beim Aderlaß muß man genau darauf achten, daß das Blut zum richtigen Zeitpunkt aus der richtigen Vene ausfließt. Nach speziellen Kriterien, die die Heilige HILDEGARD genau beschrieben hat, unter anderem eine beobachtbare ganz spezielle Farb- und Konsistenzänderung des Blutes, kann die Menge individuell festgelegt werden.

Gerade in der heutigen Zeit, da wir mit so vielen Umweltgiften belastet sind, ist nicht nur die Blutreinigung und -entgiftung durch den Aderlaß selbst wichtiger denn je. Auch und gerade die Auswertung nach Hildegard gibt Hinweise auf den körperlichen und seelischen Zustand des Menschen und auf die eventuelle Notwendigkeit weiterer therapeutischer Maßnahmen.

Übrigens ist nach Angaben der Heiligen HILDEGARD VON BINGEN die exakte Auswertung des Aderlasses auch ein wichtiges und entscheidendes Kriterium für die weiteren zusätzlichen phytotherapeutischen und ordnungstherapeutischen Maßnahmen.

4.2.3 Amalgamsanierung

Bei Krankheiten, die durch Amalgam verursacht sind, muß gemeinsam mit einem guten Zahnarzt eine ganzheitliche Amalgamsanierung angestrebt werden. Vorher sollten unbedingt folgende Maßnahmen ergriffen werden:

- Ausführliche *umweltmedizinische Beratung* durch einen versierten ganzheitlichen Arzt Ihres Vertrauens in enger Zusammenarbeit mit einem ganzheitlichen Zahnarzt
- Ganzheitlicher Test auf *individuelle Schadstoffbelastung*
- *Speicheltest* auf Quecksilber, Zinn, Silber und Kupfer (damit bei Vergiftungsnachweis ggf. später die Behandlung bezahlt wird (Grenzwerte: Quecksilber 2,5 µg/l, Zinn 2 µg/l)
- *DMPS-Test* zur Entgiftung der Speicherung von Quecksilber und Kupfer im Körpergewebe. Bei neurologischen oder immunologischen Erkrankungen oder beim Vorliegen von Tumoren (Krebs u. a.) sollte das Gewebe auf Quecksilber, Zinn, Silber und Kupfer untersucht werden.

Die eigentliche Amalgamsanierung sollte folgendermaßen verlaufen:

- ▶ Mit Kofferdamm (Gummischlitztuch)
- ▶ Mit Mikromotor und Schnelläufer, starkem Absauger und Frischluftzufuhr über Preßluftleitung oder Sauerstofflasche
- ▶ Mit Brille zum Schutz vor Quecksilber-/Zinndämpfen. Ohne DMPS-Ausleitung erfolgt die Sanierung quadrantenweise.
- ▶ Vor, während und nach dem Ausbohren des Amalgams sollten Antioxidantien genommen werden, z. B. Glutathion und/oder Natriumthiosulfat (z. B. 10–20 ml, 10 %ig).

Mindestens vier Wochen vor der Sanierung ist mit einer immunstimulierenden Therapie zu beginnen. Bei Immun- und Nervenschäden ist eine Entgiftung mit DMPS ratsam. Unmittelbar vor der geplanten Zahnsanierung sollte ein weiches Panorama-Röntgenbild (OPT) aller Zähne (ohne Kaugelenk) angefertigt werden. Zunächst sind die Herde ganzheitlich auszutesten und ganzheitlich zu sanieren. Tote Zähne sind zu ziehen und der Körper zu entgiften. Eventuell sind schwermetallinfiltrierte Knochenpartien auszufräsen, amalgamgefüllte Zähne mit Wurzeleiterung (kolbenförmig aufgetrieben, perlschnurartige Knochenumwandlungen) sind zu extrahieren, wobei zuerst der Oberkiefer, dann der Unterkiefer saniert werden sollten. Unter Umständen sind auch Weisheitszähne zu extrahieren und entsprechende Zahnsäckchen zu entfernen. 14 Tage lang sollte mit einem Gazestreifen, z. B. mit Terracortril-Salbe die Höhlung offengehalten werden. Nach der Amalgamausbohrung kann und sollte Phosphat-

Zement als Langzeitprovisorium eingesetzt werden, bis die Vergiftungssymptome wesentlich gebessert sind.
Alternativen für Amalgam sind Goldfüllungen, wobei nur ein hochwertiges palladiumfreies Biogold verwendet werden sollte, das vorher auf individuelle Verträglichkeit ausgetestet wurde (und nur wenn vorher kein anderes Metall eingesetzt war). Noch besser sind Keramik-Kronen und -Brücken, gegebenenfalls Galvano-Keramik.

Die allgemeine Entgiftungsbehandlung kann und muß immer individuell und nur nach Rücksprache mit einem erfahrenen umweltmedizinisch versierten Arzt erfolgen. Zusätzliche allgemein empfohlene Maßnahmen:

- Zink, z. B. Unizink-Kapseln (0–1–2 Drg./Tag)
- DMPS: Möglichst selten (um Allergien zu vermeiden), aber wenn, dann hoch dosiert
- Alle 6 Wochen eine Ampulle DMPS intravenös oder noch besser in den Kiefer (Ort der stärksten Einlagerung)
- Bei Nierenschwäche eine Kapsel DMPS/Woche auf nüchternen Magen.

Kosten
Da die Kosten der Amalgamsanierung erheblich sein können, sind folgende Zusammenhänge wichtig. Amalgam ist derzeit in Deutschland noch erlaubt. In anderen Ländern, wie beispielsweise Schweden oder Japan ist es schon verboten. Bei uns ist dieses Verbot nur noch eine Frage der Zeit. Bis dahin muß jeder amalgamgeschädigte Patient die Kosten für Entgiftung und Amalgamentfernung selbst zahlen. Allerdings hat man im Falle einer nachgewiesenen Vergiftung die Möglichkeit, die Haftpflichtversicherung für Arzneimittelhersteller zu belangen. Hier gelten folgende Zusammenhänge:

▶ Bei jeder nachgewiesenen Vergiftung ist der Kostenträger die Haftpflichtversicherung für Arzneimittelhersteller: Allianz, Ludwigstr. 21, München; Formular H 1 – mit Angabe des zuletzt verwendeten Amalgams.

▶ Falls keine Vergiftung nachgewiesen ist, muß der Patient die Laboruntersuchung und teurere Alternativen selbst bezahlen.

4.2.4 Antioxidative Therapie

Ein Gewebe kann durch freie Radikale einem sogenannten oxidativen Streß ausgesetzt sein. Dadurch können aktivierte Sauerstoff- und Lipid-

peroxide entstehen, welche wiederum folgende Prozesse in Gang bringen können:
- Entzündliche Reaktionen
- Degenerative Erkrankungen
- Überempfindlichkeitsreaktionen.

Eine Toleranz gegen oxidative Stoffwechselprodukte wird erreicht durch eine gesteigerte Aktivität von *Glutathion-Peroxidase,* einem Schlüsselenzym bei der Beseitigung giftiger Peroxide im Körper. Von besonderer Bedeutung sind hierbei *Selen* als Kofaktor und das reduzierte Glutathion. Ebenso wichtig ist dabei eine Steigerung der Aktivität anderer Enzyme des Glutathion-Stoffwechsels (Glutathionreduktase, Glukose-6-Phosphat-Dehydrogenase u. a.).

4.2.5 Autovaccine-Therapie

Aus Stuhl kann man eine sogenannte »Autovaccine« herstellen. Dies ist eine Art Impfstoff, der die Selbstheilungskräfte des Darmes so aktiviert, daß er die krankmachenden Bakterien und Pilze allmählich vernichten kann und wieder eine gesunde Darmflora aufbaut. Es ist selbstverständlich, daß diese Behandlung durch eine entsprechende Diät und eine gesunde Lebensweise des Patienten unterstützt werden muß.

4.2.6 Baubiologische Sanierung

Chronische Vergiftungen entstehen oft durch Chemikalien, z. B. im Haushalt (Reinigungsmittel u.ä.), in der Wohnung (baubiologische Probleme), am Körper (Desinfektionsmittel, Parfums, Haarfärbemittel, Haarsprays), in der Kleidung (Kunstfasern, chemische Reinigung, Imprägnierungen) und Ernährung (Kunstdüngeranteile, Spritzmittel, Belastungen aus Futtermitteln). Viele chemische Komponenten unserer täglichen Umwelt sind krebserregend oder krebsfördernd und müssen ausgeschaltet werden.

4.2.7 Baunscheidtieren

Der Berner Mechaniker Carl Baunscheidt (1808–1873) entwickelte ein Gerät, das er »Lebenswecker« nannte und das aus einer kleinen markstückgroßen Metallplatte besteht, in der etwa 30 Nadeln befestigt werden. Mit einer Spiralfederkonstruktion ist es nun möglich, dieses Nadelkissen mit einstellbarer Stichtiefe in die Haut hineinschnellen zu lassen. Die Verletzungen der Haut sind dabei so gering, daß es noch nicht einmal zu Blutungen kommt. Trotzdem können durch diese kleinen Einstiche liegende Gewebe gründlich gereinigt werden.

Unterstützen läßt sich dieser Effekt noch dadurch, daß die Haut zusätzlich mit dem ebenfalls von Carl Baunscheidt entwickelten **»Baunscheidt-Öl«** oder einem anderen Hautreizöl eingerieben wird. Je nach der Intensität dieses Hautreizöls kommt es dann zu Rötungen oder mitunter auch zu Pustelbildungen mit Eiterabsonderung. Dieser künstliche Hautausschlag sorgt dann dafür, daß der Körper eine Vielzahl von Giftstoffen aus dem Muskelgewebe über die Haut ableiten kann. Nicht zuletzt hat diese Hautreizung aber auch noch eine heilende Wirkung auf erkrankte innere Organe oder Sehnen und Gelenke.

Das Baunscheidtieren der Haut löst nämlich eine Reflexwirkung aus, die nicht nur die Entgiftung verbessert, sondern über Reflexwege auch noch die Durchblutung tiefer liegender Gewebsschichten oder Organe verbessert und damit die Heilung beschleunigt.

4.2.8 Biofeedback-Therapie

Ein gestörter Energiefluß und dadurch überreizte Nerven sind heute immer häufiger die Ursache von Krankheiten. Das gilt vor allem für Frauen, die vielfach die Doppelbelastung zwischen Haushalt und Berufsleben zu bewältigen haben. Hier kann eine gezielte Entspannung schnelle Hilfe bringen. Bekannteste Möglichkeit ist das **autogene Training,** das jedoch nicht bei jedem zum Erfolg führt, weil die Entspannung objektiv nicht kontrolliert werden kann.

Anders ist es beim Biofeedback, bei dem eine genaue Kontrolle der erreichten Entspannung erfolgt. Dazu bedient man sich eines sogenannten *Biofeedbackgeräts.* Dieses Gerät wird mit zwei Elektroden an den Fingern der Patientin angelegt. Gleichzeitig wird über einen Kopfhörer suggestive, beruhigende Musik zugeführt.

Über die Elektroden an den Fingern kann nun anhand der elektrischen Leitfähigkeit der Haut mit dem Biofeedbackgerät festgestellt werden, ob der Erregungszustand der Patientin zu- oder abnimmt. Die ermittelten Werte geben dann den Grad der An- oder Entspannung wieder, so daß die Wirkung äußerer Einflüsse auf die Patientin genau bestimmt werden kann. Nach und nach lernt so die Patientin, besser »abzuschalten« und sich vom täglichen Streß nicht krank machen zu lassen. Gleichzeitig kann durch wechselweise Einnahme von bestimmten pflanzlichen Beruhigungsmitteln auch kontrolliert werden, welche naturheilkundlichen Medikamente hier die beste Wirkung bei der betreffenden Patientin bringen.

4.2.9 Biological-Response-Modifier-Therapie (BRM-Therapie)

Ein neuer Therapiezweig, der sehr erfolgversprechend ist, ist die sogenannte BRM-Therapie, die Biological Response Modifiers-Therapie. Sie gehört zu den sogenannten »Immunmodulations-Therapie-Formen« und basiert auf dem Prinzip einer Anregung des für die Abwehr lebensnotwendigen retikuloendothelialen Systems (RES). Ziel dieser Therapieform ist es, immunologische Funktionen z. B. der T-Zellen zu unterstützen und zu regulieren. Hierzu geeignet und gut erprobt sind diverse pflanzliche Präparate wie Echinacea-Mistel- oder Thymuspräparate (wie z. B. Neythymun oder Thymusextrakt D2), welche die zellgebundene Abwehr in relativ kurzer Zeit steigern können. Als preisgünstige Kontrolle der T-Zellen-Reaktionslage können sogenannte Recall-Antigene (z. B. der Multitest von Merieux) eingesetzt werden, zur Immuntherapiekontrolle der Immunmarker Neopterin, ein im Serum und Urin leicht nachweisbarer Metabolit des GTP (Guanosin-Triphosphat)-Stoffwechsels.

Zur Immunmodulation und Anregung des RES werden in jüngster Zeit sogenannte *Biological Response Modifiers* (BRM) eingesetzt. Hierzu sei das Präparat *»Faktor AF 2«* genannt, das darüber hinaus zytoprotektive und radioprotektive Eigenschaften besitzen soll. dDie antiemetische und analgetische Wirkung wird endorphinähnlichen Strukturkomponenten zugeschrieben. Das Präparat enthält standardisierte Polypeptide, Glykopeptide, Glykolipide und Nukleotide aus Leber- und Milzgewebe (Schaf). Über genregulierende Faktoren sollen somit maligne Zellen zur Differenzierung angeregt werden.

4.2.10 Bioresonanztherapie

Die Bioresonanz (MORA-Verfahren) ist ein derzeit schulmedizinisch noch nicht anerkanntes bioenergetisches Verfahren, das Anfang der siebziger Jahre von dem Allgemeinarzt Morell und dem Diplom-Ingenieur Rasche in Deutschland entwickelt, und im Laufe der letzten zwei Jahrzehnte technisch weiterentwickelt wurde. Die Bioresonanz beruht auf dem Prinzip, daß der menschliche Organismus nicht nur biochemischen, sondern auch energetischen Prozessen unterliegt: Jeder Stoffwechselvorgang geht mit elektrischen und elektromagnetischen Veränderungen einher, die man mit Bioresonanz messen (= Bioresonanz-Diagnostik) und optimieren (= Bioresonanz-Therapie) kann.

Anwendungsgebiete der Bioresonanz sind alle Erkrankungen, die mit gestörter Regulationsfähigkeit des Organismus einhergehen: Krebs (zur

Immunstimulation, als notwendige und sehr effektive Ergänzung von Chemo- und Strahlentherapie), Stoffwechselerkrankungen, vor allem auch degenerative Prozesse (wie z. B. Osteoporose und Arthrose), energetische Blockaden, Durchblutungsstörungen, neurologische Störungen, Unverträglichkeiten, Allergien (wie z. B. Nahrungsmittelallergien, allergisches Asthma, Neurodermitis etc.). Vor allem hat sich die Bioresonanz bei Erkrankungen durch Umweltschadstoffe bewährt, für die es bisher noch kein befriedigendes schulmedizinisches Therapiekonzept gibt.

Die Praxis des Autors verfügt inzwischen über ein komplettes Test-Set an Heilkräutermischungen, Mineralstoffen und diversen Antioxidantien, homöopathischen Einzel- und Mischpräparaten. Mit Bioresonanz-Diagnostik kann die individuelle Verträglichkeit dieser Substanzen schnell ermittelt werden, wobei diese Austestung auf dem Prinzip basiert, daß jede chemische Substanz ein spezifisches energetisches Schwingungsmuster besitzt, mit dem man die Eigenschwingung des menschlichen Organismus bzw. seiner einzelnen Organe oder Organsysteme beeinflussen kann.

In der umweltmedizinischen **Hildegard-Bioresonanz-Therapie** wird es aufgrund des charakteristischen umweltmedizinischen Beschwerdebildes, der individuellen Krankheitsgeschichte und der laboranalytisch (z. B. in Blut, Urin, Haaren etc.) gefundenen Schadstoffbelastungen mittels Bioresonanz-Diagnostik möglich, eine entsprechende individuelle Spezialdiät zusammenzustellen, die optimal verträglich und den therapeutischen Bedürfnissen angepaßt ist. Bei vergifteten, abwehrschwachen oder verdauungsschwachen Patienten können dann auch die ausgetesteten Heilmittel, die das Schwingungsspektrum der Patienten günstig beeinflussen, mittels der Bioresonanz-Therapie energetisch verabreicht werden.

4.2.11 Blutegel-Therapie

Auch Blutegel können zur Entgiftung des Körpers beitragen. Noch vor einigen hundert Jahren war die Therapie mit Blutegeln sehr beliebt. In unserem Jahrhundert wich sie dann der modernen Medizin, erlebt aber jetzt wieder eine berechtigte Renaissance. Die kleinen Blutegel leisten nämlich hervorragende Dienste bei allen Erkrankungen, die mit *Krampfadern, Thrombosen, Gelenkschmerzen, Stauungen, Kopfschmerzen* und vielem anderen einhergehen.

Die Behandlung ist einfach und wirkungsvoll: Die kleinen Egel werden auf die Haut angesetzt, wo sie sich festbeißen. Dann saugen sie sich mit Blut voll und fallen nach einigen Minuten wieder ab. Da der Egel aber bei seinem Biß den blutgerinnungshemmenden Wirkstoff Hirudin in den Körper einspritzt, kommt es noch lange nach der Sättigung und nach dem Abfallen des kleinen Egels zu einer kräftigen Nachblutung. Gerade diese Nachblutung aber ist es, die dem Patienten die eigentliche entstauende, durchblutungsfördernde, schmerzlindernde und entgiftende Wirkung beschert.

▶ Aus diesem Grund sollte auch die Nachblutung nicht vorschnell gestoppt werden, was leider von vielen Therapeuten immer noch falsch gemacht wird.

4.2.12 Blutiges Schröpfen

Tiefgreifender als das trockene Schröpfen ist die blutige Methode. Der Vorgang dabei ist der gleiche, nur wird die Haut vor dem Aufsetzen der Glocke mit einem sogenannten Schröpfschnepper etwas geritzt. Hat sich dann die Glocke an der Haut festgesaugt, wird durch den Unterdruck Blut aus dem Gewebe über die Schnittwunden in die Glocke hineingesaugt. Die gewünschte Folge davon ist eine tiefgreifende Entgiftung und Reinigung der behandelten Gewebspartien. Die entstauende Wirkung dieser Behandlung sorgt außerdem dafür, daß der Blut- und Lymphfluß deutlich aktiviert, der Stoffwechsel angeregt und damit der Heilungsprozeß beschleunigt wird.

4.2.13 Built-Lup-Therapie

Bei der sogenannten Built-Lup-Therapie, einem Verfahren bei der Allergiebehandlung, das auch als **»Titrations-Hyposensibilisierung«** bezeichnet wird, werden zunehmend konzentrierter werdende Lösungen eingesetzt. Wenn der Patient die stärkste Lösung symptomfrei injiziert hat, spritzt er diese Lösung jeden vierten Tag. Diverse Chemikalien, Parfüm, Glyzerin, Phenol usw. werden jeden vierten Tag und zusätzlich bei Antigenexposition gespritzt. Wenn es bei entsprechender Exposition zu starken Symptomen kommt, kann man unter anderem folgende Maßnahmen ergreifen:

- Ein bis zwei Teelöffel Pulver einer Bicarbonatmischung in etwas Wasser (zum Beispiel eine Mischung aus Kalium- und Natriumbicarbonat)
- Ein Gramm Vitamin C (Ascorbinsäure, oral oder i.v.)
- Injektion der neutralisierenden Dosis von Histamin bzw. Serotonin; jedoch nicht häufiger als 4 x pro Tag

4.2.14 Chiropraktik

Die Chiropraktik ist eine besondere Form der energetischen Therapie. Ihr Hauptzweck besteht darin, durch geschickte Handgriffe verschobene Wirbel wieder in ihr richtige Stellung zurückzubringen. Dadurch wird letztlich erreicht, daß der durch die Schiefstellung der Wirbel blockierte Energiefluß in den aus der Wirbelsäule austretenden Nerven wieder frei fließen kann. So werden die von diesem Nerv versorgten Körperbereiche wieder mit Energie beliefert und die durch den Energiemangel ausgelösten Störungen behoben.

Dazu gehören zum Beispiel *Empfindlichkeitsstörungen* der Hände und Füße, Taubheitsgefühl, Kribbeln in Armen und Beinen, *ausstrahlende Schmerzen* in den Arm, die Hand oder ins Bein bis in den Fuß, *Kältegefühle, Bewegungsstörungen* usw. Selbst *Herzschmerzen, Magen-Darm-Beschwerden* oder *Kopfschmerzen* können durch verschobene Wirbel ausgelöst werden, wenn dadurch die Nerven gereizt werden, die im betreffenden Segment der Wirbelsäule austreten und zu diesen Organen ziehen.

4.2.15 Colon-Immun-Stimulations-Therapie (C.I.S.T.)

Therapiekurzinformation

Bei der Colon-Immun-Stimulations-Therapie (C.I.S.T.) handelt es sich um eine Weiterentwicklung der Hydro-Colon-Therapie, einem Darmsanierungsverfahren. Bei der C.I.S.T. wird nicht nur der Darm durch Spülungen von giftigen Schlacken befreit, sondern zusätzlich die Möglichkeit der Heilmittelabgabe über den Darm genutzt. So können zu den Darmspülungen Immun-Stimulantien, Vitamine, bewährte Heilkräutertees u.v.m. gegeben werden.

Grundlagen

C.I.S.T. ist eine Verbesserung der sogenannten Hydro-Colon-Therapie, eines wichtigen Darmsanierungs-Verfahrens, das Anfang der siebziger Jahre in den USA entwickelt und im Laufe der letzten zwei Jahrzehnte technisch optimiert wurde. Die Hydro-Colon-Therapie hat sich in den letzten Jahren im Rahmen der Angewandten Umweltmedizin sehr bewährt, zumal es in der Behandlung von Erkrankungen durch Umweltschadstoffe, für die es bisher noch kein befriedigendes schulmedizinisches Therapiekonzept gibt, einen echten therapeutischen Alternativansatz darstellt.

Anatomische und physiologische Grundlagen

Das in seiner Gesamtheit als darmassoziiertes lymphatisches Gewebe bezeichnete lokale Immunsystem besteht einerseits aus besonderen Zellstrukturen wie in der Appendix und Peyer'schen Plaques mit den mesenterialen Lymphknoten, andererseits aus zahlreichen solitären Lymphfollikeln und diffus in der Lamina propria mucosae verteilten B-Lymphozyten, T-Lymphozyten, reifen Plasmazellen, Mastzellenmakrophagen mit assoziierten eosinophilen Granulozyten sowie zahlreichen intraepithelialen Lymphknoten. Das gesamte darmassoziierte Lymphgewebe dürfte 25 % der gastrointestinalen Mukosa ausmachen.

Etwa 6×10^6 lymphatische Zellen pro Gramm Dünndarmmukosa und $4{,}9 \times 10^6$ pro Gramm Dickdarmmukosa wurden gezählt.

Lymphozytäre Zellen befinden sich auch in der Lamina epithelialis, benachbart der Basalmembran. Diese epithel-assoziierten , nicht-epithelialen Zellen stellen nach neueren immunhistochemischen Untersuchungen an humaner Dünn- und Dickdarmschleimhaut zu 85–95 % T-Lymphozyten dar. Andere Autoren beschrieben in der humanen Kolonschleimhaut intraepithelial B-, T-, und 0-Zellen zu etwa gleichen Anteilen.

Zum accessorischen Zellsystem gehören weiterhin die Mastzellen, wobei die Mukosa-Mastzelle durch licht- und elektronenmikroskopische, histochemische und funktionelle Besonderheiten von anderen Mastzellen differenziert werden kann.

Es erscheint heute ausreichend gesichert, daß für den physiologischen Immunschutz in Dünn- und Dickdarm sekretorisches IgA (s-IgA) eine wesentliche Rolle zukommt. Der Ablauf der Immunisierung wird so gesehen, daß die erstmalige Antigenaufnahme meist über die speziellen M-Zellen erfolgt. Lymphozyten, die mit den M-Zellen eng assoziiert sind, gewinnen Kontakt mit dem Fremdmaterial und wandern in die Keimzellen der assoziierten Lymphknoten (z. B. Peyer'sche Plaques).

Nach T- und B-Zell- sowie Makrophageninteraktionen beginnen die Zellteilungen in einer B-Lymphozytenuntergruppe, die Vorläufer der IgA positiven Mukosaplasmazelle darstellen. Diese Vorläuferzellen wandern auf efferenten Lymphbahnen über mesenteriale Lymphknoten und den ductus thoracicus in die allgemeine Zirkulation aus und kehren dann in die Darmmukosa zurück, wo sie sich von IgA positiven B-Lymphozyten in IgA sezernierende reife Plasmazellen differenzieren. Auch sind Gedächtniszellen vorhanden, die nach Antigenkontakt weitere Plasmazellen entstehen lassen.

Die Steuerung dieses »homing« genannten Migrationsvorganges ist noch unklar. Ein fortbestehender Antigenkontakt verstärkt die Immunreaktion und auch die Plasmazelldichte der Mukosa. Außer den IgA positiven B-Lymphoplasmen und möglicherweise auch den Mastzellen erscheinen T-Lymphozyten ebenfalls ähnlichen Migrationswegen zu folgen. Das »homing« erfolgt nicht ausschließlich in der Darmmukosa. Plasmazellvorstufen erreichen auch die Bronchialschleimhaut, Brustdrüsen, Speichel- und Tränendrüsen sowie den weiblichen Genitaltrakt. Die funktionellen Beziehungen zwischen den Immunsystemen des Darms und z. B. der Bronchialschleimhaut stellen die physiologischen Grundlagen für die oralen Desensibilisierungen bei hyperergischen Atemwegserkrankungen dar.

Nach S. Schlett ist die C.I.S.T. somit in der Lage, ein hochkompetentes Immunsystem gezielt zu erreichen, zu entgiften und zu stimulieren.

Die C.I.S.T. wird insbesondere im Rahmen der Ganzheitstherapie eingesetzt. Als Frauenarzt hat der Autor damit vor allem bei Patientinnen sehr gute Erfahrungen gesammelt, die mit Umweltschadstoffen wie Schwermetallen, Holzschutzmitteln, Lösungsmitteln und Pestiziden belastet sind.

Individuelle Darmsanierung

Je nach individueller Schadstoffbelastung erfolgt – unter Zugabe von Immun-Stimulantien, Vitaminen, Spurenelementen und speziellen altbewährten Heilkräuter-Teemischungen – eine ganzheitliche Darmsanierung und -entgiftung: Über die extrem große spezifische Oberfläche des Darms von mehr als 300 Quadratmetern können Heilmittel in idealer Form verabreicht werden: Begleitet von einer entsprechenden Spezialdiät und gegebenenfalls von Immunstimulations-Infusionen werden bei vergifteten, abwehrschwachen oder verdauungsschwachen Patientinnen etwa acht bis zwölf Spülungen durchgeführt, so daß der belastete Dickdarm von Schlacken- und Giftstoffen befreit und in seiner Abwehrkraft gegenüber den Schadstoffen verbessert wird.

Die individuelle Diagnose erfolgt unter Zuhilfenahme eines Test-Sets. In diesem Test werden Enzympräparate, Heilkräutermischungen, Vitaminpräparate, Mineralstoffe, diverse Antioxidantien sowie an homöopathische Einzel- und Mischpräparate auf die individuellen Anforderungen des Patienten abgestimmt. Aufgrund des Beschwerdebildes, der Krankheitsgeschichte und der gefundenen Schadstoffbelastungen kann dann die individuelle Verträglichkeit der obengenannten Substanzen mittels schulmedizinisch erprobter und auch

mittels alternativer bioenergetischer Verfahren wie Elektroakupunktur-, Bioresonanz(MORA)-Diagnostik bzw. kinesiologisch ausgetestet werden. So kann gemeinsam mit dem Patienten ermittelt werden, was dieser zur ganzheitlichen Immunstimulierung über den Darm braucht. Auf diese Art und Weise kann auch eine entsprechend individuelle Diät gemeinsam mit dem Patienten erarbeitet werden.

Besonders bewährt hat sich C.I.S.T. auch bei chronischen Pilzinfektionen, die sehr oft im Rahmen der Abwehrschwäche auftreten. Hier werden nach entsprechender Vorbereitung ganz spezielle Anti-Pilz-Mischungen direkt in den Darm gebracht. Die Anti-Pilz-Spülungen werden unterstützt durch vorausgehende und sich anschließende Spülungen mit schonenden Heilpflanzen-Spezialmischungen, so daß auch eine sehr effektive individuelle Symbioselenkung den Darm nachhaltig stützt.

Bei Vergiftungen mit sogenannten »lipophilen Substanzen«, die fest an das Fettgewebe binden, wie beispielsweise Organochlorverbindungen, Pestizide oder Holzschutzmittel wie Lindan, PCP, DDT oder HCB, aber auch bei Formaldehyd-Vergiftungen ist C.I.S.T. mit Verwendung von Paraffin- und Kohlepulver ein optimales Verfahren.

▶ Je nach dem Beschwerdebild und der individuellen Belastung werden ergänzend zu den Spülungen mit bewährten Enzymen, Heilkräutermischungen, Antioxidantien, Vitaminen und Spurenelementen entsprechende Begleittherapien zur Optimierung der Abwehr durchgeführt.

4.2.16 DMPS-Therapie

Bei Quecksilberbelastungen kann neben der Zinkgabe die intermittierende Verabreichung von DMPS sinnvoll sein (Daunderer, 1989)

▶ Es empfiehlt sich eine wöchentliche Gabe von 300–600 mg DMPS bei zusätzlicher Substitution von Selen und Zink (da es mit ausgeschwemmt wird) an den übrigen Tagen (z. B. **2 x 40 mg Zinkglukonat oder Zinkaspartat**).

DMPS bewirkte eine signifikant bessere Langzeitausscheidung von Hg als Dimercaptobernsteinsäure (DMSA) über die Nieren (Planas-Bohne, 1981) Angeblich soll DMSA jedoch besser die Hg-Depots im Gehirn mobilisieren können (Daunderer, 1990). Im Tierversuch (Ratten) waren beide Chelatbildner allerdings nicht in der Lage, Hg aus dem Gehirn zu entfernen (Buchet u. Lauwerys, 1989).

GERHARD et al. empfehlen folgende Kombinationsmedikation über 3 Monate: **Zinkorotrat 80 mg, Natriumselenit 100 mg, Kalzium 500 mg, Vitamin C 1000–5000 mg , Vitamin E 600 mg** und **Vitamin B6 200 mg** pro Tag.
Selbstverständlich kann auch Zinkaspartat oder -glukonat benutzt werden und statt des Natriumselenit selenreiche Hefenkulturen. Ob es tatsächlich gelingt, mit homöopathischen Zubereitungen (z. B. Mercurius solubilis) Gifte zu eliminieren, bleibt abzuwarten.

Beruht die Quecksilberbelastung auf der chronischen Freisetzung von Hg aus Amalgamfüllungen, so sind diese zu entfernen und durch ein nicht Hg-haltiges Material zu ersetzen. Die Zahnbehandlung sollte unter obiger Substitutionsbehandlung und unter Kofferdamschutz erfolgen, da vorübergehend eine Überschwemmung des Organismus mit Hg möglich ist.

▶ Werden die Zähne nicht saniert, so ist zwar eine Ausschwemmung des inkorporierten Hg durch die Kombinationstherapie möglich, mit einem Rezidiv ist jedoch zu rechnen.

4.2.17 Eigenbluttherapie (EB-Therapie)

Die Eigenbluttherapie ist zu einer individuellen Therapieart weiterentwickelt worden, wobei die Erkenntnisse der modernen Immunologie, daß »im Patientenblut krankheitsbezogene Reaktionsprodukte wie Antikörper, Autoantikörper, allergische Antikörper, Enzyme und zum Teil auch die sensibilisierenden Substanzen enthalten sind, die sich pathogen auswirken« zu dieser Weiterentwicklung beigetragen haben.

4.2.18 Energiezonenmassage

Schon die Indianer Nordamerikas wußten, daß es an den Füßen des Menschen Reflexzonen gibt, die mit allen Körperorganen in direkter Verbindung stehen. Durch Massage dieser Zonen, so konnten sie schon damals feststellen, konnten Krankheiten an den betreffenden Organen günstig beeinflußt werden. Das war die Geburtsstunde der Fußreflexzonenmassage, die dann später von dem amerikanischen Arzt FITZGERALD und der Masseurin EUNICE INGHAM weiterentwickelt und über die Grenzen Amerikas hinaus bekannt gemacht wurde.

Nicht nur an den Füßen sind solche Reflexzonen zu finden, sondern auch an den Händen, auf dem Rücken, im Ohr, auf dem Po und auf einigen anderen Teilen des Körpers. Außerdem fand der britische Neurologe Sir H. HEAD (1861–1940) überempfindliche Zonen auf der

Haut, die bei Erkrankung innerer Organe besonders stark reagieren. Diese Zonen wurden nach ihm *»Headsche Zonen«* benannt.

Sowohl die Reflexzonen als auch die Headschen Zonen lassen sich nun durch manuelle Reize, zum Beispiel durch eine Massage, sehr wirkungsvoll stimulieren. Die Folge davon ist, daß durch die Reizung der Haut auf dem Reflexweg eine Heilwirkung an dem der betreffenden Zone zugeordneten Organ erreicht wird.

4.2.19 Enzymtherapie

Enzyme sind lebensnotwendige Stoffe, die von jeder Zelle unseres Körpers ständig produziert werden und unseren gesamten Stoffwechsel regulieren. Ohne Enzyme könnte unser Körper überhaupt nicht funktionieren. Für die therapeutische Anwendung haben sich insbesondere die proteolytischen (eiweißabbauenden) Enzyme bewährt (z. B. **Wobenzym, Wobemugos, Alph-Intern, Carzodelan** usw.). Sie haben nämlich die Fähigkeit, Eiweißstoffe, zu denen auch Körperzellen gehören, aufzulösen. Gesunde Zellen werden von dieser Wirkung der proteolytischen Enzyme nicht bedroht, so daß nur kranke Körperzellen aufgelöst werden können. Außerdem haben die proteolytischen Enzyme eine verdünnende Wirkung auf das Blut und sind in der Lage, kleine Thromben aufzulösen.

▷ Dadurch haben sich diese Enzyme bei der Behandlung von Entzündungen, Blutstauungen, zu dickem Blut, bei Thromben und sogar bei Krebsgeschwülsten bewährt.

4.2.20 Farb-Akupunktur-Therapie

Die Farb-Akupunktur-Therapie ist ein Alternativverfahren, das sich ergänzend zu klassischen schulmedizinischen Verfahren bei der Behandlung **psychischer** Erkrankungen und Syndrome, vor allem bei **Depressionen** im Rahmen von **Pyrethroid-, Pestizid-, Holzschutzmittel-** und **Lösungsmittelintoxikationen,** aber auch beim **Feer-Syndrom,** bei der **Amalgam-Krankheit** und bei **Umwelt-Ängsten** bzw. Umwelt-Angstneurosen sehr bewährt hat.

Während bei der Farbtherapie größere Körperbereiche des Menschen mit farbigem Licht bestrahlt werden, ist man vor einiger Zeit dazu übergegangen, mit speziellen Farblampen nur noch ganz gezielt ausgewählte Akupunkturpunkte zu reizen. Dadurch kann auf sehr einfache, schmerzlose und doch hochwirksame Weise der Energiefluß des Menschen positiv beeinflußt werden, denn die energetische Schwingung der Farbe – und Licht ist nichts anderes als schwingende Energie – dringt über den Akupunkturpunkt direkt in den Energieverlauf des Meridians ein und erreicht so eine gesundheitsfördernde Beeinflussung des Energieflusses. Wegen der hohen Wirksamkeit und der absoluten Schmerzlosigkeit hat sich diese Behandlung vor allem bei Kindern, aber auch bei empfindlichen Gemütern hervorragend bewährt.

4.2.21 Farbtherapie

Die Farbtherapie ist ein Alternativverfahren, das sich ergänzend zu klassischen schulmedizinischen Verfahren bei der Behandlung **psychischer** Erkrankungen und Syndrome, vor allem bei **Depressionen** im Rahmen von **Pyrethroid-, Pestizid-, Holzschutzmittel-** und **Lösungsmittelintoxikationen,** aber auch beim **Feer-Syndrom,** bei der **Amalgam-Krankheit** und bei **Umwelt-Ängsten** bzw. **Umwelt-Angstneurosen** sehr bewährt hat.

Schon die alten Babylonier wußten, daß bestimmte Farben auch eine ganz bestimmte Wirkung auf den Menschen haben. So wirkt Rot zum Beispiel anregend, erwärmend und durchblutungsfördernd. Blau dagegen beruhigend, kühlend und desinfizierend. In jüngerer Zeit war es Johann Wolfgang von Goethe, der in seinem Werk über die Farbenlehre die Wirkung der Farben erstmalig schriftlich festhielt. Seine Erkenntnisse haben auch heute noch Gültigkeit.

4.2.22 Gegensensibilisierungs-Therapie (GS-Therapie)

In der Praxis des Autors ist die Gegensensibilisierungs-Therapie inzwischen zu einer ganz individuellen Therapieart weiterentwickelt worden. Dabei kamen die Erkenntnisse der modernen Immunologie, daß »im Patientenblut krankheitsbezogene Reaktionsprodukte wie Antikörper, Autoantikörper, allergische Antikörper, Enzyme und zum Teil auch die sensibilisierenden Substanzen enthalten sind, die sich pathogen auswirken«, diesem Weiterentwicklungsprozeß zugute.

Körpereigene Reaktionsprodukte werden vom Organismus nicht als Fremdstoffe empfunden, Gegenreaktionen unterbleiben. Verfremdet man die krankheitsbezogenen Reaktionsprodukte so, daß sie »nach Rückführung in den Organismus nicht mehr als körpereigen erkannt werden und spezifische Gegenreaktionen auslösen, die immunologisch vom beteiligten Antigen bzw. Hapten abhängig bleiben«, lassen sich immunologische Gegenreaktionen induzieren.

Die Umwandlung körpereigener Antikörper zum Antigen gelang durch einen Kunstgriff, und zwar durch Absorption der Antikörperfraktion an eine kolloidale Komplexverbindung aus Aluminiumhydroxid und Kieselsäure unter Zusatz von Phenol. Phenol hat die Aufgabe, die aus dem Patientenblut zusammen mit dem Präparat »Serum-Activator« gewonnene Stammlösung zu konservieren und den sich bildenden Komplex zu stabilisieren. Daraus lassen sich Verdünnungen herstellen, die in ansteigender Konzentration injiziert werden. Der Begriff »Gegensensibilisierung« besagt, daß es sich um die Auslösung von Gegenreaktionen gegen eine krankheitsbedingt oder -auslösende Sensibilisierung handelt. Die Gegensensibilisierung eignet sich für die Behandlung der Atopien und Allergosen aufgrund exogener Allergene wie Heufieber, Asthma bronchiale, Ekzeme usw. Zum anderen eignet sie sich aber auch zur Behandlung von chronischen Organerkrankungen, bei denen Sensibilisierungsvorgänge gegen körpereigene Stoffe und Allergene bestehen.

Bei den Erkrankungen des **rheumatischen Formenkreises** richten sich die Antikörper vorwiegend gegen mesenchymales Gewebe der Blutgefäße, Muskeln, des Bindegewebes und der Gelenke. Weiter gibt es immunpathogene Autoaggressionen gegen parenchymatöse Organe wie **Leber, Nieren** (autoimmunologische Prozesse wurden am besten am Beispiel der Glomerulonephritis untersucht. Das Endstadium besteht hier in einer fast völligen Blokkierung der Glomerulusfunktionen durch Antigen-Antikörper-Komplexe), **Drüsen, Haut, Herz, Gehirn, Rückenmark.** Hier überall ist die **GS angezeigt.**

▶ Bei älteren Menschen wird man in der Regel auf eine Gegensensibilisierung verzichten müssen. Der alte Mensch reagiert nicht mehr so intensiv allergisch, so daß eine GS meist nicht viel nützt, außer wenn typische Erscheinungen vorliegen, wie etwa Dermatosen oder Autoimmunerkrankungen.

4.2.23 Homöopathie

Der sächsische Arzt Samuel Hahnemann (1750–1843) entdeckte Anfang des 19. Jahrhunderts, daß eine Substanz, die in einer hohen Dosierung beim gesunden Menschen Krankheitserscheinungen hervorruft, in starker Verdünnung bei einem Erkrankten genau diese Erscheinungen heilen kann. Daraus stammt dann auch der Leitsatz der Homöopathie: »Ähnliches wird durch Ähnliches geheilt.« Damit stand und steht diese Therapie ganz im Gegensatz zu schulmedizinischen Heilmethoden, bei denen Arzneimittel eingesetzt werden, die sich gegen vorhandene Beschwerden richten, sie also unterdrücken und beseitigen sollen.

Sinn der Homöopathie ist es jedoch, mit Hilfe eines »Simile« – also eines Mittels, dessen hohe Konzentration ähnliche Beschwerden auslösen würde wie die, die beim Patienten gerade bestehen – die Krankheit zu beeinflussen. Das entsprechende Mittel wird dazu in einer mehr oder weniger hohen Verdünnung dem Patienten verabreicht, so daß die Selbstheilungskräfte des Organismus in Gang gebracht werden können. Dabei kommt es nicht selten zu einer sogenannten Erstverschlimmerung, die aber keine gefährliche Nebenwirkung, sondern eine Heilreaktion des Körpers darstellt. Mittlerweile ist die Homöopathie, die bisher von der Schulmedizin immer abgelehnt wurde, auch wissenschaftlich bewiesen worden.

Dem Arzt und Wissenschaftler J. Benveniste von der Universität Paris-Süd und zwölf Mitautoren aus sechs Forschungsinstituten in Frankreich, Italien, Israel und Kanada gelang es, in wissenschaftlichen Versuchsreihen eindeutig nachzuweisen, daß die homöopathischen Arzneimittel selbst in höchster Potenzierung (in der Homöopathie heißen die einzelnen Verdünnungsstufen »Potenzen«) nicht nur wirksam sind, sondern daß sich die Wirksamkeit von Potenzierung zu Potenzierung sogar noch erhöht. Damit konnten die Wissenschaftler jetzt endlich das bestätigen, was den Homöopathen schon seit Jahrhunderten bekannt ist.

4.2.24 Die Hyperthermie-Therapie

Die Hyperthermie *(Überwärmung)* kommt überall dort zum Einsatz, wo eine gezielte Temperaturerhöhung, also eine Art künstliches Fieber, in bestimmten, abgegrenzten Gewebsbereichen erwünscht ist. Schon im Mittelalter wußte man, daß Fieber die Widerstandskräfte des Körpers ankurbelt und temperaturempfindliche Krankheitserreger abtötet. Lange

Zeit war es schwierig, dieses Fieber zu erzeugen, ohne dem Menschen dabei zu schaden. Vor einigen Jahren wurde nun nach langen Forschungsarbeiten von Wiener Ärzten die *Intrathermie* entwickelt, die eine örtliche Erwärmung der behandelten Körperteile auf 43,4 Grad Celsius bewirkt. Erreicht wird diese Überwärmung durch spezielle Ultrarot-A-Tiefenstrahlen, die bis in tiefere Gewebsschichten eindringen können, ohne die Oberhaut und den Kreislauf zu belasten. Die Folge davon ist, daß sich im Körperinneren die Kapillargefäße erweitern und so das kranke Gewebe wieder vermehrt mit Blut und Sauerstoff versorgt werden kann. Bei den dabei erreichten Temperaturen bauen sich nicht nur entzündete Zellen, sondern sogar Krebszellen allmählich ab.

Aus diesem Grund ist die Hyperthermie bei allgemeinen organischen Entzündungen wie Magen-, Darm-, Unterleibs- oder Bronchial- und Brustentzündungen ebenso gut einzusetzen wie bei chronischen Schmerzzuständen, Neuralgien, Phantomschmerzen, Gelenkleiden, Knochen- und Gewebsentzündungen, Narbenschmerzen, Blutergüssen, Verrenkungen, Migräne, Nieren- und Blasenleiden, Durchblutungsstörungen und vielem anderen mehr. Dabei ist diese Behandlung nicht nur völlig unschädlich, sondern auch sehr angenehm und somit auch für empfindliche Gemüter geeignet.

Übrigens hat Prof. Manfred von Ardenne die Kombination aus Sauerstoff-Mehrschritt-Therapie, Thymusgesamtextrakt und Ultrarot-A-Tiefenbestrahlung als **»Krebs-Mehrschritt-Therapie«** oder als **»Sauerstoff-Immunstimulation«** bezeichnet. In seinem Dresdner Institut hat er die Wirkung dieser Kombinationstherapie in langjährigen Versuchen an vielen Patientinnen und Patienten getestet und kam fast immer zu hervorragenden Ergebnissen.

4.2.25 Hyposensibilisierungs-Therapie (biochemisch)

Die Hyposensibilisierung ist ein Verfahren der Allergiebehandlung (siehe dieses). Die durch intradermale Testverfahren ermittelten individuellen Konzentrationen der einzelnen Antigenlösungen werden zum Teil als Mischlösungen dem Patienten mitgegeben.

Die mitgegebene Nahrungsmittelmischlösung spritzt sich der Patient jeden vierten Tag, ebenso: Staub, Tierhaare, Schimmelpilze, Baumwolle, Pollen, Candida albicans. Allerdings verändert sich das Injektionsintervall erst, wenn die für Inhalationsallergene optimale Dosis nach dem Schema der sogenannten Built-Lup-Therapie (siehe dieses) erreicht ist, von zwei auf vier Tage.

4.2.26 Hyposensibilisierungs-Therapie (energetisch)

Die energetische Hyposensibilisierung mittels Bioresonanz ist ein modernes Verfahren der alternativen Allergiebehandlung. Es beruht auf dem Prinzip, daß der menschliche Organismus nicht nur biochemischen, sondern auch energetischen Prozessen unterliegt: Jeder Stoffwechselvorgang geht mit elektrischen und elektromagnetischen Veränderungen einher, die man mit Bioresonanz messen (= Bioresonanz-Diagnostik) und optimieren (= Bioresonanz-Therapie) kann.

Anwendungsgebiete der energetischen Hyposensibilisierung mittels Bioresonanz sind alle allergischen Reaktionen oder Unverträglichkeits-Reaktionen, die zu Erkrankungen mit gestörter Regulationsfähigkeit des Organismus führen (wie z. B. Nahrungsmittelallergien, allergisches Asthma, Neurodermitis etc.), Stoffwechselerkrankungen, vor allem auch degenerative Prozesse (wie z. B. Osteoporose und Arthrose), energetische Blockaden, Durchblutungsstörungen, neurologische Störungen und verschiedenste Unverträglichkeiten.

▶ Vor allem hat sich die energetische Hyposensibilisierung mittels Bioresonanz bei Erkrankungen durch Umweltschadstoffe bewährt, für die es bisher noch kein befriedigendes schulmedizinisches Therapiekonzept gibt (weitere Informationen siehe »Bioresonanz«).

4.2.27 Kinesiologie

Wie die meisten energetischen Heilverfahren baut sich auch die Kinesiologie auf der Lehre der alten Chinesen auf, die schon vor Jahrtausenden wußten, daß der Körper nur dann gesund ist, wenn seine Energie gleichmäßig verteilt ist und ungestört fließen kann. Neuere amerikanische Untersuchungen fanden aber nun heraus, daß der Körper darüber hinaus genau weiß, wo die Störungen bei ihm vorliegen, wer diese Störungen auslöst und womit sie behandelt werden können. Schon bald hatte man dann auch eine Möglichkeit gefunden, vom Körper eine Auskunft über Art und Ursache seiner Krankheit zu bekommen. Dies geschah nämlich mit dem oben erwähnten *Muskeltest* der Angewandten Kinesiologie. Der Begriff Kinesiologie stammt aus dem Griechischen und bedeutet nichts anderes als die »Lehre von der Wissenschaft der Bewegungen«.

- Die *Angewandte Kinesiologie* wendet nun diese Lehre an, um durch manuelles Testen von den Muskeln Informationen über das Muskelsystem und über Vorgänge im Gesamtorganismus des Kranken zu bekommen.

Jahrelange Beobachtungen ergaben dabei, daß bestimmte Muskeln mit bestimmten Akupunkturmeridianen in Verbindung stehen. Wenn nun ein Muskeltest einen schwachen, als nachgebenden Muskel ergibt, so heißt das, daß im dazugehörenden Meridian ebenfalls nur wenig Energie vorhanden ist oder ob Schwächen bestehen. Mit diesen einfachen Muskeltests ist also festzustellen, ob in einem Meridian ausreichend Energie vorhanden ist oder ob Schwächen bestehen. Sind nun Energiestörungen zu finden, so lassen sie sich durch einfache Berührungen oder durch leichte Massagen sogenannter neurolymphatischer und neurovaskulärer Reflexzonen ausgleichen, wodurch eine Verbesserung der Durchblutung und des Lymphflusses erreicht wird.

Durch diese manuelle Therapie tritt dann eine augenblickliche Stärkung des Muskels und des Energieflusses im Meridianverlauf ein. Bei einem erneuten Testen des Muskels bestätigt dieser dann das Ergebnis: er testet stark. Da die Meridiane entsprechend der alten Akupunkturlehre der Chinesen bestimmten Organen zugeordnet sind, kann durch eine Wiederherstellung des Energieflusses und damit durch eine Kräftigung des betreffenden Muskels nun auch eine direkte heilende Wirkung auf das zu diesem Meridian gehörende Organ ausgeübt werden. Auf diese Weise kommt die Kinesiologie völlig ohne Pillen und Spritzen aus. Sie ist eine ganzheitsorientierte Heilmethode, mit der nicht nur Störungen gefunden werden können, sondern mit der man auch Übungen entwickeln und vorhandene Störungen beseitigen kann.

4.2.28 Kreislauffußbäder nach Schiele

In der grundsätzlich schulmedizinisch orientierten Praxis des Autors wird viel Wert auf ergänzende roborierende Maßnahmen und physikalische Therapie gelegt. In diesem Sinne werden die Kreislauf-Fußbäder als Ergänzung und Erweiterung der schulmedizinischen Methoden eingesetzt. Dies insbesondere dort, wo die klassische Schulmedizin an ihre Grenzen stößt.

Schon Pfarrer Kneipp lobt die ausgezeichnete Wirkung von temperaturansteigenden Fußbädern.

Was Sie dazu brauchen, ist lediglich eine Waschschüssel oder ein Eimer. Hier gießen Sie so lange heißes Wasser nach, bis die Anfangstemperatur von 35 Grad auf 45 Grad Celsius angestiegen ist. Diese

Methode hat jedoch den Nachteil, daß dabei kein kontinuierlicher Temperaturanstieg des Wassers erreicht werden kann. Gerade aber letzteres erzeugt den eigentlichen Heilreiz bei den ansteigenden Fußbädern. Wesentlich wirkungsvoller ist es daher, wenn Sie die ansteigenden Fußbäder mit einem speziell entwickelten »Kreislaufgerät« durchführen. Bei dieser elektrisch betriebenen Fußbadewanne sorgen am Boden befindliche Heizstäbe dafür, daß sich die Temperatur des Wasser allmählich und kontinuierlich von 35 Grad auf 45 Grad Celsius erhöht. So ist ein gleichmäßiger Temperaturreiz auf die Fußsohlen gewährleistet, und die wichtigen Reflexzonen der Füße werden dem heilenden Wärmereiz allmählich und kontinuierlich ausgesetzt.

▶ Bei den original ansteigenden Kreislauf-Fußbädern nach Schiele werden außerdem noch für jede Krankheit bestimmte ätherische Öle zum Einreiben der Füße und als Zusätze für das Badewasser verwendet, mit denen die Heilwirkung dieser Fußbäder wesentlich unterstützt wird.

Diese Heilwirkung beruht darauf, daß durch das allmähliche Aufwärmen der Füße über einen reflektorischen Reiz der Fußreflexzonen das im Körperinneren, also in den Organen, gespeicherte Blut allmählich wieder zum Fließen gebracht wird. Auf diese Weise wird der Blut- und Lymphkreislauf des Patienten um das Vierfache beschleunigt.

Die Folge davon ist, daß die Nährstoffe im Körper wieder besser verteilt und angesammelte Schlackstoffe schneller wieder abgebaut werden können. Außerdem werden Blutstauungen im Körperinneren aufgelöst, so daß die wichtigen Organe wie Leber, Milz und Hauptschlagader deutlich entlastet werden. Außerdem wird der Herzschlag gekräftigt und mit jedem Schlag auch wieder mehr Blut in den Kreislauf gepumpt. Selbst der Blutdruck wird durch die ansteigenden Kreislaufbäder reguliert, unabhängig davon, ob er vorher zu hoch oder zu niedrig war. Im Verlauf einer solchen Badekur nimmt die Vitalität der Patienten deutlich zu, und der Heilungsprozeß von bestehenden Krankheiten wird merklich beschleunigt.

Die vielfältige Wirkungsweise dieser ansteigenden Kreislauffußbäder ermöglicht es, diese Therapie mit zahlreichen anderen Behandlungsmethoden hervorragend zu kombinieren. Dazu gehört zum Beispiel die Sauerstoff-Mehrschritt-Therapie, die »große Blutwäsche«, die Enzymtherapie, das Biofeedbackverfahren, die Behandlung mit pulsierendem Magnetfeld usw.

4.2.29 Magnetfeld-Therapie

Die Behandlung mit pulsierendem Magnetfeld hat heute schon weltweit Anerkennung gefunden. Die Forschungsergebnisse haben gezeigt, daß die Hauptwirkung dieser Behandlung auf der erhöhten Durchblutungsförderung und der Erhöhung des Sauerstoffdrucks im Gewebe beruht. Dadurch werden zum einen die Körperzellen wieder besser versorgt, zum anderen verstärkt Schlackstoffe ausgeschieden.

Die Behandlung mit dem pulsierenden Magnetfeld kann dabei individuell dosiert werden, da es mit modernen Geräten heute möglich ist, sowohl die Intensität der Magnetstrahlung als auch die Frequenz zwischen Einschalten und Abschalten der Strahlung zu steuern. Dadurch kann eine gezielte Energieanreicherung in allen Geweben gewährleistet werden, so daß der körpereigene Energiefluß wieder in Gang kommt und sich das Gewebe und die Organe regenerieren können.

Die Einsatzmöglichkeiten der Magnetfeldtherapie sind entsprechend groß. Sie reichen von Behandlungen in der Sportmedizin über die Therapie innerer Erkrankungen, von Hals-, Nasen- und Ohrenerkrankungen und urologischen Störungen bis hin zu Hautkrankheiten, Entzündungen und Abnutzungserscheinungen. Selbst vegetativ-psychische Störungen lassen sich mit der Magnetfeldtherapie gut beeinflussen.

4.2.30 Die Meridianmassage

Nach Ansicht der alten Chinesen bringt diese spezielle Form der Massage den gestauten Energiefluß in den Meridianen wieder zum Fließen und sorgt dafür, daß energetische Disharmonien wie psychische und seelische Störungen, aber auch Abgespanntheit, Müdigkeit und allgemeine Leistungsschwäche wieder in ein harmonisches Gleichgewicht gebracht werden.

4.2.31 Neuraltherapie

Leben ist Energie – und alles, was diesen Energiefluß stört, kann zu Krankheiten führen. Die möglichen Störungen sind aber vielfältig. Narben gehören ebenso dazu wie Knochenbrüche, kranke Zähne, kranke Mandeln, vereiterte Nebenhöhlen, entzündete Organe und dergleichen mehr. Durch diese *Störfelder* kommt es früher oder später zu einem *»Wackelkontakt«* im natürlichen Energiefluß und letztlich zu einem

»Kurzschluß«, der dann irgendwie, irgendwann und irgendwo im Körper eine Krankheit auslöst.

Sinn der Neuraltherapie ist es, solche Störfelder aufzudecken und zu beseitigen. Erreicht wird das durch eine »neuraltherapeutische Injektion« mit einem bestimmten neuraltherapeutischen Präparat, zum Beispiel mit **Procain** oder **Impletol.** Mit diesem Medikament kann der gestörte oder unterbrochene Energiefluß des Menschen wieder normalisiert und die durch die Störung des Energiefeldes ausgelöste Krankheit damit kuriert werden.

4.2.32 Neutralisations-Therapie

Die Neutralisation ist ein Verfahren der Allergiebehandlung (siehe dieses). Die durch intradermale Testverfahren ermittelten individuellen Konzentrationen der einzelnen Antigenlösungen werden zum Teil als Mischlösungen dem Patienten mitgegeben. Die mitgegebene Nahrungsmittelmischlösung spritzt sich der Patient jeden vierten Tag, ebenso: Staub, Tierhaare, Schimmelpilze, Baumwolle, Pollen, Candida albicans. Allerdings verändert sich das Injektionsintervall erst, wenn die für Inhalationsallergene optimale Dosis nach dem Schema der sogenannten Built-Lup-Therapie (siehe dieses) erreicht ist, von zwei auf vier Tage.

4.2.33 Die Nosodentherapie

Mit der Nosoden-Therapie lassen sich Restgifte früherer Erkrankungen und die im Körper angesammelten Gifte von Umweltbelastungen und ungesunder Lebensweise wieder ausschwemmen.

> Zusätzlich müssen dann noch Naturmaßnahmen eingesetzt werden, die die Funktion von Leber, Galle, Niere, Bauchspeicheldrüse, Herz und Darm unterstützen. Dazu können Phytotherapeutika dienen wie homöopathische Medikamente, Fastenkuren, Darmsanierungs-Maßnahmen, Teekuren und natürlich auch sogenannte Ausleitungsverfahren wie Schröpfen, Baunscheidtieren oder der altbekannte Aderlaß nach HILDEGARD VON BINGEN.

▷ Das Prinzip der Nosodentherapie ist es dann, den Körper absichtlich mit abgetöteten und homöopathisch verdünnten bzw. potenzierten Krankheitserregern, Medikamentengiften oder anderen Schadstoffen zu infizieren.

Selbstverständlich sind die Krankheitserreger oder Giftstoffe dabei nicht mehr ansteckungsfähig und können deshalb auch keinerlei Krankheiten auslösen. Deutliche Entgiftungsreaktionen sind allerdings sehr häufig und auch durchaus erwünscht. Vergleichbar ist diese Therapie mit einer Impfung, wie sie auch von der klassischen Medizin her bekannt ist. Der Unterschied ist nur der, daß in der Schulmedizin die Substanzen in wesentlich konzentrierterer Form verwendet werden. Zwar können dabei auch keine direkten Krankheiten entstehen, jedoch sind aufgrund der konzentrierten Verabreichung mitunter gefährliche Nebenwirkungen zu befürchten. Ein anderer Unterschied ist, daß Impfungen vorgenommen werden, um einer Krankheit vorzubeugen, die Nosodentherapie aber erst dann eingesetzt wird, wenn bereits eine Krankheit entstanden ist.

Mit der Nosodentherapie können nicht nur alte Krankheiten aktiviert und auf natürliche Weise auskuriert werden. Es lassen sich auch Umweltvergiftungen oder Folgen von Medikamentenvergiftungen behandeln. Dazu werden z. B. Penicillin, Cortison oder andere chemische Arzneistoffe in hoher homöopathischer Verdünnung eingesetzt.

Auch bei Krankheiten, die durch ständiges Einatmen schädlicher Farbdämpfe entstanden sind, läßt sich durch den Einsatz der homöopathisch verdünnten Chemiedämpfe in Form von Tropfen oder als Einreibung oftmals ein Selbstheilungsmechanismus in Gang setzen, der dem Körper hilft, sich wieder zu entgiften und die durch die schleichende Vergiftung entstandene Krankheit zu heilen.

Die Möglichkeiten der Therapie sind also fast unbegrenzt. Alles, was eine Krankheit erregt oder was als Folge dieser Krankheit entsteht, kann letztlich zu einer Nosode aufbereitet werden und dazu beitragen, eine chronische Erkrankung oder eine alte, heimlich noch existierende Krankheit vollkommen auszuheilen. Die Nosodentherapie ist also dazu geeignet, sowohl Schäden von früheren Erkrankungen zu beseitigen als auch Schäden, die durch chemische Stoffe – wozu auch chemische Arzneimittel gehören – entstanden sind.

Besonders häufig sind hier die Folgeerkrankungen langandauernder *Penicillin-, Cortison-* und *Schmerzmittelbehandlung*. Werden den Patienten nun hochverdünnte Penicillin-, Cortison- und Schmerzmittelnosoden verabreicht, kann in den meisten Fällen eine deutliche Besserung der durch den Mißbrauch dieser Medikamente entstandenen Gesundheitsschäden erreicht werden.

Natürlich ist es nicht immer leicht, die richtige Nosode herauszufinden. Dazu gehört zum einen sehr viel Geduld, zum anderen ein gewisses detektivisches Talent, um im persönlichen Gespräch mit dem Patienten die Hintergründe einer Erkrankung aufzudecken. Wenn das persönliche Gespräch jedoch nicht weiterhilft, so bleibt immer noch die Möglichkeit der Medikamentenaustestung mittels der schon erwähnten *Bioelektronischen Funktionsdiagnose.* Diese Methode gewinnt heute immer mehr Anhänger und trägt wesentlich zu einer gezielten Auswahl der für die Behandlung notwendigen Medikamente und damit auch zu einem schnelleren Heilungsverlauf bei.

4.2.34 Das Ölziehen

Auf einer Tagung des All-Ukrainischen Verbandes der Onkologen (Fachärzte für Geschwülstkrankheiten, z. B. Krebs) und Bakteriologen, innerhalb der Akademie der Wissenschaften der UdSSR, hielt Professor F. KARACH ein vielbeachtetes Referat. Er erklärte einen ungewöhnlich einfachen Heilprozeß des menschlichen Körpers mit Hilfe des sogenannten »Ölziehens«.

Durch diese Ölkur können unter Umständen *Kopfschmerzen, Bronchitis, Zahnschmerzen, Thrombosen, chronische Blutkrankheiten, Arthrose, Paralyse, Ekzeme, Magengeschwüre, Darmerkrankungen, Herz-* und *Nierenbeschwerden, Encephalitis* (Gehirnentzündung) und *Frauenkrankheiten* vollkommen ausgeheilt werden.

Vorbeugend kann gleichzeitig das Entstehen lebensgefährlicher Auswüchse verhindert (womit wohl Neubildungen, Tumore gemeint sind) und auch geheilt werden, wie z. B. auch chronische Blutkrankheiten, ferner Lähmungen, Nervenerkrankungen, Magenbeschwerden, Lungen- und Leberkrankheiten sowie die epidemisch auftretende Schlafkrankheit.

> Kaufen Sie Sonnenblumenöl (oder Erdnußöl oder Distelöl) im Reformhaus. Morgens vor dem Frühstück wird 1 Eßlöffel davon genommen, aber nicht hinuntergeschluckt. Das Öl wird ohne beson dere Anstrengung und ohne Hast im Mund gesaugt, gespült, durch die Zahne gesogen und das bei geschlossenem Mund auf die Dauer von 15–20 Minuten. Es wird richtig gekaut, das Kinn bewegt und wie bei der Mayrkur viel Speichel gezogen, also Mundverdauung. Offenbar werden die Krankheitsgifte über die Mundschleimhaut aus dem Blut gezogen. Deshalb darf das Öl auf keinen Fall hinuntergeschluckt werden, denn es ist giftig geworden.
> Zuerst ist das Öl dickflüssig, aber dann wird es ganz dünnflüssig und weiß wie Wolle, wonach es ausgespuckt wird. (Ist die Flüssigkeit noch gelb, so wurde das Öl nicht lange genug und nicht gründlich genug gezogen.) Nach dem Ausspucken muß die Mundhöhle gründ-

lich und mehrere Male mit Wasser gespült und die Zähne mit der Zahnbürste gereinigt werden, ebenso das Waschbecken; denn in der ausgespuckten Flüssigkeit befinden sich große Mengen von Bakterien, Krankheitserreger und andere schädliche Stoffe.

Wenn wir einen Tropfen dieser Flüssigkeit unter einem Mikroskop in seiner 600fachen Vergrößerung untersuchen würden, bekämen wir eine Art beweglicher Fasern zu Gesicht. Das sind Mikroben in ihrem ersten Entwicklungsstadium.

Es ist besonders wichtig zu betonen, daß sich während der Zeit des Ölziehens der Stoffwechsel unseres Organismus verstärkt abwickelt und so ein dauerhafter Gesundheitszustand erreicht werden kann. Eine der auffallendsten Wirkungen dieses Vorganges ist die Festigung lockerer Zähne, das Unterbinden von Zahnfleischbluten und sichtbares Weißwerden der Zähne.

Das Ölziehen wird am besten **morgens vor dem Frühstück** vorgenommen. Um den Heilprozeß zu beschleunigen, kann der Vorgang auch **dreimal am Tag** wiederholt werden. Immer jedoch vor dem Essen und mit leerem Magen. Der Organismus wird dadurch nicht geschädigt und der Ablauf des Heilverfahrens ist schneller und wirkungsvoller. Der so beschriebene Heilvorgang muß so lange vorgenommen werden, bis sich im Organismus die ursprüngliche Kraft, die Frische und der ruhige Schlaf wieder eingestellt haben.

4.2.35 Orthomolekulare Medizin

Vitamine, Mengen- und Spurenelemente sollten substituiert werden in Abhängigkeit von der klinischen Symptomatik und den Laborbefunden. So ist bei Streß der Verbrauch an Vitamin A erhöht, Frauen, die über pämenstruelle Beschwerden klagen, haben häufig einen Vitamin B_6-Mangel. Durch die Einnahme der Bedarf an Vitamin B_6 erhöht. Vitamin E-Mangel ist seit fast ausschließlicher Benutzung raffinierter Mehle sehr häufig und äußert sich in menstruations- und sogenannten klimakterische Beschwerden.

Die Bedeutung der Schwermetalle kann erst richtig eingeschätzt werden, wenn der gleichzeitg bestehende Mengenstoff- und Spurenelementmangel berücksichtigt wird.

Zur Behandlung der **Chemischen Sensibilität** (einem Krankheitsbegriff, der die unspezifische Reaktionslage des Körpers nach chemikalienbedingter Erkrankung auszeichnet) liegen verschiedene orthomolekulare

Therapiekonzepte vor. Das am meisten erprobte wurde von dem amerikanischen Arzt William Rea zusammengestellt. Prof. William Rea ist ein praktischer Thorax-, Herz- und Gefäßchirurg in Dallas, Texas, mit besonderem Interesse für Umweltmedizin und Inhaber des weltersten Lehrstuhls für Umweltmedizin am Robens Institut of Industrial and Environmental Health and Safety an der Universität of Surrey in Guildford, England.

▶ **Vitamin C: Tagesdosis (TD) bis zu 7 g**

Man gibt die Ascorbinsäure als Pulver mit geeigneten Speisen oder Wasser, eventuell mit Bikarbonat (siehe unten) neutralisiert, über den Tag verteilt, in schweren Fällen mehr, auch intravenös z. B. 3 × wöchentlich 15 g mit 1 g Calcium. Wegen seiner großen Bedeutung als Antioxidant und zur Entgiftung freier Radikale benötigt praktisch jeder schadstoffbelastete Patient Vitamin C. Der Bedarf an Vitamin C wechselt mit der Belastung durch Chemikalien, aber auch durch andere Formen des Stress, z. B. Virusinfektionen. Bitte beachten Sie bei Unverträglichkeiten die Möglichkeit einer Allergie auf Maisproteine, da das handelsübliche Vitamin C aus Mais gewonnen wird.

▶ **Vitamin E: 1200 mg (TD)**

Auch Vitamin E, z. B. als D-alpha-Tocopherolacetat, ist als fettlösliches Antioxidant für chemisch Sensible von großer Bedeutung, z. B. zur Unterbrechung der Lipiperoxidation durch Konversion von Lipidperoxylradikalen in Lipidhydroperoxyde, die dann durch die Glutathionperoxidase in stabile Alkohole konvertiert werden.

▶ **Selen: 200 mcg (TD)**

Selen ist ein notwendiger Kofaktor der Glutathionperoxidase, dem mit Katalase wichtigsten Enzym auf der zweiten Ebene der Verteidigung nach der Superoxyddismutase (SOD). Selen soll als Selenomethionin verschrieben werden, weil es so besser resorbiert wird und weil anorganisches Selenium sich bei mehreren Arten bei Seleniummangel als ineffektiv erwiesen hat. Auch können Selenite mit Glutathion und Sauerstoff freie Radikale bilden. Selenomethionin, pflanzlicher Herkunft, zeigte insgesamt die besten Resorption- und Verwertungseigenschaften.

▶ **Betacaroten: 25 mg (TD)**

Auch Vitamin A ist ein potentes Antioxidant, wird aber von vielen Menschen mit chemischer Sensibilität nicht vertragen, da es nur in vorkonservierter und stabilisierter Form in den Handel gebracht wird. Daher wird das unkonservierte Provitamin Betacaroten empfohlen.

▶ **Bikarbonat bis zu 4 g (TD)**
Bikarbonat nimmt man am besten als Mischung aus Natriumhydrogenkarbonat (Speisesoda) und Kaliumhydrogenkarbonat (Pottasche) im Verhältnis 3 oder 2 zu 1, um die bei Unverträglichkeitsreaktionen vorherrschende saure Stoffwechsellage zu kompensieren. Auch bei chemischer Sensibilität ist aus vielerlei Gründen eine Alkalisierung angezeigt, z. B. um optimale Enzymaktivitäten für die Detoxifikation zu gewährleisten, besonders bei Alkaliverlusten durch Durchfall. Eine ph-Kontrolle des Urins mit Teststäbchen ist hilfreich, scheint aber über das tatsächliche Ausmaß der Azidose/Alkalose nur unzureichend aussagekräftig.

▶ **Magnesium: 500–1500 mg (TD)**
Magnesium ist ein Kofaktor für mehr als 30 Reaktionen des intermediären Stoffwechsels und bei vielen Entgiftungsreaktionen von Bedeutung.

▶ **Calcium: 1–3 g (TD)**
Calcium hat viele physiologische Funktionen und sein Mangel kann bei chemischer Sensibilität zu Muskelspasmen und -krämpfen, Taubheitsgefühl und Kribbeln in Armen und Beinen führen, Nervosität, Schlaflosigkeit, Irritabilität und Kopfschmerzen verschwanden bei einigen chemisch sensiblen Patienten mit Calcium, Magnesium und Vitamin D. Auch der Calcium-Bedarf kann nicht durch Bestimmung im Serum erfaßt werden.

▶ **Zink: 15–30 mg (TD)**
Zink ist ein Cofaktor von etwa 200 bekannten Enzymen und besonders für chemisch Sensible sehr wichtig, wie Immunsystem, Geschmack, Geruch, Proteinverdauung und Aminosäurestoffwechsel, Wundheilung und psychische Funktionen. Bestimmungsmethoden beim Menschen in verschiedenen Kompartimenten (Serum, Blutzellen, Schweiß etc.) erweisen sich als hilfreich, sind aber nicht mit Zinkmangel in den Organen gleichzusetzen, sodaß verschiedene Autoren für einen therapeutischen Versuch plädieren.

▶ **Glutathion 600 mg (TD)**
Das Peptid Glutathion, Glutamylcysteinylglycin, in reduzierter Form mit einer reduzierenden Schwefelgruppe (GSH), ist wegen seiner Potenz zur Regeneration des Enzyms Glutathionperoxidase ein sehr wichtiges Mittel für chemisch hochsensible Patienten. Glutathionperoxidase konvertiert das toxische Wasserstoffperoxid in Sauerstoff und Wasser. Mithilfe von GSH werden Xenobiotika (körperfremde Stoffe), wie Disulphide, Naphhalene, Anthracene Organochlorpestizide und viele andere, in weniger toxische Glutathion-S-Konjugate verwandelt. Besserung tritt

bei intravenöser oder intramuskulärer Applikation (Tationil®) oft sofort ein.

▶ Cystein 1 g (TD)
Cystein ist die Aminosäure im GSH, die die entscheidende Schwefelgruppe trägt, hat aber außerdem noch eine Reihe weiterer Bedeutungen im intermediären Stoffwechsel, wie beim Aufbau von Coenzym A für den Citronensäurecyclus. Mangel an Cystein kann zu Allergien und einem gestörten Glukosestoffwechsel führen. Innerhalb der Körperzellen ist Cystein auch die wichtigste Vorstufe für die Bildung von Taurin. Da Candida albicans Cystein verstoffwechseln kann und Patienten mit Candida-Supersensibilität sich mit Cystein verschlechtern können, soll man während der Candidabehandlung anstelle von Cystein und Cystin Methionin geben.

▶ Taurin: 2 g (TD)
Für die chemische Sensibilität ist die Aminosäure wesentlich, weil sie eine entscheidende Rolle bei der Peptidkonjugation vieler Xenobiotika spielt und ihr Stoffwechsel bei chemisch Sensiblen gestört ist. Für die Entgiftung ist sie bedeutsam als Neurotransmitter-Antioxidant (für das Hypochlorid-Ion), durch die Peptidkonjugation der Gallensäuren und durch elektrolyt- und mineralregulierende Funktionen. Patienten, die zu wenig Taurin haben, können sehr empfindlich auf Aldehyde, Chlor, Chlorid und möglicherweise Phenol und bestimmte Amine werden.

▶ Methionin: 2 g (TD)
Auch Methionin ist bei chemischer Sensibilität aus vielerlei Gründen von Bedeutung, z. B. bei Methylierungen und Konjugationen von Xenobiotika. Bei 1500 Untersuchungen von Patienten mit chemischer Sensibilität, degenerativen Erkrankungen, neuromuskulärer Dysfunktion und mentalen Störungen war der Stoffwechsel von Methionin im Vergleich zu anderen Aminosäuren der am häufigsten gestörte. Das führt nicht nur bei Xenobiotika zu Störungen der Detoxifikation, sondern auch zu behindertem Abbau der endogenen Neurotransmitter Adrenalin, Noradrenalin und Serotonin.

▶ Niacin = Vitamin B3 (Acidum nicotinicum)
Rea hat bei mehr als 20 % seiner chemisch sensiblen Patienten einen Niacinmangel dokumentiert. Neben seiner Eigenschaft, die im Fett gespeicherten Gifte durch Lipolyse zu mobilisieren, kommt es durch B3 über die Verbesserung der peripheren Durchblutung zu einer Stoffwechselaktivierung im Fettgewebe. Im Rahmen der physikalischen Therapie wird Niacin bis zur persönlichen Verträglichkeitsgrenze eingesetzt. Darüberhinaus ist es als Komponente von NAD und NADP auch noch an mehr als 50 Reaktionen des Energiestoffwechsels beteiligt, der

bei chemischer Sensibilität sehr häufig empfindlich gestört ist (Vergleiche Kapuste[19]). Niacin führt anfänglich zu dem meist völlig harmlosen und flüchtigen Niacin-Flush mit Hautrötung und Hautbrennen. Die erste Einnahme durch den Patienten erfolgt daher vorsichtshalber in Ihrer Praxis.

4.2.36 Paraffin-Kohle-Therapie

Eine sehr effektive Entgiftungstherapie, die seit Jahrhunderten schon bekannt ist, ist die Verwendung von Paraffin- und Kohlepulver. Diese können Schadstoffe binden.

▶ Die Paraffin-Kohle-Therapie ist besonders gut geeignet zur Bindung und Ausschwemmung von sogenannten »lipophilen Substanzen«, die fest an das Fettgewebe binden, wie beispielsweise Organochlorverbindungen, Pestizide oder Holzschutzmittel wie Lindan, PCP, DDT oder HCB, aber auch bei Formaldehyd-Vergiftungen.

In der grundsätzlich schulmedizinisch orientierten Praxis des Autors wird die Hydro-Colon-Therapie unter Zugabe definierter Mengen von Paraffin und Kohle als sinnvolle Ergänzung und Erweiterung schulmedizinischer Methoden durchgeführt.

4.2.37 Sauerstoff-HOT-Therapie

Analog zur Sauerstoff-Mehrschritt-Therapie läßt sich auch mit der Sauerstofftherapie die Sauerstoffkonzentration des Körpers verbessern. Ozon ist eine spezielle Form von Sauerstoff. Während gewöhnliche Sauerstoffmoleküle aus zwei Atomen bestehen, kommt bei Ozon durch eine elektrische Ladung noch ein drittes Sauerstoffatom hinzu. Dadurch wird Ozon zu einem sehr aggressiven Gas, das zum einen hochgiftig, zum anderen aber auch sehr nützlich sein kann. Giftig ist es immer dann, wenn es in konzentrierter Form eingeatmet wird oder auf die Haut einwirkt.

Nützlich wird es, wenn es in verdünnter Form als Ozonsauerstoff direkt als Injektion oder Infusion in die menschliche Blutbahn oder das Muskelgewebe gelangt. Hier zerfällt es wieder in seiner Sauerstoffatome und verbessert die Sauerstoffkonzentration im Blut. Gleichzeitig kann es Bakterien und Viren abtöten und ist aus diesem Grund auch bei Organentzündungen hervorragend einzusetzen. So manche lebensgefährliche Leberentzündung konnte schon mit Ozonsauerstoff kuriert werden. Dafür hat sich am besten die »große Blutwäsche« (hämatogene Oxydationstherapie) bewährt.

Dazu wird dem Patienten aus der Armvene eine bestimmte Menge Blut, zwischen 50 und 200 cm^3, entnommen, mit Ozonsauerstoff angereichert und dann per Infusion durch die gleiche Kanüle wieder in die Armvene zurückgeleitet.

Die Wirkung einer solchen Behandlung ist sehr vielfältig, da sie sowohl bei *schweren Organschädigungen* sehr gut hilft als auch bei *psychischen Störungen,* bei schwersten *Durchblutungsstörungen,* bei *Leber-* und *Herzbeschwerden, Konzentrations-* und *Gedächtnisschwächen* sowie *vorzeitigen Alterserscheinungen.* Gleichzeitig wird der gesamte Zellstoffwechsel angekurbelt, was schon nach wenigen Behandlungen zu einer deutlichen Verbesserung des allgemeinen Wohlbefindens führt.

4.2.38 Sauerstoff-Mehrschritt-Therapie

Der Hauptzweck der abwehrsteigernden und regenerierenden Therapie ist die Normalisierung des Sauerstoffdrucks im Körper. Wo nicht genügend Sauerstoff im Blut in den Körperzellen vorhanden ist, kann keine Therapie richtig fassen. Das ist so, als ob Sie ständig Holz auf ein nur glimmendes Feuer nachlegen würden. Es wird nie eine Flamme entstehen, sondern das Feuer wird sogar allmählich erstickt werden. Blasen Sie aber Sauerstoff in die Glut, wird schon in kürzester Zeit eine lodernde Flamme vorhanden sein, die das nachgelegte Holz verbrennt. Auch ein Organismus, der nicht genügend Sauerstoff hat, kann Therapien und Medikamente nicht richtig verarbeiten, da ihm einfach die Energie dazu fehlt. Erst wenn sein Sauerstoffdefizit wieder ausgeglichen ist, kann er all das verbrennen, was man ihm zuführt. Erst dann also können die Heilwirkungen der Medikamente der naturheilkundlichen Therapien richtig ausgenutzt werden.

Das Feststellen des Sauerstoffdrucks ist kein Problem. Hier reicht eine unblutige Messung mit einer speziellen Sonde und einem dafür geeigneten Gerät. Ist der Sauerstoffdruck zu niedrig, sollte unbedingt eine Sauerstoff-Mehrschritt-Therapie nach Prof. MANFRED VON ARDENNE durchgeführt werden. Nach seinen Erkenntnissen bedeutet ein Sauerstoffmangel nicht nur, daß durchgeführte Therapien und eingesetzte Medikamente nicht richtig zur Wirkung kommen, sondern Sauerstoffmangel hat immer auch einen Energiemangel des Körpers zur Folge und damit eine verstärkte Anfälligkeit gegenüber allen Arten von Krankheiten. Die Durchführung der Sauerstoff-Mehrschritt-Therapie ist dabei ebenso einfach wie wirkungsvoll.

Erster Schritt: Zunächst einmal bekommt der Patient einen speziellen »Cocktail« aus Vitaminen und Mineralien, der die Sauerstoffaufnahmefähigkeit der Körperzellen erhöht.

Zweiter Schritt: Der Patient erhält über einen bestimmten Zeitraum eine genau dosierte Menge medizinisch reinen Sauerstoffs aus einer Sauerstoffflasche über einen Schlauch mit einer Atemmaske zum Einatmen verabreicht. Zur Verbesserung der Sauerstoffaufnahme und zur Aktivierung des Kreislaufs sollte er dabei ein passives oder ein aktives Kreislauftraining durchführen. Das passive Kreislauftraining erfolgt mit den ansteigenden Kreislauffußbädern nach SCHIELE. Zum aktiven Kreislauftraining muß der Patient entsprechend seiner Leistungsfähigkeit auf einem Ergometer radfahren.

Dritter Schritt: Nach der Sauerstoffinhalation sollte nun das Langzeitbewegungstraining erfolgen. Das bedeutet schlicht und einfach, daß – wie ARDENNE es nennt – eine kraftvolle Lebensweise angesagt ist. Die Patientin soll sich also möglichst oft intensiv bewegen, Sport treiben und durch aktive Tätigkeit ins Schwitzen kommen. Nur dadurch ist es möglich, die durch die Sauerstoffinhalation erreichte Sättigung der Körperzellen langfristig aufrechtzuerhalten und den sauerstoffraubenden Folgen des ungesunden Stresses vorzubeugen.

Schon nach wenigen Behandlungen fühlen sich die Patienten wieder frisch und munter und können eine deutliche Verbesserung ihrer Leistungsfähigkeit feststellen. Da die Sauerstoff-Mehrschritt-Therapie auch ganz gezielt die körpereigenen Abwehrkräfte der Patienten stärkt, ist sie immer dann nützlich, wenn es gilt, die Widerstandskraft des Körpers gegen Krankheiten zu verbessern. Dazu zählen sogar so schwere Krankheiten wie Rheuma oder Krebs.

4.2.39 Schlangen- und Insektengift-Therapie

Schon im Altertum wußte man um die heilende Wirkung von **Ameisengift** und scheute sich nicht, sich mit blankem Gesäß in einen Ameisenhaufen zu setzen. Ameisengift wirkt entzündungshemmend und hilft hervorragend gegen rheumatische Erkrankungen. Mittlerweile ist aber die Wissenschaft weiter, und heute ist bekannt, daß auch andere Insektengifte wie **Bienen-, Wespen-** und **Spinnengift** sehr große Heilwirkungen aufweisen. Auch das Gift von **Kröten** und **Schlangen** hat sich mittlerweile vieltausendfach bei der Behandlung von Erkrankungen aller Art bewährt. Wirksame Bestandteile dieser Gifte sind auch hier wieder *Enzyme.*

Diese Enzyme wirken unter anderem durchblutungsfördernd, blutgerinnungshemmend, entzündungswidrig, antibakteriell, nervenregulierend usw. Ihr Einsatzgebiet ist deshalb sehr groß und reicht von rheumatischen Erkrankungen über Krebs bis hin zu organischen Störungen aller Art. Aber auch psychische Erkrankungen und Schmerzzustände können damit sehr gut beeinflußt werden. So haben sich vor allen Dingen die aus Schlangengiften gewonnenen Enzyme bei der Behandlung von Depressionen, nervösen Unruhezuständen, Menstruationsstörungen, Kopfschmerzen und dergleichen mehr immer wieder als erfolgreich erwiesen.

▶ Die Präparate sind im Handel sowohl als Tabletten und Salben wie auch als Injektionen zu erhalten.

4.2.40 Schröpfen

Das Schröpfen gehört ebenso wie der Aderlaß zu den ältesten Naturheilverfahren überhaupt. Unterschieden wird dabei zwischen dem **trockenen** und dem **blutigen Schröpfen.** Der therapeutische Vorgang ist aber jedesmal der gleiche:

Es wird eine Glasglocke auf die Haut aufgesetzt. Damit sich diese Glasglocke nun an der Haut festsaugen kann und dort hängenbleibt, muß ein Unterdruck in der Glocke erreicht werden. Dazu kann entweder die Luft aus der Glocke abgesaugt werden, oder es wird kurz vor dem Aufsetzen ein kleiner Wattebausch in der Glocke entzündet. Beim Verbrennen des Wattebausches wird die Luft in der Glocke verbraucht und somit der nötige Unterdruck erzeugt. Dadurch saugt sich die Glocke an der Haut fest. Die Folge davon ist, daß in verstärktem Maße Blut aus den tiefer liegenden Gewebsschichten nach oben in die kleinsten Adern der Haut hineinströmt und es so zu einem Bluterguß kommt. Das aber führt zu einer Umstimmung erkrankter auch tiefer im Körper gelegener Gewebe und Organe. Auf diese Weise können bestehende Schmerzen ebenso gelindert werden wie Verspannungen oder Abnutzungen.

4.2.41 Schwermetall-Entgiftungs-Therapie

Da Spurenelemente und Schwermetalle an dieselben Proteine binden, lassen sich Schwermetalle durch Substitution geeignete Spurenelemente und Vitamine verdrängen und dadurch eliminieren.

4.2.42 Selen-Therapie

▶ Innerhalb seines therapeutischen Bereichs ist Selen in der Lage, den menschlichen Körper vor den Umweltgiften Cadmium, Kobalt, Kupfer, Zinn, Blei, Arsen und Quecksilber zu schützen, das z. B. auch aus Amalgamplomben der Zähne freigesetzt wird.

In Norwegen konnten im Blut von an rheumatisch-arthritischen Beschwerden leidenden Personen erniedrigte Selen- und erhöhte Kupferkonzentrationen nachgewiesen werden. Die Gabe von Selen zusammen mit den Vitaminen A, C und E verringerte die Leiden bei einem Großteil der Betroffenen.

Die tägliche Selenaufnahme von 40 mg liegt in weiten Teilen Deutschlands unter dem opitmalen Bedarf von 200–300 mg, da die meisten Böden unzureichend mit Selen versorgt sind (HARTFIELD u. SCHULTE, 1988).

Selen ist essentieller Bestandteil der Glutathionperoxidase. Dieses Enzym schützt vor Peroxiden und Radikalen. Höchste Selenkonzentrationen finden sich im Hypophysenvorderlappen, in Niere und Leber.

▶ Selen steigert die Zellatmung, wirkt synergistisch mit Vitamin E und hat zytotoxische Effekte, die in der Karzinomtherapie nutzbar gemacht werden.

Unter Selensubstitution steigt die Immunantwort auf einen antigenen Stimulus, die Resistenz gegen mikrobielle und virale Infekte wird gesteigert.

▶ Bei Cadmiumvergiftung ist Selen noch stärker wirksam als Zink. Aber auch Hg verbindet sich mit **Natriumselenit,** so daß es entgiftet wird (KÖSTLER, 1990, SCHRAUZER, 1990). Das in vitro entstehende Quecksilberselenit wird zu nieder- und hochmolekularen Formen abgebaut.

Selen passiert die Blut-Hirnschranke, so daß sich in Tierversucchen die zentralen Symptome der Hg-Vergiftung durch Selen vollständig unterbinden lassen (WU et al. 1990).

Auch in den Nieren fanden sich bei Meerschweinchen nach Amalgamimplantation der Zähne elelektronenmikroskopisch Partikel, die Selen und Hg im Verhältnis 1 : 1 enthielten (WADA et al., 1975). Die zytotoxischen Wirkungen von Hg ließen sich sowohl in der Zellkultur als auch in vivo durch Selen vollständig hemmen (KUMEI und SATO, 1981), so daß japanische Forscher sich bereits selenhaltige Amalgamzahnfüllmateralien patentieren ließen (SCHRAUZER, 1990) .

Beim Legen neuer und nach Entfernung von alten Amalgamfüllungen empfiehlt sich die **Selensubstitution,** wobei **100–200 mg/Tag** in der Regel ausreichend sind. Diese Dosis verursacht auch bei Langzeitgaben keine Nebenwirkungen (SCHRAUZER, 1990).

4.2.43 Störfeldsanierung

Die häufigsten »Störfelder« sind Zähne, Darm, Narben, Nasennebenhöhlen, Mandeln, Blinddarm. Manchmal müssen Störfelder operativ entfernt werden, häufig genügt *Neuraltherapie* oder *Akupunktur.* Es gibt auch eindeutige Beziehungen zwischen dem örtlichen Auftreten von Tumoren und dem Ort eines Störfeldes im Körper, vor allem auch bei Krebs.

4.2.44 Superoxid-Dismutase-Therapie

Im Versuchsstadium ist zur Zeit in den USA der Einsatz von **antioxidativen Enzymen.** Hier hat die Superoxid-Dismutase besondere Bedeutung. Die Phagozytose der Leukozyten geht mit einer Erhöhung des Sauerstoffverbrauches um etwa das Zehnfache des Ruhestoffwechsels einher. Dieser Mehrverbrauch an Sauerstoff führt mindestens zum Teil zur Entstehung von Wasserstoffsuperoxid über eine zweistufige Reaktion, in deren Verlauf das Superoxidradikal auftritt. Das Auftreten der Sauerstoffradikalen ist durch Superoxid-Dismutase zu unterdrücken.

Das Superoxidradikal und andere sauerstoffzentrierte Radikale, wie z. B. das aus O_2- und H_2O_2 entstehende, außerordentlich aggressive OH-Radikal, aber auch Radikale, die im Verlauf der Reduktion von Hydroperoxidderivaten der Arachidonsäure (z. B. PGG2 und HPETEs) entstehen, können zu *unerwünschten Reaktionen* führen.

Während die Strukturen in der Zelle durch hohe intrazelluläre Superoxid-Dismutase-Konzentrationen gegen das O_2-Radikal geschützt sind, sind extrazelluläre Strukturen und die äußere Zellmembran der Schädigung durch O_2-Radikale schutzlos ausgesetzt. Das geschieht vor allem dann, wenn O_2-Radikale aus den aktivierten und infolge der Phagozytose zerfallenden polymorphkernigen Leukozyten in den extrazellulären Raum gelangen.

Man setzt daher Superoxid-Dismutase vom Rind zur Therapie von *entzündlichen Prozessen* ein. Dieses Enzym ist ein kugelförmiges Metallprotein (Molekulargewicht 32 600), dessen Aminosäuresequenz aufgeklärt ist und das neben Zink als katalytische Reaktionsstellen zwei Kupferionen enthält.

4.2.45 Symbioselenkung

Zur Entgiftung des Körpers gehört auch die Symbioselenkung, also die Wiederherstellung einer gesunden und natürlichen Bakterienbesiedlung der Darmschleimhaut (Darmflora). Gerade die heute immer weiter um sich greifende Fast-Food-Welle mit ihren denaturierten Nahrungsmitteln führt sehr schnell dazu, daß die Darmflora des Menschen zerstört wird. Das aber bedeutet nichts anderes, als daß die für das reguläre Funktionieren des Darmes notwendigen Darmbakterien auf ungesunde Weise vermehrt oder vermindert werden und sich eventuell krankmachende Pilze oder Bakterien im Darm ausbreiten. Aber auch für den Körper ungesunde Bakterien und Pilze haben einen Stoffwechsel, scheiden also etwas aus. Diese Ausscheidungsstoffe gelangen nun über die Darmschleimhaut in unseren Blut- und Lymphfluß und vergiften den Körper.

Als Folge davon können viele Krankheiten entstehen. *Kopfschmerz* und *Migräne* gehören ebenso dazu wie *rheumatische Erkrankungen, Herzbeschwerden, Hautkrankheiten, Blähungen, Völlegefühl, Durchfall, Verstopfungen* und viele der in diesem Buch vorgestellten *Frauenkrankheiten.* Sogar Krebs kann durch eine krankhafte Besiedlung der Darmschleimhaut begünstigt werden. Der geübte Naturheilkundler kann den Verdacht auf eine Störung der Darmflora durch verschiedene diagnostische Möglichkeiten schon sehr früh erhärten. Eine gezielte Stuhluntersuchung bringt den objektiven Beweis dafür.

► Entsprechend der gefundenen Störung können dann spezielle Präparate eingesetzt werden, die unter anderem auch lebende Darmbakterien enthalten.

4.2.46 Thymus-Therapie

Wie die Sauerstoff-Mehrschritt-Therapie ist auch die Behandlung mit Thymusextrakt (THX) hervorragend dafür geeignet, die körpereigenen Abwehrkräfte des Menschen zu stimulieren. Man weiß heute, daß es mit Thymusextrakt möglich ist, die Thymusdrüse des Menschen wieder so anzuregen, daß sie verstärkt sogenannte L-Lymphozyten bildet, die ganz wesentlich an der Bekämpfung von Infektionen und Entzündungen beteiligt sind. Mit einer Injektionskur aus Thymusgesamtextrakt ist es also möglich, die Widerstandskraft des Organismus wieder so zu aktivieren, daß man nicht nur alle Arten von Entzündungen und Infektionen immer wieder auskurieren kann, sondern vor allem auch ein wirksamer Schutz vor Krankheiten aufgebaut wird. Das gilt nicht nur für leichte Erkrankungen, sondern auch für so schwere Gesundheitsstörungen wie Rheuma oder Krebs.

Zur Behandlung wird der Thymusextrakt der Thymusdrüse junger Kälber verwendet. Dieser Extrakt wird so gereinigt, daß er keine ansteckenden Bakterien, Viren oder allergieauslösenden Substanzen enthält. Da es den Thymusextrakt nach SANDBERG nicht in Apotheken zu kaufen gibt, muß ihn sich jeder Behandler für seine Patienten selbst herstellen. Einige Therapeuten haben sich deshalb zur »Deutschen Gesellschaft für Thymustherapie e.V.« zusammengeschlossen und ein Gemeinschaftslabor errichtet, in dem jedes Mitglied dieser Gesellschaft seinen Thymusextrakt eigenverantwortlich produzieren kann.

Nach der Herstellung wird der Extrakt von unabhängigen staatlichen Kontrollinstituten auf seine Unbedenklichkeit geprüft und dann gemäß den Vorschriften des Deutschen Arzneimittelbuches als Arzneimittel freigegeben. Erst dann darf der Extrakt vom Therapeuten bei seinen Patienten eingesetzt werden.

Die Einsatzmöglichkeiten dieser Thymusextraktur sind sehr vielfältig. So fand Prof. VON ARDENNE nicht nur heraus, daß Thymusextrakt die *Abwehrkräfte steigert,* sondern daß er in Verbindung mit der Sauerstoff-Mehrschritt-Therapie auch hervorragend dazu geeignet ist, den *Alterungsprozeß* des Menschen *zu verlangsamen,* Körper und Seele zu regenerieren und so die unterschiedlichsten Krankheiten erfolgreich zu behandeln bzw. ihnen vorzubeugen.

Zu diesen Krankheiten gehören chronische Entzündungen und Infektionen, allgemeine Abwehrschwäche, vorzeitige Alterungserscheinungen, Durchblutungsstörungen, phsychisch-vegetative Schwächen, Organstörungen, Bindegewebs-, Gelenks- und Wirbelsäulenerkrankungen sowie Rheuma und Krebs. In Kombination mit der Sauerstoff-Mehrschritt-Therapie stellt die Thymustherapie einen wahren Jungbrunnen für den menschlichen Organismus dar, der dem Leben mehr Jahre und den Jahren mehr Leben schenkt.

4.2.47 Traditionelle Chinesische Akupunktur

Die Akupunktur wurde bereits vor 4000 Jahren in China entwickelt. Ihre Wirkungsweise basiert auf der Erkenntnis, daß im Menschen zwei Energiefelder existieren, **Yin** und **Yang,** die über bestimmte Energiebahnen (Meridiane) mit den Körperorganen in direkter Verbindung stehen. Beim gesunden Menschen herrscht ein Gleichgewicht zwischen Yin und Yang. Beim kranken Menschen dagegen gerät dieses Gleichgewicht durcheinander.

Durch die Nadelung bestimmter Akupunkturpunkte auf der Haut entlang dieser Energiebahnen kann nun das gestörte Energiegleichgewicht wieder reguliert werden, indem aus bestimmten Körperzonen überschießende Energie abgezogen und in Körperbereiche geleitet wird, in denen zuwenig Energie vorhanden ist. Das dadurch erreichte Energiegleichgewicht ist Voraussetzung für jede Krankheitsheilung.

In jüngerer Zeit sind einige Abwandlungen der klassischen Akupunktur entwickelt worden. Dazu gehört die **Elektroakupunktur,** bei der die Reizwirkung der Nadeln nach dem Stechen noch durch elektrischen Strom verstärkt wird.

Eine Akupunktur ohne Nadeln stellt die **Akupressur** dar, bei der der Reiz des Nadelstichs durch eine Fingerdruckmassage auf dem betreffenden Akupunkturpunkt ersetzt wird. Diese Form der »Akupunktur« hat sich insbesondere zur häuslichen Selbstbehandlung gut bewährt.

Eine spezielle Kombination aus Akupunktur und Homöopathie ist die sogenannte Homöopunktur oder **Homöosiniatrie.** Hier werden bestimmte homöopathische Arzneimittel (siehe Homöopathie) in gezielt ausgewählte Akupunkturpunkte injiziert. Dadurch wird eine kombinierte Wirkung erreicht: die Reizwirkung des Einstichs in den Akupunkturpunkt und die Heilwirkung des homöopathischen Medikaments.

4.2.48 Zink-Therapie

Zink reagiert mit den gleichen Proteinen wie die Schwermetalle. Der Tagesbedarf liegt bei 10–15 mg, die Schwangere benötigt sogar 25 mg. Nur bei hohem Fleisch- und Milchanteil in der Nahrung ist die Versorgung gesichert.

Zink wird nüchtern eingenommen gut resorbiert, aber zusammen mit der Nahrung nur ungefähr zu 20 %. Eine starke Kalziumaufnahme behindert die Zinkresorption, ebenso Phytine, die sich im Getreide befinden.

Zink liegt zu 10 % im Plasma und zu 90 % in den Blutzellen (88 % Erys, 2–3 Leukozyten) vor. In den Blutzellen ist Zink als Bestandteil von Metallothioneinen fest gebunden, im Plasma hauptsächlich an Proteine gebunden und nur wenig ionisiert.

Zink ist ein Schlüsselelement der DNA- und Proteinsynthese und wichtig für 70 Enzyme (z. B. Carboanhydrase, Alkoholhydrogenase, alkalische Phosphatase usw.). Wenn man im Tierversuch Zink vor oder innerhalb von zwei Stunden nach einer Cadmiumbelastung gibt, wird dadurch die durch Cadmium induzierte herabgesetzte Motilität der Spermien verhindert (SAKSENA et al., 1983).

Auch gegen Alkohol hat Zink einen protektiven Effekt. Es reagiert mit denselben Phosphatgruppen der Phospholipide und Proteine der Zellmembran wie Alkohol (GUIT-BARA et al., 1988).

Wenn Zink oral gegeben wird, so führt es zu einer Ausschwemmung von Cadmium und Quecksilber. So konnte PERGER (1989) bei Patienten mit verschiedenen Symptomen zeigen, daß eine viermonatige Zinkorotrat (2x50 mg/die) und Vitamin-C-Therapie (2x500 mg/die) zu einem signifikanten Anstieg der Zinkkonzentrationen im Serum führte, wobei die Cadmium- und Quecksilberkonzentrationen im Harn rapide abfielen.

▶ Die Bleiausschwemmung gelingt gut mit Ascorbinsäure und Kalzium (je 500 mg/die, PERGER, 1987).

VI.
Anhang

1. Indikationsverzeichnis

2. Literaturverzeichnis

Abraham R., Charles, A. K., Mankes, R., LeFevre, R., Renak, V., Ashok, L.: In vitro effects of cadmium chloride on preimplantation rat embryos. Ecotoxicol. Environ. Safety 12, 1986, 213–219.

Abel, U., Misfeld, J.: Ergebnisse der Epidemiologie des Lungenkrebses, UBA, Berlin, 1986

Abou-Shakra, F. R., Ward, N. I., Everard D. M.: The role of trace elements in male infertility. Fertil. Steril. 52 (1989) 307–310.

Ahokas, R. A., Dilts, P. V. J., La Haye, E. B.: Cadmium induced fetal growth retardation: Protective effekt of excess dietary zinc. Am J. Obstet. Gynecol. Vol. 136, 2 (1980) 216

Al-Hakkak, Z. S., Hamamy, H. A., Murad, A. M., Hussain, A. F.: Chromosome aberrrations in workers at a storage battery plant in Iraq. Mutat Res. 171 (1986) 53–60.

Amin, S., Chen, S. Y., Collipp, P. J., Castro-Magana, M., Madalah, V. T., Klein, S. W.: Selenium in premature infants. Nutr. Metab. 24 (1980) 331–340.

Anderson, R. A.: Chromium metabolism and its role in disease processes in man. Clin. Physiol. Biochem. 4 (1986) 31–41.

Andre, siehe *Krause,* 1991

Anke, M.: Ist Lithium ein essentielles Spurenelement? Mineraloskop 2 (1990) 12–13. Anticancer Res. 1988; 8: 29–32

Appel, K. E., Hildebrandt, A. G.: Tumorpromotoren, MMV, München, 6/1985

Armin-Zaki, L., Elhassani, S., Majeed, M. A., Clarkson, T. W., Doherty, R. A., Greenwood, M.: Intra-uterine methylmercury poisoning in Iraq. Pediatrics 54 (1974) 587–595.

Bakir, F., Damluji, D. F., Amin-Zaki, L., Murtadha, M., Khalidi, A., Al-Rawi, N. Y., Tikriti, S., Dhahir, H. I., Clarkson, T. W., Smith, J. C., Doherty, R. A.: Methylmercury poisoning in Iraq. Science 181 (1973) 230–241.

Basler, A., et al.: Erbgutverändernde Gefahrstoffe, MMV München, 1987

Bastian, W.: Der vergessene Asbestkrebskranke, in: Süddeutsche Zeitung, 7. 3. 1991

Battaglie, C., et al.: Maternal hyperoxygenation in the treatment of intrauterine growth retardation. Am. J. Obstet. Gynaecol. 167 (1992), 430–435

Bauer, J. G. und *First, H. A.:* The Toxicity of Mercury in Dental Amalgam. California Dental Association Journal, Bd. 10, 1982

Beck, H.: Dioxine in Lebensmitteln, in: Bundesgesundheitsblatt, Ausgabe 3, 1990

Beck, H., et al.: Residues of PCDDs, PCDFs, PCBs and other organochlorine compounds in harbour seals and harbour porpoise, in: Chemosphere, Nr. 20, 1990

Beck, H.: Schwerflüchtige Organohalogenverbindungen im Menschen, in: VDI-Berichte, Nr. 745, 1989

Behne, D., Hilmert, H., Scheid, S., Gessner, H., Egler, W.: Evidence for specific selenium target tissues and new biologically important selenorproteins. Biochimica et Biophysica Acta 966 (1988) 12–21.

Behne, D., Höfer-Bosse, T., Elger, W.: Selenium and hormones in the male reproducive system. Selenium in Biology and Medicine, Part B (Combs, G.

F., O. A. Levander, J. E. Spallholz, J. E. Oldfield eds.) AVI, New York (1987) 733–739.

Behrbohm, P.:, Über allergische Krankheiten durch DDT und HCH, in: Allergie und Asthma, Band 8, Heft 43, 1962

Behrendt, H.: Allergotoxikologie: Einfluß von Umweltschadstoffen auf allergische Reaktionen, in: Umwelthygiene, Nr. 19, 1987

Behrendt, H.: 3. Internationales Symposium »New Trends in Allergy« 1990

Beier, H. M.: Umweltbelastungen als Störungen der Frühgravidität und als Abortursache, in Gynäkologie, Nr. 21, 1988

Bellinger, D., Leviton, A., Waternaux, C., Needleman, H. L.., Rabinowitz, M.: Longitudinal analyses of prenatal and postnatal lead exposure and early cognitive development. N. Eng. J. Med. 316 (1987) 1037–1043.

Bencard, F.: Allergologischer Leitfaden, 1990

BGA-Schriften 2/1990

BGA-Symposium Dioxine und Furane, Karlsruhe, 1/1990

BGA, Tumorpromotoren, Symposium, Bundesgesundheitsamt, Berlin, 1985

Bircher, R.: Geheimarchiv der Ernährungslehre. Bircher-Benner-Verlag, Bad Homburg

Bird, E., Contreras, R. J.: Maternal dietary sodium chloride levels affect the sex ration in rat litters. Physiol. Behav. 36 (1986) 307–310.

Birkmayer. J. G. D., Beyer, W.: Essentielle Spurenelemente. Erfahrungsheilkunde 10 (1990) 550–553.

Birkmayer, J. G. D., Daunderer, M., Reschenhofer, E.: Quecksilberdepots im Organismus korrelieren mit der Anzahl der Amalgamfüllungen. Dtsch. Zschr. f. Biologische Zahnmedizin 6 (1990) 57–61.

Birnbaum, L. S., et al., siehe *Krause,* 1991

Bjorksten et al., siehe *Krause,* 1991

Blaurock-Busch, E., Spiller, W.: Mineralstoff- und Spurenelemente-Analytik und Therapie bei atopischen Erkrankungen. Erfahrungsheilkunde 10 (1990) 554–557.

Bloxam, D. L., Williams, N. R., Waskett, R. J., Pattinson-Green, P. M., Morarja, Y., Stewart, S. G.: Maternal zinc during oral iron supplementation in pregnancy: a preliminary study. Clin.-Sci. 76 (1989) 59–65.

Bösch, G.: Der Gastrointestinaltrakt als Immunorgan. Klinische Wochenschrift (1984), 62: 699–709.

Bonde, J. P. (1990): Semen quality and sex hormones among mild steel and stainless steel welders: A cross sectional study. Brit. J. Int. Med. 47: 508–514.

Bonde, J. P. E.: Subfertility in relation to welding. A case referent study among male welders. Dan. Med. Bull. 37 (1990) 105–108.

Bowman et al.: Chronic dietary intake of 2,3,7,8-TCDD at 5 and 25 ppt in the monkey; TCDD kinetics and dose-effect estimate of reproductive toxicity, 7th Intern. Dioxin Symposium, Las Vegas, 1987

Braun-Falco, O., Plewig, G., Wolff, H. H.: Dermatologie und Venerologie, Springer, Berlin – Heidelberg – New York – Tokyo, 3. Auflage, 1984

Bro, S., Beredtsen, H., Norgaard, J., Host, A., Jorgensen, P. J.: Serum zinc and copper concentrations in maternal and umbilical cord blood. Relation to course and outcome of pregnancy.

Scand. J. Clin. Lab. Invest. 48 (1988) 805–811.

Bro, S., Berendtsen, H., Norgaard, J., Host, A., Jorgensen, P. J.: Serum selenium concentration and umbilical cord blood. Relation to course and outcome of pregnancy. J. Trace Elem. Electrolytes Health Dis. 2 (1988) 165–169.

Brodsky, K. B., Cohen, E. N., Whitcher, C., Brown jr., B. W., Wu, M. L.: Occupational exposure to mercury in dentistry and pregnancy outcome. Jada 111 (1985) 779–780.

Brophy, M. H.: Zinc, preeclampsia, and y-aminobutyric acid. Am. J. Obstet. Gynecol. 163 (1990) 242–243.

Brown, D. G., Burk, R. F.: Selenium retention in tissues and sperm of rats fed a torula yeast diet. J. Nutr. 103 (1973) 102.

Brown, L. M., et al.: Pesticide exposures and other agricultural risk factors for leukemia among men in Iowa and Minnesota, in: Cancer-Res., Nr. 50 (20), 15. 10. 1990

Bruker, M. O.: Lebensbedingte Krankheiten, emu Verlag, Lahnstein

Bruker, M. O.: Umweltbedingte Krankheiten, emu Verlag, Lahnstein

Bruker, M. O.: Unsere Nahrung, unser Schicksal, emu Verlag, Lahnstein

Buchet, J. P., Lauwerys, R. R.: Influence of 2,3 dimercaptopropane-1-sulfonate and dimercaptosuccinic acid on the mobilization of mercury from tissues of rats pretreated with mercury chloride, phenylmercury acetate or mercury vapors. Toxicology 54 (1989) 323–333.

Bundesgesundheitsblatt 3: PCDD- und PCDF-Gehalte in Humanmilch von 74 Proben aus der Bundesrepublik Deutschland, Bundesgesundheitsamt, Berlin, 1990

Bundesinnenministerium: Die Strahlenexposition von außen in der BRD durch natürliche radioaktive Stoffe im Freien und in Wohnungen unter Berücksichtigung des Einflusses von Baustoffen, Bonn, 1978

Calatin, A.: Zeitkrankheit Nahrungsmittelallergie, München 1988

Calvin, H. I., Cooper, G. W., Wallace E.: Evidence that selenium in rat sperm is associated with a cysteine-rich structural protein of the mitochondrial capsules. Gamete Res. 4 (1981) 139.

Cambpell et al, siehe *Krause,* 1991

Carlsen, E., et al: Evidence for decreasing quality o semen during past 50 years Brit. Med. J. 305 (1992), 609–613

Carson, R.: Der stumme Frühling, C. H. Beck, München, 1990

Chaetterjee, M. S., Abdel-Rahman, M., Bhandal, A., Klein, P., Bogden, J.: Amniotic fluid cadmium and thiocyanate in pregnant women who smoke. J. Reprod. Med 33 (1988) 417–420.

Cherian, M. G., Miles, E. F., Clarkson, T. W., Cox, C.: Estimation of Mercury Burdens in Rats by Chelation with Dimercaptopropane Sulfonate. J. Pharmacol. Exp. Ther. 245 (2) (1988) 479–484.

Chilvers, U. K.: National Case Control Study Group, Br.Med.J., 1993; 307: 17–20

Cooney, G. H.: Neurobehavioural consequences of prenatal low level exposures to lead, Neurotoxicol. Tertol. 11 (1989) 95–104.

Cumbrowski, J., et al.: Die Kadmiumbelastung des Menschen in verschiedenen Gebieten der DDR unter ausgewählten Gesichtspunkten, Jena, 1979

Cumbrowski, J.: Cadmiumbelastung des Menschen aus kommunalhygienischer

Sicht, Zbl. Pharm. 121, Nr. 6, 1982, S. 547–556

Curle, D. C., Ray, M., Persaud, T. V.: Methylmercury toxicity: in vivo evaluation of teratogenesis and cytogenetic changes. Anat. Anz. 153 (1983) 69–82.

Damstra, T.: Environmental chemicals and nervous system dysfunction, In: Yale J. Biol. Med., Nr. 51, 1978

Danscher, G., Horstedt-Bindslev, P., Rungby J.: Traces of mercury in organs from primates with amalgam-fillings. Exp. Mol Pathol. 52 (1990) 291–299.

Daunderer, M.: Amalgam vergiftet den Speichel. Forum d. Prakt. und Allgem. Arztes 29 (1990) 21–23.

Daunderer, M.: Handbuch der Amalgamvergiftungen, ecomed, München, 1992

Daunderer, M.: Handbuch der Umweltgifte, München, 1990

Daunderer, M.: Klinische Toxikologie. Band 1–7, Econ-Verlag, 1989

Daunderer, M.: Quecksilbervergiftungen durch Amalgam. Leitsymptom Kopfschmerzen. Forum d. Prakt. u. Allgemein. Arztes 28, 1989, 3.

Daunderer, M.: Toxikologie, München, 1990

Denison et al.: Inducible receptor-dependent protein DNA interactions at a dioxin-responsive transcriptional enhancer, Proc. Natl. Acad. Sci. (USA), 1990

Deuster, P. A., Dolev, E., Bernier, L. L., Trostmann, U. H.: Magnesium and zinc status during the menstrual cycle. Am J. Obstet. Gynecol. 157 (1987) 964–968.

Diedrich, D. Krebs: Einfluß von Pestiziden auf die Funktion von Spermatozoen in vitro. Arch. Gyn. Obstet 245, 1–4 (1990) 1041.

Dixon, R. L. (1984): Assessment of chemicals affecting the male reproductive system. Arch. Toxicol. (Suppl.) 7: 118–127.

Döring: Unfruchtbar durch Umweltgifte, ro-ro-ro, München, 1992

Donat, H., Matthies, J., Schwarz, I.: Fertilität bei Exponierten gegenüber Pflanzenschutz- und Schädlingsbekämpfungsmitteln. Andrologia 22 (1990) 401–407.

Doll, R., Peto, R.: Mortality in relation to smoking. 20 years observations on male british doctors, British Medical Journal, 4, 1976

Dulbecco, R.: Biologie der Krebserkrankung, Umschau, 80, 1980

Eckrich 1990, siehe *Krause,* 1991

Ensslen, S. Ch., Riedel, H.-H., Blüthgen, H., Heeschen, W., Grillo, M. und *Jung, H.* (1990): Chlorkohlenwasserstoffe in Follikelflüssigkeit und Sperma, Fertilität 6: 119–122.

Ericson, A., Källèn, B.: Pregnancy outcome in women working as dentists, dental assistants or dental technicians. Int. Arch. Occup. Environ. Health. 61 (1989) 329–333.

Ernhart, C. B., Morrow-Tlucak, M., Marler, M. R., Wolf, A. W.: Low Level Lead Exposure in the Prenatal and Early Preschool Periods: Early preschool development. Neurotoxicol. Teratol. 9 (1987) 259–270.

Ernhart, C. B., Morrow-Tlucak, M., Wolf, A.W., Super, D., Drotar, D.: Low Level Lead Exposure in the Prenatal and Early Preschool Periods: Intelligence Prior to School Entry. Neurotoxicology and Teratology 11 (1989) 161–170.

Falck, F. jr., Ricci, A. jr, Wolff, M. et al.: Pesticides and Polychlorinated Biphenyl Residues in Human Breast Lipids and their Relation to Breast Cancer, Arch Env Health 1992; 47/2:143–46

Farier, M., Vavier, A., Rovert, E., Guignier, M., Malinas, Y.: Can zinc deficiency in the mother be responsible for the occurrence of spina bifida aperta in the fetus? Gynecol. Obstet. 82 (198) 575–581.

Ferm, V. H., Carpenter, S. J.: The relationship of cadmium and zinc in experimental mammalian teratogenesis. Lab. Invest. 18 (1968) 429

Festinger, L.: A theory of cognitive dissonance, Stanford Univ. Press, Stanford USA, 1957

Fiedler, H. J., Rösler, H. J.: Spurenelemente in der Umwelt, F. Enke, Stuttgart, 1988

Fischer, B.: Umweltbelastungen und Fortpflanzung, Reproduktionsbiologische und embryotoxikologische Aspekte, In: Wissenschaft, Umwelt, Nr. 2, 1987

Flade, S.: Allergien natürlich behandeln. Seele natürlich behandeln. Neurodermitis natürlich behandeln. Gräfe und Unzer, München

Flora, S. J., Tandon, S. K.: Influence on calcium disodium edetate on the toxic effect of lead administration in pregnant rats. Indian J. Physiol. Pharmacol. 31 (1987) 267–272.

Focus 7/1994: Chemisch kastriert – Umweltöstrogene könnten eine Ursache für männliche Unfruchtbarkeit und Krebs sein, Focus 7/1994, 114–15

Forth, W., Graul, E. H.: Ozon, in: DÄB, Nr. 42, 1990

Forth, W., Henschler, D., Rummel, W.: Pharmakologie und Toxikologie, Wissenschaftsverlag, Mannheim-Wien-Zürich, 4. Auflage, 1983

Friedl, H. P.: Epidemiologie der Krebskrankheit und Umweltsituation, in: Oesterr. Z. Onkologie 4, Nr. 2–3, 1977

Friedrichsen, H.-P.: Wohn- und Umweltkrankheiten, in: Gesünder Wohnen, Heft 11, 1990

Frykholm, K. O.: On Mercury From Dental Amalgam, Its Toxic and Allergic Effects and some Comments on Occupational Hygiene, Acta Ondontologica Scandinavica, Bd. 22, S. 1–123, 1957

Fujita, M., Takabatake, E.: Mercury levels in human maternal and neonatal blood, hair and milk. Bull. Environ. Conatam. Toxicol. 18 (1977) 205–209.

Gerhard, I., Runnebaum, B.: Schadstoffe und Fertilitätsstörungen, Teil A: Genußgifte, Teil B: Schwermetalle und Mineralstoffe, Teil C: Lösungsmittel, Pestizide, Geburtshilfe und Frauenheilkunde, 1992

Gerhard, I., et al.: pers. Mitteilungen, 1991

Gleichmann, E., Vohr, H. W., Mirtschewa, J., Stiller-Winkler, R., Vogeler, S.: Zur Induktion von Autoimmunkrankheiten und anderen stimulativen Immunopathien durch Quecksilber und andere Chemikalien. Umwelthygiene, Jahresbericht 1986/1987, Band 19 (Hrsg.: K. Beyen, Gesellschaft zur Förderung der Lufthygiene und Silikoseforschung e. V. Düsseldorf) (1987) 270–319.

Globus 97: Komitee zur Prüfung gesundheitsschädlicher Arbeitsstoffe der DFG, 1990

Goodwin, D. W., Guze, B.: Psychiatric Diagnosis, Oxford University Press, New York, 2. Aufl., 1979

Gortmaker et al., siehe *Krause,* 1991

Graul, E. H.: Umwelt und Krebsentstehung, in: Therapiewoche, Nr. 26/6, 1976

Grefe, C., Kalberlah, F.: Sexualökologie, Unfruchtbar, in: Natur, Nr. 6, 1989

Gross, R., et al.: Lehrbuch der Inneren Medizin, 5. Auflage, F. K. Schattauer, Stuttgart-New York, 1977

Guit-Bara, Bara, M., Durlach, J.: Antagonistic effect between zinc and various embryonic toxics on the human amnion permeability. Int. J. Feto-Maternal Medicine 1 (1988) 57–62.

Hahn, L. J., Kloiber, R., Vimy, M. J., Takahashi, Y., Lorscheider, F. L.: Dental »silver« tooth fillings: A source of mercury exposure revealed by whole-body image scan and tissue analysis. FASEB J. 3 (1989) 2641–2646.

Hahn. L. J., Klober, R., Leininger, R. W., Vimy, M. J., Lorscheider, F. L.: Wholebody imaging of the distribution of mercury releaded from dental fillings into monkey tissues. FASEB J. 4 (1990) 3256–3260.

Hambidge, K. M., Krebs, N. F., Sibley, L., English, J.: Acute effects of iron therapy on zinc status during pregnancy. Obstet. Gynecol. 70 (1987) 593–596.

Hall, K.: Allergy of the nervous system, a review, in: Ann. Allergy, Nr. 36, 1976

Handbuch der Geo- und Baubiologie, München 1985

Hantschke, B.: Chemische und physikalische Prozesse bei der Trocknung von Bauten-Anstrichmitteln und ihre Auswirkung auf die Beschaffenheit der Luft in Wohnräumen, Schriftenreihe des Vereins für Wasser-, Boden- und Lufthygiene. Stuttgart, New York 1982

Harbeck, R. J., et al.: Cerebrospinal fluid and the choroid plexus during acute immune complex disease, In: Clin. Immunol. Immunopathol., Nr. 13, 1979

Harding, A. J., Dreosti, I. E., Tulsi, R. S.: Zinc deficiency in the 11 day rat embryo: a scanning and transmission elecron microscope study. Life sci. 42 (1988) 889–896.

Harris, Lippman, Veronesi, Willett: New England Journal of Medicine, 1992; 327/5: 319–28

Hartfield, W., Schule, W.: Selenmangel in der Bundesrepubklik (II). Aktuelle Ernährungsmedizin, Heft 3 Jahrgang 13 (1988) 77–82.

Haschke und *Steffen,* aus: *B. Dost,* Ein Land erstickt, München 1990

Haupt, 1984, in: *Dost, B.,* Ein Land erstickt, München 1988

Haynes, D. C., Golub, M. S., Gershwin, M. E., Cheung, A. T., Hurley, L. S., Hecrickx, A. G.: Long-term marginal zinc deprivation in rhesus monkeys. I. Effects on adult female breeders befor conception. Am J. Clin. Nutr. 45 (1987) 1492–1502.

Heberer, G.: Gastrointestinale Tumoren. 1. Auflage. Tumorzentrum München 1987

Hecker, E.: Aktuelle Probleme der Krebsentstehung, Zur Krebsforschung 78, 1972

Heeschen, W., Blüthgen, A.: Das besondere Problem der Frauenmilch, in: BGA-Schriften, 4/83, Polychlorierte Biphenyle

Heintze, U., Edwardsson, S., Dèrand, T., Birked, D.: Methylation of mercury from dental amalgam and mercuric chloride by oral streptococci in vitro. Scand. J. Dent. Res. 9 (1983) 150–152.

Henry, G. A., Jarnot, B. M., Steinhoff, M. M., Bigazzi, P. E.: Mercury-induced renal autoimmunity in the MA rat. Clin. Immunol. Immunopathol. 49 (1988) 187–203.

Hepp, H.: persönliche Mitteilungen, 1990

Higashi, A., Tajiri, A., Matsukura, M., Matsuda, I.: A prospective survey of serial maternal serum zinc levels and pregnancy outcome. J. Pediatr. Gastroenterol. Nutr. 7 (1988) 430–433.

Hilbelink, D. R., Kaplan, S.: Sirenomelia: analysis in the cadmium- and leadtreated golden hamster. Teratogenesis Carcinog. Mutagen 6 (1986) 431–440.

Hildebrand, D. C., Der, R., Griffin, W. T., Fahim M. S.: Effect of lead acetate on reproduction. Am. J. Obstet. Gynecol. 115 (1973) 1058–1065.

Hinks, L. J., Ogilvy-Stuart, A., Hambidge, K. M., Walker, V.: Maternal zinc and selenium status in pregnancies with a neural tube defect or elevated plasma alphafetoprotein. Br. J. Obstet, Gynaecol. 96 (1989) 61–66.

Hoffman, S. A., Shucard, D. W., Harbeck, R. J., et al.: Chronic immune complex disease: behavioral and immunological correlates, in: J. Neuropathol. Exp. Neurol., Nr. 37, 1978

Hoffmeister, H.: Bevölkerungsbezogene Krebsregister in der Bundesrepublik Deutschland, MMV, München 1987

Holzki, G., Gall, H. and *Hermann, J.* (1991): Cigarettesmoking and sperm quality. Andrologia 23: 141–144.

Hong et al.: Immune abnormalities associated with chronic TCDD exposure in rhesus, 7th Intern. Dioxin Symposium, Las Vegas, 1987

Huber, H. Ch., Huber, W.: Auswirkungen einer »low level«-Langzeitbelastung mit Umweltschadstoffen auf Immunsystem und Methämoglobinänamie. Z. ges. Hyg. 30 (1984) 713–716.

Huber, H. Ch., Huber, W.: Auswirkungen einer low level-Langzeitbelastung mit Blei auf Immunsystem und Aktivität der gamma-Aminolaevulinsäuredehydratase (ALA-D.) Z. gesamte Hyg. 33 (1987) 194–196.

Hüter, J.: Arzneimitteltransfer. In: Die Plazenta des Menschen, hrsg. von Becker, V., Th. Schiebler, H. Kubli, Thieme, Stuttgart 1981

Huggins, H. A., Huggins, S. A.: It's all in your head. Diseases caused by silver mercury fillings. Hal A Huggins DDS (1985)

Hunter, D. J., Kelsey, K. T.: Pesticide Residues and Breast Cancer: The Harvest of a Silent Spring? (Editorial), J Natl Cancer Inst 1993; 85:598–99

IARC, IARC Monographs on the Evaluation of the carcinogeneic Risk of Chemicals to Humans, Volumes 1–31, Lyon, France,1972–1983

Inouye, M., Kajiwara, Y., Hirayama, K. K.: Dose- and sex dependent alterations in mercury distribution in fetal mice following methylmercury exposure. J. Toxicol. Environ Health 19 (1986) 425–435.

Inouye, M., Kajiwara, Y.: Developmental disturbances of the fetal brain in guinea-pigs caused by methylmercus. Arch. Toxicol. 62 (1988) 15–21. Institut für Medizinische Statistik und Dokumentation, Mainz 1986

Ioka, H., Moriyama, I., Oku, M., Hino, K., Itani, Y., Okamura, Y., Ichijo, M.: The effect of inorganic mercury on placental amino acid transport using microvillius membrane vesicles. Nippon Sankta Fujinka Gakkai Zasshi 39 (1987) 167–180.

Jockenhövel, F., Bals-Pratsch, M., Bertram, H. P., Nieschalg, E.: Seminal lead and copper in infertile men. Andrologica 22 (1990) 503–511.

Johansson, L., Sjoblom, P., Wide, M.: Effect of lead on the male mouse as investigated by in vitro fertilization and blastocyst culture. Environ Res. 42 (1987) 140–148.

Johansson, L., Pellicciari, C. E.: Lead-induces changes in the stabilization of the mouse sperm chromatin. Toxicology 51 (1988) 11–24.

Johansson, L., Wide, M.: Long-term exposure of the male mouse to lead: effects on fertility. Environ Res. 41 (1986) 481–487.

Journal of National Cancer Institutions, 1993; 85/18:1483–92

Journal of National Cancer Institutions, 1994; 86/2: 88–89

Juchheim, J. K.: Haaranalyse. Mineralstoffe und Ernährung. Haug, Heidelberg 1992

Kapuste, H., Schlett, S.: Behandlung der Chemischen Sensibilität. In: Naturamed (1995), Nr. 3 20–26

Karmaus, in: *Krause, J.,* Umweltmedizinische Aspekte in Klinik und Praxis, Dissertation, Ludwig-Maximilians-Universität München, im Druck, 1991

Kimmel, Ca., Grant, L. D., Slovan, C. S., Gladen, B. C.: Chronic low level lead toxicity in the rat I Maternal toxicity and perinatal effects. Toxicol. appl. Pharmacol. 56 (1980) 28.

Klages, K., Sourgens, H., Bertram, H. P., Müller C., Kemper, F. H.: Lead exposure and endocrine functions: Impact on the hypophyseal-gonadal axis and the pituitarythyroid system. Acta Endocr. Suppl. 283 (1987) 17–18.

Klink, F., Jungblut, J. R., Oberheuser, F., Siegers, C. P.: Cadmium- und Bleikonzentrationen im Fruchtwasser von rauchenden und nichtrauchenden Gravida. Geburtsh. u. Frauenheilk. 43 (1983) 695–698.

Knebusch, R.: Dioxin in der Muttermilch, in: Arzt und Umwelt, Ausgabe 3, 1990

Kohlmeier, 1991, zitiert aus: *Spechter, A.*

Köstler, W.: Immunologische und spektralanalytische Veränderungen durch Quecksilbermobilisierung aus Amalgamfüllungen. Erfahrungsheilkunde 10 (1990) 572–577.

Koos, B. J., Longo, L. D.: Mercury toxicity in the pregnant woman, fetus, and newborn infant. Am. Obstet. Gynecol. 126 (1976) 390–409.

Korpela, H., Louvenvia, R., Yrjaenheikki, E., Kauppila, A.: Lead and cadmium concentrations in maternal and umbilical cord blood, amniotic fluid, placenta, and amniotic membranes. Am. J. Obstet, Gynecol. 155 (1986) 1086–1089.

Krause, J.: Umweltmedizinische Aspekte in Klinik und Praxis, Dissertation, Ludwig-Maximilians-Universität München, im Druck, 1991

Krause, W.: Wirkung von Medikamenten und Umweltgiften auf die menschliche Spermatogenese, in: Dermatosen in Beruf und Umwelt, Nr. 6, 1983

Krebs, D.: Polychlorinated Biphenyls: the occurrence of the main congeners in follucular and sperm fluids. J. Clin, Chem. Clin. Biochem. 27, 9 (1989) 663.

Kruse-Jarres, D.: Die Bedeutung von Zink für die humorale und zelluläre Immunität. Erfahrungsheilk. 9 (1989) 549–558.

Kuhnert, B. R., Kuhnert, P. M., Debanne, S., Williams, T. G.: The relationship between cadmium, zinc, and birth weight in pregnant women who smoke, Am. J. Obstet. Gynecol. 157 (1987) 1247–1251.

Kuhnert, B. R., Kuhnert, P. M., Lazebnik, N., Erhard, P.: The effect of maternal smoking on the relationship between maternal and fetal zinc status and infant birth weigth. J. Am. Coll. Nutr. 7 (1988) 309–316.

Kuliskaukas et al., siehe *Krause,* 1991

Kumei, Y., Sato, A.: Effects of Sodium Selenite on the Cytotoxicity of Dental Amalam. Toxicol. Applied Pharmacol. (1981) 59.

Kursawa-Strucke, H. J., Schröder, H. P.: Bio kontra Chemie, Stiftung Verbraucher Institut, Berlin 1986

Kvist, U., Bjoerndahl, L., Kjellberg, S.: Sperm nuclear zinc, chromatin stabilitiy, and male fertility. Scanning Microsc. 1 (1987) 1241–1247.

Kynast, G., Saling, E.: Effect of oral zinc application during pregnancy. Gynecol. Obstet. Invest. 21 (1986) 117–123.

Kynaston, H. G., Lewis-Jones, D. I., Lynch, R. V., Desmond, A. D.: Changes in seminal quality following oral zinc therapy. Andrologia 20 (1988) 21–22.

Lahl, P.: Umweltdezernat der Stadt Bielefeld, Dokumentation des PVC-Hearings am 22. 10. 86 Gefährden PVC-Produkte die Umwelt? Bielefeld 1986

Lancranjan, J., Popescu, H. J., Gavanescu, D., Klepsch, J. and *Lewin, M. A., Gonen, O., Orvieto, R.* and *Schenker, J. G.* (1991): Effect of smoking on concentration, motility and zona free hamster test on human semen. Arch Androl. 27: 51–54.

Larson, P. S., Haag, H. B., Silvette, H.: Tobacco, Experimental and Clinical Studies, William & Wilkins, Baltimore 1961

Lauritzen, C.: Pille und Brustkrebs: offene Fragen, in: Ärztliche Praxis, Nr. 26, 30.03 1991

Leek, J. C. Keen, C. L., Vogler, J. B., Golub, M. S., Hurley, L. S., Hendrickx, A. G., Gershwin, M. E.: Long-term marginal zinc deprivation in rhesus monkeys. IV Effects on skeletal growth an demineralization. Am. J. Clin. Nutr. 47 (1988) 889–899.

Levine, R. J. (1990): Differences in the quality of semen in outdoor workers during summer and winter. New Engl. J. Med. 323 (1): 12–16.

Lewin, L.: Gifte und Vergiftungen, Karl F. Haug, Ulm, 5. Auflage, 1962

Liebgott, B., Screbrolow, G.: Fetal toxicity caused by excessive maternal dietary calcium. Can. Dent. Assos. 55 (1989) 129–133.

Loegdber, B., Berlin, M., Schuetz, A.: Effects of lead exposure on pregnancy outcome and the fetal brain of squirrel monkeys. Scand. J. Work. Environ. Health 13 (1987) 135–145.

Loh, F. G.: Untersuchungen über die Quecksilber-Konzentrationen im Blut. Ausatemluft und Speichel, Inauguraldiss. Erlangen (1984).

Lorenz, H., Neumeier, G.: Polychlorierte Biphenyle (PCB), BGA-Schriften, MMV, München 1983

Lotz, K. E.: Willst du gesund wohnen? Biberach/Riß 1975

Lubs, siehe *Krause,* 1991

Ludewig, R., Lohs, K., Akute Vergiftungen, 6. Auflage. Gustav Fischer, Stuttgart – New York 1981

Lutzenberger, J. zitiert aus *Grefe, C., Kalberlah, F.:* Sexualökologie, Unfruchtbar, in: Natur, Nr. 6, 1989

Maass, H: Mammakarzinom: Epidemiologie, Gynäkologe 1994; 27: 3–6

Madding, C. I., Jacob, M., Ramsay, V. P., Sokol, R. Z.: Serum and semen zinc levels in normozoospermic and oligospermic men. Ann. Nutr. Metab. 30 (1986) 213–218.

Magnussen, siehe *Krause, W.,* 1991

Mahajan, S. K., Hamburger, R. J., Flamenbaum, W., Prasad, A. S., Mangir, F. D., M.: Die Wirkung von Schwermetallen, insbesondere Cadmium und

Quecksilber auf DNA-, RNA- und Ribosomenstoffwechsel bei Hefen und Säugerzellen. Inaugural-Dissertation, Berlin (1987) 1–93.

Martinez et al., siehe *Krause*, 1991

Matthiaschk, G., Roll, R.: Toxikologie und gesundheitliche Bewertung der ermittelten Zufuhr von PCB, in: BGA-Schriften, 4/1983, Polychlorierte Biphenyle

Mau, G.: Smoking and the fetus. Lancet I (1976) 972

Mc Donald: Effect of zinc supplementation on hyperprolactinaemia in uraemic men. Lancet 5 (1985) 750–751.

Mc Dowell, J., Kitchen, I.: Perinatal lead exposure alters the development of delta – but not mu-opioid receptors in rat brain. Br. J. Pharmacol. 94 (1988) 933–937.

Mc Michael, A. J., Vimpani, G. V., Robertson, E. F., Bagurst, P. A., Clark, P. D.: The Port Pirie cohort study: maternal blood lead and pregnancy outcome. J. Epidemiol. Community Health 40 (1986) 18–25.

Meerkamp van Embden, I. C.: Krebs und Umwelt, in: Chemie und Fortschritt, Nr. 2, 1980

Meister, 1984, aus: *Dost, B.,* Ein Land erstickt (s.d.)

Miedaner-Maier, I., Gerard, I., Eggert-Kruse, W., Runnebaum, B.: Prävalenz ätiologischer Faktoren bei 70 Paaren mit habituellen Aborten. Arch. Gynecol. Obstet. 245 (Ed. Ludwig, H. D. Krebs). Springer Intern. J. F. Bergmann Verlag, München (1989) 166–167.

Miller: Lancet 1993; 341: 25–26

Miyamoto, T.: 3. Internationales Symposium »New Trends in Allergy« 1990

Miyamoto, T.: Allergy and changing environments – industrial/urban pollution. XII. International Congress of Allergology and Clinical Immunology, Montreux, 16. 10. 88–21. 10. 88

Mohamed, M. K., Burbacher, T. M., Mottet, N. K.: Effects of methyl mercury on testicular functions in Macaca fascucularis monkeys. Pharmacol. Toxicol. 60 (1987) 29–36.

Mortensen, J. T.: Riks for reduced sperm quality among metal workers, with special reference to welders. Scand. J. Work. Environ. Health 14 (1988) 27–30.

Münchener Gesellschaft für Geo- und Baubiologie e. V.: Handbuch der Geo- und Baubiologie, 2. Auflage, Unterhaching 1985

Mulhern, S. A., Koller, L. D.: Severe or marginal copper deficiency results in a graded reduction in immune status in mice. J. Nutr. 118 (1988) 1041–1047.

Mussalo-Rauhamaa, H., Häsänen, E., et al.: Occurence of Beta-Hexachlorocyclohexane in Breast Cancer Patients, Cancer 1990; 66: 2124–28

Naeye, R. L.: Effects of maternal cigarette smoking on fetus and placenta. Br. J. Obstet. Gynaecol. 85 (1978) 732

Naeye, R. L.: Influence of maternal cigarette smoking during pregnancy on fetal and childhood growth. Obstet. Gynecol. 57 (1981) 18

Naujoks-Heinrich, S., Dölle, W.: Die Epidemiologie der häufigsten Tumoren des Verdauungskanals, in: Der Internist, Springer, Heft 1, Januar 1982

Needleman, H. L.: The persistent threat of lead: medical and sociological issues. Curr. Probl. Pediatr. 18 (1988) 697–744.

Neidhard, H.: Brandverhalten polychlorierter Biphenyle, in: BGA-Schriften, 4/1983, Polychlorierte Biphenyle

N. Engl. J. Med,: 1993; 329: 234–40

N. Engl. J. Med.: 1994; 330: 81–87

Nemet, K., Nadrassy, K., Bognar, K., Czappan, P., Stuber, A., Simonovits, I.: Relationship between maternal and infant iron stores: 1. Full term infants. Haematologie (Budap.) 19 (1986) 197–205.

Neumann, H.-G.: Die Rolle der Promotion bei der Einwirkung krebserzeugender Stoffe, in: BGA-Schriften, 6/85, Tumorpromotoren

Neumeier, G., Pohle, H.: PCB-Ersatzprodukte, in: BGA-Schriften, 4/1983, Polychlorierte Biphenyle

Ohlsen et al., siehe *Krause,* 1991

Organon GmbH: PCB und DDT im Zervikalschleim schädigen Funktion der Spermien. Impulse, Vorträge, Fakten 6,1 (1991) 1.

Perger, F.: Unterschiedliche Entwicklungen der Schwermetallbelastungen (Pb, Cd, Hg) und ihre Therapie, Ärztezeitschr. f. Naturheilverf. 10 (1987) 774–794.

Perger, F.: Kosteneinsparung im Gesundheitswesen bei gleichzeitiger Verbesserung der Therapieerfolge (Frühdiagnose prämorbider Belastungsfaktoren und ihre Eliminierung). In: Nürnberger Begegnungen 1988, Wissenschaftspluralismus in der Medizin, methodenkritische Ansätze einer Neuorientierung, Edition Informed, Gräfelding (1989).

Peterson, M. L., Rommo, N., House, D., et al.: In vitro responsiveness of lymphocytes to phytohemmagglutinin, in: Arch. Environ. Health, Nr. 33, 1978

Planas-Bohne, F.: The effect of 2,3-Dimercaptopropane-1-sulfonate and Dimercaptosuccinic acid on the distribution and excretion of mercuric chloride in rats. Toxicology 19 (1981) 275–278.

Plotnikoff, N. P.: The central nervous system control of the immune system, Encephalins: antitumor activities, Annual Meeting of the American College of Neuropsychopharmacology, San Diego, 1981

Prescott-Clarke, P.: Public Attitudes towards the Acceptability of Risks, Social and Community Planning Research, Suroly-Research-Centre Publication, London, März 1982, S. 592

Randolf, T. G.: Specific adaptation, Annals of Allergy, 40: 333–45, 1978

Rea, William J.: Chemical Sensitivity. Lewis Publishers, Boca Raton, Ann Arbor, London, Tokyo 1992. ISBN 0-87371-514-1; Bestellung beim Institut für Umweltmedizin in Emstal, Telefon: 0 56 24/80 61, Fax: 86 95.

Rea, W. J., Bell, I. R., Suits, C. W., et al.: Food and chemical susceptibility after environmental chemical overexposure: case histories, in: Ann. Allergy, Nr. 40, 1978

Record, I. R., Dreosti, I. E., Tulsi, R. S., Manuel, S. J.: Maternal metabolism and teratogenesis in zinc-deficient rats. Teratology 33 (1986) 311–317.

Saaranen, M., Suistomaa, U., Kantola, M., Saarikoski, S., Vanha-Perttula, T.: Lead, magnesium, selenium and zinc in human seminal fluid: comparison with semen parameters and fertility. Hum, Reprod. 2 (1987) 475–479.

Rehsteiner, siehe *Krause, W.,* 1991

Reichman et al.: J. Nat. Cancer Inst., 1993; 85, 9: 722–27

Reiser, R.: PCB-Verseuchung von Klassenzimmern höher als vermutet, in: Süddeutsche Zeitung, 23. 2. 1991

Renz, siehe *Krause, W.,* 1991

Reynolds, T. : Congress may order Breast Cancer Study on Long Island, J. Natl. Cancer Inst., 1993; 85/ 7 : 520–22

Riedel, F., Pädiatrische Ökologie: Wegbereiter für allergische Atemwegserkrankungen, in: Sozialpädiatrie, Nr. 12, 1990

Ring, J.: 3. Internationales Symposium »New Trends in Allergy« 1990

Roediger, B., Veen H., van der, Schlebusch, H., Wagner, U., Knapp, M., K.: Der Einfluß von Umweltschadstoffen auf die Funktion menschlicher Spermatozoen in vitro, In: Fortschritte der Fertilitätsforschung, Grosse, Nr. 16

Rössel: 1983, Auftreten des plötzlichen Kindestodes in Berlin 1977–1981, aus: *Dost, B.,* Ein Land erstickt, München, 1988

Rohr, von I. und W.: Wegweiser natürliche Umweltmedizin. Bauer, Freiburg 1992

Rose, W.-D.: Krebsgifte, Mosaik, München 1987

Rosskamp, E.: Umwelt und Krebs, in: Schriftenreihe des Vereins für Wasser-, Boden- und Lufthygiene, Nr. 63 und Nr. 65, 1985

Ruediger, H. W.: Krebsentstehung – Erbfaktoren und Umwelteinflüsse, in: *Schnipkoweit, H.:* Umweltschäden, Gesundheitsschäden, Sponholtz, Hameln 1985

Runow, K.-D.: Klinische Ökologie, Hippokrates, Stuttgart 1986

Safe S. H.: Dietary and Environmental Estrogens and Antiestrogens and Their Possible Role in Human Disease, Environ. Sci. & Pollut. Res. 1994/1; 1: 29–33 (ecomed Verlag Landsberg)

Saaranen, S., White, M. J., Mertzlufft, J., Lau I.: Prevention of cadmium-induces sterility by zinc in the male rat. Contraception 27 (1983) 521–530.

Safety of Dental Amalgam: Journal, American Dental Association, Bd. 106, 1983

Saxena, M. C., et al.: Organochlorine Pesticides in specimens from women undergoing spontanious abortion, premature or full term delivery, In: Journal Annal Tox. Nr. 5, 1981

Schäfer, S. G., Forth, W.: Cadmium – Bewertung eines Schadstoffs. DÄB 79, Heft 43 (1982) 39

Schaller, A.: Geburtsmedizinische Teratologie, Urban und Schwarzenberg, München, Berlin, Wien 1975

Schaller, K. H., Breininger, M., Schiele, R., Schierling, P.: Der Quecksilberspiegel für Blut und Urin bei Normalpersonen. Ärztl. Labor 29 (1983) 325–334.

Scheilke, Chr.: Ein Kind wird nicht erst Mensch – es ist schon einer, in: Protokolldienst Nr. 14, Evangelische Akademie Bad Boll 1989

Schiele, R., Schaller, K. H., Weltle, D.: Mobilisation von Quecksilber-Speicherungen im Organismus mittels DMPS (Dimaval). Arbeitsmedizin, Sozialmedizin, Präventivmedizin 24 (1989) 249–251.

Schiele, R.: Amalgam Pro und Contra. Dokumentation des Instituts der Deutschen Zahnärzte. Deutscher Ärzteverlag, Köln 1988.

Schildberg, F. W., Kiffner, E.: Interdisziplinäre Therapie des Mammakarzinoms, perimed, Erlangen 1985

Schill, W.-B. (1989): Medikamentöse Einflüsse auf die männliche Fertilität, Medwelt 40: 1247–1251.

Schill, W.-B. (1989): Zum Problem der Umweltbelastung aus andrologischer Sicht, Fertilität 3: 115–120.

Schirren et al, siehe *Krause,* 1991

Schlebusch, H., Wagner, U., van der Ven H., Al-Hasami, S., Diedrich, K. and *Krebs D.* (1989): Polychlorinated biphenyls: The occurrence of the main congeners in follicular and sperm fluids. J. Clin. Chem. Clin. Biochem. 27: 663–667.

Schlebusch, H., Wagner, U., Veen, van der H., Al-Hasani, S., Diedrich, K., Schlebusch, H., Wagner, U., Veen, van der K., Veen, van der H.: Schadstoffbelastung des Zervikalmukus – chlorierte Kohlenwasserstoffe, Phosphorsäureester und Triazin-Herbizide. Abstractband der freien wissenschaftlichen Vorträge und Posterpräsentationen des 48. Kongresses der Deutschen Gesellschaft für Gynäkologie und Geburtshilfe, Hamburg 1990, Abstract Nr. 003934. Ber. Gyn. 127 11–12 (1990) 1097.

Schlett, S.: Was bedeutet eine hypoallergene Herstellung für die Orthomolekularmedizin? Jour. f. orthom. Med., (3), 1/95

Schleyer, R., et al.: Atmosphärische organische Immissionsbelastungen – Konsequenzen für die Grundwasserqualität, in: Tätigkeitsbericht 1989, BGA, MMV, München 1990

Schlipköter, H.-W.: Unbekannte Krankheitsbilder durch Schadstoffbelastung, in: DÄB, Nr. 86, Heft 42, 1989

Schlumberger, D.: Rätselkrankheit Allergie, in: Der Praktische Arzt, Nr. 11, 1987

Schmincke, E.: PVC, Polyäthylen, Polystyrol ... Spielzeug, das es in sich hat, in: Protokolldienst Nr. 14, Evangelische Akademie Bad Boll 1989

Schneider, A.: Schriftenreihe »Gesundes Wohnen«, Institut für Baubiologie und Ökologie, Holzham 25, 8201 Neubeuern 1980–1991

Scholz, H.: Mineralstoffe und Spurenelemente. Hippokrates Verlag, Stuttgart (1985).

Schramm, P. (1985): Alkohol und Fertilität – aus andrologischer Sicht, Z. Hautkr. 60 (13): 1026–1039.

Schrauzer, G. N.: Selen in der Frauenheilkunde. Speculum 8. Jahrgang 3 (1990a) 9–14.

Schrauzer, G. N.: Quecksilberdetoxifikation durch Selen: Ein Beitrag zur Lösung des Amalgamproblems. Erfahrungsheilkunde 10 (1990b) 561–564.

Schützenberger, A. A.: Den Lebenswillen stärken – den Krebs besiegen, Kösel, München 1989

Schulte-Hermann, R.: Untersuchungen zur Tumorpromotion an mutmaßlichen Tumorvorstadien in der Leber, in: BGA-Schriften, 6/1985, Tumorpromotoren

Schulte-Uebbing, C., et al.: Toxikologische Untersuchungen zum Nikotinabusus, Organisch-Chemisches Institut der Technischen Universität München, Prof. Dr. M. Strell, 1976

Schulte-Uebbing, C.: Steroids as Inhibitors of Human Placental Glutathione-S-Transferase, Vortrag/Placentakongreß Aachen, 1986

Schulte-Uebbing, C.: Inhibition of Human Placental Glutathione-S-Transferase by Steroids, in Zeitschrift: »Placenta«, 1/1987

Schulte-Uebbing, C.: Human Placental Glutathione-S-Transferase: Interactions with Steroids, Biol. Chem. Hoppe-Seyler, Vol. 369, pp 23–28, January 1988, gemeinsam mit Dr. L. Dibbelt und Prof. Dr. Dr. E. Kuß, 1. Universitäts-Frauenklinik München

Schulte-Uebbing, C., (gemeinsam mit E. Kuß et al.): Untersuchungen zur Biochemie, Morphologie und Toxikologie der Placenta, 1. Universitätsfrauenklinik, München, 1985–1988

*Schulte-Uebbing, C. (*gemeinsam mit *W. Penning, J. Dietrich, et al.):* Referate zur Balneotherapie und Physikalische Therapie umweltbedingter gynäkologischer Erkrankungen, 1988 und 1989

*Schulte-Uebbing, C., (*gemeinsam mit *E. R. Weissenbacher et al.):* Infektions-Statistik der Universitäts-Frauenklinik München Großhadern, München 2/89 bis 8/90

*Schulte-Uebbing, C., (*gemeinsam mit *W. Penning, J. Dietrich, et al.):* Vorträge zur Balneotherapie umweltbedingter Krankheiten, Kongresse zur Gynäkologischen Balneotherapie, Bad Aachen, Bad Brückenau, Bad Lüneburg, Bad Waldsee, 1988, 1989

*Schulte-Uebbing, C.: (*gemeinsam mit *E. R. Weissenbacher* et al.) Arbeitsgruppe »HIV-Infektionen/AIDS in der Gynäkologie und Geburtshilfe«, 1989 bis 1990

Schulte-Uebbing, C.: Krankenhaus, Pflege und Umwelt, Vortrag, Symposium Pflege und Umwelt, Berufsfachschule für Krankenpflege, Klinikum Augustinum, München, 2/1991

Schulte-Uebbing, C.: Müssen wir alle zum Sondermüll? Zeitschrift Bessere Umwelt, München, 1/1991

*Schulte-Uebbing, C. (*gemeinsam mit *V. Zahn, F. Daschner, H. Pomp, M. Gege, et al.):* 2. Bundesweiter Kongreß »Umweltschutz im Krankenhaus«, Berlin, 5/1991

*Schulte-Uebbing, C. (*gemeinsam mit *V. Zahn):* Checkliste »Umweltschutz im Krankenhaus«, Verlag UMGEWE, München, Straubing, 1990, 1991

Schulte-Uebbing, C.: Die Verantwortung des Arztes gegenüber unserer Umwelt, Vortrag, München, 10/1991

Schulte-Uebbing, C., Zahn V.: Erfahrungen in der U B F Straubing (Umweltmedizinische Beratungsstelle der Frauenklinik am Klinikum Straubing, Akademisches Lehrkrankenhaus der TU München), mehrere unveröffentlichte Vorträge, unter anderem an der Frauenklinik der Technischen Universität München, 1991 bis 1994

*Schulte-Uebbing, C. (*gemeinsam mit *V. Zahn):* Erster Bundesweiter Kongreß »Umweltschutz im Krankenhaus«, Regensburg, 1990

*Schulte-Uebbing, C. (*gemeinsam mit *V. Zahn):* »Erstes Symposium Umweltmedizin«, Straubing, 1991

Schulte-Uebbing, C.: Ethische Aspekte der Umweltmedizin, Leitung eines Wochenendseminars, München, 1991

*Schulte-Uebbing, C. (*gemeinsam mit *V. Zahn):* Faustregeln zur ökologischen Reformierung der Frauenheilkunde, UMGEWE, München, Straubing, 1990, 1991

*Schulte-Uebbing, C. (*gemeinsam mit *V. Zahn):* ganzwöchige Praktika »Umweltschutz im Krankenhaus«, Klinikum Straubing, 10/90, 4/91, 6/91, 9/91, 11/91, 5/92)

*Schulte-Uebbing, C. (*gemeinsam mit *V. Zahn):* Lehrbuch der Umweltmedizin, 560 S., UMGEWE, München, 1991

*Schulte-Uebbing, C. (*gemeinsam mit *V. Zahn):* Praktika »Umweltschonende Pflege«, Klinikum Straubing, 7/91, 9/91, 11/91

*Schulte-Uebbing, C. (*gemeinsam mit *V. Zahn):* Praktika »Umweltschutz im Büro«, Klinikum Straubing, 7/91, 9/91, 11/91

*Schulte-Uebbing, C. (*gemeinsam mit *V. Zahn):* Sonderdruck »Umweltschutz im Gesundheitswesen« 2. Bundesweiter Kongreß Umweltschutz im

Krankenhaus, Berlin, 30./31. Mai 1991

Schulte-Uebbing, C. (gemeinsam mit *V. Zahn)*: Umwelt-, Abfall-, Wertstoff-Fibeln, München und Straubing 1989, 1990, 1991, 1993, 1994

Schulte-Uebbing, C. (gemeinsam mit *V. Zahn): Jungbauer, R.*: Umweltfibel für Zahnarztpraxis und Klinik, München und Straubing, 1990, 1991

Schulte-Uebbing, C. (gemeinsam mit *V. Zahn)*: Umweltmedizinische Aspekte in Gynäkologie und Geburtshilfe, Vorlesung Ludwig-Maximilians-Universität München, seit Wintersemester 1990/91

Schulte-Uebbing, C. (gemeinsam mit *V. Zahn)*: Umweltmedizinische Aspekte in der Schwangerschafts- und Geburtsmedizin, in: MedReport, Nr. 19, Nov. 1990

Schulte-Uebbing, C. (gemeinsam mit *V. Zahn)*: Umweltmedizinische Beratungsstelle an der Frauenklinik am Elisabeth-Krankenhaus Straubing, In: *Zahn, V., Schulte-Uebbing, C.*, Sonderdruck »Umweltschutz im Gesundheitswesen«, Berlin, 1990

Schulte-Uebbing, C. (gemeinsam mit *V. Zahn)*: Umweltmedizinische Fibel, 130 S., UMGEWE, Straubing, 1993

Schulte-Uebbing, C. (gemeinsam mit *V. Zahn)*: Umweltmedizinische Vortragsreihe, München, Berlin, 1989, 1990, 1991, 1993, 1994

Schulte-Uebbing, C. (gemeinsam mit *V. Zahn)*: Umweltschutz im Gesundheitswesen, Lehrmappe für Personaltraining und Ausbildung in Schulen, UMGEWE, München, Straubing, 1991, 1992

Schulte-Uebbing, C.: Wie schädlich sind Dioxine? Zeitschrift Bessere Umwelt, München, 1/1991

Schulte-Uebbing, C.: Umweltmedizinische Aspekte des Amalgams, Sebastian-Kneipp-Akademie, Bad Wörishofen, 1993

Schulte-Uebbing, C.: Umweltmedizinische Aspekte in Gynäkologie und Geburtshilfe, Sebastian-Kneipp-Akademie, Bad Wörishofen, 1993

Schulte-Uebbing, C.: Die Notwendigkeit der Umweltmedizinischen Grundlagenforschung an unseren Universitäten, Vortrag, Ludwig-Maximilians-Universität, München, 1993

Schulte-Uebbing, C.: Umweltmedizinische Aspekte in der Allgemeinarzt-Praxis, Sebastian-Kneipp-Akademie, Bad Wörishofen, 1993

Schulte-Uebbing, C.: Das Syndrom der Polycystischen Ovarien (PCO-Syndrom) aus umweltmedizinischer Sicht, Vortrag, Ludwig-Maximilians-Universität, München, 1993

Schulte-Uebbing, C.: Sterilität aus umweltmedizinischer Sicht, Vortrag, Ludwig-Maximilians-Universität, München, 1992

Schulte-Uebbing, C.: Umweltmedizinische Aspekte habitueller Aborte, Vortrag, Ludwig-Maximilians-Universität, München, 1992

Schulte-Uebbing, C.: Das HELLP-Syndrom aus umweltmedizinischer Sicht, Vortrag, Deutscher Gynäkologen-Kongreß, Berlin, 1993

Schulte-Uebbing, C.: Bildende Künstler und Umweltschutz – Umweltmedizinische Aspekte der Kunst, Vortrag am Institut für Kunsterziehung der Ludwig-Maximilians-Universität München, 12/94

Schulte-Uebbing, Claus E. E.: Umweltbedingte Frauenkrankheiten: Moderne Diagnostik – bewährte Naturheilverfahren, Stuttgart, Sonntag 1995

Schulte-Uebbing, C.: Hl. Hildegard, Umweltmedizin, Pattloch, Augsburg 1995

Schulte-Uebbing, C.: Hl. Hildegard, Krebstherapie, Pattloch, Augsburg 1995

Schulte-Uebbing, C.: C.I.S.T. (Colon-Immun-Stimulations-Therapie) Beitrag im Krebshandbuch, Burgrain, 1995

Schulte-Uebbing, C.: Die Frauenheilkunde der Hl. Hildegard, Vortrag Internationale Hildegard-Gesellschaft, Engelberg/Schweiz 1994

Schulte-Uebbing, C.: Edelsteintherapie der Hl. Hildegard, Vortrag Internationale Hildegard-Gesellschaft, Engelberg/Schweiz 1993

Schulte-Uebbing, C.: Umweltmedizinische Aspekte bei der Hl. Hildegard, Vortrag Internationale Hildegard-Gesellschaft, Engelberg/Schweiz 1993

Schulte-Uebbing, C.: Hildegard – Die erste Umwelt-Ärztin? Vortrag, Berlin, 1992

Schulte-Uebbing, C.: Entgiftungs- und Ausleitungsverfahren bei Hildegard von Bingen, Vortrag, Regensburg 1993

Schulte-Uebbing, C.: Die Verantwortung gegenüber unserer Schöpfung: Hildegard von Bingen, unser Vorbild. Vortrag, München, 1991

Schulte-Uebbing, C., Berkmüller, A., Schulte-Uebbing, E. E.: Umweltmedizinisch-Toxikologisches Gutachten über die Thiozyanat- und Spurenelementgehalte des Dinkels, München 1989

*Schulte-Uebbing, C. (*gemeinsam mit *V. Zahn):* Umweltmedizinische Aspekte in Gynäkologie und Geburtshilfe, Vorlesung Ludwig-Maximilians-Universität München, seit Wintersemester 1990/91

*Schulte-Uebbing, C. (*gemeinsam mit *V. Zahn):* Umweltmedizinische Aspekte in der Schwangerschafts- und Geburtsmedizin, in: Med-Report, Nr. 19, Nov. 1990

*Schulte-Uebbing, C. (*gemeinsam mit V. Zahn): Erfahrungen Umweltmedizinische Beratungsstelle an der Frauenklinik am Elisabeth-Krankenhaus Straubing, In: *Zahn, V., Schulte-Uebbing, C.,* Sonderdruck »Umweltschutz im Gesundheitswesen«, Berlin, 1990

Schulte-Uebbing, C.: Umweltmedizinische Vorträge, 1989–1995

Schulte-Uebbing, C.: Die Verantwortung des Frauenarztes gegenüber unserer Schöpfung, München, 1993

Schulte-Uebbing, C.: Umweltmedizinische Aspekte in der Frauenheilkunde, München, 1993

Schulte-Uebbing, C.: Ethische Aspekte der Umweltmedizin, München, 1991

*Schulte-Uebbing, C. (*gemeinsam mit *V. Zahn):* Umweltmedizinische Fibel, München 1992, 3. Auflage 1994

*Schulte-Uebbing, C. (*gemeinsam mit *V. Zahn):* Lehrbuch der Umweltmedizin, 560 S., München, 1991

Schuster, M.: Ökologie und Umweltschutz, 3. Auflage, bsv, München 1980

Senatskommission zur Prüfung gesund heitsschädlicher Arbeitsstoffe, Mengen der wichtigsten bisher nachgewiesenen oder stark verdächtigen Kanzerogene im Haupt- und Nebenstromrauch einer Zigarette, Weinheim 1986

Serbanescu (1975): Reproductive ability of workmen occupationally exposed to lead. Arch. Environ. Health 30: 396–401.

Sharpe, R. M., Skakkebaek, N. E.: Are oestrogens involved in falling sperm counts and disorders of the male reproductive tract? Lancet 1993; 341: 1392–95

Sherman, A. R., Lockwood, J. F.: Impaired natural killer cell activity in iron-deficient rat pups. J. Nutr. 117 (1987) 567–571.

Shimizu et al.; Br. J. Cancer 1991; 63: 963–66

Sikorski, R., Juszkiewicz, T., Paszkowski, T., Szprengier-Juszkiewicz, T.: Women in dental surgeries: reproductive hazards in occupational exposure to metallic mercury. Int. Arch. Occup. Envrion. Health 59 (1987) 551–557.

Sokol, R. Z., Madding C. E., Swerdloff R. S.: Lead toxicity and the hypothalamic-pituitary-testicular axis. Biol. Reprod. 33 (1985) 722.

Sokol, R. Z., Sod-Moriah U.: Lead exposure and the hypothalamic-pituitary-ovarian axis in pubertal rats. Infertility 11 (1988) 265–271.

Solomon, G. F., Amkraut, A. A.: Psychoneuroendocrinological effects on the immune response, in: Ann. Rev. Microbiol., Nr. 35, 1981

Solomons, N. W.: Competitive interaction of iron and zinc in the diet: consequences for human nutrition. J. Nutr. 116 (1986) 927–935.

Somogyi, A., Weise, W., Großklaus, D.: Gesundheit und Umwelt 90, 2. Auflage, MMV, München 1990

Sorenges, H., Klages, K., Bertram, H. P., Muller, C.: Gonadal and thyroid function after experimental lead exposure. Elements in Medicine 4 (1987) 8–15.

Spaetling, L., Spaetling, G.: Magnesium supplementation in pregnancy, A double-blind study. Br. J. Obstet. Gynaecol. 95 (1988) 120–125.

Spechter, A.: Dissertation: Mamma-Karzinom durch Umweltschadstoffe?, München, im Druck

Stachel, B. et al.: Toxische Umweltchemikalien im menschlichen Sperma, Analysemethode und Fallstudien, in: Andrologia, Nr. 21, 3, 1989

Stanton, M. F., Lowenstein, F. W.: Serum magnesium in women during pregnancy, while taking contraceptives, and after menopause, J. Am. Coll. Nutr. 6 (1987) 313–319.

Stanwell-Smith, R., Thompson, S. G., Haines, A. P., Ward, R. J., Cashmore, G., Stedronska, J., Hendry, W. F.: A Comparative study of zinc, copper, cadmiu, and lead levels in fertile an infertile men. Fertil. Steril. 40 (1983) 670–677.

Steffens, J.: Potenz- und Fertilitätsstörungen, In: DÄB, Nr. 17, 1991

Stickl, H.: Die Umwelt des Kindes und seine Immunität, in: Der Kinderarzt, Nr. 12, 1990

Störtebecker. P.: Mercury poisoning from dental amalgam: a hazzard to human brain. Stockholm: Störtebecker Foundation for Research (1985).

Stofen, D.: Dental Amalgam – A Poison In Our Mouth? Toxicology, Bd. 2, 1974

Stowe, H. D., Goyer, R. A.: The reproductive ability and progeny of F1 leadtoxic rats. Fertil. Steril. 22 (1971) 755–760.

Strubelt, O., Schiele, R., Estler, C. J.: Zur Frage der Embrytoxizität von Quecksilber aus Amalgamfüllungen. Zahnärztl. Mitteilungen 6 (1988) 641–646.

Suzuki, T., Miyama, T., Katsunuma, H.: Comparison of mercury contents in maternal blood, umbilical cord blood, and placental tissues. Bull. Environ. Baontam. Toxicol. 5 (1971) 502–508.

Svare, C. W., Peterson, L. C., et al.: The Effects Of Dental Amalgams on Mercury Levels in Expired Air, Journal Of Dental Research, Bd. 60, 1981

Takihara, H., Cosentiono, M. J., Cockett A. T.: Zinc sulfate therapy for infertile male with or without varicocelectomy. Urology 29 (1987) 638–641.

Tationil: Glutathion in Ampullen zu 300 und 600 mg zur parenteralen Anwendung via Import von Boehringer in Mailand, Italien (00 39 25 28-1 bzw. -328).
Thorne Research, P.O. Box 3200, Sandpoint, Idaho, Tel.: 001 208 263 13 37, Fax 001 208 265 24 88

Tikkiwal, M., Ajmera R. L., Mathur N. K.: Effect of zinc administration on seminal zinc and fertility of oligospermic males. Indian. J. Physiol. Pharmacol. 31 (1987) 30–34.

Tinneberg, H.-R., Hagenmaier, A.: PCBs, HCB, HCHs and DDE in human serum follicular fluid, and seminal plasma. Organohalogen Compounds. Vol. 4, Dioxin' 90 – EPRI-Seminar Miscellaneous Contributions, Author Index, Keyword Index, Corrections, List of Participants. Hrsg. von Hutzinger, O., H. Fiedler, Eco-Informa, Press, Bayreuth (1990) 149.

Tjell, J. C., Christensen, T. H., Bro-Rasmussen, F.: Cadmium in soil and terrestrial biota, with emphasis on the Danish situation. Ecotoxicol. Environ. Safety 7 (1983) 122–140.

Tretter, F.: Ansätze zu einer ökologischen Medizin, in: DÄB, 1986, Nr. 17

Tretter, F.: Grundprobleme des Begriffs Umwelt, in: Natur- und Ganzheitsmedizin, Schattauer, Heft 7, 1989

Tretter, F.: Systemwissenschaft in der Medizin, in: DÄB, 1989, Nr. 43

Tretter, F.: Umwelt und Gesundheit – Perspektiven einer ökologischen Medizin, in: Lernen von der Umwelt – Lernen für die Umwelt, edition sigma, Berlin 1988

Umeyama, T., Ishikawa, H., Takeshima, H., Yoshii, S., Koiso, K.: A comparative study of seminal trace elements in fertile and infertile men. Fertil. steril. 46 (1986) 494–499.

Unger, M., et al.: Organochlorine Compounds in Human Breast Fat from Deceased with and without Breast Cancer and in a Biopsy Material from Newly Diagnosed Patients Undergoing Breast Surgery, Env Research 1984; 34: 24–28

Valentin, H., et al.: Arbeitsmedizin, Band 1, Thieme, Stuttgart, 3. Auflage, 1979

Valentin, H., et al.: Arbeitsmedizin, Band 2, Thieme, Stuttgart, 3. Auflage, 1985

Van der Colf, A. P., Kruger, T. F., Menkveld, R., Seier, J. V., Finchman, J. E., and *Swart, Y.* (1991): Effect of ethanol on semen characteristics of vervet monkeys. Arch. Androl. 26: 25–29.

Van der Veen, H., Schlebusch, H., Roediger, B., Wagner, U., Al-Hasani, S., Diedrich, K., Krebs, D.: Einfluß von Pestiziden auf die Funktion von Spermien in vitro. Abstractband der freien wissenschaftlichen Vorträge und Posterpräsentationen des 47. Kongresse der Deutschen Gesellschaft für Gynäkologie und Geburtshilfe, 6.–10. September 1988 in München, Abstract 002542. Ber. Gyn. 125, 7–8 (1988) 689.

Van der Veen, H., van der Veen K., Wagner U., Diedrich, K.: Chlorierte Kohlenwasserstoffe im menschlichen Zervikalmukus: Einfluß auf Spermapenetration und Überlebensfähigkeit. Abstractband der freien wissenschaftlichen Vorträge und Posterpräsentationen des 48. Kongresses der Deutschen Gesellschaft für Gynäkologie und Geburtshilfe, Hamburg 1990, Abstract Nr. 003932. Ber. Gyn. 127, 11–12 (1990) 1097.

Varonier, siehe *Krause,* 1991

Vermande-Van Eck, G. J., Meigs, J. W.: Changes in the ovary of the rhesus monkey after chronic lead intoxication. Fertil. Steril. 11 (1960) 223–234.

Vester, F.: Neuland des Denkens, DVA, Stuttgart 1980

Villar, J., Repke J., Belizan, J. M., Pareja, G.: Calcium supplementation reduces blood pressure during pregnancy: results of a randomized controlled clinical trial. Obstet. Gynecol. 70 (987) 317–322.

Vimy, M. J., Takahashi, Y., Lohrscheider, F. L.: Maternal-Fetal Distribution of Mercury (203 Hg) Released from Dental Fillings. Am. J. Phys. 53 (1990) R 939–R 945.

Vimy, M. J., Lorscheider, F. L.: Serial measurement of intra-oral air mercury: estimation of daily dose from dental amlagam, J. Dent, Res. 64 (1985) 1072–1075.

Voigt, H.-U., Borelli, S. und *Heller, W. D.* (1985): Fertilität bei Rauchern und Nichtrauchern., Z. Hautkr. 60 (14): 1127–1146.

Wada, O., Ymaguchi, N., Ono, T., Nagahashi, M., Morimura, T.: Inhibitor Effects of Mercury on Kidney Glutathione Peroxidase and its Prevention by Selenium, Environ, Research 12 (1975) 75.

Wahn, siehe *Krause,* 1991

Waliszewski, S. M. and *Szymczynski, G. A.* (1990): Fertilität of phthalat esters in human semen. Andrologia 22: 69–73.

Wallace, E., Calvin, H. I., Cooper, G. W.: Progressive defects observed in mouse sperm during the course of three generations of selenium deficieny. Gamet. Res. 1 (1983) 377.

Ward, A. M.: Evidence of an immune complex disorder in vinyl chloride workers, in: Proc. Roy. Soc. Med., Nr. 69, 1976

Warning: Smoking may damage your sperm New Scientist 1843 (1992), 13–14

Wassermann, O.: Unser Trinkwasser, in: Ärztliche Praxis, Nr. 13, 1991

Watanabe, M., Shiroishi, K., Nishino, H., Shinmura, T., Murase, H., Shojy, T., Naruse, Y., Kagaminmori, S.: An experimental study on the long-term effec of cadmium in mice fed cadmium-polluted rice with special reference to the effect of repeated reproductive cyles. Environ. Re. 40 (1986) 25–46.

Waterhouse et al.: in: *Borneff, J.,* Hygiene, Thieme, Stuttgart 1986

Whelton, B. D., Bhattacharya, M. H., Carnes, B. A., Moretti, E. S., Peterson, D. P.: Female reproduction and pup survival and growth for mice fed a cadmium-containing purified diet through six condesuctive rounds of gestation and lactation. J. Toxicol. Environ. Health 24 (1988) 321–343.

Whittemore (editorial) J. Nat. Canc. Inst., 1993; 85, 10: 762- 63

Whorton, M. D., Krauss, R. M., Marshall, S. and *Milby, T. H.* (1977): Infertility in male pesticide workers. Lancet 1259–1261.

Wichmann, H. E., et al.: Zur Genese des Lungenkarzinoms, Umweltmedizinische Aspekte in der Epidemiologie des Bronchialkarzinoms, in: Rheinisches Ärzteblatt 41, Nr. 14, 1987

Wichmann, Schlipköter, Füllgraf: Umweltmedizin. ecomed, Landsberg 1992

Wide, M., D'Argy, R.: Effect of inorganic lead on the primordial germ cells in the mouse embryo. Teratology 34 (1986) 207–212.

Wiebe, J. P., Barr, K. J., Buckingham K. D.: Effect of prenatal and neonatal exposure to lead on gonadotropin receptors and steroidogenesis in rat ovaries. J. Toxicol. Environ. Health 24 (1988) 461–476.

Wiedemann, M.: Der Gesundheit auf der Spur. Ariston Genf/München (1989).

Wiedemann und *Langmann,* siehe *Krause,* 1991

Willett et al.: J. AMA, 1992; 268: 2037–44

Wolff, M., Toniolo, P. G., Lee, E. W., et al.: Blood Levels of Organochlorine Residues and Risk of Breast Cancer, J Natl Cancer Inst 1993; 85: 648–52

Wu, A. S. H., Oldfield, J. E., Shull, L. R., Cheeke, P. R.: Specific effect of selenium deficiency on rat sperm. Biol. Reprod. 20 (1979) 793.

Wu. X.-Q., Ce, X.-C., Zhou, H.-F., Rao, Y.-W., Li, A.-F., Zang, W.-J.: The antagonistic effect of selenium of the toxicity of mercury. Trace Elements in Medicine 7 (1990) 40–44.

Wulf, H. C., Kromann, N., Liusgaard, N., Hansen, J. C., Niebuhr, E., Alboge, K.: Sister chromatid exchange (SCE) in Greenlandic Eskimos. Dose-response relationship between SCE and seal diet, skoking, and blood cadmium and mercury concentrations. Sci, Total Environ. 48 (1986) 81–94.

Yoshida, M., Aoyama, H., Satoh, H., Yamamura, Y.: Binding of mercury to metallothionein-like protein in fetal liver of the guinea pig following in utero exposure to mercury vapor. Toxicol. Lett. 37 (1987) 1–6.

Yoshida, K., Kiso, Y., Watanabe, T., Kaise, K., Itagaki, Y., Yamamoto, M., Sakurada, T., Yoshinaga, K.: Erythrocyte zinc in hyperthyroidism: Reflect of integrated thyroid homone levels over the previous few months, Metabolism 39 (1990) 182–186.

Zahn, V., Daschner, F., Pomp, H., Gege, M., et al.: 2. Bundesweiter Kongreß »Umweltschutz im Krankenhaus«, Berlin, 5/1991

Zahn, V., Schulte-Uebbing, C.: Checkliste »Umweltschutz im Krankenhaus«, Verlag UMGEWE, München – Straubing, 1990, 1991

Zahn, V. und *Schulte-Uebbing, C.:* Die Verantwortung des Arztes gegenüber unserer Umwelt, München und Straubing 1991

Zahn, V., Schulte-Uebbing, C.: Erste Erfahrungen in der Umweltmedizinischen Beratungsstelle an der Frauenklinik am Elisabeth-Klinikum Straubing, München, Straubing 1991

Zahn, V., Schulte-Uebbing, C.: Erster Bundesweiter Kongreß »Umweltschutz im Krankenhaus«, Regensburg 1990

Zahn, V., Schulte-Uebbing, C.: Erstes Symposium »Umweltschutz im Krankenhaus«, Straubing 1989

Zahn, V. und *Schulte-Uebbing, C.:* Ethische Aspekte der Umweltmedizin, München und Straubing 1991

Zahn, V., Schulte-Uebbing, C.: Faustregeln zur ökologischen Reformierung der Frauenheilkunde, UMGEWE, Umweltschutz im Gesundheitswesen, München, Straubing 1990, 1991

Zahn, V., Schulte-Uebbing, C.: Ganzwöchige Praktika »Umweltschutz im Krankenhaus«, Klinikum Straubing 10/90, 4/91, 6/91, 9/91, 11/91

Zahn, V., Schulte-Uebbing C.: Lehrbuch für Umweltmedizin, 560 S., UMGEWE, Straubing 1991

Zahn, V., Schulte-Uebbing, C.: Praktika »Umweltschonende Pflege«, Klinikum Straubing 7/91, 9/91, 11/91

Zahn, V., Schulte-Uebbing, C.: Praktika »Umweltschutz im Büro«, Klinikum Straubing 7/91, 9/91, 11/91

Zahn, V., Schulte-Uebbing, C.: Sonderdruck »Umweltschutz im Gesundheitswesen«, 2. Bundesweiter Kongreß »Umweltschutz im Krankenhaus«, Berlin, 30./31. Mai 1991, Verlag UMGEWE, Umweltschutz im Gesundheitswesen, Berlin, Straubing 1991

Zahn, V., Schulte-Uebbing, C.: Umwelt-, Abfall-, Wertstoff-Fibeln, München und Straubing 1989, 1990, 1991, 1993, 1994

Zahn, V., Jungbauer, R., Schulte-Uebbing, C.: Umweltfibel für Zahnarztpraxis und Klinik, München und Straubing 1990, 1991

Zahn, V., Schulte-Uebbing, C.: Umweltmedizinische Aspekte in Gynäkologie und Geburtshilfe, Vorlesung Ludwig-Maximilians-Universität München, Wintersemester 1990/91, Sommersemester 1991, Wintersemester 1991/92

Zahn, V., Schulte-Uebbing, C.: Umweltmedizinische Aspekte in der Schwangerschafts- und Geburtsmedizin, in: Med-Report, Nr. 19, Nov. 1990

Zahn, V., Schulte-Uebbing, C.: Umweltmedizinische Beratungsstelle an der Frauenklinik am Elisabeth-Krankenhaus Straubing, In: Zahn, V., Schulte-Uebbing, C., Sonderdruck »Umweltschutz im Gesundheitswesen«, Berlin 1990

Zahn, V., Schulte-Uebbing C.: Umweltmedizinische Fibel, 130 S., UMGEWE, Straubing 1993

Zahn, V., Schulte-Uebbing, C.: Umweltmedizinische Vortragsreihe, München, Berlin 1989, 1990, 1991

Zahn, V., Jungbauer, R., Schulte-Uebbing, C.: Umweltfibel für Zahnarztpraxis und Klinik, München und Straubing 1990, 1991

Zahn, V.: Umweltschutz im Gesundheitswesen, Lehrmappe für Personaltraining und Ausbildung in Schulen, Verlag UMGEWE, Umweltschutz im Gesundheitswesen, München, Straubing 1990, 1991

Zahn, V., Schulte-Uebbing, C.: Umweltschutz ist Medizin, Vortrag, 2. Praxisnaher Kongreß »Umweltschutz im Krankenhaus«, Berlin 5/1991

Zahn, V., Schulte-Uebbing, C.: Vorlesung Umweltmedizin, Ludwig-Maximilians-Universität München, Wintersemester 1990/91, Sommersemester 1991, Wintersemester 1991/92

Ziff, S., et al.: Amalgam, die toxische Zeitbombe, Felicitas Hübner-Verlag, Waldeck, 1985

3. Adressen von Selbsthilfegruppen

Selbsthilfegruppen u. a. Organisationen, die bei Verdacht auf Vergiftung durch chemische Schadstoffe und bei anderen Umweltkrankheiten helfen können. Bitte bei Anfragen Rückporto beilegen.
Diese Liste erhebt keinen Anspruch auf Vollständigkeit.

Ärzteverband Deutscher Allergologen
Im Utforder Feld 27
47445 Moers
Tel. (0 28 41) 4 73 74

Ärztetag für Medizin ohne Nebenwirkungen e. V.
Feinhalsstr. 8
81247 München
Tel. (0 89) 8 14 52 52

Akademie für Kinderheilkunde e. V.
DISU
Kinderärztl. Umweltberatung
Iburger Str. 200
49082 Osnabrück
Tel. (05 41) 5 68 46

Allergie-Verein in Europa (AVE)
Marienstr. 57
99817 Eisenach
Tel. (0 36 91) 21 30 88

Allergiker- und Asthmatikerbund e.V.
Hindenburgstr. 110
41061 Mönchengladbach

Arbeitsgemeinschaft Allergiekrankes Kind e.V.
Hauptstr. 29
35745 Herborn
Tel. (0 42 84) 4 12 37

Arbeitsgruppe f. Medizin und Umwelt
Baldingerstr.
35033 Marburg
Tel. (0 64 21) 26 49 77

Arbeitskreis überaktives Kind
Hinter den Höfen 82
27446 Anderlingen

Auswertungs- und Informationsdienst für Ernährung, Landwirtschaft und Forsten (AID) e.V.
Postfach 20 01 53
53113 Bonn

(Hier erhält man aktuelle Listen über Lebensmittelzusatzstoffe)

Bamberger Quecksilberkreis für Amalgam- und Umweltgeschädigte e. V.
Obergreuth 5
96158 Frensdorf
Tel. (0 95 02) 87 18

Beratungsstelle für Amalgamvergiftete Stuttgart e. V.
Bussenstr. 60
70184 Stuttgart
Tel. (07 11) 46 52 93

Bundesverband der naturheilkundlich tätigen Zahnärzte Deutschland e. V.
Mühlenweg 1
50996 Köln
Tel. (02 21) 9 35 50 55

Bundesverband Neurodermitiskranker in Deutschland e.V.
Sabelstr. 39
56154 Boppard
Tel. (0 67 42) 25 98

Deutsche Arbeitsgemeinschaft Selbsthilfegruppe e. V.
Friedrichstr. 28
35392 Giessen
Tel. (06 41) 7 02 24 78

Deutsche Gesellschaft für Umweltmedizin
Postfach
83334 Inzell

Deutsche Haut- und Allergiehilfe
Fontanestr. 14
53173 Bonn
Tel. (02 26) 35 10 91

Deutsche Migräne- und Kopfschmerzgesellschaft e. V.
Niemennsweg 147
24105 Kiel
Tel. (04 31) 5 97 26 03

Deutsche Phosphatliga
1. Vorsitzende Dr. U. Klemm, Kinderärztin
Rögenweg 39
22359 Hamburg
Tel. (0 40) 6 03 50 03

Deutsche Stiftung für die Psoriasis- und Neurodermitisforschung
Fontanestr. 14
53173 Bonn-Bad Godesberg
Tel. (02 28) 36 28 94

Deutsche Zöliakie-Gesellschaft e.V.
Filderhauptstr. 61
70599 Stuttgart
Tel. (07 11) 45 45 14

(Beratung bei Zöliakie – Unverträglichkeit der glutenhaltigen Getreidearten Weizen, Dinkel, Roggen, Hafer und Gerste)

Deutscher Allergie- und Asthmabund e. V.
Hindenburgstr. 110
41061 Mönchengladbach
Tel. (0 21 61) 18 30 24

Deutscher Neurodermitiker Bund e.V.
Mozartstr. 11
22083 Hamburg
Tel. (0 40) 2 20 57 57

Die Verbraucher Initiative e. V.
Breite Str. 51
53111 Bonn
Tel. (02 28) 7 26 33 93

(Sitz der Selbsthilfegruppe der Formaldehydgeschädigten)

Förderverein Medizinische Ökologie e.V.
Frau Helga Lux
Hauptstr. 14
34308 Balhorn/Emstal

Gesellschaft für Biologische Krebsabwehr e. V.
Hauptstr. 27
69117 Heidelberg
Tel. (0 62 21) 16 15 25

(Erfragen Sie hier die Adressen der verschiedenen Arbeitskreise)

Hamburger Initiative der PER-Geschädigten
Ingrid Rosenbusch
Henriettenweg 5
20259 Hamburg
Tel. (0 40) 40 35 45

Institut für Umweltkrankheiten
Im Kurpark 1
34306 Bad Emstal
Tel. (0 56 24) 60 61

Interessengemeinschaft der Holzschutzmittel-Geschädigten e.V.
Helga Lechner
Friedrich-Ebert-Straße
69239 Neckarsteinach

Interessengemeinschaft der Umweltgeschädigten
Elfie Sumser
Fichtenstr. 23
85744 Unterföhring
Tel. (0 89) 9 50 52 54

Internationale Gesellschaft für Ganzheitliche Zahnmedizin e. V. (GZM)
Franz-Knauff-Str. 2–4
69115 Heidelberg
Tel. (0 62 21) 18 84 92

International Society of Doctors for Environment
Dr. Werner Nussbaum
Vicolo Gesora 7
CH-6929 Gravesano (TI)
Tel. (0 91) 59 33 44

Klinik St. Georg
Prof. Dr. Friedrich Douwes
Rosenheimer Str. 6–8
83043 Bad Aibling
Tel. (0 80 01) 3 98-0

Kneipp Ärztebund e. V.
Postfach 14 38
86817 Bad Wörishofen

Kontaktstelle zur Unterstützung und Anregung von Selbsthilfegruppen
Albrecht-Achilles-Str. 65
10709 Berlin
Tel. (0 30) 8 91 40 19

(Hier erhalten Sie Adressen von regionalen Kontaktstellen, die Adressen von regionalen Selbsthilfegruppen vermitteln.)

Lifecare Association
Segantinistr. 155
CH-8049 Zürich

Mykose- und Candidiasis-Selbsthilfegruppe
Renate Bemmann
Bürgerweide 43 a
20535 Hamburg

Ökologischer Ärztebund e.V.
Bundesgeschäftsstelle
Dr. med. Ulrich C. Vieth
Bahnhofstr. 59
55218 Ingelheim
Tel. (0 61 32) 7 57 07

Patienten-Initiative Amalgamgeschädigter/Essen e. V. (PAIN)
Bandstr. 114
45359 Essen
Tel. (02 01) 60 27 15

Pestizid Aktions-Netzwerk (PAN) e.V.
Gaußstr. 17
22765 Hamburg

Quecksilberkreis München e. V.
Beratungsstelle für Amalgamvergiftung
Rembrandtstr. 21a
81245 München
Tel. (0 89) 8 20 12 26

Sebastian-Kneipp-Akademie
Adolf-Scholz-Allee
86817 Bad Wörishofen

Selbsthilfegruppe Elektrosensible e.V.
Elisabeth Schröder
Oberbrunnerstr. 1
81475 München
Tel. (0 89) 7 55 60 50

Selbsthilfegruppe Formaldehydgeschädigter
Ingeborg Zingraf
Eichendorffstr.104
41464 Neuss
Tel. (0 21 01) 4 18 37

UBF Umweltmedizinische Beratungsstelle der Frauenklinik
Leitung: Prof. Dr. med. Volker Zahn
Frauenarzt, Umweltmedizin
St. Elisabeth-Str. 23
94315 Straubing

4. Über den Autor und seine Praxis

Dr. med. Claus Schulte-Uebbing, Frauenarzt
Umweltmedizin/Naturheilverfahren

Geboren 1956. 1981 Diplom-Geologe, 1982 Diplom-Forstwirt, seit 1982 Umweltgutachter (Gutachten zu Biotopschutz, Zwischen-, Endlager- und Abwasserproblemen, Erstellung von Ökobilanzen, umweltmedizinisch toxikologische Gutachten). Von 1985 bis 1988 biochemisch-experimentelle Arbeiten über die Entgiftungsfunktion der menschlichen Placenta (Arbeitsgruppe Prof. Dr. Dr. E. Kuß, 1. Universitäts-Frauenklinik München). 1988 Medizinisches Staatsexamen. 1988 Promotion an der 1. Universitäts-Frauenklinik München, Direktor Prof. Dr. Dr. J. Zander. 1989 und 1990 Arzt an der Universitäts-Frauenklink im Klinikum München Großhadern, Direktor Prof. Dr. H. Hepp. Von 1991 bis 1994 Arzt an der Frauenklink im Klinikum Straubing, Akademisches Lehrkrankenhaus der Technischen Universität München, von 1991 bis 1994 Aufbau und stellvertretende ärztliche Leitung an der UBF Straubing (Umweltmedizinische Beratungsstelle der Frauenklinik am Elisabeth-Klinikum Straubing) Akademisches Lehrkrankenhaus der Technischen Universität München, Leitung Prof. Dr. V. Zahn. Seit 1991 gemeinsame Umweltmedizin-Vorlesungen. 1991 Lehrbuch der Umweltmedizin (560 Seiten, gemeinsam mit Prof. Zahn). Zahlreiche Veröffentlichungen und Fachbücher sowie ca. 200 Fachvorträge zu umweltmedizinischen Themen. Seit 1993 Leiter der Weiterbildung für Umweltmedizin an der Sebastian-Kneipp-Akademie in Bad Wörishofen. Seit 1994 in eigener Frauenarztpraxis tätig. Schwerpunkte: Umweltmedizin, Naturheilverfahren.

Anschrift für Leseranfragen:
Praxis: Weinstr. 7 (Am Marienplatz), 80333 München
Tel: (0 89) 29 96 55 Fax: 29 96 72